顾　问：马贱阳　彭立峰

中国信贷资产证券化十年发展回顾与展望

Review and Prospect of the Ten-Year Development of Credit Asset Securitization in China

（2012—2022）

冯光华　等◎编著

中国金融出版社

责任编辑：王雪珂
责任校对：孙　蕊
责任印制：陈晓川

图书在版编目（CIP）数据

中国信贷资产证券化十年发展回顾与展望（2012—2022）/冯光华等编著. —北京：中国金融出版社，2022. 12
ISBN 978 - 7 - 5220 - 1812 - 6

Ⅰ. ①中…　Ⅱ. ①冯…　Ⅲ. ①信贷资产 — 资产证券化 — 研究 — 中国　Ⅳ. ①F832. 51

中国版本图书馆CIP数据核字（2022）第 198265 号

中国信贷资产证券化十年发展回顾与展望（2012—2022）
ZHONGGUO XINDAI ZICHAN ZHENGQUANHUA SHINIAN FAZHAN HUIGU YU ZHANWANG（2012—2022）

出版
发行　中国金融出版社
社址　北京市丰台区益泽路2号
市场开发部　（010）66024766，63805472，63439533（传真）
网 上 书 店　www.cfph.cn
（010）66024766，63372837（传真）
读者服务部　（010）66070833，62568380
邮编　100071
经销　新华书店
印刷　北京侨友印刷有限公司
尺寸　169毫米×239毫米
印张　26. 75
字数　378千
版次　2022年12月第1版
印次　2022年12月第1次印刷
定价　69.00元
ISBN 978 - 7 - 5220 - 1812 - 6
如出现印装错误本社负责调换　联系电话（010）63263947

编写组

编写组成员（按姓氏笔画排序）：

孔　尧　王令哲　孙静媛　白　薇　李　文
李　欣　刘　明　陈代娣　张　岩　张婷婷
肖　磊　郑小驹　郑　千　郑　佳　邹　萌
徐睿阳　黄佳琛　曹梦珲　彭占泽　程　琳

序　一

从国外金融市场发展历史与国内实践看，国家实体经济需求和金融环境的发展促进了债券市场进一步完善和发展。作为我国债券市场的重要组成部分，信贷资产证券化起步于2005年，中间因国际金融危机暂停，2012年重启至今，信贷资产证券化重启以来已发展整整十年。在此期间，信贷资产证券化市场发行规模显著增长、产品结构设计日趋成熟、发起机构队伍不断壮大、投资主体更加多元、二级市场流动性持续提升，实现了跨越式发展。截至2021年末，信贷资产支持证券发行规模超过5.2万亿元，占我国资产证券化市场总发行规模近40%，存量规模超1.5万亿元，信贷资产证券化已成为我国金融市场的重要组成部分。同时，市场信用风险持续可控，产品展现出极高的抗风险特性，十年来实现了零违约、零风险事件。信贷资产证券化的常态化健康发展，持续为服务实体经济、筑牢风险底线提供金融支持，对于盘活存量、用好增量，促进经济稳定发展、调整结构、转变发展方式具有重要意义。

站在重启十年的历史时点，对照当初的设想与初衷，我们可以做些回顾与总结，把握未来发展方向：一是厘清资产证券化与信用债、资产管理的逻辑与边界。何谓资产证券化？国际上对资产证券化有一个分类，实际上就是八个字，真实出售、破产隔离。成熟市场经验表明，基础资产能够自我实现、风险易于分析计量，才能实现真实出售、风险隔离。不同于某些主体信用依赖度高、业务实质为债券或资管产品的证券化产品，经过十余年发展，信贷资产证券化显现出了以资产信用为核心的特点，严格坚持资产证券化的本意。二是监测储架注册制的运行效果。2015年以来，一次注册、自主分期发行得到有效推广，零售类贷款证券化产品发展迅速，这一发展变化也与国际成熟市场经验趋同。未来，在事前监管方面可以因情施策、因势利导，推行差异化储架注册制。比如对于信贷ABS发行经验丰富、信息披露规范性强的发起机构和资产类型，可以适度提供发行便利，同时加大对债券发行事中和事后的约束机制，不断贴合市场新发展提升信息披露的透明化、标准化、专业化，始终把防风险作为一个底线。三是把握发起机构多样性与信贷标准问题。经过十年的发展，发起机构数量达到150家左右，机构类型也越来越广。发起机构的适度竞争和分层分类能促进市场创新和效率优化，增强市场韧性。对于放款标准度高、体量大的产品，可以考虑利用信贷资产证券化对信贷标准反向约束，形成对前端贷款发放和管理标准的影响机制；对于其他产品，由于同一机构的资产表现与放款标准一致性强，发起机构可以保持多样化发展。

2022年，世界经济政治局势正在经历百年未有之大变局，在我国经济发展面临需求收缩、供给冲击、预期转弱三重压力背景下，如何充分发挥信贷资产证券化市场功能，进一步提升金融对实体经济的服务质效是值得我们思考的问题。未来，应秉持“促发展”与“防风险”相协调的理念，在宏观审慎的监管框架下，坚持市场化、规范化、透明化方向，以真实出售、破产隔离为核心，以明晰的法律关系为基础，坚持资产信用的业务逻辑，进一步明确信贷资产证券化在发展直接融资、优化信贷结构、深化小微企业金融服务、处置化解不良贷款、促进金融市场对外开放等方面的发展方向，多措并举推动资产证券化市场稳步健康发展。

此次，中债资信发布《中国信贷资产证券化十年发展回顾与展望（2012—2022）》，通过评级、发行人、投资人等多方参与机构的不同视角，全面、深入地回顾总结信贷资产证券化市场十年建设历程和经验，突出展现了信贷资产证券化对于我国国内经济发展、金融市场改革以及金融风险防范的重要意义。本书内容翔实，且具有较强的专业性，有助于为相关机构提供有益参考。希望本书对于资产证券化市场的发展建设有所裨益，也希望在市场各方的共同努力下，我国信贷资产证券化市场继续平稳健康发展，开启下一个十年新征程。

马贱阳

中国人民银行金融市场司副司长

序　二

过去十年，中国债券市场从不到30万亿元的存量发展到如今138万亿元的规模，经历了跨越式增长。同时期，我国信贷资产证券化试点也于2012年重启后迎来了发展的黄金十年，在监管部门、自律组织、市场主体等各方的积极推动下，年发行规模由2012年的190亿元增至2021年的8800亿元，覆盖了房贷、车贷、消费贷、不良贷款、六大信贷资产类型。同时，发行管理制度更加优化，信息披露制度日益完备，市场化、标准化、规范化程度均得到显著提升。信贷资产证券化作为拓展金融体系“宽度”的创新手段，已成为落实党中央、国务院“六稳六保”、优化金融资源配置、“用好增量、盘活存量”、提升金融服务实体经济发展能力的重要工具，同时也是分散商业银行风险、维护金融体系稳定的重要途径。

这十年里，“规范与发展”并重是信贷资产证券化市场发展遵循的基本准则。资产证券化交易结构复杂，参与主体较多，客观上增加了风险识别的难度。结合国内实践和国际成熟市场发展经验，完善监管体系、发展投资者队伍、加强中介机构执业规范成为助推资产证券化市场稳健发展的“铁三角”。这其中，评级机构作为债券市场信用风险的“守门人”，理应把好风险揭示的质量关，当好风险防控的“排头兵”。作为根据国务院2010年“关于金融领域的十五个重大课题”

中规范发展评级行业有关精神，在人民银行的推动下，由交易商协会代表银行间市场投资人发起设立的国内首家投资人付费模式评级机构，中债资信积极发挥投资人付费模式作用，不断加强风险揭示预警，认真履行“挤压评级泡沫，促进行业公信力提升，助力债券市场风险防控和健康发展”的职责使命。自试点重启以来，中债资信全面参与了银行间市场信贷资产证券化评级工作，形成了一套业内领先、成熟完备、符合中国国情的信贷资产证券化评级技术体系，并积累了较为丰富的评级与研究经验，充分发挥双评级校验作用，深度服务信贷资产支持证券发行，助力信贷资产证券化市场至今保持零违约、零风险事件，得到市场各方广泛认可。

值此十周年之际，中债资信发布《中国信贷资产证券化十年发展回顾与展望（2012—2022）》一书，比较全面地梳理和总结了信贷资产证券化十年发展历程和实践经验，充分展现了我国经济金融在进入新发展阶段、构建新发展格局当中信贷资产证券化市场“防风险”与“促发展”相协调的建设理念，重点突出了信贷资产证券化在服务和促进我国债券市场高质量发展中的作用。本书由五大板块共25章节构成，内容上既从宏观层面展现信贷资产证券化十年发展的图景脉络，又从中观层面对RMBS等主流产品十年成长历程进行融会提炼，还从微观层面对创新成果、基础设施等热点问题进行深入分析。本书的推出依托的既是从业人员深耕市场、潜心钻研得到的宝贵经验，又离不开监管机构的悉心指导以及市场主要参与机构的大力支持。

当前，在国际局势纷繁复杂、新冠肺炎疫情反复，以及我国持续深化金融改革开放、防范化解系统性风险的背景下，继续坚持“稳中求进”工作总基调，并服务构建新发展格局的战略需要，债券市场特别是信贷资产证券化市场在助力支持实体经济发展上面临的重任更加艰巨，需要评级及市场各方的共同努力。中债资信将秉持初心使命，继续高举投资人付费模式大旗，深化投资人付费模式实践，积极承担信用评级基础设施功能，充分发挥“三方面价值”：在服务国家发展战略方面发挥更大价值，在助力债券市场风险防控和改革开放高质量发展方面发挥更大价值，在服务市场投资人、提供更具价值的专业服务方面发挥更大价值。为信贷资产证券化创新发展和风险防范继续贡献己能。

十年弹指一挥间，十年奋楫再向前。站在新的历史坐标下，伴随金融市场双向开放稳步推进，相信信贷资产证券化市场将在盘活存量、服务实体经济方面发挥更大作用，也希望借此书构建多向交流窗口，凝聚市场合力，踔厉奋发共赴下一个十年。

冯光华

中债资信评估有限责任公司董事长

目录 CONTENTS

第一部分

政策与市场回顾篇

第一章　政策发展与制度建设综述

我国信贷资产证券化（以下简称信贷 ABS）起步于 2005 年，于 2008 年因国际金融危机而暂停，随着全球经济的逐步复苏以及国内金融改革深化的需要，于 2012 年重启。自重启至今已走过十年历程。在这十年里，信贷 ABS 市场实现了跨越式发展。在坚持稳中求进的工作总基调指导下，作为盘活存量资产、提高资金配置效率的主要金融工具之一，信贷 ABS 在深化金融供给侧结构性改革、增强金融服务实体经济能力、推动经济高质量发展、促进经济结构转型升级等方面充分发挥其应有作用，为我国金融改革和金融创新提供了强大助力。

第一节　信贷 ABS 重启的历史背景

2012 年 5 月 17 日，中国人民银行（以下简称人民银行）、中国银行业监督管理委员会（以下简称银监会）和中华人民共和国财政部（以下简称财政部）联合印发《关于进一步扩大信贷资产证券化试点有关事项的通知》（银发〔2012〕127 号），标志着沉寂了近三年半的信贷 ABS 试点正式重新启动。再次启动信贷 ABS 业务并扩大试点是宏观经济发展的大势所趋，也顺应了我国金融改革、发展和创新的需要。

一、宏观经济的发展需要为信贷 ABS 重启创造了客观条件

一方面，当时的宏观经济环境为信贷 ABS 重启提供了发展的沃土。自 1998 年以来，我国一直实行稳健的货币政策并取得了一系列积极成效，国民经济保持稳中求进的发展总基调。2012 年，我国经济社会呈现良好的发展态势：一是宏观经济缓中趋稳，继续实施积极的财政政策和稳健的货币政策，改革力度不断加大，积极促进经济结构调整和发展方式转变；二是金融市场总体运行平稳，货币信贷和社会融资规模稳定增长，信贷结构

稳步优化，资产证券化发展的基础资产充足；三是金融基础设施建设持续推进，监督管理进一步增强，法律法规体系不断完善，与金融业改革发展开放的适应性进一步提升，为资产证券化重启提供了良好的社会基础；四是宏观审慎管理进一步推进，不断加强对降低系统重要性金融机构风险相关措施的研究。此外，债券市场在这一时期也得到迅速发展，规模稳定增长，创新力度不断加大，品种和期限逐渐丰富，参与主体日趋多元，交易更加活跃，已成为直接融资的主渠道。

另一方面，当时的宏观经济环境亟待信贷 ABS 来解决已存在的问题。2012 年，我国面临的国内外环境十分复杂，平稳运行与隐忧风险并存。一是经济发展中不平衡、不协调、不可持续问题依然突出，宏观调控面临较大压力。虽然我国经济金融运行总体稳健，但 M_2/GDP 等指标相对欧美等发达国家更高，货币信贷增长较快，金融市场配置资源的效率和工具与经济结构调整和转型升级的要求不相适应。中期来看，我国经济仍需保持中高速的增长水平，这就决定着相关金融资源配置需要以控制总量、盘活存量、用好增量为主。二是存在资金结构性矛盾，直接融资与间接融资比例不平衡。与欧美等发达国家相比，我国间接融资比例过高，以银行为主导的金融体系使得银行贷款成为全社会资金供给的主要渠道。2011 年，我国各类贷款占社会融资规模的比重高达 74.5%，而同期企业债券和股票融资占比之和仅为 14%。相比而言，2011 年美国贷款在非金融企业融资中的占比约为 9%，企业债券和股票融资占比之和约为 69%。间接融资比例过大使得全社会资产负债率恶化，整体社会风险过度集中于银行体系，不利于金融稳定。因此需要发展资本市场，进一步优化信贷结构，扩大直接融资渠道，全面提高金融服务实体经济的质量和水平。三是银行业面临转型升级的压力。针对 2008 年国际金融危机暴露出的银行监管漏洞，《巴塞尔协议Ⅲ》应运而生。银保监会结合我国具体情况，于 2011 年相应发布了《关于中国银行业实施新监管标准的指导意见》，提高了相关资本充足率、杠杆率、流动性、贷款损失准备等监管标准。然而，伴随我国信贷总量的大幅提升，商业银行在满足资本充足率等风险监管指标方面的压力逐渐增大，其原有的粗放式信贷管理模式亟待改变，迫切需要寻求在满足监管要求同时实现信贷扩张的有效途径。从国内外实践来看，我国金融市场已发展到需要一定程度上安全、简单、适用的金融衍生品对我国金融市场进行创新、补充和完善的阶段，信贷 ABS 恰好可以填补这一需求。

二、对次贷危机问题的深入研究巩固了信贷 ABS 重启的主观意愿

我国资产证券化曾于 2005 年初开始试点。2008 年 9 月，雷曼兄弟破产，美国次贷危机爆发，继而引发全球范围内的金融危机，其根源在于金融监管不及时、不充分导致的资产证券化产品基础资产信用品质超常规下降，而金融衍生品的无序发展放大了这一危机并最终衍变为系统性金融风险。同一时期，国内资产证券化的试点也受到了较大的舆论压力，为避免我国重蹈覆辙，我国监管当局谨慎起见，暂停了信贷资产支持证券的审批发行。2005—2008 年，共 11 家境内金融机构在银行间债券市场成功发行了总计 667.83 亿元的 17 单信贷 ABS 产品，信贷 ABS 初期试点工作取得了积极成效，信贷 ABS 市场框架初步建立。

2008 年以后，监管机构对美国金融危机进行了充分反思和深入研究。这场由美国资产证券化引发的次贷危机，究其原因，一是金融机构无风险自留要求导致的道德风险。金融危机爆发前，美国监管当局并未对发起人的风险留存比例作出明确要求，贷款人可以转移证券化产品中的全部信用风险。风险的过度转移削弱了商业银行严格执行贷款审核标准的激励，导致银行对信贷资产风险的关注度下降，更加注重信贷数量而非质量，为次贷危机埋下了隐患。二是过度再证券化加剧了信息不对称。美国市场中普遍采用重复证券化对基础资产进行多次包装，以创造出满足投资者要求的高等级证券，这拉长了资金的中介链条，加剧了信息的不对称性，可能进一步加剧金融市场的不稳定性，导致金融市场抵御外部冲击的能力减弱，容易引发市场恐慌从而陷入流动性危机。三是信用评级未能准确识别风险。次贷危机前，美国金融监管体系对资产证券化交易风险的管理多依赖外部

机构评级。但由于信用评级一般是发行人付费，评级机构作为市场交易参与者难免与发起人形成利益共同体关系，评级机构的独立性受到影响，进而导致评级结果虚高，未能真实反映证券的潜在风险。

基于美国资产证券化的经验教训，监管机构对我国信贷 ABS 在前期试点过程中暴露的一些不足进行了总结。一方面，我国资产证券化的监管体制与制度建设有待进一步完善。由于我国信贷 ABS 的实践采取的是“试点与立法并行”的做法，在试点业务开展过程中有必要不断完善监管体制及制度建设。例如，对再证券化加以控制，规定合理的风险自留比例，重视并提高信息的透明度。另一方面，中介服务质量有待进一步提升。中介机构的专业性和中介人员的高素质体现了市场公信力，是资产证券化市场健康发展的重要前提。而前期试点暴露出我国资产证券化的中介服务不够完善，如不同会计师事务所使用的会计标准松紧度差异较大、评级机构的专业性和公允性还有待提高等。

总体来看，作为一种金融产品，资产证券化本身是中性的，在发展得当的情况下可以在分散风险、提高流动性等方面发挥积极的作用。考虑到前期试点工作取得了积极成效，其促进金融改革和金融创新的优势逐渐显现，继续稳步发展信贷 ABS 市场是有必要的。根据前期试点经验以及对资产证券化本质的思考，监管对我国信贷 ABS 的制度建设做出了一系列调整，并决定重启信贷 ABS 试点。

第二节　信贷 ABS 十年发展的政策回顾

一、信贷 ABS 十年制度建设大事记

2012—2021 年，在宏观政策的引导下，信贷 ABS 始终贯彻落实服务供给侧结构性改革、“防范化解重大风险”重点工作。相关主管机构不断优化监管思路，始终坚持“防风险”与“促发展”相协调的理念，根据不同时期的发展需要出台了一揽子资产证券化业务制度和规则，不仅有力支持了宏观经济大局的稳定，也为信贷 ABS 在中国的发展道路上行稳致远

打下了坚实基础。回顾信贷 ABS 十年间的发展历程，大致可以分为三个阶段：一是重启试点阶段（2012—2014 年），主要是充分吸取危机经验教训，完善制度建设，重启并逐步扩大证券化试点规模；二是制度完善阶段（2015—2018 年），信贷 ABS 开始实行注册制，并新增 5000 亿元试点额度，发行管理制度、信息披露制度得到进一步优化；三是稳步推进阶段（2019 年至今），各项制度趋于成熟，信贷 ABS 的市场化、标准化、规范化程度得到了质的提升。

1. 重启试点阶段（2012—2014 年）

2012 年 5 月 17 日，人民银行、银监会和财政部联合印发《关于进一步扩大信贷资产证券化试点有关事项的通知》（银发〔2012〕127 号），标志着因次贷危机陷入停滞的信贷 ABS 试点重新启动，具有重大意义。127 号文结合了国际金融危机以后国际资产证券化业务监管的趋势性变化，处处体现出以风险防范为主要目的的细化规定。试点重启后，相关制度建设和市场实践均平稳推进，信贷 ABS 市场发展呈现良好态势。

2013 年 7 月，国务院印发《关于金融支持经济结构调整和转型升级的指导意见》（国办发〔2013〕67 号），要求逐步推进信贷 ABS 常规发展。2013 年 8 月，国务院第 22 次常务会议部署推进信贷 ABS 工作，人民银行会同有关部门进一步完善方案，确定要在严格控制风险的基础上，循序渐进地推进试点工作，新增 3000 亿元试点规模，同时要求在资产证券化的基础上，将有效信贷向经济发展的薄弱环节和重点领域倾斜，尤其是"三农"、小微企业、棚户区改造、基础设施建设等。同月，国务院办公厅发布《关于金融支持小微企业发展的实施意见》，强调"要加快丰富和创新小微企业金融服务方式"，要求逐步推进信贷 ABS 常规化发展，引导金融机构将盘活的资金主要用于小微企业贷款，更大力度推动解决小微企业融资难、融资贵问题，切实降低实体经济企业成本。12 月底，人民银行和银监会印发《中国人民银行 中国银行业监督管理委员会公告》（〔2013〕第 21 号），明确发起机构可以根据自身需求，灵活选择采用垂直型、水平型等多种方式进行风险自留。

2014 年 11 月，为解决监管机构审批时间较长导致金融机构错过最佳发行窗口和成本不可控的问题，银监会发布《关于信贷资产证券化备案登记工作流程的通知》，明确信贷资产支持证券由逐笔审批改为事前备案登记，有效简化了审批流程。

这一阶段，人民银行充分吸取了资产证券化在次贷危机中的教训，及时总结经验、完善制度设计、加强科学监管、坚持市场化改革方向，在风险防控措施方面开始进行积极探索和有益创新，确保重启朝着正确的方向发展。一是明确规定不搞再证券化，保证信贷 ABS 结构简单明晰，使投资者可以观测底层资产以识别风险；二是要求发起机构对发起的信贷 ABS 要自留一定比例，以有效避免发起机构的道德风险；三是采用投资者付费模式和双评级来抑制因利益追逐导致的评级虚高、级别恶性竞争等行为，防范信用评级机构的发起人付费模式带来的道德风险，使 ABS 这一金融工具发挥应有作用；四是重视信息披露，以减少市场中的信息不对称现象，更好地保护投资者利益；五是大力引导信贷 ABS 入池基础资产的选择兼顾收益性和导向性，鼓励金融机构选择符合条件的国家重大基础设施项目贷款、涉农贷款、中小企业贷款等作为基础资产开展信贷 ABS，以此拓宽中小企业融资渠道，支持国家重点行业改革发展。这一时期，在借鉴国际经验并结合我国金融市场发展实际的基础上，监管框架搭建初具雏形，资产证券化试点规模逐步扩大。

2. 制度完善阶段（2015—2018 年）

2015 年 3 月，人民银行制定发布《中国人民银行公告（信贷资产支持证券发行管理有关事宜）》（〔2015〕第 7 号），简化发行管理流程，提高发行管理效率和透明度，促进信贷 ABS 持续健康发展。2015 年 5 月，国务院第 92 次常务会议决定新增 5000 亿元信贷 ABS 试点规模，继续完善制度、简化程序、鼓励“一次注册、自主分期发行”、规范信息披露、支持证券化产品在交易所上市交易。人民银行会同有关部门积极落实国务院常务会议精神，一是进一步简化发行管理程序，推动一次注册、自主分期发行加快落地；二是进一步完善制度，取消资产支持证券交易审批许可，加快推进信贷 ABS 发展；三是研究出台了多个信息披露指引。自 2015 年以来，人民银行指导中国银行间市场交易商协会（以下简称交易商协会）相继发布了《个人住房抵押贷款资产支持证券信息披露指引（试行）》《个人汽车贷款资产支持证券信息披露指引（试行）》《个人消费贷款资产支持证券信息披露指引（试行）》《不良贷款资产支持证券信息披露指引（试行）》和《微小企业贷款资产支持证券信息披露指引（试行）》等各项指引，进一步规范了信息披露行为和内容，同时研究探索加强信息披露事中事后管理，建立投资者意见反馈和市场化约束机制，以更好地满足投资者投资决策需求。2015 年 9 月，国务院发布《关于促进金融租赁行业健康发展的指导意见》，明确允许符合条件的金融租赁公司通过资产证券化方式筹措资金。

2016 年 2 月，人民银行、国家发展改革委、财政部、银监会等八部门联合印发《关于金融支持工业稳增长调结构增效益的若干意见》，提出要稳步推进资产证券化发展。具体包括：通过推进信贷 ABS，支持银行加大对工业的信贷支持力度；加快推进住房和汽车贷款资产证券化；审慎稳妥探索开展不良资产证券化试点；加快推进应收账款证券化等业务发展，盘活工业企业存量资产。同年 3 月，人民银行与银监会联合印发《关于加大对新消费领域金融支持的指导意见》，鼓励汽车金融公司、消费金融公司大力发展个人汽车、消费、信用卡等零售类贷款信贷资产证券化。

2018 年 8 月，银保监会发布《关于进一步做好信贷工作提升服务实体经济质效的通知》，提出积极运用资产证券化、信贷资产转让等方式，盘活存量资产，提高资金配置和使用效率。

在这一阶段，一方面，适逢“十三五”期间，我国的消费需求持续增长、消费结构不断升级、消费拉动经济作用日渐增强，国家通过政策引导，进一步推动专业化消费组织发展，加快推进消费信贷管理和产品创新，加强新消费领域的金融支持力度，优化消费金融发展环境，从而带动了信贷 ABS 消费类品种的快速发展。另一方面，受一系列政策利好的推动，我国信贷 ABS 已进入常态化发展阶段。该阶段的政策继续按照真实出售、破产隔离，统一标准、信息共享，加强监管、防范风险和不搞再证券化等原则，着眼于拓宽证券化产品基础资产范围、丰富证券投资品种、扩展证券投资主体外延，同时加强薄弱环节监管制度建设，重点补强优化。一是借鉴国际经验，使用注册制来帮助发起机构缩短审批周期，提高发行灵活性和发行动力，降低监管成本；二是进一步完善和强化信息披露机制，健全市场化约束和激励机制，引导市场形成良好的行为规范，切实防范市场风险。这一时期，适合我国国情的信贷 ABS 制度框架已完成建立并不断巩固，我国信贷 ABS 市场体系初步形成，市场活力得到进一步提振。

3. 稳步推进阶段（2019 年至今）

2020 年 2 月，新冠肺炎疫情暴发，人民银行金融市场司发布《关于疫情防控期间金融机构发行债券有关事宜的通知》，明确采取多项便利措施支持资产支持证券等债券品种发行。

2020 年 9 月，银保监会发布《关于银行业金融机构信贷资产证券化信息登记有关事项的通知》，开始对信贷 ABS 实行信息登记制度，由银行业信贷资产登记流转中心（以下简称银登中心）进行信息集中统一登记。10 月，银登中心发布《信贷资产证券化信息登记业务规则（试行）》，对信息登记流程提出了具体要求和实施细则。同年 11 月，信贷 ABS 信息登记正式启动实施。

2021 年 3 月，国家“十四五”规划明确要大力发展绿色金融。同年 4 月，中共中央办公厅、国务院办公厅印发《关于建立健全生态产品价值实现机制的意见》，要求加大绿色金融支持力度，探索生态产品资产证券化路径和模式。

在这一阶段，一方面，中国经济绿色发展成为国家战略，绿色金融成为国家经济转型升级的重要抓手，相关的标准和规则已逐步建立。在政策引导下，绿色资产证券化作为降低绿色企业融资成本、落实金融支持绿色发展、助力碳中和目标实现的有力工具迎来了快速发展。另一方面，信贷 ABS 市场日益成熟，相关政策也趋于完善，监管机构进一步落实国务院简政放权和“放管服”政策精神，促进信贷 ABS 发行提质增效。一是以信息登记取代备案登记，进一步提高产品的发行效率，优化登记管理流程，并实现对基础资产的穿透登记，提升底层数据的标准化水平，有助于加强事中事后监管，提高市场规范度和透明度，为市场长远、健康地发展奠定基础；二是统一数据标准完善信息规范性并提高透明度，有利于监管机构更好地实现产品穿透式监管。这一时期，适合我国国情的信贷 ABS 制度框架完全确立，信贷 ABS 的市场化、标准化程度明显提升，市场转入高质量发展期。

二、信贷 ABS 制度建设的经验和成效

总体来看，重启后的信贷 ABS 在国家政策的大力支持下，在监管机构的悉心指导培育下，充分吸取次贷危机经验教训，精准针对我国市场特点，在制度建设方面取得了长足进步。

一是已经建立起较为健全的信息披露等市场约束机制。信息披露是市场识别证券化产品风险的重要依据，也是次贷危机后国际证券化监管改革的重要内容。在借鉴国际监管改革和总结前期试点经验的基础上，人民银行进一步完善和强化信贷 ABS 信息披露机制，强化市场约束，目前已建立起个人住房抵押贷款资产支持证券（以下简称 RMBS）、不良资产支持证券（以下简称不良 ABS）等覆盖信贷 ABS 六大品种的信息披露规范，并涵盖了产品注册与发行与存续阶段的全生命周期，配套信息披露评价反馈机制，坚持不懈提升信息披露的质量和完整性，促使信贷 ABS 的标准化、规范化和透明化程度达到较高水准。可以看出，一套更加系统、全面、标准化的资产证券化信息披露规则体系已搭建起来。

二是进一步规范、优化了发行标准，发行效率明显提升。伴随着审批制改注册制、备案登记改信息登记的政策，发行管理效率得到了大幅提升，提高了金融机构开展资产证券化业务的积极性。同时，合同文本、信息披露、信用评级等发行标准在不同类型产品、不同发起机构之间得到有效统一，有利于减少监管成本，规范市场行为。在试点规模不断扩大的背景下，

市场涌现出越来越多的成熟市场参与主体，信贷 ABS 市场健康长效发展的基础得到进一步夯实。

三是始终绷紧“防范化解重大风险”之弦。有了美国次贷危机的前车之鉴，监管机构高度重视风险的防控，始终坚持风险防范化解和长效机制建设并重、提高监管有效性和改革创新发展并重的理念，不断提高风险管理水平，避免资产证券化因监管不力、被市场滥用而演变为纯粹的投机和套利工具，引发系统性区域性金融风险。加强证券化业务各环节的审慎监管，以禁止再证券化，以及采用双评级、风险自留等顶层设计严控风险，是信贷 ABS 至今得以保持零风险事件的首要原因。

第三节 信贷 ABS 对于我国经济金融发展的作用和意义

随着信贷 ABS 相关配套政策及制度建设不断完善，近年来信贷 ABS 市场蓬勃发展，创新迭出，焕发出强大生机活力。大力发展信贷 ABS 是落实国务院“为经济结构调整和转型升级提供金融支持”相关要求精神的需要，也是人民银行会同有关部门在推动既能满足实体经济融资需求，又能符合宏观调控和风险防范要求的金融创新方面的有力实践，对于优化金融资源配置，支持经济结构转型，促进实体经济发展等方面有着深远的意义。

一、连通资本与信贷市场融资渠道、有效盘活信贷存量，助力提升金融对实体经济的支持力度

信贷 ABS 通过市场化的方式充分利用资本市场盘活信贷存量，不仅在微观层面提高了商业银行的资金使用效率，推动我国商业银行转变过度依赖规模扩张的经营模式，更重要的是通过存量信贷资产的出表，为信贷投放支持实体经济腾挪出更多空间，从宏观上打通资本市场与信贷市场融资渠道，在助力二者共同服务实体经济融资方面发挥了独特的作用。2008 年国际金融危机后，我国进一步强化对银行业的监管，资本充足率成为制

约商业银行放贷的重要因素之一[①]，2010 年、2011 年我国金融机构新增人民币贷款一度出现回落。在此背景下，除通过发行优先股、次级债等方式补充资本外，信贷 ABS 为商业银行缓解资本充足率等监管指标压力，保证信贷投放对实体经济的支持力度提供了新途径。自 2012 年重启至 2021 年末，我国信贷 ABS 累计发行 5.3 万亿元，年复合增长率高达 53%，市场存量占整个信用债市场的比重由 2012 年的 0.3% 上升至 2021 年的 5.4%，市场存量显著提高，为商业银行更好地支持实体经济融资持续助力。此外，作为连接信贷市场与资本市场的重要通道，信贷ABS还为因融资规模较小、信用资质较弱而难以直接进入债券市场融资的中小微企业开辟了间接进入的渠道。自 2015 年首单发行以来，2021 年小微企业贷款 ABS 发行规模增长至 324.87 亿元，为支持小微企业融资贡献了力量。

二、服务扩大内需和绿色发展，推动经济结构转型升级

在我国经济高质量发展的背景下，信贷 ABS 为我国扩大内需和绿色发展提供了金融支持，在服务我国经济结构转型升级方面发挥了积极的作用。在支持消费领域发展方面，以汽车、住房为代表的大额消费品通常需要金融加以支持，以美国为例，其住房按揭贷款的资产证券化率超过 60%，资产证券化为满足居住需求提供了有力支撑。我国自 2012 年资产证券化试点重启以来，以住房贷款、汽车贷款、信用卡应收账款、个人消费贷款等为基础资产的信贷 ABS 产品发行规模快速增长，截至 2021 年末已累计发行超过 3.8 万亿元，年复合增长率高达 86.3%，占当年全部信贷 ABS 发行的比重由 2012 年的 15.6% 大幅上升至 2021 年的 91.9%，对我国居民消费提质升级起到了促进作用。在支持绿色发展方面，当前绿色信贷占绿色融资总规模 90% 以上，绿色 ABS 为有效盘活绿色信贷资产提供了

① 2011 年出台的《关于中国银行业实施新监管标准的指导意见》进一步提升了对资本充足率的要求。截至 2010 年末，部分大型股份制银行尚达不到新监管标准下系统重要性银行 11.5% 的资本充足率要求，个别银行甚至达不到 10.5% 的非系统重要性银行要求。

工具。自 2014 年国内首单发行以来，我国绿色信贷 ABS 稳步发展，作为信贷 ABS 领域的创新产品，绿色信贷 ABS 在向市场传导相关政策导向、引导金融资源支持绿色方面发展发挥了积极作用。

三、分散金融风险、处置不良资产，有效助力防范系统性金融风险

在我国社会融资高度依赖银行贷款的背景下，相关风险也过度集中于银行体系。信贷 ABS 通过将传统间接融资转换为直接融资，将过度集中于银行体系的风险通过市场化的方式部分转移分散至债券市场等直接融资市场，有助于改善整体社会风险过度集中于银行体系的局面，推动我国社会融资结构的调整和改善。重启十年间，我国间接融资规模占比不断下降，截至 2021 年末我国各类贷款占社会融资规模的比重由 74.5% 下降至 66.5%，包括信贷 ABS 在内的直接融资比重由 14% 上升至 30%。其中，信贷 ABS 在社会融资规模占比持续上升，在改善我国社会融资结构方面贡献了自身力量。此外，信贷 ABS 的投资者包括商业银行、证券公司、保险机构、境外机构等多种类型，其中非银资金持有占比超过三分之一，有效助力了银行系统风险的转移和分散。同时，面对商业银行“短债长贷”的期限错配问题和部分区域行业过于集中的问题，信贷 ABS 也为商业银行主动调整信贷资产期限、区域和行业结构，化解或分散相关局部风险提供了有效工具。其中，不良信贷 ABS 更是直接为商业银行高效处置不良贷款、有效化解风险提供了工具。面对近年来资产质量下迁压力的加大，不良 ABS 发行规模呈上升态势，从 2016 年的 156.10 亿元增加至 2021 年的 299.94 亿元，累计助力发起机构处置不良资产超过 6200 余亿元，充分发挥了拓宽金融业不良处置渠道、增强不良贷款处置力度的作用。

四、吸引外资机构，助力我国债券市场高水平对外开放

信贷 ABS 作为我国债券市场对开放过程中境外投资机构最为青睐的信用债产品，在吸引境外投资机构，增进其对我国信用债市场的熟悉程度，助力我国债券市场高水平对外开放方面发挥了积极作用。2021 年，

在通过“债券通”渠道发行的全部信用债中，信贷 ABS 产品发行数量和发行规模的比重分别高达 89.5% 和 83.4%。其中，车贷 ABS 和 RMBS 产品最受欢迎，在 2021 年“债券通”渠道发行的信贷 ABS 中的数量占比接近 90%。我国信贷 ABS 产品能够获得境外投资者的普遍青睐，主要原因是其风险隔离、内部增信等产品设计使其在评级方法上能够摆脱国家风险的限制，获得国际评级机构给予的较高级别。根据万得相关数据统计显示，在 2021 年通过“债券通”发行的具有国际评级机构评级的非金融类信用债中，信贷 ABS 比重高达 96.3%，且全部获得 AAA 级别。此外，以车贷 ABS 为主的部分国内信贷 ABS 产品，其发起机构多为境外投资人较为熟悉的外商独资企业和中外合资企业，一定程度上减少了投资信息的不对称，更易于为境外投资人所接受。信贷 ABS 作为连接国内信用债券市场与境外投资人之间的桥梁和纽带，在发挥吸引境外投资人和助力我国债券市场对外开放方面发挥了不可替代的作用。

第二章　市场发展历程综合回顾

自 2012 年信贷 ABS 试点正式重新启动以来，经过十年建设历程，我国信贷 ABS 市场不断成熟完善，并始终以安全稳定的态势助力我国债券市场的健康发展。十年间，在监管部门的悉心指导和监管政策的大力支持下，市场发行实现常态化，基础资产类型持续丰富，交易结构创新频出，参与主体逐渐多元，流动性显著提升，信用风险持续可控，服务实体经济的能力日益增强。信贷 ABS 市场已经成为我国债券市场中的重要组成部分。

表 2–1　　2012—2021 年信贷 ABS 市场发展大事记

阶段	时间	事件	主办机构	内容
恢复试点阶段（2012—2014 年）	2012 年 5 月	《关于进一步扩大信贷资产证券化试点有关事项的通知》（银发〔2012〕127 号）	人民银行、银监会、财政部	在基础资产、机构准入、风险自留、信用评级、资本计提、会计处理、信息披露、投资者要求、中介服务等方面对信贷 ABS 项目作出了要求
	2012 年 9 月	国开行在银行间市场成功发行了 101.66 亿元信贷资产支持证券	国家开发银行	标志着我国信贷资产支持证券在沉寂近 4 年之后重新发行
	2012 年 10 月	重启后首单车贷 ABS	上汽通用	通元 2012–1
	2014 年 7 月	重启后首单 RMBS	邮储银行	邮元 2014–1
高速扩容阶段（2015—2018 年）	2015 年 3 月	《中国人民银行公告》（〔2015〕第 7 号）	人民银行	信贷资产支持证券开始实行注册制，鼓励金融机构以合适信贷资产，一次注册分批发行
	2015 年 4 月	首届资产证券化创新与发展论坛	中债资信	发布我国首部资产证券化白皮书《中国资产证券化白皮书（2015）》
	2015 年 5 月	《个人住房抵押贷款资产支持证券信息披露指引（试行）》《个人汽车贷款资产支持证券信息披露指引（试行）》	交易商协会	首次发布信贷 ABS 信息披露指引

续表

阶段	时间	事件	主办机构	内容
高速扩容阶段（2015—2018年）	2015年7月	银行间市场首单消费贷ABS，首单循环结构产品	宁波银行	永盈2015-1
	2015年9月	《个人消费贷款资产支持证券信息披露指引（试行）》	交易商协会	首次发布消费贷ABS信息披露指引
	2016年4月	《不良贷款资产支持证券信息披露指引（试行）》	交易商协会	首次发布不良ABS信息披露指引
	2016年5月	重启后首单不良ABS	中国银行	中誉2016-1
	2016年10月	《微小企业贷款资产支持证券信息披露指引（试行）》	交易商协会	首次发布微小ABS信息披露指引
	2017年12月	重启后首单微小ABS	泰隆银行	泰和2017-1
高质量发展阶段（2019年至今）	2019年4月	首单以信用卡账户资产入池的循环资产循环结构消费贷ABS	招商银行	和智2019-1
	2020年9月	《关于银行业金融机构信贷资产证券化信息登记有关事项的通知》	银保监会	不再对信贷ABS产品备案登记，而实施信贷ABS信息登记，并由银行业信贷资产登记流转中心承担信贷ABS信息登记相关职责

数据来源：中债资信整理。

第一节　信贷ABS市场十年发展大事记

一、市场发行规模先抑后扬、持续提升、平稳健康的发展态势凸显

我国信贷ABS的发行规模受重启后一系列政策利好的推动，呈现先抑后扬、持续向好、平衡健康的发展态势。2012年，人民银行等三部门联合发布《关于进一步扩大信贷资产证券化试点有关事项的通知》（以下简称《通知》），信贷ABS自此正式重启并在接下来两年内缓步探索，以安全稳妥为要。这一时期共发行11单产品，发行规模350.34亿元，占资产证券化市场发行规模的62.44%。从2014年起，随着备案制、注册制等政策和配套措施的稳步推出，以新增5000亿试点规模为支撑，信贷ABS

开始高速扩容，发行速度明显加快，呈现井喷式发展态势。2014 年发行 2819.80 亿元，超过 2005 年至 2013 年发行规模的总和，在 2018 年更是单年发行规模突破 9000 亿元。2019 年后，信贷 ABS 发行增速略有放缓，更强调市场的高质量发展。自重启以来，截至 2021 年末，信贷 ABS 共发行项目 1150 单，发行规模 52922.47 亿元，占资产证券化市场总发行规模的 38.31%。从存续总量上看，过去十年，信贷 ABS 从 229.21 亿元增长到 17497.82 亿元，复合增速达 54.27%，存续单数同步从 9 单增加到 558 单。截至 2021 年末，存续信贷 ABS 占资产证券化市场存续规模的 34.43%。总体来看，信贷 ABS 持续处于稳健发展、不断壮大的良好趋势中，作为我国金融机构特别是银行主导实施资产证券化的主要渠道，在我国基于分业监管架构，多个标准化类别齐头并进的资产证券化市场中仍占据最重要的位置，详见图 2-1 及图 2-2。

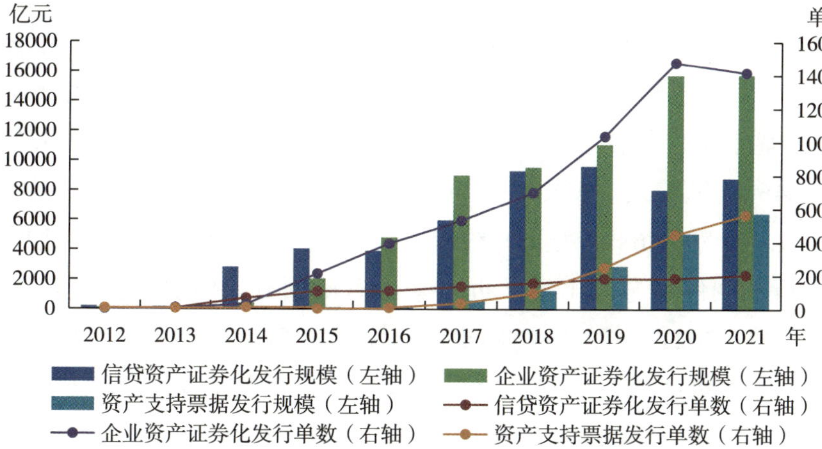

图 2-1　2012—2021 年资产证券化产品发行规模及单数

（数据来源：Wind，中债资信整理）

对比美国资产证券化市场的发展历程，信贷 ABS 平稳健康的发展态势尤其凸显，且具有广阔的前景。美国资产证券化市场发展可以说是持续贯穿着金融危机，其成型受储贷危机的直接推动，后作为核心环节引发次贷危机。在上述事件的影响下，MBS 和 ABS 的发行规模也经历三个时期

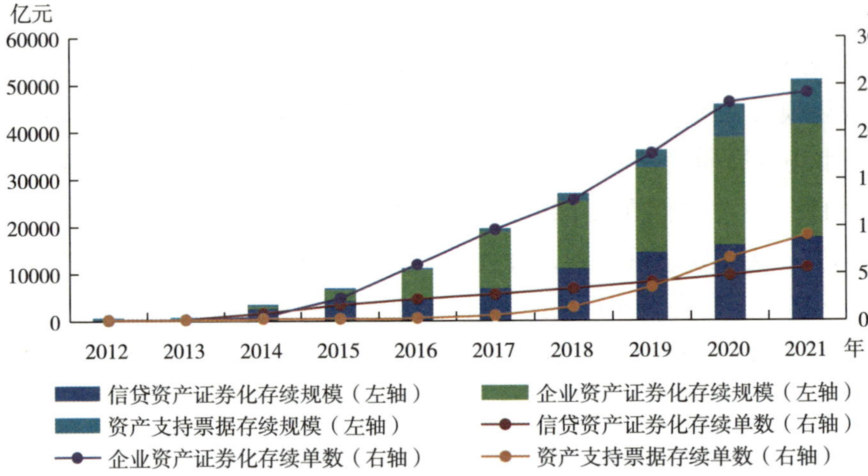

图 2-2　2012—2021 年资产证券化产品存续规模及单数

（数据来源：Wind，中债资信整理）

的大幅波动，即次贷危机前的快速增长、次贷危机后的萎缩以及近年来的回升。MBS 发行规模在次贷危机前于 2003 年达到高峰（35371.77 亿美元），约占固定收益产品市场的 50%，是当时市场最大的组成部分，次贷危机后其规模明显下滑，但在 2020 年后激增且超过次贷危机前水平，2021 年共发行 45846.50 亿美元。ABS 整体走势与 MBS 相近，发行规模于 2007 年达到高峰，为 7958.68 亿美元，约占固定收益产品市场的 12%，此后随着 CDO 发行的叫停而急剧下滑，近年来虽有所回升，但仍未恢复至次贷危机前的水平，2021 年共发行 5818.91 亿美元。对比中国信贷 ABS 市场与美国资产证券化市场，从发展历程来看，一是信贷 ABS 在次贷危机前仅进行小规模试点，且在危机发生期间及时暂停，避免了大洋彼岸的冲击牵连；二是美国次贷危机的经验教训也为信贷 ABS 提供了宝贵的借鉴机会，以高标准、严要求进行重启，并在随后十年内迅速扩容，市场健康长效发展趋势相对更为凸显。从市场规模来看，我国信贷 ABS 市场相对美国仍有一定差距。截至 2021 年末，信贷 ABS 存续规模占我国信贷规模的比例不足 1%，RMBS 作为市场中的主导产品类别，存续规模占我国房贷规模的比例仅为 3.53%，两项数据均远低于美国（分别在 20% 和 80% 以上）。

但是，结合利好政策稳步推出、制度建设不断优化的良好趋势，我国信贷ABS市场依然具有充足的发展潜力。

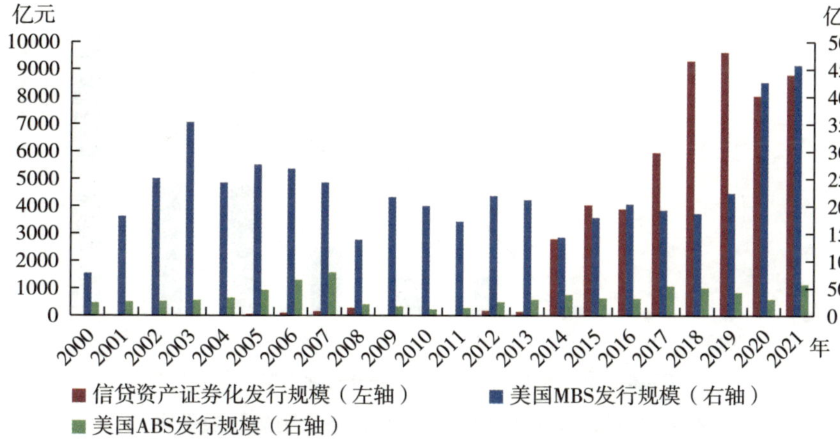

图 2-3　2000—2021 年信贷 ABS 和美国资产证券化产品发行规模

（数据来源：Wind、SIFMA，中债资信整理）

二、二级市场流动性显著提升，各层级证券的投资价值逐步得到挖掘

随着市场规模逐步扩大、交易机制日渐完善以及市场对金融创新产品认知程度的提高，信贷ABS二级市场交易活跃度显著提升。2012—2014年，信贷ABS市场处于初步恢复试点阶段，发行规模较小，投资者的市场定价能力和交易策略存在欠缺，期间成交金额和换手率几近于零。2015年后，信贷ABS市场环境和制度框架逐渐完善，促进二级市场交易情况持续优化。具体而言，信贷ABS市场规模的快速上升对二级市场交易形成支撑，信息披露指引的发布有效降低市场中的信息不对称现象，储架发行模式提振市场对于同质化资产的投资信心，同时开始出现主承销商作为做市商促成双边报价实现做市成交，叠加投资者自身投研能力与对产品认知的加强，二级市场流动性得到明显改善。截至2021年末，总成交金额19768.69亿元，换手率屡创新高，在2021年高达45%，为近年来最高水平。现券交割量呈上涨态势，截至2021年末达到25680.57亿元，其中2021年为10457.10

亿元，占总量的 40.72%，市场活跃度不断增强，详见图 2-4。

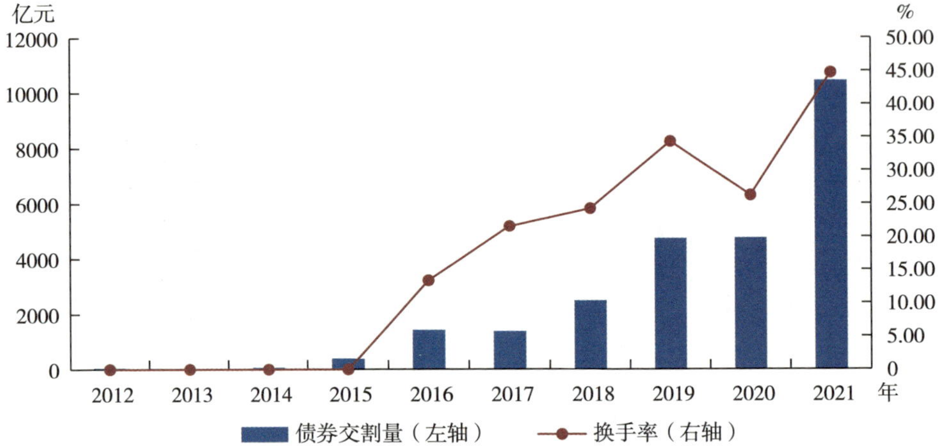

图 2-4　2012—2021 年信贷 ABS 债券交割量及换手率

（数据来源：Wind，中债资信整理）

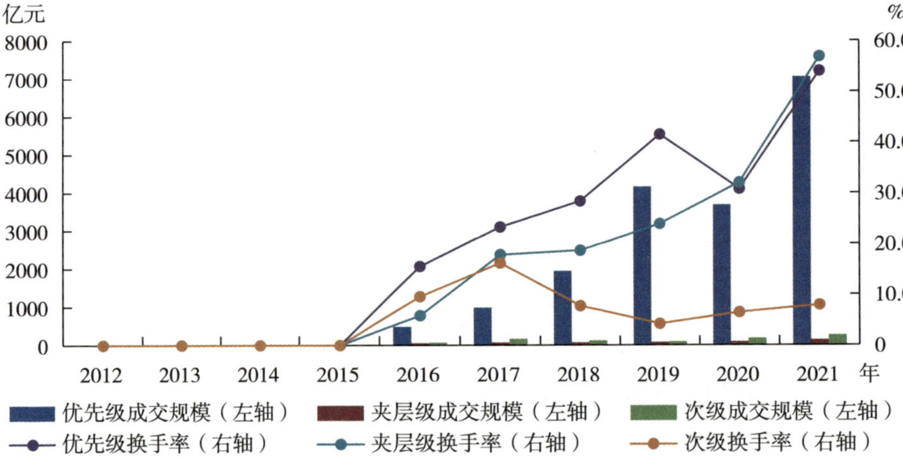

图 2-5　2012—2021 年信贷 ABS 分层级成交规模及换手率

（数据来源：Wind，中债资信整理）

分证券层级来看，优先级在信贷 ABS 二级市场交易中占据绝对主导地位，而夹层级流动性增加最为显著。优先级成交规模自 2015 年后几乎逐年攀升，近 5 年复合增速为 70.56%，2021 年达到峰值 7057.97 亿元，占信贷 ABS 市场整体的 94.42%，远高于其他层级。其原因，一是优先级自身为信贷 ABS 市场最大组分，存量规模的积累支撑了成交表现；二是商业银行作为信贷 ABS 市场中最大投资群体，对其所投产品的评级要求较高。夹层级虽然成交规模较小，总额仅 500 亿元，但换手率近年来持续上升，并于 2021 年超过优先级达到 56.92%，一方面是由于信贷 ABS 市场的整体信用风险持续稳定，此时夹层级的收益率优势对投资者的吸引力明显上升，另一方面也反映出投资者风险偏好增加，多元化投资群体正在形成。次级在风险自留的要求下，换手率偏低，但近年来也呈现上升趋势，其投资价值逐步得到发掘。

信贷 ABS 二级市场流动性在国内资产证券化市场中表现相对较好，同时仍有进一步优化空间。通过对比国内资产证券化市场来看，2021 年，信贷 ABS 换手率高于企业资产支持证券（以下简称企业 ABS）（29.29%），低于交易商协会资产支持票据（以下简称 ABN）（60.10%），但成交规模高于两者，且考虑到 ABN 由于期限普遍较短，存量规模较小导致其换手率计算结果偏高，整体上信贷 ABS 二级市场活跃度仍然优于国内其他资产证券化市场。但通过对比银行间债券市场其他品种来看，2021 年，信贷 ABS 换手率较中票（142.86%）等仍有一定差距，市场流动性建设仍存在进一步提升空间。

三、发行利率整体波动下行，发行利差在震荡中逐步收窄

发行利率紧贴市场利率，自信贷 ABS 重启以来呈震荡下行走势，且在各产品类型之间趋于分散。从长期走势来看，由于信贷 ABS 标准化程度较高，基础资产集中于银行信贷资产，所承担的利率风险较为明显，发行利率走势整体与市场利率相贴合。以 AAA 级信贷 ABS 产品为例，2013 年，银行间货币市场资金面紧张，市场利率飙升，平均发行利率达到峰值（5.48%）。2014—2016 年，国内经济增速放缓，人民银行采取宽松的货币政策注入流动性，市场利率下行，平均发行利率在该时期下降 208 个基点。2017 年，为控制金融可能脱实向虚的风险积聚，金融去杠杆成为当时监管政策的重心，货币政策中性趋紧，市场利率上升，平均发行利率相对

上年上升 162 个基点。2018 年，金融去杠杆成效凸显，且在中美贸易摩擦和新冠肺炎疫情冲击所导致的经济走弱形势下，货币政策转为宽松，市场利率走低，平均发行利率持续下降，于 2021 年达到历史低位，为 3.31%。从产品间差异来看，AAA 级信贷 ABS 各产品发行利率在 2012—2017 年较为集中，2018—2021 年则明显更为离散，两段时期的逐年极差均值分别为 2.30% 和 3.22%，详见图 2–6。发行利率趋于分散的原因一方面是信贷 ABS 市场日趋成熟，产品更加丰富多元；另一方面是市场数据的逐步积累和估值技术能力的不断提升推动产品定价更为精细化。

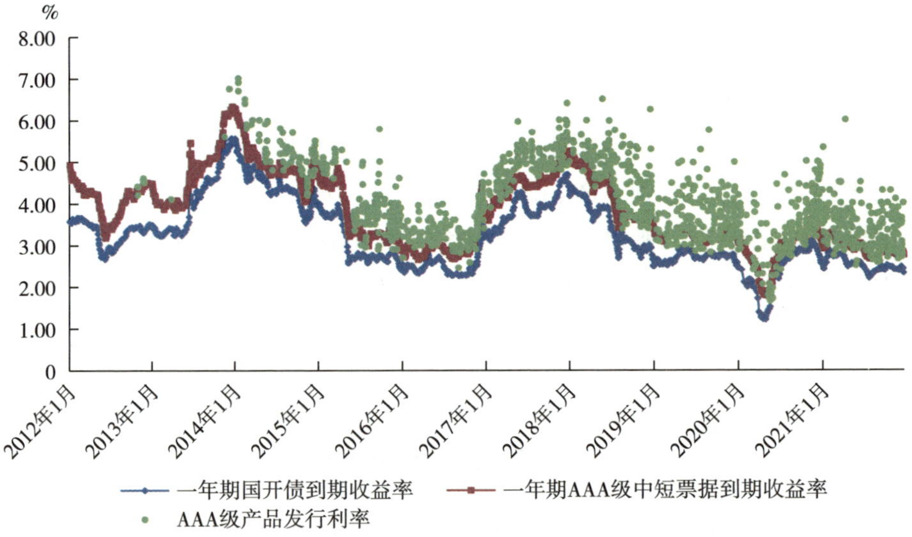

图 2–6　2012—2021 年 AAA 级信贷 ABS 产品发行利率和市场利率

（数据来源：Wind、中国债券信息网，中债资信整理）

发行利差[①]十年间有所起伏，整体显著收窄，级别之间利差较为稳定。从长期走势来看，信贷 ABS 发行利差与发行利率阶段性变化特征相同，受到宏观政策调控和市场自身发展的共同作用。信贷 ABS 在重启之初处

① 此处发行利差指信贷 ABS 产品发行利率相较于同期限中债国开债到期收益率的利差。

于金融创新的新产品阶段，相对成熟市场表现出低风险、高回报特征，2013 年 AAA 级产品发行利差达 156 个基点，为十年间最高值。2014—2016 年，信贷 ABS 市场迅速发展，新产品溢价逐渐消退，同时由于高收益资产短缺，市场对于信贷 ABS 的投资热情上涨，调低收益率预期，发行利差稳步下降，期末相较 2013 年降低 89 个基点。2017 年，货币环境趋紧，彼时信贷 ABS 流动性水平仍有所不足，产品流动性溢价导致发行利差随利率走势上扬的幅度较大，达 118 个基点。2018 年后，随着信贷 ABS 步入常态化发展，流动性明显改善，市场对产品的认可度进一步提高，发行利差回落后企稳，2021 年达 71 个基点。从分级别对比来看，市场占比最大的 AAA 级和 AA+ 级产品之间利差相对稳定，十年间基本维持在 30 个基点左右，说明信用风险溢价长期平稳，反映出信贷 ABS 信用风险整体保持在较低水平，并且具有较好的评级区分度，详见图 2-7。

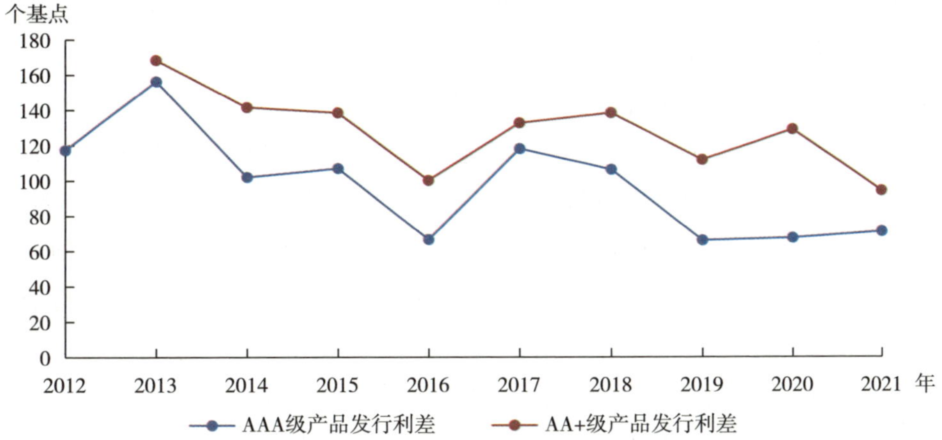

图 2-7 2012—2021 年 AAA 级和 AA+ 级信贷 ABS 产品发行利差

（数据来源：Wind、中国债券信息网，中债资信整理）

四、发起机构类型不断扩充，梯队进一步丰富

发起机构类型十年间显著拓增，吸纳更多非银金融机构为市场注入活力。2012—2013 年，信贷 ABS 整体处于蛰伏试水阶段，参与机构较为有限，共涉及 10 家发起机构，总体上以国家开发银行、工商银行等政策性

和国有大行为主。2014 年后，随着发行速度加快，发起机构也快速扩容，逐步涵盖汽车金融公司、资产管理公司、金融租赁公司、消费金融公司等，更多非银行金融机构参与进来，市场发起机构类型进一步多元。发行规模排名前三除全国性商业银行、股份制银行外，还包括汽车金融公司，其占比分别为 43.56%、20.56% 和 15.78%，说明非银金融机构已成为信贷 ABS 发起机构中的重要组成部分。究其原因，一是受到政策利好影响，如 2016 年人民银行等八部门发布的《关于金融支持工业稳增长调结构增效益的若干意见》中明确提出"加快推进住房和汽车贷款资产证券化"，直接推动当年汽车金融公司发行单数同比增长 112.5%；二是信贷 ABS 有助于其拓宽融资渠道，非银金融机构融资渠道受到严格约束，主要依赖于发行金融债，且部分机构受限于资产规模及信用资质不具备发行公募债券的条件，而信贷 ABS 以资产信用为基础，不受资产规模限制，并且有利于提高资本充足率、化解流动性风险和优化负债结构，提供了一条多效能的直接融资途径。

发起机构中商业银行梯队进一步丰富，整体以全国性大行为主，中小行参与相较重启之初显著增多。全国性大行拥有更多符合信贷 ABS 要求的优质基础资产，先行进入市场，主导地位凸显，在十年间发行规模排名前十的发起机构中，全国性大行数量为 8 家，发行规模占市场总量的 57.59%。中小行参与情况受市场中主流产品类型更迭而有所起落，整体呈后起勃发态势。城市农业商业银行由于资产规模相对较小，且对资产证券化认知与全国性大行存在差距，2014 年才开始正式开展信贷 ABS 业务，进入市场时间相对较晚。2015 年随着《中国银监会中资商业银行行政许可事项实施办法》等办法的颁布，信贷 ABS 的资格获取环节下放到地方银监局，城市农业商业银行的发行单数得益于业务开展的便利化而明显增加。2016—2018 年，由于城市农业商业银行业务种类比较单一，其发行单数占比随着 CLO 的规模降低而同步有所下降。2018 年人民银行等五部门发布《关于进一步深化小微企业金融服务的意见》，微小 ABS 基础资产条件放宽，城市农业商业银行长期服务地方实体经济的优势开始展露，发行单数占比明显回升，2021 年为 9.22%，反映出发起机构中商业银行梯队相对重启初期的进一步丰富。

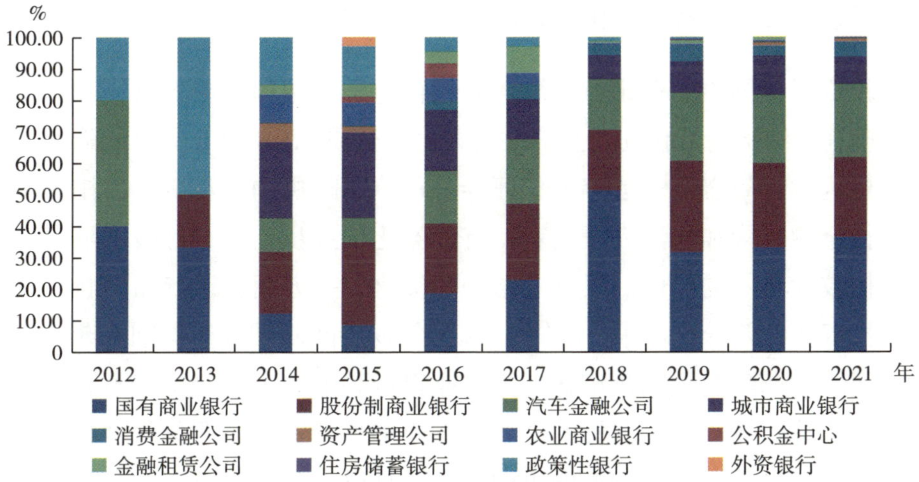

图 2-8 2012—2021 年信贷 ABS 各类型发起机构发行单数占比

（数据来源：Wind，中债资信整理）

表 2-2 信贷 ABS 前十大发起机构一览

发起机构	发行单数	发行单数占比（%）	发行规模（亿元）	发行规模占比（%）
中国建设银行股份有限公司	138	12.00	10319.25	19.50
中国工商银行股份有限公司	96	8.35	7024.86	13.27
招商银行股份有限公司	81	7.04	4362.09	8.24
国家开发银行	33	2.87	3072.11	5.80
中国银行股份有限公司	42	3.65	2420.86	4.57
兴业银行股份有限公司	43	3.74	2254.67	4.26
交通银行股份有限公司	28	2.43	1760.61	3.33
中信银行股份有限公司	33	2.87	1323.71	2.50
上汽通用汽车金融有限责任公司	20	1.74	1260.00	2.38
中国农业银行股份有限公司	30	2.61	1064.19	2.01
总计	544	47.30	34862.35	65.87

注：数据统计截至 2021 年 12 月 31 日。

数据来源：Wind，中债资信整理。

五、投资者结构持续优化，境外机构参与增加

投资者范围由商业银行逐渐向非银行金融机构和非法人投资者稳步扩大，投资者结构持续优化。重启之初，由于信贷 ABS 缺乏历史风险表现，多数机构持观望态度。近年来，证券公司、保险机构、基金、信托公司等非银行金融机构和非法人投资者持有证券比例逐步上升，打破了早期投资者结构较为单一的局面。投资者结构的优化，一方面源于产品不断成长满足了投资者的差异化需求，信贷 ABS 十年发展间基础资产类别逐渐扩充，信用层级和期限类别同步细化，为商业银行和证券公司等偏好不同的投资者提供区分度较高的投资标的；另一方面来自投资者专业化程度和对产品认知水平的提升，非银行金融机构多在产品设计和发行过程中有所参与，例如，证券公司担任计划管理人和承销商角色、信托公司担任发行人，在前序业务开展中的深度参与使该类投资者对产品认知水平较高，风险判别能力较强，从而能够利用产品进行合理的资产配置。

随着我国金融对外开放水平的提高，境外机构投资通道逐步拓宽，对信贷 ABS 的投资参与不断增加。2012—2014 年，人民币合格境外机构投资者（RQFII）和合格境外机构投资者（QFII）的投资范围相继拓宽，境外机构与信贷 ABS 之间的投资通道得以构建。2017 年 7 月，债券通“北向通”作为境外投资者经由香港与内地基础设施机构投资于银行间债券市场的制度安排正式启动运行，并于次月发行首单信贷 ABS 引入境外机构投资认购。由于信贷 ABS 国际可比性较强，受到境外投资者的青睐，自债券通“北向通”开通以来发行量持续扩增，截至 2021 年末，总计发行 692 只，占该途径所发行银行间债券总量的 30.17%。境外机构投资参与的增加，一方面带来成熟资本市场的沉淀经验和创新思路，促进国内参与机构认知深化，助推信贷 ABS 与国际接轨提速；另一方面有助于提升市场流动性水平，推动投资者结构进一步优化，分散国内金融市场系统性风险。

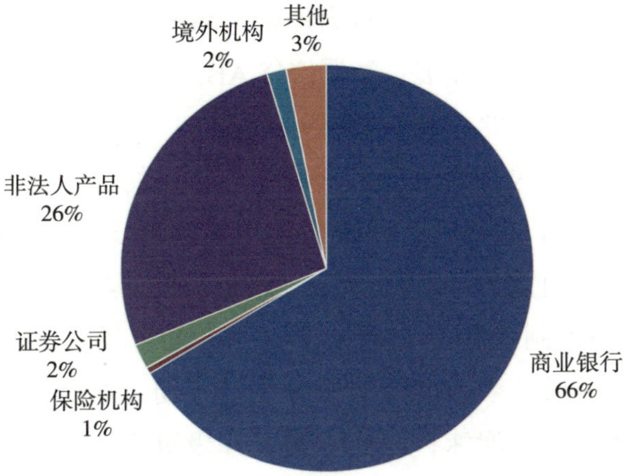

图 2–9　2021 年信贷 ABS 持有者结构

（数据来源：Wind，中债资信整理）

六、评级行业监管趋严，在双评级制度框架下，促进有序竞争及对外开放

信贷 ABS 吸取次贷危机评级方面的经验教训，采用双评级制度并不断对评级行业加强监管，保障了市场十年间零违约的风险防范表现。评级机构失职被视作次贷危机爆发的重要原因之一，国外评级机构在危机爆发前为获取更多的市场份额而迎合发起机构发布高评级，且在危机爆发时大量下调级别加剧流动性问题。在此背景下，信贷 ABS 重启之初即在《通知》中明确要求产品发行需“聘请两家具有评级资质的资信评级机构，进行持续信用评级”，确立施行双评级制度，并“支持对资产支持证券采用投资者付费模式进行信用评级”。2019—2021 年，监管部门对评级行业的管理进一步严格，期间，《信用评级业管理暂行办法》和《关于促进债券市场信用评级行业健康发展的通知》相继发布，确立了评级机构的法律责任，并重申对双评级制度和投资者付费模式的鼓励与支持。在监管制度的不断完善下，信贷 ABS 的双评级制度及投资者付费模式对市场评级寻租现象产生了有效的抑制作用，同时市场声誉机制对评级机构的独立性和公正性

也起到了长效保障作用，从而更有力地防范系统性风险。

随着市场重启并迅速发展，参与信贷 ABS 的评级机构先集中再分散，评级行业发展也愈加成熟。在恢复试点阶段，产品数量较少，评级工作也较为集中，各评级机构开始逐步探索和建立自己的评级方法体系。自信贷 ABS 发展步入“快车道”后，评级机构数量不断丰富，从 2012 年仅有 4 家评级机构[①]发展到 2021 年共有 9 家，评级机构参与情况进一步分散化。在信贷 ABS 双评级制度的基本框架下，一方面，投资人付费与发行人付费两种营运模式组成了当前的评级服务供给布局，通过评级结果的相互校验，助力市场挤压评级泡沫；另一方面，评级机构间的良性竞争促使各机构不断优化自己的评级方法和技术水平，强化信用风险的识别与揭示，提升评级的科学性和准确性，有助于促进信贷 ABS 持久健康发展。

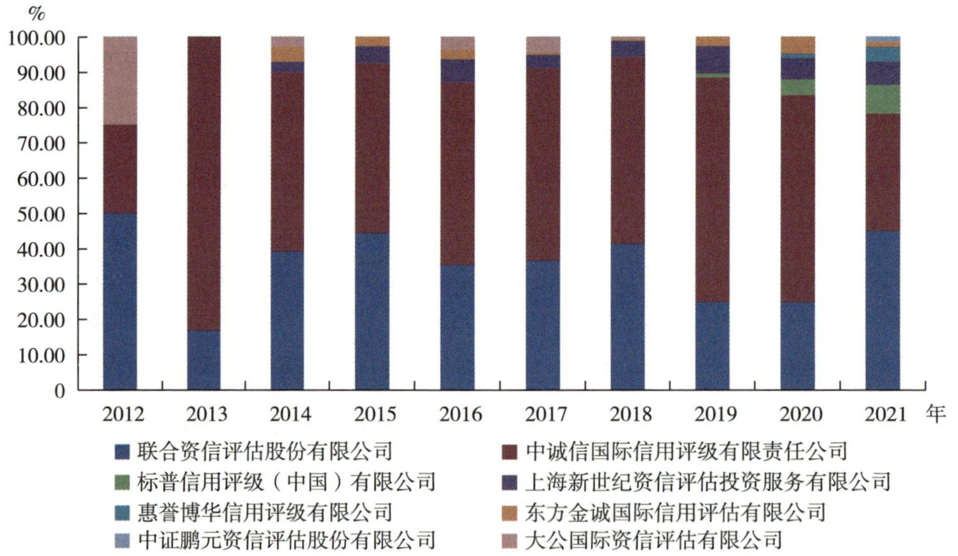

图 2-10　2012—2021 年信贷 ABS 评级机构逐年参与单数占比

（数据来源：Wind，中债资信整理）

---

① 此处统计包含中债资信评估有限责任公司。

我国债券市场在“引进来”和“走出去”方面稳步推进，信用评级领域也随之进一步对外开放，国际评级机构为我国评级市场注入新的血液。早在 2014 年，国际评级机构就以持有国内评级公司股权的形式参与了信贷 ABS 的评级。由惠誉提供评级的华驭 2014 年第一期汽车抵押贷款资产支持证券是我国资产证券化产品首次引入国际机构评级。2018 年 3 月，中国银行间市场交易商协会发布《银行间债券市场信用评级机构注册评价规则》，允许符合条件的境外信用评级机构在境内开展债券信用评级业务。2019 年，标普成为首家获准进入中国市场的外资评级机构，自此境外评级机构正式开始在我国信贷 ABS 领域开展评级工作。国际评级机构的进驻，一方面，有利于我国信贷 ABS 市场更好地服务国际投资者，助力信贷 ABS 更好地走出国门；另一方面，将促进我国金融监管及市场基础设施建设进一步与国际接轨，推动中国评级行业更加规范化和国际化，对中国金融市场的健康发展具有积极意义。

第二节　信贷 ABS 产品十年发展大事记

一、基础资产类型不断丰富，小额分散的零售类资产渐成主流

信贷 ABS 基础资产类型随市场发展而不断丰实，产品类型同步拓增，以个人零售类 ABS 为主的产品结构逐渐形成。从基础资产类型来看，信贷 ABS 重启初期基本集中于企业贷款，后随试点范围扩大而逐步扩充，2021 年已涵盖房贷、车贷、消费贷、小微企业贷款、不良贷款、企业贷款六大资产类型。从产品结构来看，以企业贷款为基础资产的 CLO 曾经一枝独秀，发行规模于 2015 年达到顶峰，占当年信贷 ABS 总量的 77.11%。2015 年后，各类产品先后出现并蓬勃发展，CLO 的主导地位逐渐被 RMBS 取代，后者 2017 年发行规模实现反超。随后，个人零售类 ABS 逐渐发展成为信贷 ABS 的主流产品，2021 年发行规模占市场总量的 91.89%。个人零售类 ABS 的壮大，一是由于其基础资产分散性较高且同质性较强，具备能够有效分散和缓释信用风险、较好运用“大数法则”进

行量化分析、利于形成稳定可预测现金流的特点，更适合证券化实施的同时更受市场青睐；二是反映出我国银行业稳健推进零售业务发展的战略转型趋势。

随着我国不同时期经济建设的需要及金融市场的多样化，微小 ABS、不良 ABS 等产品逐渐兴起并迅速扩张为信贷 ABS 重要的产品谱系。微小 ABS 于 2017 年初步试水，首年共发行 7.03 亿元。2018 年后，为打通小微企业金融服务渠道，人民银行等监管机构持续推出对于小微企业贷款融资的支持政策和对于其资产证券化的鼓励措施，微小 ABS 发行规模同步大幅上升，2021 年共发行 324.87 亿元，五年间复合增速达 115.25%。不良 ABS 在 2016 年启动试点后的四年内稳步发展，期间累计发行 96 单。进入 2020 年，受新冠肺炎疫情影响，我国经济下行压力明显增大，不良 ABS 作为金融机构不良资产处置的创新渠道发挥起重要作用，其发行规模也借助政策东风快速增长，2020—2021 年共发行 118 单，占同期市场总量的 31.07%。微小 ABS、不良 ABS 等新兴产品的不断涌现，一方面推动信贷 ABS 产品结构持续优化，标志着市场越发成熟、健康；另一方面也体现出信贷 ABS 服务实体经济发展的重要意义。

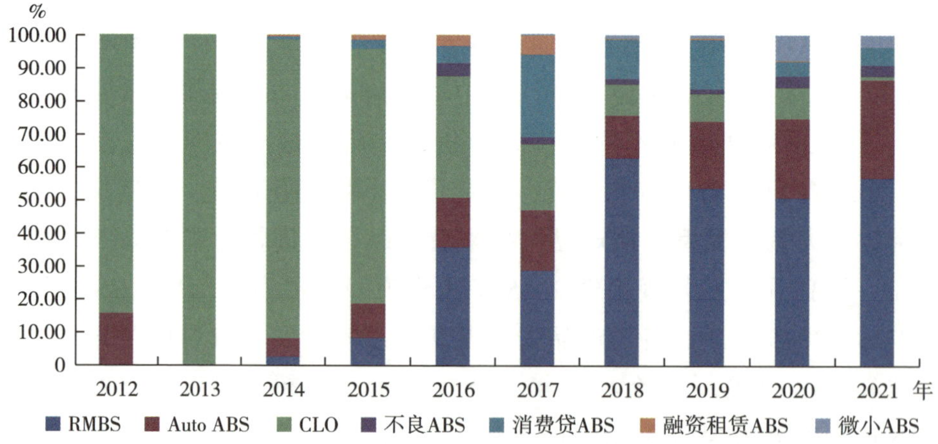

图 2-11　2012—2021 年各类型信贷 ABS 发行规模占比

（数据来源：Wind，中债资信整理）

二、交易结构设计日益创新，满足愈加丰富的投资需求

随着信贷 ABS 市场愈加成熟、产品类型与发起机构不断丰富，信贷 ABS 的产品设计不断推陈出新，更好地满足了日益增长和多样化的投资需求。根据创新的作用位置不同，在基础资产端，循环结构的应用逐渐常态化，2021 年发行的消费贷 ABS 和车贷 ABS 产品中循环结构产品发行单数占比分别达到 37.50% 和 28.85%，循环结构能够将短期资产长期化，有效解决资产端与证券端的期限错配问题，从而极大丰富了发起人和投资者对于不同基础资产类型的选择。在证券端，一是产品层级划分越发细化，设置优先 C 档的产品自 2018 年亮相市场以来发行单数逐年递增，进一步丰富了信贷ABS的产品层次，满足了市场对证券期限和风险收益的不同需求；二是信贷 ABS 在传统的过手摊还本金基础上，不断引入固定摊还、目标余额等不同的兑付方式，使得证券偿付可以在一定程度上摆脱资产端现金流的限制，根据投资者需求定制出更为平滑的现金流及合适的证券期限；三是 LPR 定价于 2019 年引入，兴银 2019 年第四期信贷资产支持证券成为首单依据 LPR 定价的信贷 ABS，标志着信贷 ABS 跨入证券利率“真浮动”时代，缓解信贷市场与资本市场的利率错配。

三、信用风险持续可控，在新冠肺炎疫情冲击下始终保持较强的抗风险性

截至 2021 年末，任何级别的信贷 ABS 证券均保持零违约，未触发风险事件，未发生级别调降，且基础资产累计违约率持续保持低位。信贷 ABS 市场信用风险整体可控，其中原因除有效监管、制度保障、各参与方尽职履责外，也得益于其良好的基础资产质量和稳健的交易结构设计。一方面，信贷 ABS 的基础资产来自金融机构的规范经营，且入池需依据严格标准进行筛选，信用质量得以保障。另一方面，信贷 ABS 以破产隔离为核心，多利用基础资产的分散化特性来实现证券增信，而非倚赖少数主体的担保保障，同时借助严谨的结构设计和条款约束有效缓释信用风险，

如自2015年循环结构首次采用以来，信贷ABS始终坚持全市场最严格的资产循环购买标准，对维护证券存续期间基础资产质量的连贯性和一致性起到了关键作用。

面对疫情挑战，信贷ABS产品在经历阶段性下跌后稳步恢复，体现出其优质性和稳定性。2020年初疫情给信贷ABS基础资产行业带来负面影响，复工时间延迟和盈利水平受损对债务人还款能力和还款意愿产生短期扰动，零售和对公类ABS底层资产累计违约率以及不良贷款回收率表现均有所恶化，部分产品出现延期兑付现象。但随着疫情形势逐步缓和、融资扶持等稳增长政策相继出台、常态化防控举措严格落实，疫情影响逐渐消退，产品底层基础资产的逾期率、回收率于2020年4月后稳步恢复至疫情前正常水平，且在疫情时有反弹的情况下仍保持稳定，凸显出信贷ABS良好的抗风险能力。

第三节　信贷ABS市场十年发展特征和启示

重启十年以来，信贷ABS市场持续健康发展态势日益凸显。这得益于监管部门的大力支持，信贷ABS市场发行交易情况双面向好，参与主体由发行端到投资端逐渐多元，中介机构尽职履责能力不断增强，产品类型与设计创新迭出，信用风险保持稳定可控，已成为我国债券市场不可或缺的一员，对维护金融稳定、助力金融市场改革、服务实体经济发展意义重大。

一、标杆式的标准化与规范化建设成为债券市场可借鉴的生态样本

经过十年的探索和建设，信贷ABS已发展成为我国资产证券化市场上标准化程度最高、信息披露制度最完善、信用风险最可控的产品之一。

一是信贷ABS市场以严格监管和制度保障作为重要基础。首先，信贷ABS如今已形成规范统一的发行标准，建立了较同类产品更为丰富翔实的信息披露制度。得益于这些完备的基础设施，发行管理效率较高，有效激发了发起机构的参与意愿；其次，投资者可充分了解和跟踪证券的实

际情况，丰富投资逻辑，促进二级市场更加活跃；最后，第三方中介服务和产品的发展具备了可行性，相关的数据库、估值工具等信息化应用逐渐出现，将进一步促进信贷 ABS 市场繁荣。

二是大力发展标准化程度更高的产品类型。首先，如今信贷 ABS 市场的产品由零售类 ABS 占据绝对主要成分，与国际成熟市场基本一致。相较 CLO 和其他对公资产证券化产品，零售类 ABS 在产品标准化方面更加突出，主要依靠小额、大量的基础资产进行增信，而非单一或少数企业主体；其次，能够更好地满足资产证券化对于现金流稳定可预测的要求，因而整体信用风险更加可控，更受投资者的青睐。

三是双评级制度及投资者付费模式评级的充分发挥，对抑制防范风险起到了关键作用。过去十年，信贷 ABS 市场始终保持健康发展，在已发行产品超千支、合计规模超 5 万亿元的情况下实现了零违约、零风险事件。这正是五部门联合发布的《关于促进债券市场信用评级行业健康发展的通知》中“鼓励投资者付费评级，发挥双评级、多评级以及不同模式评级的交叉验证作用”的具体成效体现，评级的风险揭示作用进一步强化，评级虚高泡沫持续被挤压。信贷 ABS 良好的评级制度建设与成功的双评级实践，为债券市场树立了一个可借鉴的生态标杆。

二、走出了符合中国国情，具有中国特色的资产证券化实践道路

信贷 ABS 由我国特有国情条件所孕育，持续满足我国不同阶段经济建设的切实需要，十年发展间始终带有鲜明的中国烙印。

一是发展历程突出政府主导、顶层设计特色。与美国资产证券化市场由金融机构自发创新和政府顺应市场需求进行监管立法的发展模式不同，信贷 ABS 发展之初即经过多轮论证来制定相应的政策措施，随后开展分阶段试点并逐步完善制度，表现出典型的由政府主导推动的特性，具有显著的后发性优势。一方面，国外资产证券化市场的制度架构及产品发展路径，给我国监管机构开展信贷 ABS 市场的顶层设计提供了良好借鉴，得以在多轮试点中进行检验和完善，形成符合我国国情和需要的本土化资产

证券化市场；另一方面，国际资产证券化市场的缺陷和问题在次贷危机中全面暴露，给我国信贷 ABS 的实践提供了宝贵的经验教训，降低了发展过程中的试错成本。我国监管机构在次贷危机后推出以双评级制度为代表的一系列风险防范政策措施，对市场重启后能够稳定健康发展起到了关键作用。

二是贴合我国经济金融发展的实情实需，不断创新。一方面，相较于国际成熟资本市场，银行在我国金融体系中的地位更为突出，相应地，间接融资比重过高的金融结构也亟待优化。信贷 ABS 应时而生，依托银行间债券市场，作为标准化的固定收益融资工具拓宽市场直接融资渠道，促进我国多层次资本市场建设；并以银行信贷为主要基础资产，有助于打通信贷市场和资本市场的连接通道，加快促进直接融资与间接融资市场的融合。另一方面，信贷 ABS 始终坚持有的放矢地推出符合我国经济金融发展切实需要的创新产品，以不良 ABS 为例，尽管在国外起源较早，但仍属小众范畴，而在我国近年来经济转型、银行不良贷款率攀升的背景下，不良 ABS 多次试点扩容且首创信用卡不良 ABS 等细分品类，逐渐成长为信贷 ABS 市场主流产品之一，并已成为银行处置不良资产的重要渠道，为我国化解金融风险提供长效助力。

第三章　从投资者视角看信贷 ABS 十年发展历程

作为中国债券市场的重要组成部分，信贷 ABS 市场在监管机构的指导和众多市场参与者的努力下，坚持风险防范与创新发展，走过了重启后的第十个年头。信贷 ABS 产品不仅始终保持安全运行，而且在标准化和规范化方面也有长足进步。因风险可控且收益较好，信贷 ABS 的交易属性及流动性进一步增强，投资价值不断凸显，已经形成了一个相对活跃的二级市场。本章仅从投资者视角，对信贷 ABS 市场十年发展历程进行简要回顾。

第一节　投资者眼中的市场十年建设发展历程

一、信贷 ABS 的标准化资产认定，吸附各类资金投资需求

2012 年，资产证券化重启以来市场持续扩容，截至 2021 年 12 月末信贷 ABS 累计发行规模超 5.29 万亿元，企业 ABS 累计发行规模超 6.80 万亿元，交易商协会 ABN 累计发行规模超 1.66 万亿元[①]。存量规模方面，ABS 产品存量规模已突破 4.84 万亿元，达到同期公司债存量规模的 47.87%，ABS 产品已逐渐脱离小众地位，成为债券市场的主要构成部分。

随着近年防风险、严监管的趋势不断演进，ABS 产品也呈现出标准化和规范化的态势。2018 年 4 月 27 日，中国人民银行、中国银行保险监督管理委员会、中国证券监督管理委员会及国家外汇管理局联合发布的《关于规范金融机构资产管理业务的指导意见》（银发〔2018〕106 号）

① 统计区间为 2012—2021 年。

（以下简称资管新规）将信贷资产支持证券列为标准化债权类资产。2020年7月3日，中国人民银行、中国银行保险监督管理委员会、中国证券监督管理委员会、国家外汇管理局发布《标准化债权类资产认定规则》（〔2020〕第5号，以下简称认定规则），再次明确信贷ABS、ABN、企业ABS属于标准化债权类资产；银登中心信贷资产流转产品、报价系统ABS、保交所ABS被列入非标准化债权类资产。标准化债权类资产和非标准化债权类资产的差异主要在于是否可以期限错配、是否受限于多层嵌套、是否需要进行合格投资者认定及是否涉及投资占比限制等方面，加上标准化产品在资本占用方面的低风险权重属性，至此，ABS标准化产品在诸多方面显著优于非标准化ABS产品，前者逐渐吸附了广义资管类资金对原有非标准化ABS资产的投资需求。

信贷ABS标准化的认定为ABS市场发展奠定了良好的基础，通过不断强化投资者保护，完善信息披露机制，进一步提高了信贷ABS市场认可度和活跃度。

二、注册制的推进及信息披露的标准化，显著提高信贷ABS投资交易活跃度

信贷ABS注册制推出后，在中国人民银行的指导下，中债资信配合银行间市场交易商协会根据不同产品基础资产特点，相继推出个人汽车贷款、个人住房抵押贷款、棚户区改造项目贷款、个人消费贷款、不良贷款信贷资产支持证券的信息披露指引及配套表格体系，使得信贷ABS的交易结构及基础资产标准化程度进一步提高。注册制强化了发起机构和发行人信息披露主体责任，规范了信息披露的数据口径，极大地提高了信贷资产支持证券的信息透明度，为信贷ABS二级市场的发展奠定了基础，显著提升了交易活跃度。可以看到，由于注册制下产品信息披露标准与成熟市场接轨，除了吸引越来越多的境内投资者外，境外投资者的参与兴趣和意愿也大幅提升。

注册制的实施对市场具有重大积极意义。一方面，提升了审批效率和

透明度，简化了事前行政审批，通过市场参与者自律管理，规范了产品类型、增大了发行频率；另一方面，推出注册制后，个人住房抵押贷款、个人汽车贷款、信用卡分期和个人消费贷款等零售类信贷 ABS 产品有了明确的业务指导方向，发行规模增长较为明显，2015—2021 年末，RMBS 发行规模占比分别为 8.12%、35.73%、28.66%、62.70%、53.59%、50.64% 和 56.64%[①]，车贷 ABS 发行规模占比分别为 10.45%、15.02%、18.32%、13.05%、20.40%、24.13% 和 29.89%，具有同质化、分散化特征的标准化资产已经成为信贷 ABS 市场中的中流砥柱。与之成为鲜明对比的是，同质化、分散化程度较低的公司信贷资产支持证券（CLO）发行规模逐渐下降，从 2015 年的 77.11%[②] 下降到 2021 年的 1.03%。标准化资产证券化的快速发展在注册制下得到彰显，吸引了更多的投资者，也为后续二级市场交易放量做好了铺垫。

二级市场方面，自注册制推行以来，除受新冠肺炎疫情影响较为严重的 2020 年外，信贷 ABS 产品的二级市场成交规模逐年递增，2021 年成交规模达 7474.80 亿元，其中 RMBS 的交易活跃度最大，全年累计交易 6042.70 亿元[③]，占比达 80% 以上；车贷 ABS 全年累计交易 738.60 亿元，占比达 9.88%；二级市场换手率稳步上升，从 2016 年的 13% 逐渐上升到 2021 年的 45%，详见图 3-1。

① 此处包含住房公积金贷款 RMBS 及类 REITs。

② 此处不包含融资租赁 ABS。

③ 二级市场交易情况统计包含商业银行住房抵押贷款 RMBS 和住房公积金贷款 RMBS。

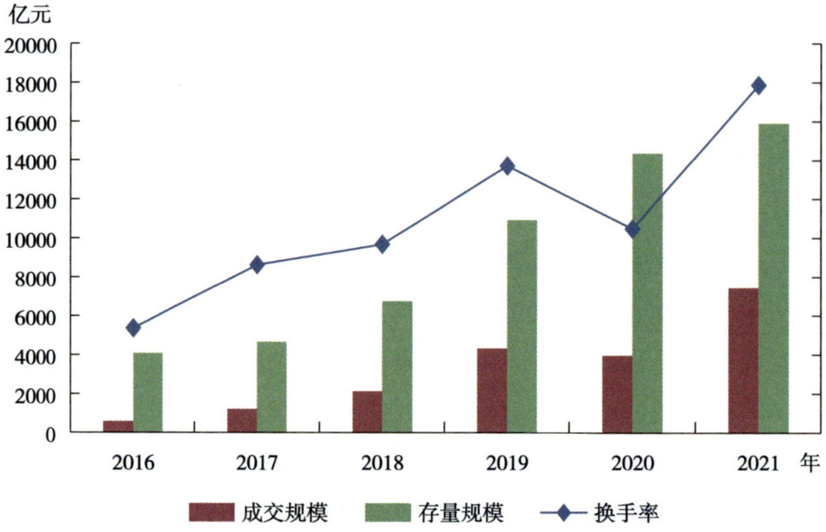

图 3-1　信贷 ABS 成交规模与换手率

（数据来源：Wind）

三、低信用风险、高标准化程度的分散型资产等更受投资者青睐

近十年来，信贷 ABS 市场逐步回归 ABS 本源。在中国人民银行金融市场司的指导下，信贷 ABS 市场始终坚持防风险的方针不动摇，保持稳健谨慎的态度，立足信贷资产本身信用、完善破产风险隔离制度，引导市场关注符合大数定律的标准化资产，在不断丰富产品类型的同时构建透明的信息披露体制，不断创新衍生品交易策略，在传统信用债市场风险不断暴露的环境下，仍然保持了零违约、零风险事件的优异表现。

2018 年以后，受大额风险管理办法的认定对商业银行投资偏好的影响，CLO 产品市场份额逐渐缩小，同时以 RMBS、车贷 ABS、消费贷 ABS 为主的分散化资产在发行量、存量、交易量等方面都有明显的上升，市场认可度显著提升。

从绿色金融来看，银保监会印发关于推动银行业和保险业高质量发展的指导意见，鼓励银行业金融机构积极发展能效信贷、绿色债券和绿色信贷 ABS，稳妥开展环境权益、生态补偿抵质押融资，依法合规设立绿色发展基金。信贷 ABS 市场积极响应中央的碳中和倡导，成功发行新能源车贷 ABS、绿色对公信贷资产 ABS 等产品，绿色信贷 ABS 产品也受到了投资者的青睐。

四、投资者付费、全评级覆盖为投资者交易及风险定价提供可靠的参考锚

美国次贷危机之后，资产证券化背负高风险属性的名声，一是由于基础资产的信用质量对于证券风险有较大影响，但是在结构化的包装下，投资者很难穿透至底层资产；二是信用评级机构在自身利益的权衡下，难以避免付费模式的利益冲突，其评级结果很难真实体现债券内在风险。自 2012 年中国信贷 ABS 重启，监管层面基于 ABS 的高风险特点，鼓励“双评级”，支持采用投资者付费模式进行信用评级，通过不同评级结果和评级信息之间的相互校验，显著提高评级准确性，强化评级信用风险揭示，有效防范系统性风险。

中债资信作为投资者付费模式评级机构，自 2012 年全面参与信贷 ABS 评级服务已有十年时间，在此期间信贷 ABS 市场呈现持续健康发展态势，在已发行规模近 5 万亿元的信贷 ABS 领域，实现了零违约、零风险事件。

双评级的引入，增强了市场约束机制和系统性风险防范，规避了不同付费模式引发的“鲇鱼效应”，促进以评级技术为核心竞争力的评级业态优化多种付费模式的存在，避免了恶性单一的级别竞争，保证良性的行业生态，保障评级质量。此外，投资者付费模式评级的全覆盖，也保证了信贷 ABS 市场评级标准的统一与可比性，为投资者投资、交易及风险定价提供了更可靠的参考。尤其在对于较为复杂的信贷 ABS 品种如不良 ABS 等，不同评级机构评级标准、逻辑等存在较大差异的情况下，对分层的一致与可比性、次级投资及定价显得更加重要。

第二节　信贷 ABS 的市场特征和投资价值

一、信贷 ABS 的市场特征

1. 监管政策传导畅通

得益于信贷 ABS 产品的审批及注册由中国人民银行直接管理，原始权益人银行、金融租赁、消费金融公司等都是受银保监会监管的持牌金融机构，监管政策的传导链条清晰直接，业务模式受政策指导时调整更为及时，各品种信贷 ABS 的一级市场发行节奏与政策指导密切相关。

2. 标准化的信贷 ABS 交易属性及流动性进一步增强

信贷 ABS 的标准化程度高，一是原始权益人主要为银行、金融租赁、消费金融公司等银保监会监管的金融机构，牌照管制下原始权益人总体数量有限；二是信贷业务模式高度标准化，信贷 ABS 基础资产类别清晰规范，债权转让的破产隔离效果好，进而交易结构统一标准，天然具有标准化的特征。

产品的标准化是二级市场发展的基础，只有标准化产品才能有效降低投资者内部的沟通成本、投资者之间的沟通成本，才能发展起高效统一的二级市场。信贷 ABS 由其天然的标准化特征，已经形成了一个相对活跃的二级市场，信贷 ABS 产品二级市场交易规模从 2016 年的 590.18 亿元到 2021 年的 7474.80 亿元，在 5 年的时间内翻了 12.67 倍，其中 RMBS 扮演了非常重要的角色，2021 年 RMBS 的成交规模占到总规模的 80.36%，已经发展起了成熟的交易体系。

判断一类资产的流动性，从定性的角度看，高流动性需要具备标准化程度高、存量规模大、信息披露完善、投资者群体广泛且交易意愿强、统一高效的交易对手方等因素；从定量的角度看，高流动性需要具备集中的交易信息交流平台、交易时间短费用低、交易规模较大且换手率适中、较为准确的中债估值、交易导致的价格偏离初始价格的程度较低等特征。

从投资者交易意愿方面，原有的银行机构以投资需求为主，交易需求不强，随着信贷ABS的不断发展，投资者群体不断分散，除银行外的其他机构交易需求较大，加之2021年以来的银行理财净值化管理，给了银行理财交易信贷ABS的动机，信贷ABS的交易属性及流动性进一步增强。

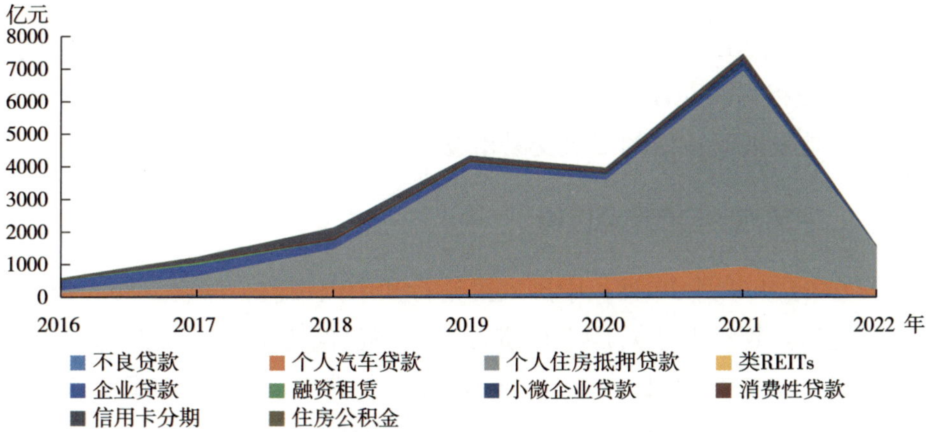

图 3-2　信贷 ABS 二级市场成交规模情况

（数据来源：Wind①）

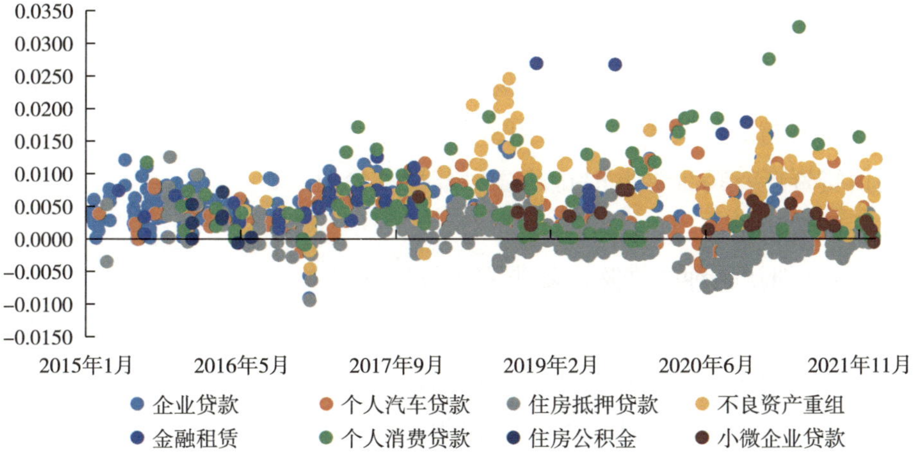

图 3-3　信贷 ABS 与同期中期票据发行利差（AAA 级）

（数据来源：Wind）

① 2022年数据为截至2022年3月31日的成交规模数据。

3. 信贷 ABS 风险可量化且易于判断，有利于投资者投资交易及风险定价

信贷 ABS 的信用风险较低，一是发起机构是受银保监会监管的持牌金融机构，主体资质优良；二是基础资产多为分散且符合大数定律的资产，具有与国际化 ABS 一致的特征，风险可以量化且易于判断及跟踪管理。这些特征使得信贷 ABS 产品十分利于投资者投资交易及风险定价，故而可以较快地发展起成熟的二级交易市场。

二、信贷 ABS 的投资价值

自 2005 年 4 月 20 日，中国人民银行和中国银监会联合颁布《信贷资产证券化试点管理办法》，距今信贷 ABS 市场已经历了 17 年的跨越式增长，其中经历了初步尝试、扩大试点、业务重启、加速发展等重要阶段。这些年，我国信贷 ABS 存量规模从零发展到如今已超过 1.5 万亿元，成了我国债券市场的重要组成部分；基础资产类型从单一的个人住房抵押贷款、对公贷款发展到汽车贷款、不良资产、信用卡、消费贷等多元化组合；市场投资者也逐步丰富，涌现出银行、理财、保险、券商、基金等不同类型投资者的配置交易需求。随着信用债市场违约风险不断上升，地产信用板块的不断“暴雷”与泛消费类贷款领域的政策收紧，因绝对风险低且相对收益较好的信贷资产支持证券此时正凸显出其投资价值。

1. 配置价值

（1）创新品种的推陈出新丰富了投资光谱

信贷资产支持证券的设计灵活度较高，且产品创新空间较大，近年来为投资者提供了颇多资产，丰富了市场供给。同时，产品的更新迭代也为推动金融机构创新处置不良资产、促进小微企业扶持政策的落地、积极响应国家“碳中和、碳达峰”等战略目标提供了有效助力。发行端不断尝试推出新类型基础资产，设计出新交易结构，涌现出众多市场“首单”，丰富了市场投资者的可配置光谱。

基础资产方面，仅 2021 年就发行了众多新型基础资产项目，包括纯信用类小微企业不良贷款入池的不良 ABS（建鑫 2021–6）、汽车抵押类的消费不良贷款入池的不良 ABS（橙益 2021–2）、汽车抵押类消费贷款入池的消费贷 ABS（安顺 2021–1）和新能源汽车贷款入池的绿色汽车贷款 ABS（上和 2021–1）等。

交易结构方面，信贷 ABS 产品的交易结构设置也进一步多样化：消费贷 ABS 项目在 2021 年开始尝试在提前清偿事件中增加月均损失率的条款设置（和智 2021–1），触发事件指标的进一步精细化为维护投资者权益提供了有力保障；信用卡不良 ABS 项目加快了证券兑付频率（招银和萃 2021–1），可在一定程度上减少证券在存续期内的兑付不确定性。

上述信贷 ABS 新类型基础资产或交易结构在丰富了市场投资品种的同时，也为投资者带来了可观的超额利差。新类型资产出现的初期，投资者认可度与接受度较低，市场参与者较少，也导致发起机构对发行利率的容忍度较高，因此这些 ABS 相较同主体相近风险的其他现券品种具有一定的溢价空间。先行参与机构可通过对相应资产、结构、条款方面的逐条分析论证，摆清资产风险收益的性价比，获取认知溢价的先机。例如，在

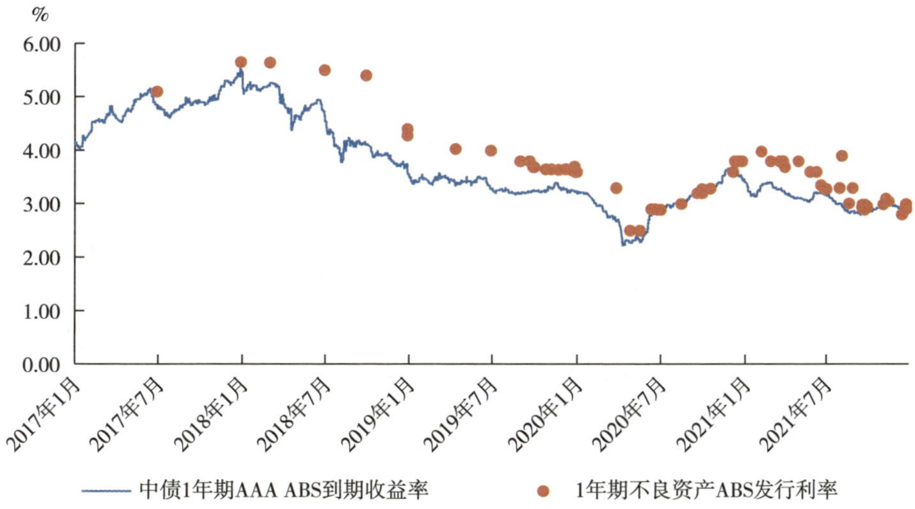

图 3–4　1 年期 AAA 不良资产 ABS 发行利率

（数据来源：Wind）

不良 ABS 推出初期，其 AAA 优先档 1 年期资产的发行利率与 1 年期中债资产支持证券到期收益率利差为 50~80 个基点，至 2021 年末此利差已缩窄至 10~20 个基点，详见图 3-4，这在一定程度上说明不良 ABS 经过多年的持续发行和运营，在 ABS 投资者群体中的认可程度日渐提升，投资价值挖掘也越来越充分。

（2）期限及结构差异带来增厚组合收益的多样化策略

信贷资产支持证券基于持牌金融机构发放的优质资产作为信用基础，但受限于目前市场阶段，其流动性仍处于提升过程。该类资产的流动性溢价可使得投资者在不进行信用下沉、杠杆和久期等工具受限的前提下也可以获取较高的相对收益。这也带来了信贷 ABS 较同期限、同评级、同主体的金融债之间持续稳定的利差空间。例如，同为建设银行发行 1.7 年的 21 建设银行小微金融债与 20 建元 13A2 利差均值保持在 20 个基点左右，详见图 3-5。

图 3-5　21 建设银行小微金融债与 20 建元 13A2 利差

（数据来源：Wind）

信贷 ABS 期限分化程度高，可满足不同参与者的需求。作为信贷 ABS 中规模最大、最具有代表性的 RMBS，其在一个产品中具有相同外部评级符号的证券或有截然不同的加权久期和到期期限。例如，同主体AAA 评级的 RMBS 加权平均期限可短至 1 年期及以下，长至 7~8 年。在宽货币、低利率的环境下，RMBS 投资者在不进行信用下沉的前提下可通过增加组合久期来增厚收益。同时，作为 ABS 中唯一具有完整收益率曲线的品种，投资者可根据期限偏好、投资策略选择不同的档位，博弈收益率曲线上的长短端期限利差。

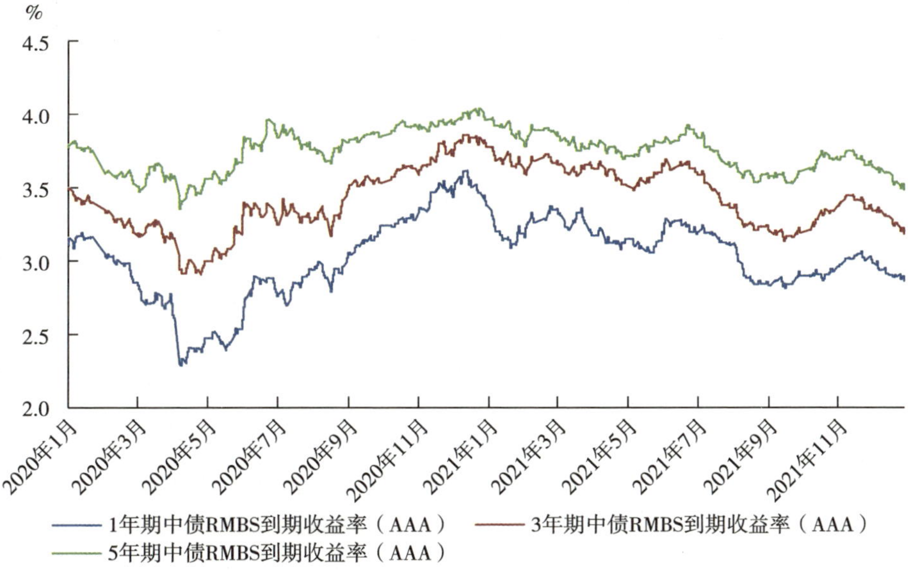

图 3-6　各主要期限中债住房抵押贷款资产支持证券到期收益率

（数据来源：Wind）

结构化分层则是 ABS 的另一个重要特征。根据项目的结构和条款设计，信贷资产支持证券的不同挡位可能具有完全不同的偿付方式及风险收益特征，投资者可以通过灵活选取优先级或夹层以优化其投资组合的风险回报水平。这也使得投资信贷资产支持证券在策略上更为多样化，也促进了投资端群体的进一步扩容。例如，2017 年至 2021 年 12 月末，同主体、同时期、同期限的 AA+/AA 评级与 AAA 评级证券始终保持一定的利差，为 20~80 个基点，详见图 3-7。

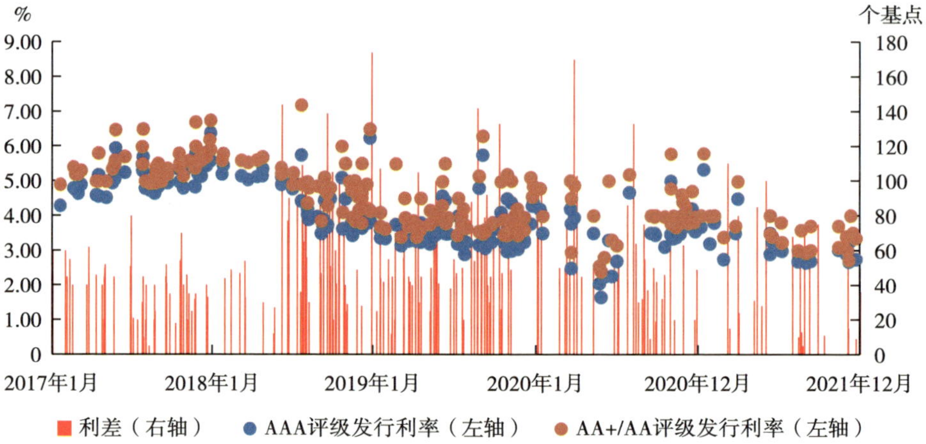

图 3-7　同主体、同时期、同期限的 AA+/AA 评级与 AAA 评级证券利差

（数据来源：Wind）

（3）成本计量上的政策倾斜持续吸引配置盘入场

信贷资产作为贷款类金融机构发放的贷款，以其资产质量高、违约率低、收益稳定等特征区别于信用债等债券资产。同时，信贷 ABS 为非贷款类金融机构间接投资信贷资产提供了有效投资渠道。对于产品类账户来说，信贷 ABS 作为监管认定的流动性受限资产，可以使用摊余成本法进行计量。这带来了平滑其产品净值波动的有利效应，激发了部分产品类账户如摊余成本法债券基金、理财产品对信贷 ABS 的增量投资需求。而对于自营类账户来说，根据《商业银行资本管理办法（试行）》，投资 AA- 级及以上评级的资产证券化风险权重占比仅为 20%。相比之下，商业银行投资其他金融机构债权及一般企业债权的风险权重为 100%，投资同业其他商业银行债权的风险权重占比为 20% 或 25%。由于信贷 ABS 标准化程度较高且可用的增信手段丰富，目前市场中发行的信贷 ABS 的信用评级多数位于 AA- 级以上，因此商业银行自有资金投资信贷 ABS 可有效节约其相应的风险权重占比，提高资产持有期内的综合经济价值。

（4）严格的入池标准及评级机制降低了投资的绝对风险

信贷 ABS 在法律及交易结构设计等层面上已实现了破产隔离，与其他证券化产品相比，证券信用风险主要取决于基础资产的信用质量。在这方面，信贷 ABS 主要以零售类资产为主，具有同质性强、分散度高的特征，而严格的入池标准设置也有效降低了投资风险。如 RMBS 入池资产笔数均值接近 3 万笔，消费贷 ABS 超过 20 万笔，微小 ABS 入池资产笔数较少但也接近 1 万笔，个人信用类不良 ABS 笔数超过 7 万笔，资产的高分散度使得大数定律有效应用于投资者评估过程，也有效降低了产品的信用风险。2021 年信贷 ABS 证券延续零违约，即便是次级档，绝大部分也兑付了预期收益。各类基础资产累计违约率维持低位，均值不超过 2%。其中，RMBS 和车贷 ABS 累计违约率最低，车贷 ABS 的累计违约率大多不超过 0.3%，RMBS 大多处在 0.2%~0.6%；小微贷款 ABS 达到 0.9% 左右，而消费贷 ABS 则达到 1.4% 左右。

自《关于进一步扩大信贷资产证券化试点有关事项的通知》发布以来，中债资信参与评级绝大多数信贷 ABS 项目，掌握各发行主体、各类基础资产类型在不同时期的海量数据，有助于给投资者提供更完整可比的评级信息和结论。同时，对每单项目披露内容的深度以及存续期内跟踪报告的高披露频次均赢得投资者的一致好评，为投资者准确及时地了解风险奠定了基础，极大地降低了投资者持有资产的信息不对称风险。

2. 交易价值

（1）市场扩容夯实流动性提升的基础

截至 2021 年 12 月末，中国资产证券化市场全年共发行 204 单信贷 ABS 产品，发行规模 8815 亿元。当前信贷 ABS 市场的主力发行产品为 RMBS 与车贷 ABS。2021 年 RMBS 发行规模 4993 亿元，车贷 ABS 发行规模 2635 亿元，分别占 2021 年信贷 ABS 发行规模的 56.64% 和 29.89%。RMBS 发行量虽然易受监管政策波动，但同时段内仍常位居市场第一。

存量方面，截至 2021 年末，信贷 ABS 存量规模超过 1.5 万亿元，其主要组成部分为房贷、车贷和不良贷款等。其中 RMBS 由于其长久期的特点，现在已经成为信贷 ABS 存量市场的主要组成部分，占比超过 80%。

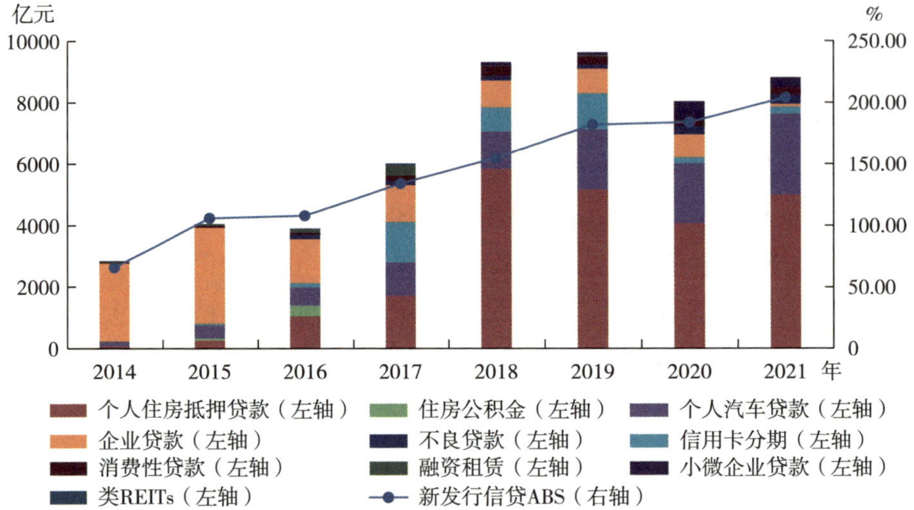

图 3–8　信贷 ABS 一级市场发行情况

（数据来源：Wind）

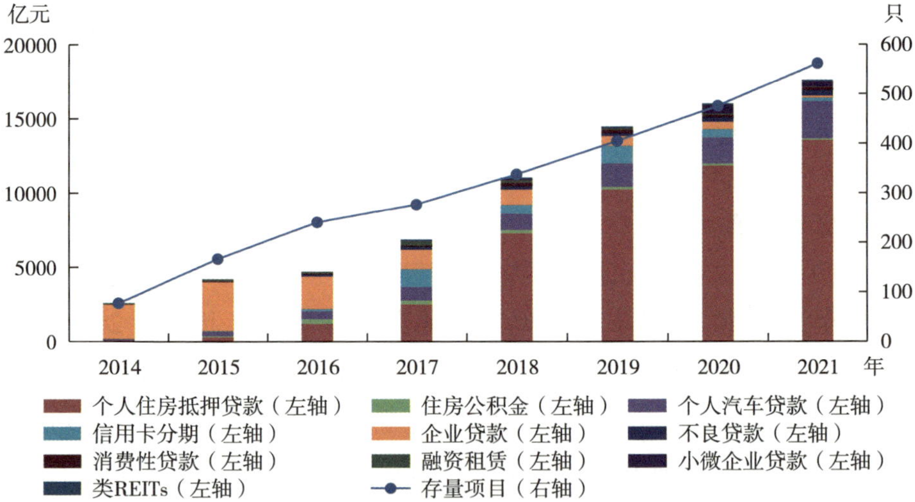

图 3–9　信贷 ABS 市场存量情况

（数据来源：Wind）

随着信贷 ABS 的发行规模与存量规模的不断壮大，二级市场也逐步在交易中形成。2017 年以来，信贷 ABS 市场陆续出现二级市场交易，交易金额逐渐呈现递增趋势，且2020—2021年以来交易金额明显提高，月均交易金额超过400亿元。同时，年末交易量明显高于年初，11月、12月成交量均较高，市场化交易往往伴随一级集中发行的月份有更明显的激发，体现了一定的季节性。

2021年，信贷ABS二级市场总成交金额7474.80亿元，较上年大幅上升88%，换手率45%，为近5年来最高水平。从产品来看，RMBS市场活跃度不断提升，近年占信贷ABS总成交金额的比例达80.87%，是二级市场的主流交易产品。换手率从2017年的约19%增长至2021年的47%。2017—2021年，RMBS二级市场交易量复合增长率为97.38%，远高于发行增速30.77%，RMBS的投资价值得到投资者认可。车贷ABS、不良ABS的交易量与换手率也在逐年提升，分别从2017年的23%和34%提升至2021年的35%和58%。

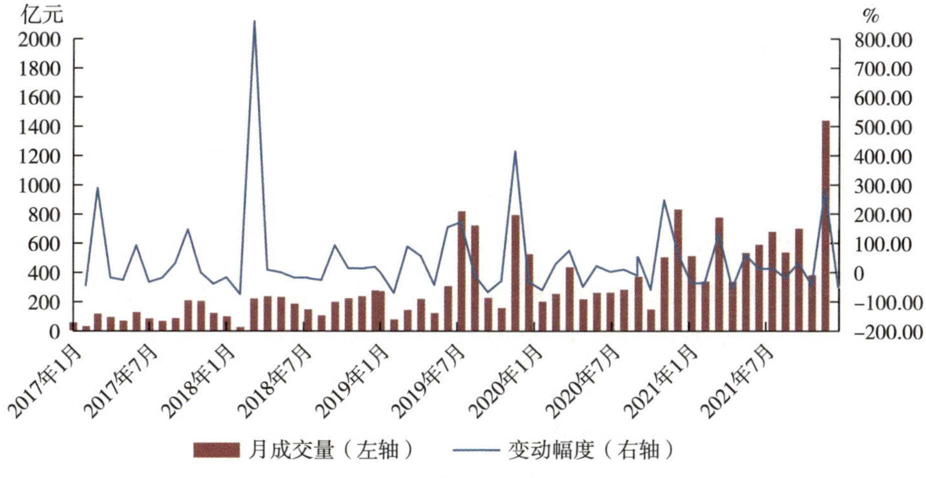

图3–10　2017年以来每月信贷资产支持证券成交量

（数据来源：Wind）

经过近年的发展，信贷ABS已经具备较高的流动性，具有标准化程度高、信息披露健全、投资者群体广、存量规模大等特征，吸引了市场各类投资者，包括银行、银行理财子公司、公募基金、券商、保险等机构。随着全市场流动性增强，陆续出现以中信证券等为代表的做市商或交易商提供稳定连续的报价，极大地提高了信贷 ABS 的流动性。

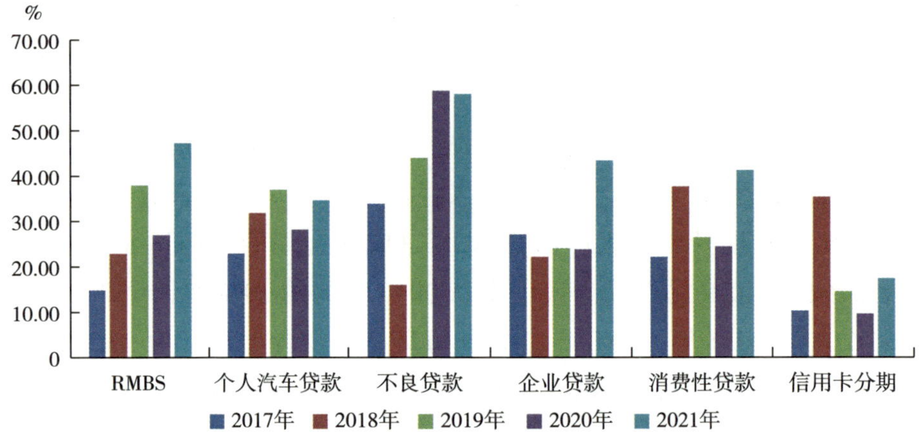

图 3-11　各类信贷 ABS 换手率分布情况

（数据来源：Wind）

（2）多样化交易策略丰富投资者选择

从传统角度看，由于 ABS 的低流动性，投资者均采用持有至到期的投资策略。而相较于其他类型的资产支持证券，信贷 ABS 呈现了相对较高的流动性，使投资者可以采取多种投资策略来增强组合收益，如在收益率曲线陡峭化时买长券卖短券博弈期限利差走阔；持有夹层或次优层级在评级越迁后卖出止盈；预判早偿率走势，在高早偿率下买入并在低早偿率下卖出止盈等。丰富的投资策略让投资者在不同的市场环境下可以游刃有余地选择。

（3）估值优势平滑交易账户异常波动

相较于金融债、短期融资券、中期票据等其他现券种类，信贷 ABS 对于市场利率的调整较为钝化，敏感度不高。估值的低波动性使其具有较低的市场风险。近年来，主流第三方估值公司采纳了中信证券关于修正 RMBS 估值方法的建议，加入对早偿率的影响，使得 RMBS 估值净价波动有所缩窄，提高了估值的准确性。低波动性极大地减少了持有人交易账户的市值波动，彰显出明显的投资优势。如 3 年期中债 RMBS 到期收益率的波动率明显低于同久期商业银行金融债估值。同时，RMBS 的市场化融资渠道的逐步打开也减少了投资者静态持有成本，提高了本类资产对交易盘的持有价值。

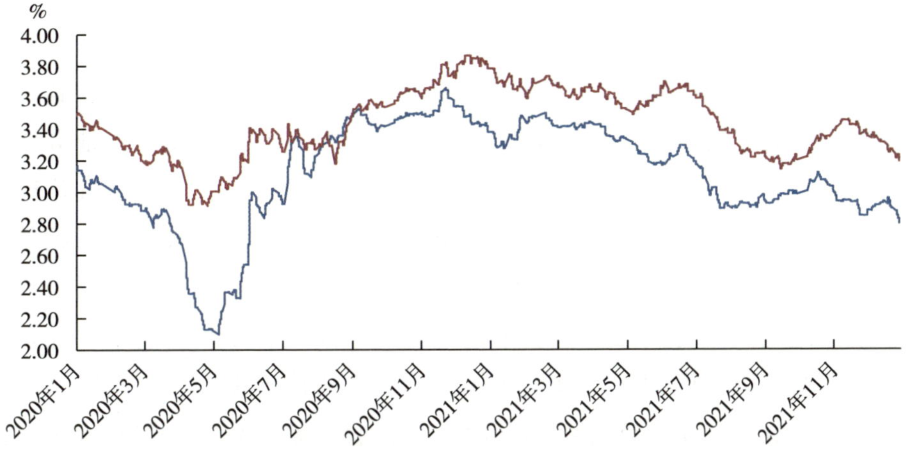

图 3–12　3 年期 AAA 中债商业银行金融债与中债 RMBS 到期收益率对比

（数据来源：Wind）

第三节　投资者对信贷 ABS 市场的展望

一、市场体量望进一步扩大

国内资产证券化市场起步于 2005 年，中间经历试点的暂停与重启，我国资产证券化市场快速发展，目前已成为债券市场的重要构成部分。根据中债资信 ABSvalue 平台统计，2021 年末市场存量超过 5 万亿元，同比增长 13%。从国际上看，中国证券化市场已稳居全球第二大市场，亚洲第一大市场。信贷 ABS 作为最早开始发行的资产证券化产品，发展得相对成熟，且对比其他类型的资产证券化产品标准化程度更高。以信贷 ABS 着手进行流动性和结构创新的提升，既是市场体量发展的需要，也是许多市场参与主体共同的希冀。

1. 信贷 ABS 较国际成熟市场的市场流动性仍然有发展空间

对比国际市场，我国信贷 ABS 仍然有较大增长空间。以存量最大的 RMBS 为例，我国个人住房按揭贷款的证券化率不足 5%，而以美国为首的较成熟市场证券化率为 60%~70%。基础资产市场的渗透率差异说明在市场广度上我国信贷资产支持证券仍有较大的发展空间。此外，从发起动机上看，我国相应信贷资产支持证券的主要发起机构为商业银行，其发行证券化产品的主要动机为盘活表内存量信贷资产。成熟市场发行证券化产品的动因也有所不同：对于商业银行这种传统金融机构，发行证券化产品可以将大量的低流动性资产盘活，解决表内资产、负债期限错配问题的同时也能进一步扩大自身的业务规模。而对于对冲基金等非贷款类金融机构，资产证券化往往作为其介入信贷市场的有效手段被有效利用起来。在资产支持证券的结构及框架下，该类机构作为发起机构出现并会主动购买不良贷款等信贷资产，卖出优先级的同时，自持收益率较高的夹层和次级。此类型投资者会深入地研究基础资产的历史表现与当前资产估值水平，并将资产证券化作为一种信用杠杆的手段来锁定放大资产端与负债端的利差。多元化的发起动机可以进一步丰富资产证券化参与者结构，也同步提高基础资产的市场渗透率，在市场广度上进一步扩容，从而为证券化市场潜在的流动性提高奠定更宽阔的基础。根据成熟市场的经验，证券化率的提高可以扩大市场规模，吸引更多的投资者并满足其不同类型的投资需求，从而进一步增强市场流动性。而资产证券化市场流动性的提高，也可以相辅相成地降低企业与个人的融资成本，进而更有效地服务实体经济。

从深度上看，我国信贷 ABS 市场的投资者结构较为单调，海外市场如美国的投资者则更加多元。保险公司、养老基金和银行是主要的投资者，而 REITs、公募基金、对冲基金，甚至境外投资者如其他国家的中央银行也在美国市场信贷类 ABS 的投资中广泛参与。相比之下，近年来资产管理产品和公募基金虽然在我国市场信贷 ABS 的投资上越发活跃，但有 60% 以上的持有人仍为商业银行表内资金。投资者结构的相对单调使产品流动性受到限制。这一现象具体体现为大量存量投资者交投需求未被开发，以及增量交易盘未被引入。一方面，就国内的市场结构而言，不同类型的配置盘如银行自有资金、保险资金的交易需求还尚未被完全开发，其相应的交易流程、技术关节都尚待被激活。另一方面，大量活跃在利率债、高等级信用债的市场交易盘尚未参与到信贷 ABS 二级市场中来，边际定价资金的补充是我国市场流动性提升所亟需的要素。作为信贷 ABS 二级市场的主要做市商，中信证券正通过提供专业的投资者服务与一站式的做市方案来匹配各类投资者的需求，进而拓宽和丰富我国信贷 ABS 市场投资者的结构，努力作出应有的贡献。

2. 信贷 ABS 结构上的创新可助力市场的发展

信贷 ABS 作为结构化金融中重要的一部分，可以通过结构上的创新吸引更多的投资者，进而盘活市场的流动性。从投资者配置的期限需求上看，货币基金、现金类理财等偏好短端的资金可投资的 397 天内到期的层级较少，而保险资金偏好的超长端也同样缺乏供给。借鉴成熟市场中的结构，可以将信贷 ABS 中目前所设计的短端优先级在发行时进行进一步的结构化处理，如将该档拆分成一个偿还速度较快的短久期档 X 和一个较长久期档 Y。在短久期档 X 未被完全偿付之前，长久期档 Y 的利息与本金都不会被支付，Y 档应计未付的利息和原本来自底层资产的本金一起被用来全力偿还 X 档的本金，从而保证短久期档 X 能在 397 天到期。同时，长久期档 Y 应付而未付的利息会在其未偿余额上持续累加，直到短久期档 X 本金偿付完毕时才开始偿还。该结构化处理将原本的中短久期档位拆分成一个超短久期档位和相对较长久期的档位，从而可在不重筛原有资产池的前提下同时满足了对期限有较刚性需求的各类资金偏好。

近期贷款市场报价利率（LPR）的调整也引起了一些配置型投资者的关注，当前 LPR 相关衍生品市场并不成熟，且不是所有的投资者都拥有衍生品市场的准入资质。而另一种在信贷 ABS 发行端可行的结构化处理方式是将原本的以 LPR 为参考利率的 ABS 档位进行拆分：一档的票息随着 LPR 进行正向浮动，另一档的票息随着 LPR 进行反向浮动。其中，票息随着 LPR 反向浮动的档位给投资者提供了可以有效对冲 LPR 下行风险的手段。同时，这种设计又给投资者提供了通过投资不同档位而对 LPR 进行方向性博弈的空间。

除了满足不同类型投资者的配置需求，包括 RMBS 在内的信贷 ABS 由于现金流偿还时间的不确定性又带来了早偿风险等多种新型敞口，其交易性也值得受到更多的重视。如 RMBS 的结构中可以通过加入一个简单的置换期权，让投资者能在一级买入后将普通的 RMBS 债券置换成新的两档债券。一种国际市场上较为常见的处理方式是拆分本金与利息现金流：一档只有利息现金流，另外一档只有本金现金流，两者都对早偿率的变化极为敏感。投资者可研究交易信贷 ABS 的早偿表征，通过买入不同的档位体现其对早偿率变化的方向性判断，从而获得超额收益。

类似地，其他信贷 ABS 也可以加入丰富的结构来增强其流动性，当前不良资产证券化的超额抵押较多，由于其收益风险的性价比较高，次级在一级发行时供不应求。相反，由于不良 ABS 偿还时间具有一定的不确定性，其优先级在一级发行则常常出现无人问津的尴尬局面。该情况也可以通过引入新的结构设计而得到缓解。当前不良 ABS 的优先级结构中可以加入一个票息递增的设计，如果不良 ABS 优先级未能在预计的时间内得到偿还，其票息将逐步上升。类似的结构可以增加优先级对短端投资者如货币基金的吸引力，帮助不良 ABS 顺利发行。

二、基础设施建设望进一步完善

信贷 ABS 市场基础设施建设仍然有进一步发展的空间，建议从以下几个方面入手。

1. 底层资产信息披露

底层资产数据的逐笔穿透披露对信贷 ABS 市场的意义重大，信息的穿透披露可以解决发行人与投资者之间的在 ABS 发行及存续阶段的信息不对称问题。投资者可以利用信息进行定量建模从而全面评估信贷 ABS 产品的价值，并利用相关的分析架构进行投资交易。当前我国 ABS 的信息披露仅停留在资产池层面，信息的局限性容易让投资者形成一致性预期，出现买卖一边倒的情况，限制了信贷 ABS 二级市场的流动性。而当披露内容颗粒度细化到一定程度时，由于建模复杂程度的差异或者参数的不同，投资者之间会对信贷 ABS 的价值产生相异的看法，从而促进交易的达成和市场流动性的提高。以底层资产为个人住房抵押贷款的 RMBS 为例。从产品层面风险特征上看，其与到期一次还本的公司债较为不同。在房产抵押物价值较为稳定的情况下，RMBS 由于底层房贷的本金摊还，贷款金额较抵押房产价值的占比越来越少，其总体风险是逐步减小的，这也是 RMBS 在国际市场上受到投资者广泛青睐的重要原因之一。而当前衡量该风险的重要指标贷款价值比[①]在存续期内却没有得到很好的跟踪披露，大部分的 RMBS 仅仅披露了发行时资产池层面的加权贷款价值比。如能进一步逐笔披露底层贷款在存续期内逐笔偿还和违约的情况及相应抵押物的估值情况，投资者就可以获知资产池贷款价值比这一重要信息并进行相应的建模，从而得到对当前具体 RMBS 的价值判断。

完善底层资产的信息披露可以考虑从以下几方面入手，一是可以推动从法律制度上确定底层资产披露的法律基础，在个人信息保护法等相关法律的框架下，推动颁布信贷 ABS 底层资产披露的相关法规。二是从行业监管或自律规则上，对受托机构深化一系列披露方面的准则确立底层资产信息的标准化披露，便于投资者与第三方机构快速获取相关的信息。自 2005 年以来实行的《资产支持证券信息披露规则》仅规定了受托机构报告的编制要求，对具体信息披露格式并未要求。在实际操作中，各发起机构采用的格式较为不同，且大部分为 PDF 格式，不利于信息的快速抓取。三是鼓励发起机构的信息披露与明确其信息披露的义务，在保护个人隐私的前提下，对披露字段进行具体细化的要求。举例来说，当前对投资者较有意义的参数有三个，一是逐笔、逐户资产的支付、拖欠历史；二是抵押品的类型，估值与所在区域分布；三是其他与偿付能力相关的参数如贷款

① 贷款价值比 = 房贷未偿本金 / 房产价值。

人年龄、收入等指标。

2. 估值体系逻辑进化

ABS估值也是市场基础设施建设中重要的一环。近年来ABS估值体系不断地完善，但由于各种原因的制约，仍然存在个别信贷ABS债券估值不准确、总体估值相较现券市场滞后等问题。另外，当前大多数的第三方估值仅采用了资产池层面的参数估计的方式，估值结果并不是基于穿透至底层资产的数据编制的。由于没有掌握贷款层面的数据，也就无从进行偿付行为的判断，因此估值结果并不能完全反映信贷ABS的公允价值。

第三方估值不准确的问题也限制了更多类型的投资者的参与，从而限制了市场的流动性。如在ABS市场发展初期，大部分第三方估值并未结合RMBS的实际偿付情况来设置合理的假设，导致估值久期过长，造成了RMBS被动承受了远高于资产实际的市场风险，因此很多盯市账户在该市场阶段中无法参与到RMBS市场的一级投资之中。不可否认，当前的估值体系在过去为信贷ABS市场的发展作出了巨大贡献，但是随着近期银行理财产品净值化等一系列市场改革，越来越多的市值法账户投资者进入市场开始进行交易，第三方估值的准确性就更加重要起来。

如上所述，对信贷ABS估值体系的进一步完善可具体由权威机构（如中债资信）牵头，通过与发起机构协调并获取底层资产信息，统筹协调现有资源，研究开发基于底层资产的估值模型，更好地进行预期现金流的估计，从而完善ABS估值体系并提高估值的准确性。

3. ABS回购交易市场发展

我国信贷ABS发起机构多为国有大银行或者汽车金融公司等优质主体。发起机构受市场认可程度高，底层资产优质并且分散，但是信贷ABS的回购市场的制度建设并未被完全打开。由于信贷ABS在存续期间内会发生本金的摊还，因此当前银行间系统只支持质押式回购，并不支持买断式回购。

虽然银行等主要金融机构都在信贷ABS上有大量持仓，质押式回购目前也仅限于基金等非银机构。对于银行开展信贷ABS质押回购业务，还存在入库难、占用投资额度等问题，需推动银行内部建设并梳理信贷ABS的回购制度。

综合来讲，为进一步提升信贷ABS二级市场的流动性，需升级改进银行间回购系统，推动更多的银行间市场参与者接受信贷ABS产品作为可质押券种，引导市场积极参与ABS回购交易，完善回购机制的建设，提升参与者开展信贷ABS回购交易的便利性。

三、资产相关衍生品望进一步丰富

参考信贷ABS发展较为成熟的市场，现货市场流动性的提高与相关衍生品市场的发展密不可分。以美国市场为例，机构担保型RMBS作为美国市场上流动性仅次于国债的品种，大部分交易量发生在被称为TBA（To-Be-Announced）的RMBS远期市场，日均成交规模可达上千亿美元。TBA市场在美国房贷一级和二级市场间的利率传导机制中发挥了重要的作用。TBA合约在发行时仅仅约定了发行人、证券期限、票息利率、价格交割日六项基本要素，具体基础资产并不确定，只需在交割日之前确定好RMBS所有资产和要素。在一级的房贷市场中，商业银行利用TBA来对冲手中的房贷持仓，并以TBA市场的定价为基础来确定房贷的发行利率。而“两房”房地美和房利美则通过担保具体RMBS的方式进一步降低了证券的信用风险。在二级市场中，投资银行迎合不同投资者的需求对TBA市场交割的RMBS进行进一步的加工、切分，得到较为个性化的CMO证券。同时，投资者也会直接参与TBA市场进行博弈，进而影响市场的定价，最终形成了一个住房贷款产品一级市场、二级市场联动的住房金融体系。远期市场的高流动性带动美国机构RMBS流动性的同时也提高了美国RMBS市场定价有效性。投资者仅需观测TBA市场中各个产品所隐含的期权调整利差等在内的几个指标，即可获得市场的相关定价信息。同时，高流动性的远期市场也吸引了外国中央银行等多种类型的投资者，并反过来改善了一级市场的定价。

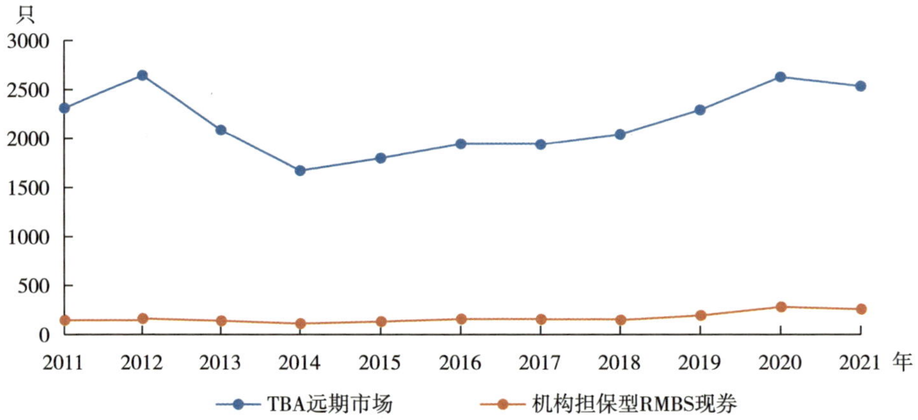

图 3-13　美国机构担保 RMBS 市场每日平均交易量

（数据来源：SIFMA）

相应地，在我国市场信贷 ABS 的衍生品则处于方兴未艾的发展阶段。我国信贷 ABS 更多的是过手摊还及“循环购买 + 过手摊还”的偿付模式。这种偿付模式与债券在定价和估值上有明显的差异。而投资者相应面临的风险也有所差异。多种因素如底层资产的早偿、违约都会影响信贷 ABS 的现金流，进而影响信贷 ABS 的价格，而目前市场上并没有相应的工具来对冲这些风险。为迎合广大投资者对信贷 ABS 相关衍生品市场的需求，中信证券于 2021 年与中债估值联合发布了中债 - 中信证券 RMBS 条件早偿率指数，指数成分券由境内公开发行且上市流通的 RMBS 构成，后续也将推出相应的场内外衍生品。通过交易该类型的衍生品，市场参与者能有效地对冲信贷 ABS 的相关风险，也能从衍生品市场的成交中得到基础资产与基础利率的价格预期，有效管理持仓风险。

第四章　从发行人视角看信贷 ABS 十年发展历程

2012—2021 年，信贷 ABS 市场自重启后蓬勃发展，制度建设日趋完备，发行体量显著增长，产品结构愈加合理，参与机构不断丰富。信托公司作为信贷 ABS 的受托人和发行人，负责管理特定目的信托财产并发行资产支持证券，在过去的十年间与市场共同发展，在项目流程的各个阶段履职尽责，保障产品正常运行，并不断丰富受托服务内涵，提升受托服务质量。未来，信托公司将持续提高自身的个性化、科技化、透明化水平，助力市场的健康发展。本章仅从受托机构视角，对这十年的发展历程进行简要回顾。

第一节　信托公司在信贷 ABS 业务中的定位

“受托人管理信托财产，必须恪尽职守，履行诚实、信用、谨慎、有效管理的义务”是《信托法》的明确规定，也是信托公司担任信贷 ABS 产品受托人和发行人的基本义务。翻阅信贷 ABS 业务重启以来的受托机构报告，该表述均被显著呈现在每一份报告的首页。具体到项目的信托合同，关于受托人义务还增加了“为资产支持证券持有人的最大利益处理信托事务”的表述，这也是信托公司管理具体项目的基本立场。

十年来，信贷 ABS 市场日新月异，但信托公司作为受托人和发行人的基本义务始终如一。以此为出发点，信托公司立足信托本源，尽职履责，保障全部信贷 ABS 产品正常运行；丰富受托服务内涵，深度参与具体项目，在市场建设、产品创新和运营管理等方面积极作为，助力市场蓬勃发展。

第二节　信托公司在信贷 ABS 业务中的职责和作用

发行资产支持证券、管理信托财产、披露相关信息和分配信托利益，是《信贷资产证券化试点管理办法》赋予信托公司的基本职责。

少数信托公司参与了 2005—2008 年的项目实操，为后续尽职履责积累了一定经验。大部分信托公司在 2012 年业务重启之后，才正式开启信贷 ABS 业务，并在 2012—2015 年逐渐探索出一套完整的操作流程。

2015—2016 年，继银行间市场交易商协会陆续发布各类信贷资产支持证券的信息披露指引后，信托公司在业务全流程中的各项职责均有章可参，并延续至今。

按照项目流程，对信托公司的受托职责简要梳理如下。

一、项目报备阶段

参与产品结构设计、拟定合同文本、准备申报文件是信托公司在信贷 ABS 项目报备阶段的三项重要工作。一方面，信托公司要保障产品的可执行性，即确保产品结构和现金流分配机制合法合规、逻辑清晰、操作透明。另一方面，信托公司要保障产品的规范性，即确保信托合同等文本和申报文件内容规范、权责利约定清晰明确、数据真实准确。

在严把产品关的同时，发行效率是信托公司高度关注的事宜。信贷 ABS 重启以来，随着申报流程的不断优化，产品发行效率快速提升。

2014 年，银监会发布《关于信贷资产证券化备案登记工作流程的通知》，业务由审批制改为备案制，不再对基础资产等具体发行方案进行审查，使产品申报效率明显提升。2015 年，人民银行发布《信贷资产支持证券发行管理有关事宜公告》，推出注册制，注册有效期内受托机构和发起机构可自主选择发行时机，产品管理效率和透明度进一步提升。2020 年，银保监会办公厅发布《关于银行业金融机构信贷资产证券化信息登记有关事项的通知》，产品信息登记替代产品备案登记，产品申报时间再一次缩短。

作为产品受托人和发行人，信托公司在以上优化中受益颇深。一方面，部分申报文件被减免，信托公司节约了因烦琐用印导致的人力物力成本。另一方面，申报流程大幅缩短，信托公司在产品报备阶段的产出效率明显提升。

二、项目发行阶段

作为信贷资产支持证券的发行人，信托公司是产品顺利发行设立的重要保障。在该阶段，信托公司一是做好信息披露，严格按照信息披露指引的要求，在发行前披露发行说明书等文件，在发行后披露发行结果和信托成立公告等。二是确保资产交割和证券确权，具体工作包括按时向发起机构划付募集资金并交割信托财产，向登记托管机构注册债券要素并进行确权，应投资者需要向外汇交易中心申请债券交易流通等。三是协助推介销售，包括梳理发行流程、选择发行时点、回复投资者询问等。

三、项目存续期阶段

进入存续期后，信托公司承担起保障产品平稳运行的主要职责，披露产品信息和分配信托利益是信托公司在产品存续期的两项重要工作。

信托公司的信息披露以受托机构报告为主要载体，其内容涵盖基础资产端和证券端两方面信息，是资产支持证券持有人了解产品运营情况的重要渠道。除受托机构报告外，信托公司还会按照合同约定，委托审计师对项目进行年度审计并披露审计报告，委托评级机构对尚未清偿完毕的优先级证券进行跟踪评级并披露跟踪评级报告。当发生影响产品运营的重大事项时，信托公司还会披露重大事项报告。

分配信托利益是指信托公司按照信托合同约定的现金流分配顺序，分配基础资产的本金和利息回收款，主要包括缴纳增值税及附加税、支付各中介机构费用、兑付资产支持证券本金和利息等。

相较于债券市场的其他品种，信贷资产支持证券的结构的复杂性，主要体现在现金流分配顺序的复杂上。其一是中介机构费用的支付方式复杂，付费频率有一次性支付，也有周期性支付，计费方式有按绝对金额计算的，也有按费率计算的，有些项目还设置了各类储备金。其二是证券本息兑付方式复杂，证券本金的支付方式分固定摊还和过手摊还，证券利息的计息方式分固定利率和浮动利率，浮动利率的基准利率调整方式更是多种多样，部分次级档证券还设置了期间收益或者固定资金成本。其三是整个分配顺序层层迭代、环环相扣，任何一项计算错误，均会导致其他金额错误，进而导致证券持有人收益受影响。

因此，分配信托利益的准确性和及时性，是考验信托公司受托服务能力的重要指标。

四、项目清算阶段

信贷 ABS 信托的项目清算包括信托财产全部变现、对非现金信托财产原状分配、发起机构清仓回购三种方式。

信托财产全部变现，主要指基础资产无违约，即证券化产品终止后，基础资产全部以现金形态回收。信托公司按合同约定的方式对回收的现金进行分配，即可完成清算。

对非现金信托财产原状分配，主要针对信托终止后基础资产包含拖欠贷款且发起机构是唯一次级档证券持有人的情形。在该情形下，信托公司既需要完成现金类信托财产的分配，还需要与次级档资产支持证券持有人签署原状分配协议，约定分配时间和资产范围。

发起机构清仓回购，主要针对信托终止后基础资产包含拖欠贷款且发起机构不是唯一次级档证券持有人的情形。信托合同中会约定清仓回购的相关安排，包含触发机制、回购价格确定方式和操作流程等。当前，对外配售次级档证券的项目多选择清仓回购方式进行清算。

项目清算对证券持有人的收益，尤其是次级档证券持有人的收益至关重要，也是信托公司尽职履责的最后一项工作。针对以上方式，信托公司均需要完成分配现金类信托财产、注销信托账户、披露清算报告和审计报告等一系列规定动作。

第三节　发行人的十年发展历程

一、受托机构行业格局趋于稳定

自重启以来，参与信贷 ABS 业务的信托公司数量快速增长。2012—2021 年，参与过信贷 ABS 业务的信托公司数量达 37 家，超过信托公司总数的一半。2014 年以来，每年有产品发行记录的信托公司保持在 20 家上下，详见图 4-1。

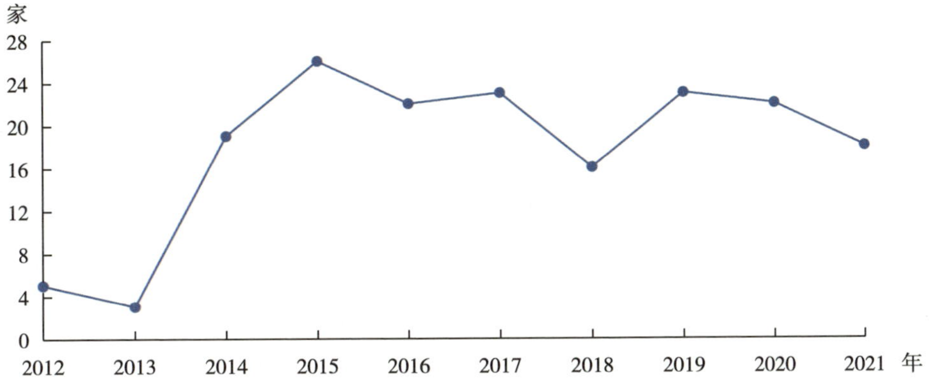

图 4-1　2012—2021 年参与信贷 ABS 业务的信托公司数量

（数据来源：CNABS）

从时间分布上看，2014—2021 年，10 家信托公司每年均有产品发行，4 家信托公司仅有 1 年未发行产品，8 家信托公司仅在其中某 1 年有产品发行记录，7 家信托公司有发行记录的年份不超过 3 年，剩余 8 家信托公司有发行记录的年份分布在 4 年和 5 年之间。

从延续性上看，14 家信托公司自开展信贷 ABS 业务以来，几乎每年都有产品发行，业务延续性较好；17 家信托公司在某个或某几个年份尝试该业务后，不再有新产品发行，业务中断；另有 6 家信托公司尽管参与年份较少，但在近两年均有发行记录。

从发行量占比上看，头部聚集效应明显。按照每年每家信托公司的产品发行量由高到低排序，2014—2016 年，每年排名前五的信托公司发行量合计占比为 55%~63%，2017 年以来该比值则始终保持在 70% 以上；每年排名前十的信托公司发行量合计占比超过 90%；每年排名后五的信托公司发行量合计占比则不超过 2.5%。

经过十年发展，信托公司在信贷 ABS 领域的格局分布趋于稳定，并呈现如下两方面特征。

一是常态化开展该业务的信托公司数量较少。业务重启以来，尽管有 37 家信托公司发行过信贷 ABS 产品，但仅 14 家能够常态化开展信贷 ABS 业务，即每年至少发行 1 单产品。其他信托公司或早期开展过该业务，但由于各方面原因致使业务处于停滞状态；或于近两年刚刚开始布局信贷 ABS 市场，未形成规模；或至今尚未启动信贷 ABS 业务。

二是各家信托公司市场占比基本稳定。2018 年以来，信贷 ABS 市场历年发行量排名前十的信托公司基本稳定，仅个别公司会发生更替。这也侧面体现出信托公司和发起机构之间一对一的合作关系趋于稳定。但发行量前十名的信托公司亦有所差别，前三名对应的年发行量基本稳定在千亿规模以上，第八至第十名对应的年发行量散布在 100 亿 ~400 亿元。

二、受托机构服务质量不断提高

信贷 ABS 业务重启以来，信托公司积极响应市场发展和发起机构与投资者诉求，在落实基本受托职责的基础上，主动作为，不断丰富受托服务内涵，提升受托服务质量。

1. 从存续期管理到产品设计

重启之初，大部分信托公司实操经验较少，面对复杂的产品结构和受托管理工作，努力搭建与之配套的业务体系。为落实受托职责，保障产品稳健运行，信托公司将更多精力用于产品存续期管理上，主要工作聚焦在三个方面：一是理顺业务流程，提高公司内部决议效率，确保项目发行进度；二是组建专业团队，快速提升员工业务水平，实现产品专业化运营；三是搭建业务系统，实现存续期管理的系统化操作，降低业务差错率，提升管理效率。

随着监管制度的完备和业务经验的积累，2017 年后多数信托公司业务管理体系基本成熟，在做好存续期管理的基础上，信托公司不断向业务链条前端延伸，助力市场创新，使产品设计更贴近发起机构和投资者的多样化诉求。

为拓宽投资者范围、引入境外资金，信托公司协助发起机构接洽国际评级机构，分析历史产品表现、沟通合同条款、调整交易结构。经多轮研讨后，建元 2018 年第十一期个人住房抵押贷款资产支持证券的全部优先级证券均获得标准普尔授予的 AAA 评级，是商业银行发起的首单获国际评级机构 AAA 评级的信贷资产支持证券。

为扩宽不良资产处置方式，信托公司协助发起机构不断丰富不良资产证券化产品基础资产类型，陆续推出以信用卡、消费贷、个人住房抵押贷款和小微企业贷款为基础资产的不良资产证券化产品。针对不同基础资产的现金回收特征，信托公司协助发起机构组织尽职调查、设计清算方式、完善交易条款，在降低发起机构不良率的同时，为投资者提供了优质投资标的。

2. 从简单执行到主动监测

随着市场的快速发展，各参与方对信贷 ABS 产品的理解不断加深。信托公司仅执行监管要求和信托合同约定的各项标准化动作，已无法满足发起机构和投资者对产品精细化管理的诉求。为进一步履行受托职责，提升服务质量，信托公司以客户需求为导向，对信贷 ABS 产品的运营开展主动监测。

一方面，对资产端进行监测。监测内容主要是基础资产的各项运行指标，包括实际回收金额、早偿率、拖欠率、违约率和回收率等。另一方面，对证券端进行监测。监测内容主要是证券兑付情况，包括各档证券的本金余额、累计兑付金额、预计到期日和投资收益等。当以上指标出现明显波动或恶化趋势、与预期值偏离较大，或接近触发各类重大事件的阈值时，信托公司将及时沟通发起机构等相关机构，分析原因并尽快采取相应措施，保障产品平稳运行和证券持有人的最大利益。

为做好监测工作，提升服务质量，信托公司一是要搭建监测体系，针对上述监测指标合理设定阈值，确定具体产品的监测频率、计算逻辑和输出形式，疏通与相关中介机构的沟通机制。二是要提升系统化操作水平，借助科技系统完成监测工作，保障操作的时效性和准确性。三是要挖掘数据价值，加强原因分析，总结产品运行规律，为后续产品设计和管理形成正反馈。

3. 努力提升信息披露质量

信息披露是贯穿信贷ABS产品全生命周期的重要工作，银行间市场交易商协会针对各类型信贷资产支持证券制定了信息披露指引，建立了完备的信息披露指引体系，并根据市场发展和产品创新对部分指引进行了更新。期间，人民银行和交易商协会就完善信息披露多次召集会议并征求相关市场机构建议。信托公司作为信贷资产支持证券信息披露的责任主体，在严格落实信息披露指引相关要求的基础上，努力丰富信息披露的内容和形式。

在内容方面，不断细化信息披露颗粒度。随着市场存续规模不断扩大，投资者对产品运行情况的关注程度逐步提升，细化信息披露颗粒度的需求更加凸显。在产品发行文件中，部分信托公司和发起机构细化了不同假设情景下的产品现金流，向投资者披露脱敏后的逐笔贷款明细数据。在存续期报告中，部分信托公司和贷款服务机构探索细化基础资产相关表格体系，研究通过区域、行业、年龄等维度更全面地展示基础资产信息。

在形式方面，以便利投资者使用为出发点，信托公司积极丰富信息披露形式。例如，推出英文版信息披露文件，供国际投资者更便捷地了解产品信息；在监管部门的指导下，向投资者定向提供可编辑版的信息披露数据，方便投资者进行投资决策分析和存续期管理；在移动端整合上传全部已公开披露的文件，方便投资者实时查阅等。

4. 不断提升投资人服务水平

只有形成稳定的市场需求，才能带动高质量的产品供给。投资人群体的稳定和壮大是证券化市场健康持续发展的重要基础，“为受益人的最大利益处理信托事务”更是信托公司的基本义务之一。因此，在做好受托服务的同时，信托公司不断提升对投资人的重视程度和服务水平。

展开来看，投资人服务的内涵较为宽泛，渗透到了资产证券化业务的方方面面。例如，在产品结构设计中考虑投资人的投资需求和偏好，在产品运营监测中考虑投资人关注的风险事项和具体指标，在信息披露中不断补充投资人关注的信息和字段等。

除此之外，信托公司还可以在其他方面不断拓展服务的边界。例如，协助投资人开展二级市场交易，在定价、撮合等方面提供专业支持；从投资人视角撰写专业文章，进行产品知识普及、专业问题分析，围绕投资人关注的热点问题研究等。

第四节　发行人对信贷 ABS 市场的展望

重启十年来，信贷 ABS 市场呈现出又快又好的发展态势。即使在新冠肺炎疫情的考验下，市场发行量仍保持稳定，已发行产品均运行平稳，信贷 ABS 市场交出了一份合格的答卷。十年间，有监管部门的悉心指导，有投资者的大力支持，也有各参与机构的众志成城、通力合作。信托公司有幸参与其中，既分享了市场发展的硕果，更坚定了对未来的信心，相信信贷 ABS 市场将持续健康发展。与此同时，信托公司也将在以下三个方面持续努力。

一是持续提高个性化程度。随着制度体系的完备和实操经验的积累，信托公司在信贷 ABS 领域的受托服务内容和流程已较为标准化。为进一步提升服务质量、响应委托人和投资者的新需求，信托公司将主动思考，结合公司自身特点，挖掘比较优势，不断丰富受托管理服务的个性化内容。

二是持续提高科技化程度。信贷 ABS 产品的受托管理周期长、细节多、操作复杂。为保障时效性和准确性，信托公司将持续提高科技化程度，优化业务系统，实现受托管理服务全流程的系统化操作。

三是持续提高透明化程度。为便利投资者更直观、更充分、更便捷地了解产品的运营情况，信托公司将持续丰富受托服务形式，更充分地展示受托服务的过程和结果。

第二部分

产品成长篇

第五章　RMBS 市场发展历程回顾

第一节　RMBS 发展大事记

2005 年，建设银行成功发行建元 2005 年第一期个人住房抵押贷款资产支持证券，作为首批试点产品开启了中国信贷资产支持证券新纪元。此后的 3 年，RMBS 发行并不活跃，仅 2007 年发行 1 单。2008 年，美国次贷危机爆发，RMBS 发行陷入停滞，直到 2014 年才重新恢复。发行重启后，随着一系列鼓励发行的政策落地，RMBS 发行量逐年攀升，经历了恢复试点阶段、高速扩容阶段，现已步入高质量发展阶段，发行单数和发行规模在信贷 ABS 中稳居榜首，成为最主流的产品。

表 5-1　　RMBS 发展大事记

阶段	时间	文件 / 会议 / 事件	主办机构	内容
恢复试点阶段（2012—2014 年）	2014 年 7 月	首单重启后 RMBS“邮元 2014-1”	邮储银行	邮储银行实现 RMBS 产品重启后的破冰发行
	2014 年 9 月	《关于进一步做好住房金融服务工作的通知》	人民银行、银监会	鼓励商业银行通过发行住房抵押贷款支持证券和金融债券融资
高速扩容阶段（2015—2018 年）	2015 年 5 月	《个人住房抵押贷款资产支持证券信息披露指引（试行）》	交易商协会	在简政放权，提高效率的基础上，更好地保护了投资者合法权益，增强了市场透明度
	2015 年 7 月	首单注册制及信息披露指引发布后的 RMBS“企富 2015-1”	民生银行	民生银行发行首单注册制及信息披露指引实施后 RMBS，注册额度 100 亿元，首期发行 7.8 亿元
	2015 年 9 月	《关于切实提高住房公积金使用效率的通知》	人民银行、住建部、财政部	有条件的城市要积极推行住房公积金个人住房贷款资产证券化业务，盘活住房公积金贷款资产
	2015 年 12 月	首单住房公积金 RMBS“沪公积金 2015-1 1 号”	上海市公积金管理中心	上海市公积金管理中心发行首单住房公积金贷款 RMBS

续表

阶段	时间	文件 / 会议 / 事件	主办机构	内容
高速扩容阶段（2015—2018 年）	2017 年 12 月	发行规模首次成为信贷 ABS 第一	—	2017 年 RMBS 发行规模 1707.53 亿元，首次超过 CLO 成为发行规模排行第一的信贷 ABS 产品
	2018 年 12 月	发行规模新突破	—	年度发行单数首次突破 50 单，发行规模首次突破 5000 亿元
高质量发展阶段（2019 年至今）	2019 年 12 月	中债资信发布全新升级后的 RMBS 评级方法	中债资信	中债资信依托于全市场评级项目经验积累，基于对中国房贷市场风险特征的研究，全新升级 RMBS 评级方法
	2020 年 12 月	《关于建立银行业金融机构房地产贷款集中度管理制度的通知》	人民银行、银保监会	根据银行业金融机构的资产规模、机构类型等因素，分档设定个人住房贷款集中度管理要求

数据来源：中债资信整理。

一、政策大事记

1. 试点重启后，住房金融领域相关政策明确鼓励商业银行发行 RMBS，盘活存量房贷资产，RMBS 快速发展有了政策支持

2014 年 9 月，人民银行、银监会发布《关于进一步做好住房金融服务工作的通知》，鼓励商业银行通过发行住房抵押贷款支持证券和金融债券融资，专门用于增加首套普通自住房和改善型普通自住房的贷款投放、提升金融流动性、增强金融机构个人住房贷款投放能力。

2015 年 9 月，人民银行、住建部、财政部联合印发《关于切实提高住房公积金使用效率的通知》，强调有条件的城市要积极推行住房公积金个人住房贷款资产证券化业务，盘活住房公积金贷款资产，拓宽贷款资金筹集渠道。

2. 信息披露指引的发布提高了 RMBS 注册发行管理效率和市场透明度，促进 RMBS 业务规范化、常态化

2015 年 5 月，交易商协会发布《个人住房抵押贷款资产支持证券信息披露指引（试行）》，明确了信贷 ABS 相关信息披露义务主体在注册、发行和存续期间的信息披露标准，构成了多层次、有重点、具有包容性和开放性的信息披露制度体系，同时规定了信息披露投资者反馈和市场评价制度，强化事中事后管理，构建信息披露市场化激励约束机制。信息披露指引的发布提高了信息披露质量，加强了风险揭露和防范，切实保护投资者利益，是促进 RMBS 规范化、常态化发展的积极举措。

3. 房地产贷款集中度管理制度出台后，RMBS 成为银行加强资产负债管理、调整信贷结构、助力实体经济发展的有力工具

2020 年 12 月，人民银行、银保监会发布《关于建立银行业金融机构房地产贷款集中度管理制度的通知》，根据银行业金融机构的资产规模及机构类型，分档对其房地产贷款余额占比以及个人住房贷款余额占比进行管理，对于超过上限的机构设置调整过渡期。房地产贷款集中管理制度出台后，银行通过发行 RMBS 可以实现资产的出表，将腾挪的信贷额度用于支持实体经济发展，加强银行自身资产负债管理，调整信贷结构，推动金融供给侧结构性改革，强化银行业金融机构内在约束，推动金融、房地产同实体经济均衡发展。

二、市场大事记

1. 重启后起步较晚，但经过 2015—2018 年的高速增长阶段，目前已成为信贷 ABS 中的第一大品种

2014 年，中国邮政储蓄银行发行“邮元 2014-1”，发行规模 68.14 亿元，自此我国 RMBS 时隔 7 年后重新恢复发行。

2015—2018 年，受益于政策支持以及规模庞大的存量房贷储备，RMBS 发行量保持高速增长态势，发行单数年均复合增长率 61.19%。2017 年 RMBS 共发行 19 单，发行规模 1707.53 亿元，首次超过公司信贷资产支持证券（CLO）成为银行间市场发行规模排行第一的信贷 ABS 产品。2018 年 RMBS 发行实现爆发式增长，共发行 54 单，发行规模 5842.63 亿元，在信贷 ABS 中占比达到 62.70%，巩固了信贷 ABS 主流产品的地位。

2019—2021 年，RMBS 发行规模逐渐稳定，发行规模在信贷 ABS 中的占比保持在 50% 以上，市场主导地位进一步凸显，详见图 5-1、图 5-2。

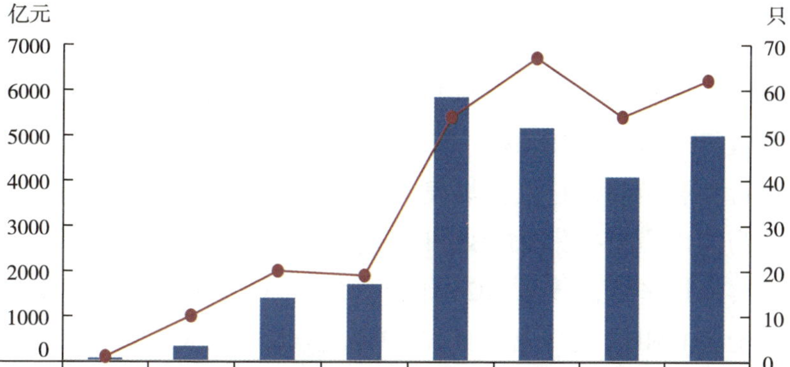

年份	2014	2015	2016	2017	2018	2019	2020	2021
发行规模（亿元）	68.14	329.43	1396.57	1707.53	5842.63	5162.69	4072.61	4993.00
发行单数	1	10	20	19	54	67	54	62

图 5-1　RMBS 历年发行单数及规模

（数据来源：Wind，中债资信整理）

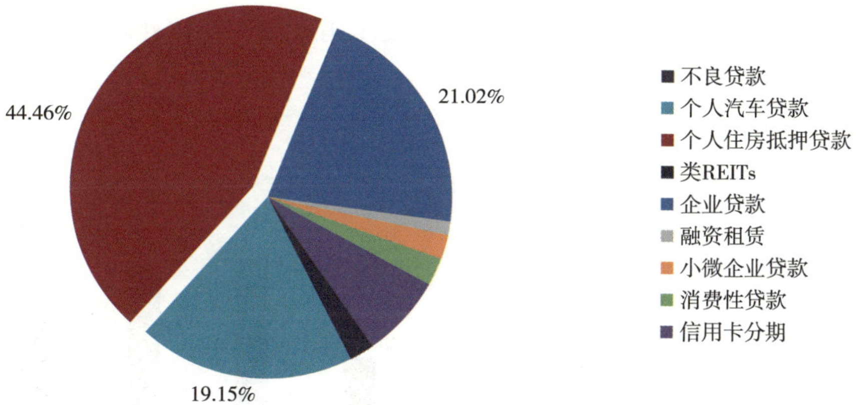

注：个人住房抵押贷款已包含住房公积金贷款。

图 5-2　各类型信贷 ABS 发行总量占比

（数据来源：Wind，中债资信整理）

2. 市场参与主体不断丰富

（1）发起机构以国有银行和股份制银行为主，城市农业商业银行参与度逐渐提升，发起机构数量稳步上升。

我国 RMBS 发行主体包括商业银行与公积金中心，其中以国有银行和股份制银行为主。自信贷 ABS 试点重启后，截至 2021 年末，共有 35 家银行成功发行 RMBS，累计发行 287 单，发行规模 23572.6 亿元，国有银行和股份制银行发行规模占比 78.46%，占据主导地位。其中建设银行作为国内最早探索 RMBS 业务的机构之一，始终坚持常态化发行，发行节奏保持平稳，截至 2021 年末，已发行 79 单，金额共计 8284.21 亿元，占全部 RMBS 发行规模的 35.13%，是国内最大的 RMBS 发起机构。

随着 RMBS 产品和市场的不断成熟，近年来城市农业商业银行积极参与发行，进一步丰富了我国 RMBS 市场发行主体的构成。2015 年，江苏江南农村商业银行作为第一家农业商业银行发行了“居融 2015-1”，北京银行作为第一家城市商业银行发行了“京诚 2015-2”，自此越来越多的城市农业商业银行开始参与 RMBS 市场。2019—2021 年，RMBS 发起机构中，城市农业商业银行数量为 22 家，比 2015—2018 年增长约 1.5 倍，参与度显著提升。

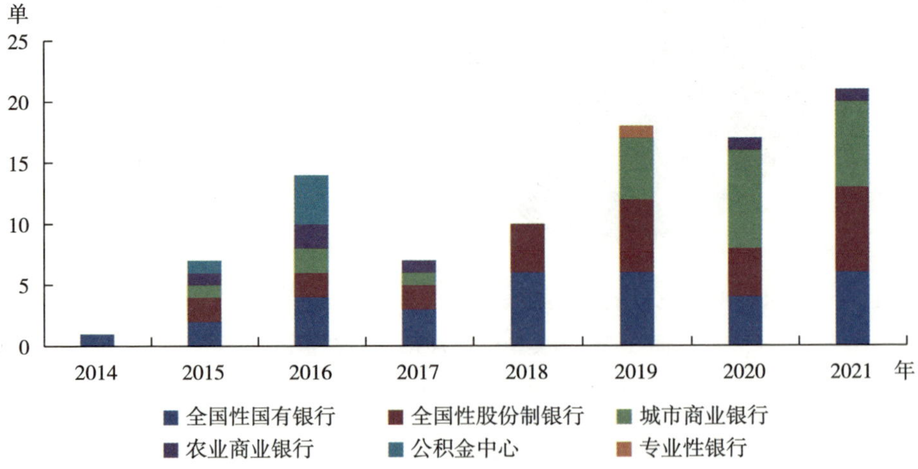

图 5-3　各年份不同类型发起机构数量

（数据来源：公开数据，中债资信整理）

表 5–2　　RMBS 前十大发起机构发行单数和发行规模

发起机构	发行单数	发行单数占比（%）	发行规模（亿元）	发行规模占比（%）
建设银行	79	27.53	8284.21	35.14
工商银行	50	17.42	6299.88	26.73
中国银行	23	8.01	2108.40	8.94
招商银行	21	7.32	1099.23	4.66
兴业银行	10	3.48	886.29	3.76
农业银行	7	2.44	828.74	3.52
中信银行	18	6.27	776.51	3.29
交通银行	7	2.44	521.34	2.21
邮储银行	7	2.44	452.64	1.92
上海市公积金中心	4	1.39	381.22	1.62

注：数据统计截至 2021 年 12 月 31 日。
数据来源：Wind，中债资信整理。

（2）投资者结构逐渐多元化，是境外机构参与度最高的产品之一

2015 年以前，参与 RMBS 投资的机构主要为商业银行、少数证券公司、基金公司等，且商业银行占据主导地位。随着 RMBS 发行逐渐常态化、规范化，其在债券市场上的重要程度随之提升，更多的投资者开始关注 RMBS 产品，认识到其投资价值，并将其纳入资产配置组合中。由此，随着市场的不断培育，RMBS 投资者类型逐渐多元化，保险资产管理公司、基金公司、证券公司、资产管理公司、境外机构全面参与。其中，证券公司、基金公司等非银行业金融机构的持有量占比明显提升。2016 年 3 月，保监会发布的《关于修改〈保险资金运用管理暂行办法〉的决定（征求意见稿）》中明确允许保险资金投资证券化产品，保险资金作为偏好长久期、低风险的资金，参与 RMBS 投资的需求被进一步释放。此外，近年来 RMBS 通过“债券通”成功引入境外机构投资者，增加了融资资金来源渠道，进一步丰富了投资者范围。

3. **二级市场基础设施建设逐渐完善，市场交易量在信贷 ABS 中居于首位**

RMBS 主要通过现券交易（现券买卖）的方式在二级市场流通，2012—2015 年，RMBS 产品正处于起步阶段，二级市场暂无交易量，自 2016 年起，随着信息披露行为的进一步规范，业务透明度得到提升，RMBS 二级市场开始逐渐活跃。2017 年，“建元 2017-5”成为首单由主承销商提供连续双边报价做市的 RMBS 产品，此次做市是提高 RMBS 二级市场流动性的有益尝试，为二级市场交易活跃度奠定了良好基础。此后，随着越来越多的市场机构开始提供 RMBS 估值定价服务，二级市场基础设施建设得到进一步推进，市场活跃度不断提升。2021 年，RMBS 二级市场交易量为 6042.70 亿元[①]，换手率为 47.63%，创下历史新高，在信贷 ABS 产品中居于首位，详见图 5-4。

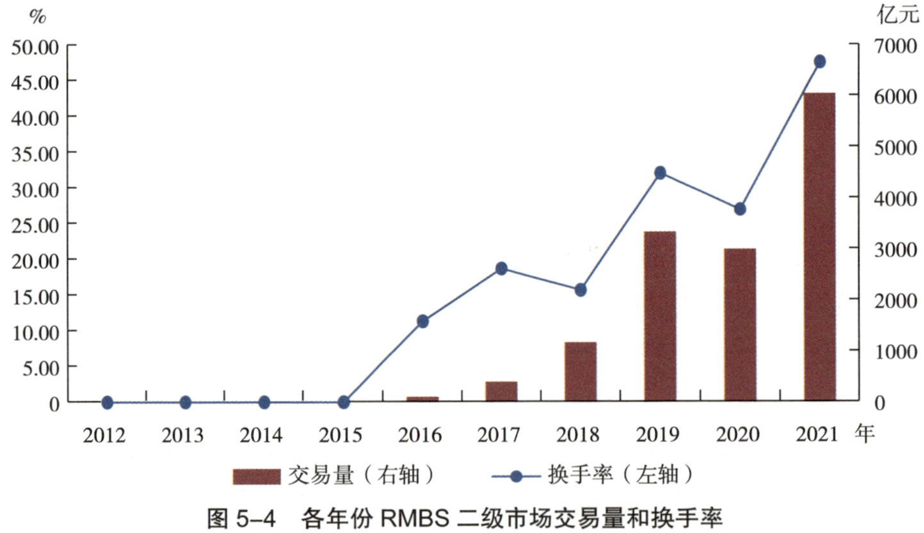

图 5-4　各年份 RMBS 二级市场交易量和换手率

（数据来源：Wind，中债资信整理）

① 二级市场交易情况统计包含商业银行住房抵押贷款 RMBS 和住房公积金贷款 RMBS，本章同。

三、产品大事记

1. 从资产类型来看，RMBS 在我国形成了有中国特点的“双产品”发行机制

在我国，根据发起机构类型的不同，可以将 RMBS 产品分为商业银行 RMBS 和住房公积金贷款 RMBS。其中，商业银行 RMBS 的基础资产主要为国有银行、股份制银行、城市农业商业银行发放的个人住房抵押贷款，住房公积金贷款 RMBS 基础资产为公积金中心发放的个人住房公积金贷款。截至 2021 年末，商业银行 RMBS 发行单数为 289 单，发行规模 23644.40 亿元，住房公积金贷款 RMBS 在银行间市场的发行单数为 7 单，发行规模 416.77 亿元。作为以住房抵押贷款为基础资产的证券化产品，两者均具有抵押物质量高、期限长、利率低的特点。

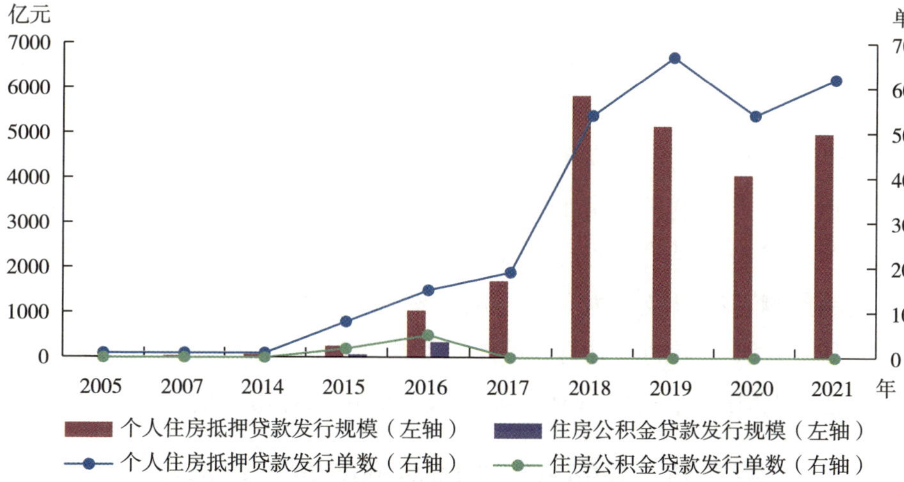

图 5-5 个人住房抵押贷款和住房公积金贷款发行情况

（数据来源：Wind，中债资信整理）

2. RMBS 评级方法的优化进一步提升了评级结果的准确性，助力 RMBS 市场高质量发行

RMBS 具有基础资产和证券期限很长的特点，但住房贷款在国内发展

的时间较短，历史数据无法覆盖完整的生命周期，同时在 RMBS 产品发展初期，缺少足够的评级经验以及产品表现数据。由于数据与经验的不足以及缺乏对中国特色国情的考量，早期 RMBS 的评级方法无法合理和准确评估信用风险，评级方法适用性与科学性有待进一步提升，随着 RMBS 发行量的不断攀升，对评级方法的优化迫在眉睫。依托于 RMBS 重启后 5 年全市场评级项目的经验积累，通过对中国房贷市场发展及风险特征的细化研究以及对违约贷款影响因素的刻画解析，中债资信于 2019 年升级全新的评级方法并正式对外发布。

优化后的评级方法有：一是更符合我国房地产与房贷市场特点。在全样本历史数据聚类分析的基础上，构建了标准静态池和累计违约率增速方程，并结合房地产市场区域分化特点，力求客观衡量地区住房金融稳定性对入池资产违约率水平的影响。二是实现了从“定量”向“定量加定性”的转型升级。通过提高数据提取质量、提升数据分析效率以进一步优化定量分析，同时强化定性分析和判断，兼顾经济显著性和统计显著性验证，选取符合中国特色的模型指标体系。三是使用丰富的历史数据为评级参数和违约风险分析提供了可靠依据。联动 500 余万笔正常类贷款和 2 万余笔不良类贷款以分析违约贷款特征，根据近 2000 期受托报告存续表现数据以优化评级参数，结合 100 余单 RMBS 和 20 余单 NPAS 存续表现，可更为合理地预测基准以及压力条件下的违约风险。RMBS 评级方法的优化进一步提升了评级结果的准确性，更有利于精准评估 RMBS 产品的信用风险，可助力规范 RMBS 市场发行和交易环境，促进债券市场的高质量发展。

第二节　RMBS 市场发展的意义和特征

一、RMBS 市场发展的意义

1. RMBS 作为住房金融体系稳健运行的创新手段，承载了落实住房金融宏观审慎管理、稳定房地产市场运行的重要使命

作为住房金融体系的创新手段，商业银行通过将特定时期或区域的个人住房抵押贷款以RMBS的形式释放，可以将腾挪的信贷资源投向制造业、科技等经济社会发展重点领域和小微、“三农”等薄弱环节融资，尤其是在房地产贷款集中度管理制度出台后，RMBS的发行为部分集中度超标或达标承压的银行提供了空间，有助于落实房地产长效机制、实施房地产金融宏观审慎管理和差别化的住房信贷政策，提高金融体系的韧性和稳健性，促进房地产市场平稳健康发展。

2. RMBS是我国探索房贷利率市场化传导机制的重要实践

我国商业银行房贷业务的传统运营模式以存款为负债端来源，一旦形成资产就会一直在表内存在直到借款人本息兑付完毕，因此对房贷进行定价最重要的考量因素是存款端利率和资产将在表内长期持有的成本收益。但房贷作为一种期限较长的资产，商业银行对其成本收益预测较为困难，定价往往不能真实体现其最终带来的损益，再加上资产只能持有到期，对银行进行有效、灵活的资产配置有较大困扰。对房贷资产进行证券化，即通过发行RMBS，可以将房贷经营业务模式从“持有型”转变为“交易型”，银行可以参考RMBS在债券市场上的发行利率，打通证券市场和贷款市场的利率市场化传导机制，实现“随行就市”的定价模式，提高定价的合理性和信贷业务的效益。

3. RMBS近年来成功引入境外投资者，拓宽了境外投资者参与境内债券市场范围，助力境内银行间债市进一步对外开放

在稳步推进金融业对外开放的背景下，近年来RMBS不断推进国际化发行，拓展境外市场。自2018年起，已有多单项目通过债券通成功吸引国际投资者参与投标。截至目前，主要发起机构所发行的产品已经吸引来自美国、日本、欧洲、新加坡、中国香港等多个国家和地区的多家国际投资者参与投资，中标机构包括渣打银行、汇丰银行、新加坡政府投资基金等国际知名金融机构。RMBS产品的国际化发行，进一步扩展了境内债券市场投资者类型，有助于境内银行间债券市场进一步对外开放，形成资本市场高水平对外开放新格局，促进国内国际经济“双循环”发展。

4. RMBS 是银行盘活存量资产、提升资本充足率和贷款精细化管理水平的重要工具

对于商业银行来说，RMBS 的发行一是盘活了存量资产，增强了流动性管理能力。通过资产证券化的交易结构设计，将期限长、流动性差的个人住房抵押贷款转换成了流动性更高的资产支持证券，在缓解银行资产负债期限错配的同时，提供了高效、低成本的资本市场表外融资手段；二是优化了信贷结构，提升了经营效益。我国不同地区的发展情况不尽相同，住房金融市场也随着国家宏观经济变化而波动，RMBS 可以根据业务需求，将不同区域、利率类型的资产进行组合打包，灵活调整商业银行信贷资产结构，实现综合效益的提升；三是提升部门协同与精细化管理水平。RMBS 作为创新型金融工具，在业务开展过程中，需要投资银行部、基础资产提供部门、财会资负部门和科技部门等相关部门在发行及存续管理等各环节协作配合，对发起机构的资产管理和风险管控能力、系统建设提出了更高要求，有助于提升内部管理精细化水平。

二、RMBS 市场发展的特征

1. 作为住房金融体系的有机组成部分，RMBS 市场的发展与房地产宏观调控机制息息相关

居民住房消费问题是我国重大民生问题之一，也是我国住房金融改革所着力解决的目标。追溯我国住房金融相关政策，居民住房消费问题的解决举措一直在政策性金融框架之中。因此，和其他类型资产证券化相比，RMBS 不仅是商业性金融工具，更是政策性金融工具，其市场发展也与房地产宏观调控机制息息相关。2014 年，为稳增长、去库存，《关于进一步做好住房金融服务工作通知》提出放松限贷，下调首套房贷款利率，鼓励商业银行通过发行 RMBS 和金融债券融资，增强个人住房贷款投放能力。随后，RMBS 迎来了重启后的快速发展。近几年，在中央“房住不炒”和“不将房地产作为短期刺激经济手段”的政策背景下，监管机构加强了对房地产贷款的集中度管理，RMBS 作为商业银行管理资产负债、调整信贷结构的有力工具，向高质量发展阶段迈进。

2. 在银行房贷存量大、盘活存量需求明显的背景下，RMBS 发行重启后增长势头迅猛，已占据信贷 ABS 主导地位，市场格局逐渐接轨国际成熟市场

与车贷 ABS、CLO 相比，RMBS 重启时间较晚，2014 年才恢复发行，但发展势头迅猛，已占据信贷 ABS 主导地位。一方面，在全面深化住房制度改革之后，个人住房贷款历经 20 余年的发展，已经增长到 2021 年末的 38.3 万亿元，庞大的基础资产规模以及发起机构盘活存量资产的需求驱动，是 RMBS 得以快速发展的基础条件；另一方面，从自身资产特征来讲，RMBS 基础资产标准化程度高、抵押率充足、资产分散度高、平均单笔贷款未偿本金余额约占资产池总额的 0.01%，天然具有证券化优势。因此，在政策的催生下，RMBS 重启后迎来爆发期，发行步入“快车道”，市场地位逐渐提高。2021 年，RMBS 发行总量占信贷 ABS 的 56.64%，在美国 ABS 市场中，这一比例接近 90%。经过重启后十年的发展，RMBS 的市场格局逐渐接轨国际成熟市场。

3. 受益于国内规范的个人住房贷款管理办法和严格的贷款审批制度，RMBS 信用风险较低

根据《个人住房贷款管理办法》，我国借款人申请房贷需满足有稳定的收入证明、信用良好、首付比例达到 30% 等要求，比美国房贷业务更为严格。商业银行在房贷经营管理方面，也制定了相应的管理办法，坚持稳健审慎的经营理念，在贷前、贷中、贷后各个环节把控业务风险。同时，公积金中心对贷款额度的上限和借款人公积金缴纳的要求往往更加严格，抵质押物对贷款的覆盖程度也更高。总体来看，我国个人房贷不良率一直较低，处于零售类贷款中的最低水平。基于此，我国 RMBS 基础资产到目前为止普遍表现良好，违约率处于低位，证券信用风险较低。

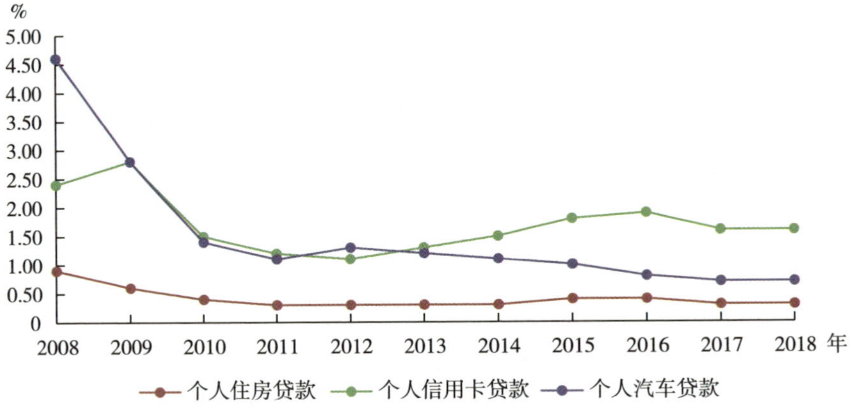

图 5–6　我国零售类贷款各年份不良率

（数据来源：《中国金融稳定报告》，中债资信整理）

表 5–3　中美两国入池资产部分合格标准对比

入池资产合格标准	中国	美国
借款人标准	—	FICO 评分大于等于 680
	借款人（含共同借款人）至少有一人为中国公民或永久居民，且年满 18 周岁	有权在美国合法居住或工作的美国公民或外国人
	月房产支出与收入比不超过 50%，月所有债务支出与收入比不超过 55%①	收入债务比不超过 43%
房产标准	LTV 小于等于 80%	LTV 如果大于 80% 要有抵押保险
	银行是第一顺序抵押权人或抵押权预告登记权利人	所有贷款都有第一顺位抵押权担保

注：来源于《商业银行房地产贷款风险管理指引》。

数据来源：公开数据，中债资信整理。

第三节　产品核心特征和核心表现

一、产品核心特征

1. RMBS 基础资产信用质量较好，从全量历史数据观察，月度新增违约率维持在较低水平

根据对 20 家 RMBS 发起机构全量历史数据的统计和分析，近十年个人住房贷款 91~120 天平均逾期率一直维持在 0.1% 以下，2021 年维持在 0.04% 左右，处于较低的水平，见图 5-7。从贷款发放的全生命周期来看，月度新增违约率呈现先升后降的特征，新增违约率高点发生在贷款发放后的 30~60 个月，平均峰值在 0.04% 左右，见图 5-8。整体来看，RMBS 基础资产信用质量较好。

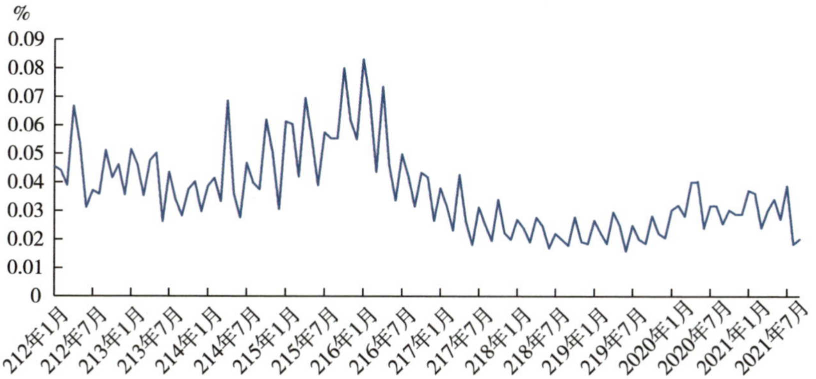

图 5-7　房贷 91~120 天平均逾期率情况

（数据来源：发起机构动态池，中债资信整理）

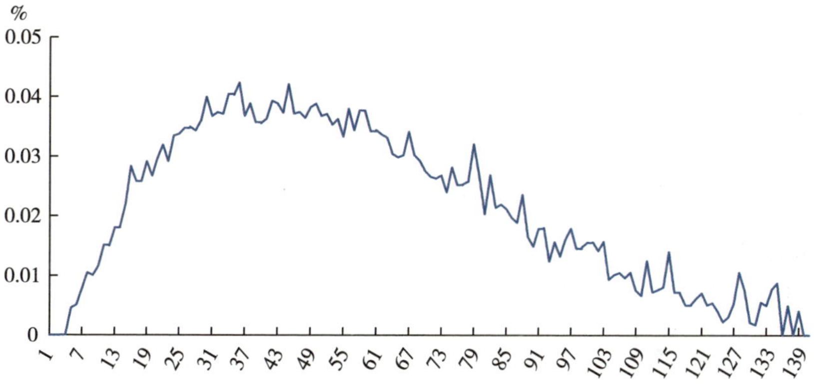

图 5-8　房贷资产存续期各月新增违约率情况

（数据来源：发起机构静态池，中债资信整理）

2. RMBS 基础资产同质化程度高，入池资产特征基本维持稳定

由于个人住房抵押贷款的资产生成以及证券化流程标准化程度较高，

RMBS 入池的基础资产较为同质化，不同项目的基础资产特征差别不大且基本维持稳定。从加权平均贷款利率来看，自 2016 年市场调控以来，房贷利率进入小幅上升周期，近五年基本维持在 4.79% 左右，见图 5-9；从加权初始贷款价值比（LTV）来看，除 2015 年和 2016 年发行的公积金 RMBS 入池资产初始贷款价值比较低，拉低全年均值，其余年份 RMBS 加权初始贷款价值比稳定在 62.02% 左右，见图 5–10；从加权平均合同期

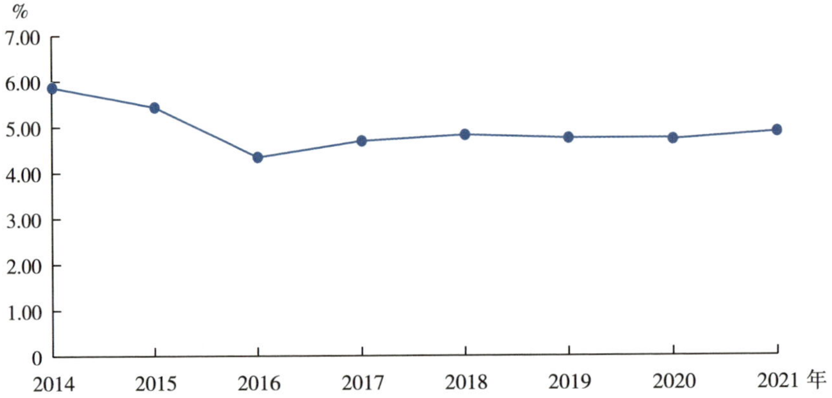

图 5–9　2014—2021 年 RMBS 加权平均贷款利率

（数据来源：Wind，中债资信整理）

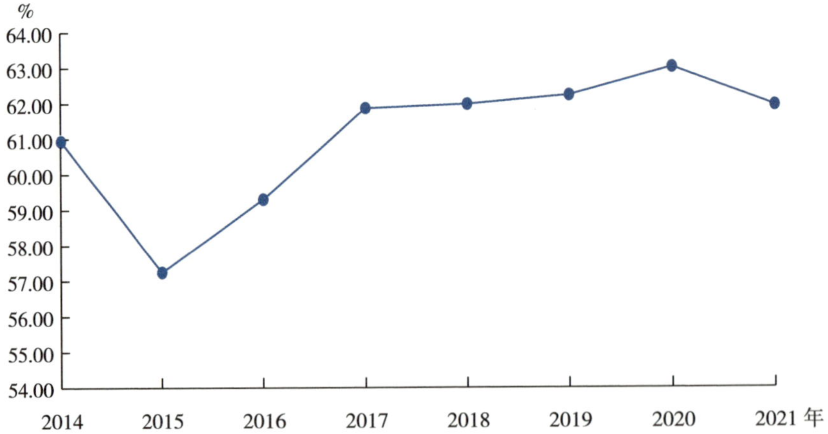

图 5–10　2014—2021 年 RMBS 加权平均初始贷款价值比

（数据来源：Wind，中债资信整理）

限来看，已发行项目入池资产平均合同期限约16年，2015—2018年略有下降，但整体保持平稳，见图5-11。

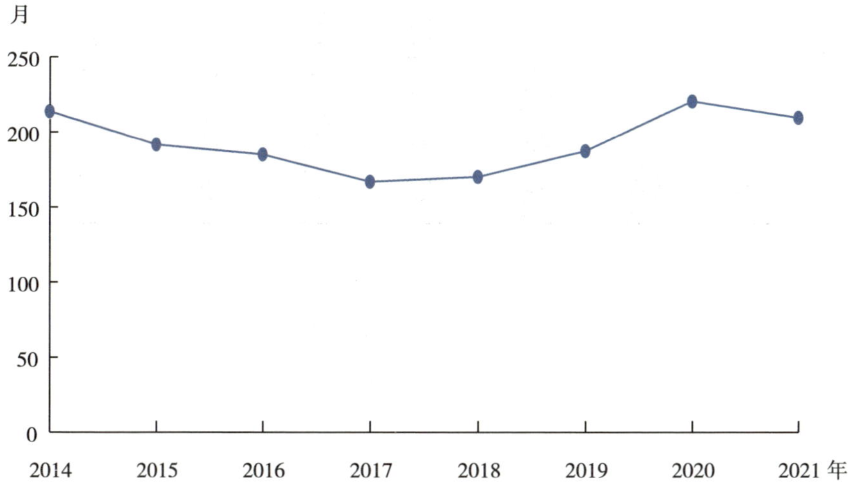

图 5-11　2014—2021 年 RMBS 加权平均合同期限

（数据来源：Wind，中债资信整理）

3. 基础资产期限较长，证券分层及偿付方式设计的创新能有效控制证券期限

RMBS基础资产期限较长，早期发行的RMBS证券期限和资产池期限基本相同，为了满足投资者不同期限偏好和风险偏好，RMBS证券设计逐渐多元化。从分层设计来看，通过优先级证券多档拆分，可以根据资产池现金流归集和支付顺序设计不同的证券期限，满足不同投资资金的期限要求；从偿付设置来看，早期RMBS以过手型摊还为主，近年来通过更精准的现金流分析以及更合理的现金流出规划，目标余额型、固定摊还型的偿付方式被普遍采用，这些创新的还款设计可以较为准确地预测证券端的现金流，相比过手型摊还降低了资产池早偿对证券期限的影响，便于投资者进行久期管理。

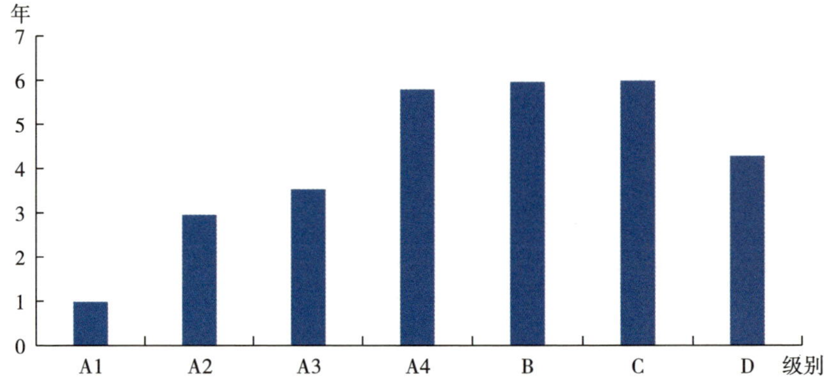

注：该期限与发行说明书披露的早偿下的期限一致。

图 5–12　各级证券平均到期期限

（数据来源：公开数据，中债资信整理）

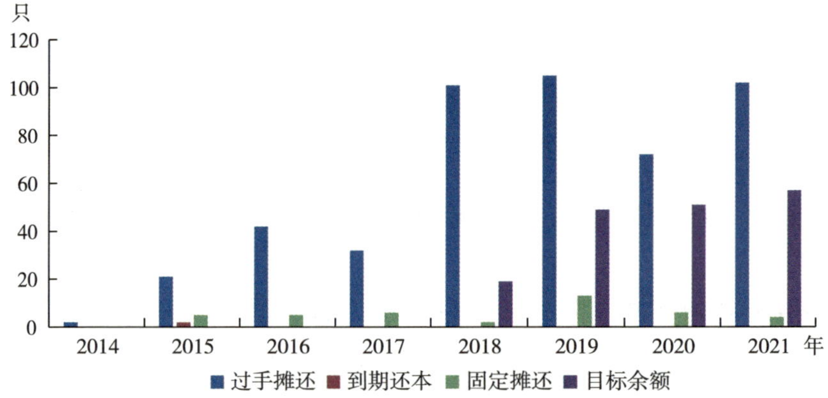

图 5–13　各年份采用不同偿付方式的证券只数

（数据来源：公开数据，中债资信整理）

4. 为进一步释放风险资本、实现资产出表，次级证券市场化配售规模不断上升

RMBS 发展初期，由于市场对其风险认识并不清晰，且缺乏估值定价的工具，次级证券投资者相对较少，发起机构销售动力不足。随着 RMBS 产品愈加成熟，估值工具不断丰富，次级证券投资价值也逐渐被发现，配售规模不断上升。2021 年次级证券的配售规模达到 61.69 亿元，同比增加

215%，其中，“建元”系列积极探索次级销售的新型市场模式，销售金额市场占比 94.15%。从发起机构角度来说，次级的销售有利于风险资本的释放和出表；从投资端的角度来说，随着二级市场基础设施建设的推进，通过培育有固定投资偏好的次级证券投资者群体，次级证券市场化发行程度会进一步加深。

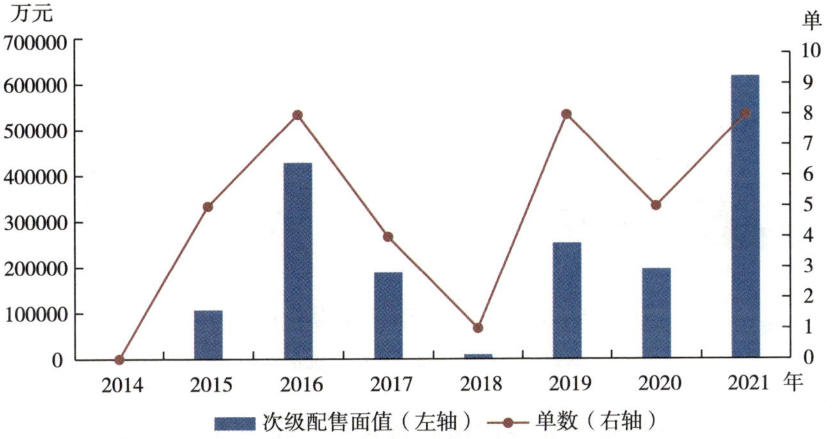

图 5–14 各年份次级证券销售金额及单数

（数据来源：公开数据，中债资信整理）

二、产品核心表现

1. 存续项目累计违约率普遍较低但机构分化明显，需关注基础资产违约率较高地区资产质量

我国 RMBS 基础资产的违约率始终保持信贷 ABS 产品中较低水平。2021 年末，RMBS 项目共存续 285 单，平均累计违约率为 0.39%，上升逐步趋缓。随着证券表现期的增加，机构分化的现象逐渐凸显。其中，公积金中心的平均累计违约率最低（0.15%），区域性银行（非发达地区）平均累计违约率最高（1.52%）。整体来看，RMBS 存续项目违约风险较低，但仍需关注部分地区入池资产不良率较高的问题。通过对近 200 单 RMBS 存续项目资产表现的持续跟踪，发现部分经济相对落后和地处偏远的地区或由于居民收入较低，去库存压力较大，人口持续流出等原因，其借款人的偿债能力与偿债意愿较弱，违约率较高。

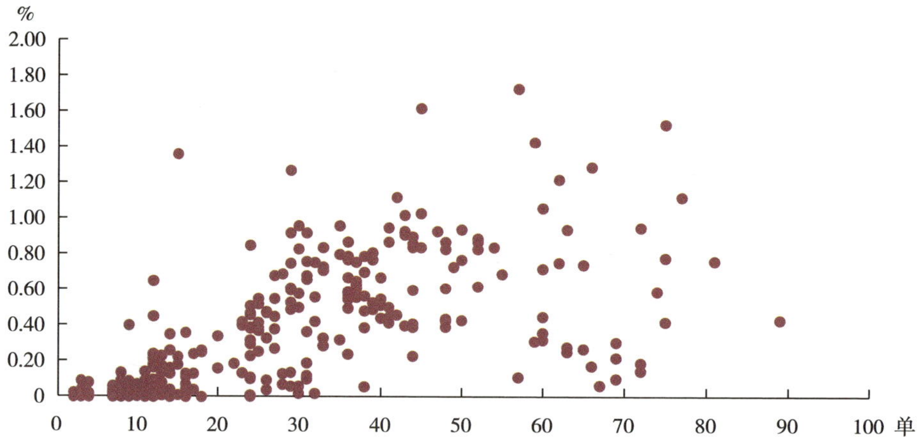

图 5-15　存续 RMBS 项目累计违约率

（数据来源：受托报告，中债资信整理）

2. 早偿率波动对证券实际期限影响较大，过手型证券普遍提前到期

RMBS 证券存续期较长，因此基础资产的早偿对其期限影响较大，其中早偿对过手型 RMBS 证券期限影响最大，目前到期证券中过手型证券普遍提前到期，平均提前到期时间 79[①] 天，远大于其他偿付方式证券早偿天数。借款人提前还款会加剧证券剩余期限的不确定性，影响投资者收益水平和久期管理。从 RMBS 存续证券表现来看，RMBS 项目的早偿率存在明显的周期性波动，整体趋势与房价波动较为一致，分析认为房价高低是影响借款人早偿意愿的重要因素。此外，利率波动、经济环境等因素也会影响借款人还款能力与意愿，进而影响早偿。

① 使用发行说明书披露的早偿假设条件下的预期到期日计算得出。

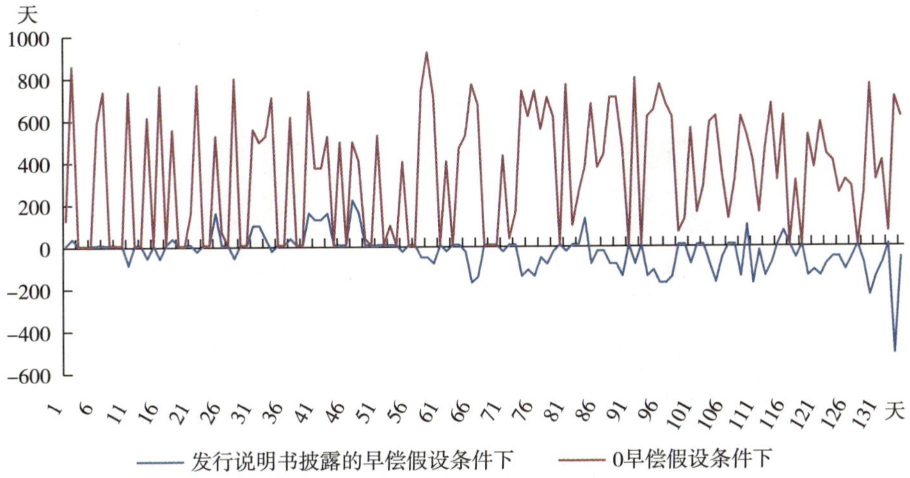

图 5–16　不同条件件下证券预期到期日与实际到期日的相差天数

（数据来源：Wind，中债资信整理）

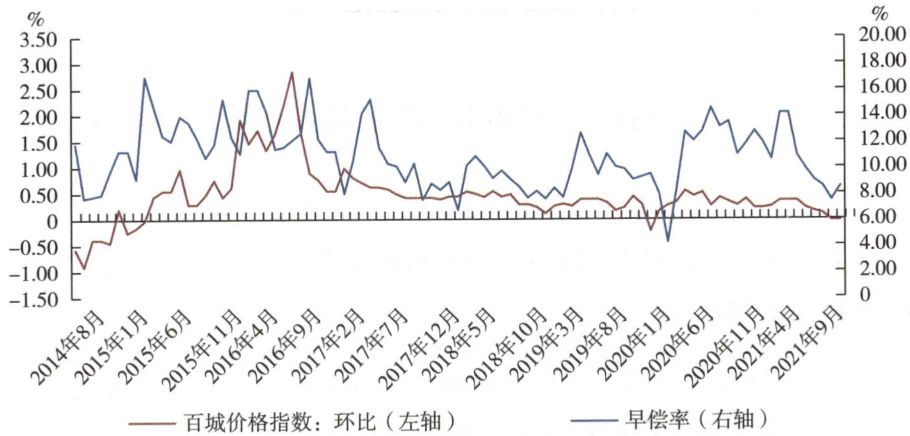

图 5–17　RMBS 项目早偿率与百城价格指数波动趋势

（数据来源：公开数据，中债资信整理）

3. 若贷款市场报价利率（LPR）不出现大幅波动，利差风险随证券兑付逐渐削弱

截至 2021 年跟踪时点，存续 RMBS 项目普遍为正超额抵押，平均超额抵押占比为 3.53%。在 LPR 浮动范围不大的情况下，随着证券的存续，

RMBS 证券端利率下降速度快于资产端，部分项目负利差现象逐步扭转。

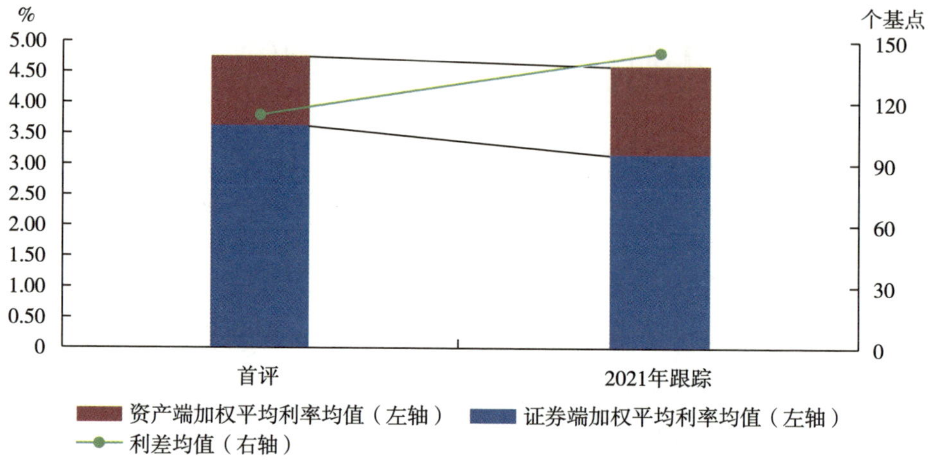

图 5-18　RMBS 产品加权平均利率及利差均值较首评变化

（数据来源：公开数据，中债资信整理）

第四节　RMBS 未来发展趋势

一、我国 RMBS 发挥着调结构、防风险、惠民生的作用，在当前存量房贷规模庞大的背景下，随着监管制度与业务规范的不断完善，RMBS 仍有很大的发展潜力

自信贷 ABS 重启以来，我国 RMBS 高速增长，产品设计日趋成熟，参与机构日益丰富。积极推进 RMBS 市场，可以帮助发起机构盘活存量资产、缓解资本压力、降低错配风险、转移分散风险，同时有效推动利率市场化进程，也有望在加强信贷风险防控，维护住房消费合法权益等方面发挥积极作用。虽然我国 RMBS 市场培育已经初见成效，但与国外成熟证券化市场的发展状况仍有较大差距。例如，美国资产证券化市场中，RMBS 的发行规模庞大，在整个债券市场的占比超过 20%。RMBS 产品是美国稳定住房金融体系和宏观货币政策调节的重要组成部分，RMBS 存量

规模占存量房贷余额的70%~80%，而我国目前房贷证券化率只有4%左右，RMBS产品也未纳入人民银行的货币政策调控手段，未来还有很大发展空间。同时，随着市场的成熟，个人住房贷款作为一种长期充足资产，有望实现持续稳定发行，进一步加强对投资者的吸引。

二、随着证券估值体系的完善、做市商和质押回购机制的成熟、信息披露制度的标准化，RMBS二级市场活跃度有望进一步提升

近两年，随着投资者对RMBS品种风险和收益认识的成熟以及二级市场基础设施建设的推进，二级市场活跃度和重启初期的几年相比已经实现了跨越式发展，RMBS交易量和换手率在ABS均居于前列。然而，从投资端来看，资管新规后，资管产品净值化管理对所投ABS估值变化的要求越来越高。新金融工具准则要求对于按照公允价值计量的信贷ABS，需要分阶段实时反映其公允价值；从发起端来看，RMBS是典型的长期限类债券，次级期限长、流动性弱、销售困难，导致出表比例低，抑制了发起机构积极性。因此，提高二级市场流动性仍是亟待解决的问题。

未来，一是随着重点参数曲线的搭建，为RMBS定价提供可靠的参考基准，估值体系将进一步完善；二是随着市场参与机构积极开展做市服务、参与质押式回购交易，将进一步激活市场参与主体活力；三是随着信息披露评价制度、信息披露形式的标准化，更便于投资者了解基础资产信息，RMBS二级市场活跃度有望进一步提升。

三、RMBS在实现利率市场化中的作用有望进一步被重视和发现

美国住房金融市场成熟的最重要标志就是通过RMBS实现了住房贷款利率的市场化。我国目前RMBS虽然由市场定价，但尚未成为房贷利率传导信号。RMBS成为房贷利率市场化的重要工具的前提是RMBS有足够的发行体量且成为发起机构发放房贷的最主要资金来源。未来随着RMBS市场的进一步扩容，各类型发起机构的积极性不断提高，RMBS在实现房贷利率市场化中的作用将逐渐显现。

第六章 车贷 ABS 市场发展历程回顾

第一节 车贷 ABS 发展大事记

车贷 ABS 是信贷 ABS 的重要组成部分，也是 2012 年信贷 ABS 重启后最早出现的产品之一。作为汽车金融公司和汽车财务公司的重要融资渠道，车贷 ABS 对于支持实体经济的发展具有积极意义。汽车行业及汽车金融行业的发展，为车贷 ABS 提供了充足优质的基础资产。特别是 2015 年实行注册制以来，车贷 ABS 取得了快速的发展。在机构需求、监管政策、行业发展等多重激励驱动下，车贷 ABS 近十年来逐步成长为信贷 ABS 的主流品种。

表 6–1 车贷 ABS 发展大事记

阶段	时间	文件 / 会议 / 事件	主办机构	内容
恢复试点阶段（2012—2014 年）	2012 年 10 月	重启后首单车贷 ABS	上汽通用汽车金融	“通元 2012–1”成功发行
高速扩容阶段（2015—2018 年）	2015 年 5 月	《个人汽车贷款资产支持证券信息披露指引（试行）》	交易商协会	明确了车贷 ABS 相关信息披露义务主体在注册、发行和存续期间的信息披露标准
	2015 年 11 月	首单循环车贷 ABS	招商银行	“和信 2015–2”成功发行
	2016 年 3 月	《关于加大对新消费领域金融支持的指导意见》	人民银行、银监会	鼓励汽车金融公司业务产品创新、支持绿色消费、大力发展个人汽车、消费、信用卡等零售类贷款信贷 ABS
	2018 年 12 月	《中华人民共和国车辆购置税法》	全国人大	调整了征税范围，取消了最低计税价格并全面取消纸质车辆购置税完税证明等
高质量发展阶段（2019 年至今）	2019 年 12 月	发行规模新突破	—	单年发行单数破 40 单，单年发行规模近 2000 亿元

续表

阶段	时间	文件 / 会议 / 事件	主办机构	内容
高质量发展阶段（2019 年至今）	2020 年 10 月	《关于促进消费金融公司和汽车金融公司增强可持续发展能力、提升金融服务质效的通知》	银保监会	降低拨备监管要求、拓宽融资渠道、增加资本补充方式
	2020 年 11 月	《新能源汽车产业发展规划（2021—2035 年）》	工业和信息化部、国务院	以深化供给侧结构性改革为主线、以融合创新为重点，坚持电动化、网联化、智能化发展方向
	2021 年 6 月	首单绿色车贷 ABS	上汽财务	“上和 2021-1”成功发行
	2021 年 12 月	发行规模新突破	—	单年发行单数破 50 单，单年发行规模突破 2500 亿元

数据来源：中债资信整理。

一、政策大事记

1. 深化汽车产业改革，持续发挥中国汽车产业在国民经济中的地位和作用

2018 年 12 月，全国人大通过《中华人民共和国车辆购置税法》，在立法层面对车辆购置税进行了进一步的细化和调整，加强了汽车行业发展的制度支撑。

2020 年 11 月，国务院办公厅印发《新能源汽车产业发展规划（2021—2035 年）》，明确了新能源汽车的发展目标，坚持电动化、网联化、智能化的发展方向，推动汽车产业发展迈向新阶段。

2. 多重政策布局，助推汽车金融行业的稳定增长与健康发展

2016 年 3 月，人民银行、银监会联合印发《关于加大对新消费领域金融支持的指导意见》，建议大力发展包括个人汽车在内的资产证券化，为盘活信贷存量、扩大汽车信贷规模、提升信贷供给能力拓宽渠道。

2020 年 10 月，银保监会印发《关于促进消费金融公司和汽车金融公司增强可持续发展能力、提升金融服务质效的通知》，从降低拨备监管要求、拓宽融资渠道、增加资本补充方式三方面加大对汽车金融公司的监管政策支持力度，增强汽车金融公司可持续发展能力，以更好地服务实体经济。

3. 车贷 ABS 信息披露指引落地，为车贷 ABS 的快速发展夯实基础

2015 年 5 月，根据人民银行《信贷资产支持证券发行管理有关事宜》有关授权及规定，交易商协会发布了《个人汽车贷款资产支持证券信息披露指引（试行）》。该指引规范了车贷 ABS 信息披露行为、提高了业务透明度，有效维护了投资者合法权益，推动了车贷 ABS 的发展。

二、市场大事记

1. 车贷 ABS 持续发展，发行规模在信贷 ABS 中占比稳步增加

2008 年，第一单车贷 ABS 试点发行，但随后的 3 年一直处于暂停阶段，2012 年随着信贷 ABS 正式重启，车贷 ABS 恢复发行至今已经历了十年。

自 2015 年起，实行注册制发行，车贷 ABS 经历了一段快速发展，仅 2015 年发行规模就超过历年之和，该阶段发行规模年平均增速达到近 80%。

自 2019 年起，进入高质量发展阶段，2019 年发行单数首次突破 40 单，单年发行规模近 2000 亿元，2021 年首次突破 50 单，进一步增长至 2500 亿元。

截至 2021 年末，车贷 ABS 累计发行单数 237 单，发行规模 10072.40 亿元，发行规模在各类信贷 ABS 产品中排名第三，总额占比近 19%，详见图 6-1 及图 6-2。

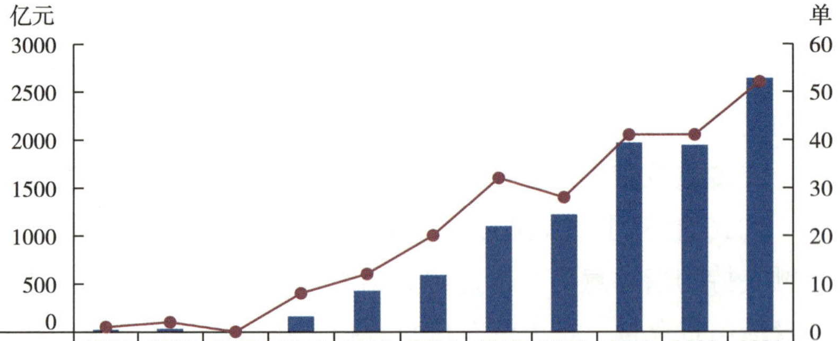

年份	2008	2012	2013	2014	2015	2016	2017	2018	2019	2020	2021
发行规模（亿元）	20	30	0	159	424	587	1095	1216	1966	1940	2635
发行单数	1	2	0	8	12	20	32	28	41	41	52

图 6-1　车贷 ABS 历年发行单数及规模

（数据来源：Wind，中债资信整理）

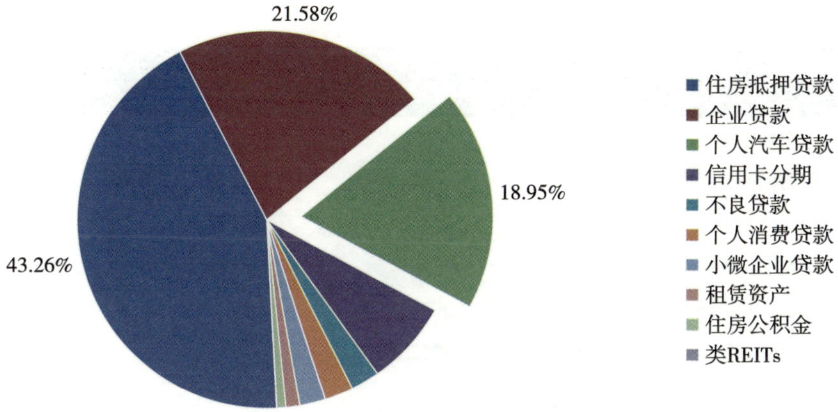

图 6-2　各类型信贷 ABS 发行规模占比

（数据来源：Wind，中债资信整理）

2. 发起机构以汽车金融公司为主，部分汽车财务公司、银行均有参与，发起机构不断丰富

2012 年，上汽通用汽车金融作为发起机构，发行了重启后的首单车贷 ABS。2015—2018 年，发起机构数量迅速扩充，由 2014 年的 9 家拓展到了 24 家，国有银行也首次加入发行阵列，机构类型进一步扩充。截至 2021 年末，累计共 28 家机构作为车贷 ABS 的发起机构参与发行，机构类型包括汽车金融公司、汽车财务公司及银行，其中汽车金融公司发行规模占比超车贷 ABS 发行总规模的 80%，位居首位。

整体而言，发起机构头部效应明显，前 5 家发起机构发行规模占比接近 50%，但同时发起机构多样性也较高，十年间不断有新的发起机构参与到车贷 ABS 的发行中来，近年来已逐步形成了每年近 20 家不同发起机构参与发行的稳定局面。

表 6-2　　车贷 ABS 各发起机构发行单数和发行规模

发起机构	发行单数（单）	发行单数占比（%）	发行规模（亿元）	发行规模占比（%）
上汽通用汽车金融	21	8.86	1279.93	12.71
宝马汽车金融	18	7.59	973.69	9.67

续表

发起机构	发行单数（单）	发行单数占比（%）	发行规模（亿元）	发行规模占比（%）
招商银行	10	4.22	806.93	8.01
东风日产汽车金融	20	8.44	796.37	7.91
梅赛德斯－奔驰汽车金融	11	4.64	732.65	7.27
大众汽车金融	13	5.49	584.06	5.80
奇瑞徽银汽车金融	15	6.33	529.77	5.26
上汽财务	10	4.22	519.08	5.15
吉致汽车金融	13	5.49	508.86	5.05
广汽汇理汽车金融	11	4.64	448.00	4.45
福特汽车金融	13	5.49	447.09	4.44
一汽汽车金融	8	3.38	367.00	3.64
北京现代汽车金融	10	4.22	354.99	3.52
天津长城滨银汽车金融	10	4.22	353.99	3.51
瑞福德汽车金融	12	5.06	294.99	2.93
丰田汽车金融	8	3.38	288.00	2.86
比亚迪汽车金融	8	3.38	201.13	2.00
东风汽车财务	5	2.11	170.23	1.69
长安汽车金融	5	2.11	149.89	1.49
平安银行	3	1.27	100.18	0.99
东风标致雪铁龙汽车金融	3	1.27	62.01	0.62
晋城银行	4	1.69	49.44	0.49
海马财务	1	0.42	15.29	0.15
常熟银行	1	0.42	12.54	0.12
民生银行	1	0.42	10.30	0.10
建设银行	1	0.42	9.69	0.10
杭州联合农业商业银行	1	0.42	5.00	0.05
工商银行	1	0.42	1.32	0.01
总计	237	100.00	10072.42	100.00

注：数据统计截至 2021 年 12 月 31 日。

数据来源：Wind，中债资信整理。

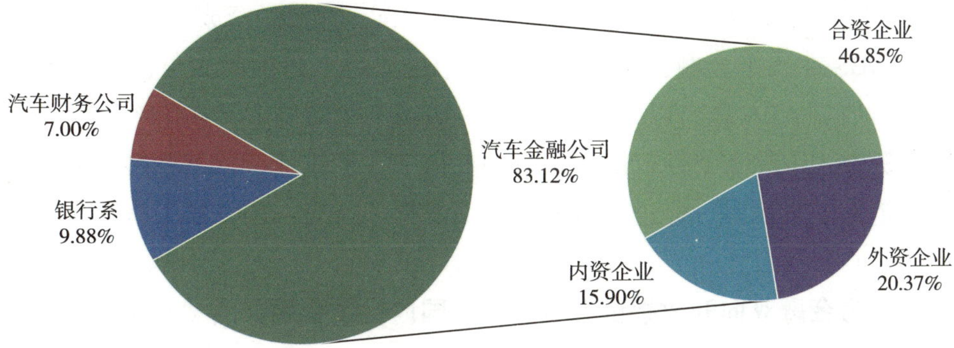

图 6–3　各类型发起机构发行规模占比

（数据来源：Wind，中债资信整理）

第二节　车贷 ABS 市场发展的意义和特征

一、车贷 ABS 市场发展的意义

1. 车贷 ABS 为汽车金融行业开辟重要融资渠道、降低融资成本，进一步为汽车行业的发展提供动能

进入 21 世纪以来，我国汽车行业发展迅速，经过十余年的高速增长，于 2017 年达到产量高峰。截至 2021 年末，我国的汽车年度产量和销量分别为 2608 万辆及 2627 万辆，产销同比呈现增长，结束了 2018 年以来连续三年下降的局面。汽车消费需求也推动了汽车信贷规模的增长，同时受益于汽车厂商的贴息政策和促销力度，汽车信贷渗透率不断提高，汽车消费信贷规模逐年攀升。

为了培养和促进汽车金融市场的公平竞争和健康发展，2003 年起我国正式设立了汽车金融公司。截至 2020 年末，汽车金融公司零售类贷款余额达到 7820.16 亿元，经销商贷款余额 1046.52 亿元，成为促进汽车流通与销售的关键环节和支持汽车实体经济的重要力量。

汽车金融公司作为典型的资本密集型行业，业务快速扩张也促使其融资需求不断攀升。大量的汽车贷款为车贷 ABS 提供了充足的基础资产的同时，作为有效改善资产端和负债端期限错配、降低融资成本的金融工具，车贷 ABS 在汽车金融公司的融资渠道中扮演越来越重要的角色。自 2012 年颁布信贷 ABS 重启以来，车贷 ABS 历经十年的发展，在汽车金融公司的融资方式中的重要性仅次于银行同业借款。相应地，汽车金融也在支持汽车销售领域发展、促进终端购车方面发挥了重要作用，成为汽车产业发展的核心驱动力之一。

2. 为金融双向开放提供有力抓手，国内优质金融产品“走出去”、国际先进经验“引进来”

作为国际投资者主要持有的国内券种之一，信贷 ABS 始终站在国际交流的前线。其中，由于车贷 ABS 发起机构多为具有国际化背景的汽车金融公司，车贷 ABS 具有吸引国际资本、借鉴国际经验的天然优势，成为信贷 ABS 中国际化程度最为突出的产品。

一方面，境外投资者比例明显高于信贷 ABS 其他种类产品，且信用质量受到境外投资者的广泛认可，“福元 2017 年第一期个人汽车抵押贷款资产支持证券”更是成为首单得到国际 AAA 级评级的境内信贷 ABS 项目。车贷 ABS 的发行不仅为境外投资者提供了优质投资标的，也为境外投资者认识境内市场提供了良好的窗口和契机，进一步推动金融出海的进程。

另一方面，车贷 ABS 在产品结构设计上也最为接轨国际。国际上较为流行的“收益补充超额抵押账户”“折后本息余额”等交易结构设置在被应用至境内车贷 ABS 产品后沿用至今，为借鉴海外先进经验、丰富境内信贷 ABS 产品、为投资者提供多样化选择、促进信贷 ABS 市场发展和逐步走向成熟贡献力量。

二、车贷 ABS 市场发展的特征

1. 在出表需求较低、次级证券收益率较高的情况下，现阶段国内车贷 ABS 市场大多数发起机构都选择了自持次级证券

车贷 ABS 发起机构发行产品以融资为主要目的，出表等其他需求相对较低。此外，次级证券作为吸收优先级证券损失的“安全垫”，在承担更高风险水平的同时，也具有更高的收益水平。次级证券的收益水平主要受到两方面因素的影响，一是违约、早偿等基础资产表现。二是产品结构设置和市场整体走势。目前国内车贷 ABS 入池资产质量较好，已发行项目的违约率多处于低位，车贷期限相对较短、早偿率较低，次级证券收益率均相对较高，发起机构往往选择自持全部次级证券。与此同时，车贷 ABS 这样的交易安排也为优先级证券投资者提供了更为充分的安全保障。

2. 境外投资者比例明显高于信贷 ABS 其他种类产品，有国际评级及外资主承销商参与的项目占比不断提高

在各类信贷 ABS 产品中，车贷 ABS、RMBS、消费贷 ABS 均有境外投资者参与，2021 年这 3 类产品境外投资者参与的单数占比分别达到了约 80%、10% 和 20%。相较其他国家市场，境内车贷 ABS 基础资产质量较好，投资收益相对较高，更能满足境外投资者的需求。与此同时，有国际评级的车贷 ABS 项目单数占比近 3 年也逐年递增，2021 年超过 70% 的车贷 ABS 项目都有国际评级机构参与；外资主承销商自 2016 年参与项目单数首次超过 50% 以后，自 2017 年起几乎全部车贷 ABS 项目中都可以看到外资主承销商的身影。

3. 车贷 ABS 二级市场活跃度稳步提升，交易量仅次于 RMBS，但与成熟市场活跃的二级市场相比，流动性稍显不足

自 2016 年起，车贷 ABS 二级市场年交易量稳步上升，除 2020 年二级市场遇冷、交易量增速为负外，其余年份都实现了交易量同比增速超过 50% 的水平。截至 2021 年末，总交易量为 2372.4 亿元，占整体信贷 ABS 交易量的 12%，份额仅次于 RMBS，详见图 6–4、图 6–5。不过与成熟市场相比，国内车贷 ABS 二级市场活跃度还待进一步地提升。据美国证券业与金融市场协会（Securities Industry and Financial Markets Association，SIFMA）公布的数据，美国汽车 ABS 日均交易金额 2 亿至 3 亿美元，单季换手率约为 10%，交易活跃度较高。

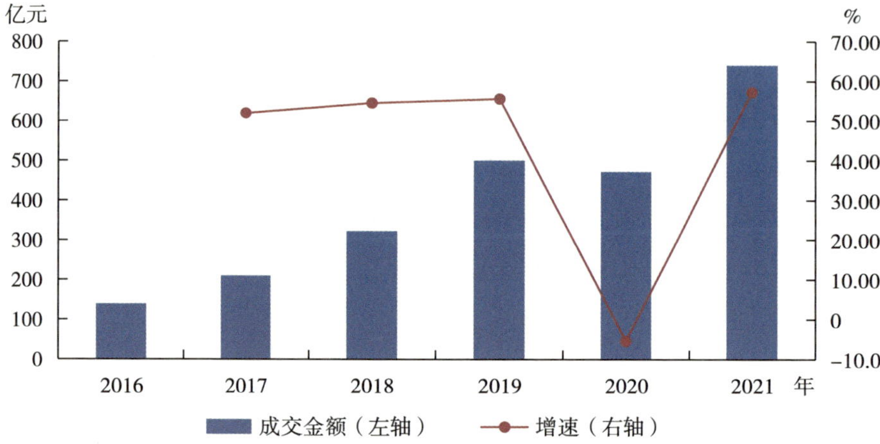

图 6-4　车贷 ABS 二级市场交易量

（数据来源：Wind，中债资信整理）

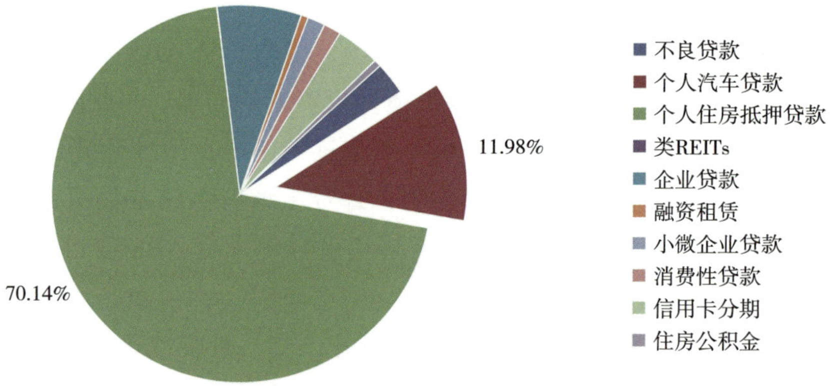

图 6-5　各类型信贷 ABS 交易总量占比情况

（数据来源：Wind，中债资信整理）

4. 在“双碳”政策指导下，新能源汽车市场得到快速发展，以新能源汽车为基础资产的绿色车贷 ABS 崭露头角

随着 2020 年我国明确提出“碳达峰、碳中和”的目标，2021 年车贷 ABS 市场首次出现了绿色冠名债券。工商银行、上汽财务、比亚迪汽车金融成功发行 3 单绿色 ABS。根据发行说明书披露，这 3 单绿色车贷 ABS 的入池资产全部为新能源汽车贷款，募集资金也将全部用于新能源汽车贷款的投放。从基础资产特征看，3单项目呈现贷款利率偏低、剩余期限偏长、贷款价值比（以下简称LTV）偏高的特点。

第三节　产品核心特征和核心表现

一、产品核心特征

1. 随着购车客户对长期限、低首付、灵活还款金融产品需求的提高，入池资产呈现利率降低、期限变长、LTV上升的趋势

车贷ABS基础资产具有分散度高、单笔金额小、LTV较高、期限较短等特点，汽车贷款发放流程标准化，历史数据稳定，是较为适合进行资产证券化的资产。随着购车客户对长期限、低首付、灵活还款金融产品需求的提高，近年来入池资产呈现利率降低、期限变长、LTV上升的趋势。

车贷ABS入池资产平均贷款利率近十年间持续下降，一方面受市场利率下降的影响，另一方面汽车行业进入存量时代，为促进汽车消费，各大汽车厂商加大贴息力度，低息贷款或者零息贷款的产品逐渐增多，详见图6–6。

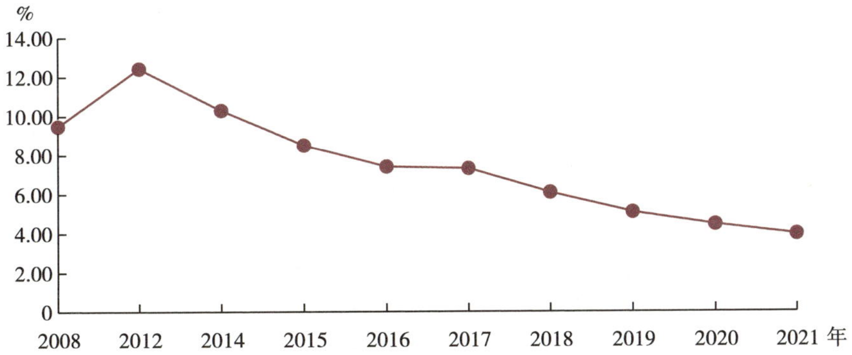

图6–6　车贷ABS平均入池资产利率

（数据来源：中债资信整理）

车贷ABS已发行项目入池资产平均合同期限约33个月，2008—2021年平均合同期限在31~34个月，整体而言波动较小。自2019年起呈现一定的上升趋势，一方面随着汽车市场进入饱和状态以及居民收入的不断提高，高价值车辆的需求增加；另一方面为了抢占市场，推出长期限贷款产品有利于降低客户的还款压力，达到吸引客户的目的，详见图 6-7。

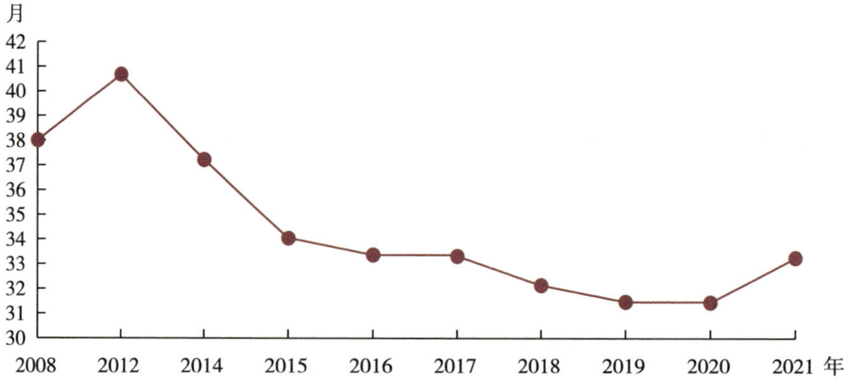

图 6-7　车贷 ABS 平均入池资产合同期限

（数据来源：中债资信整理）

车贷 ABS 入池资产平均 LTV 自 2015 年起持续小幅度波动上升，一方面反映出年轻客户购车对首付比例要求更低，另一方面可能由于附加贷产品的发放规模提高，导致抵押物价值对贷款金额的覆盖倍数降低，详见图 6-8。

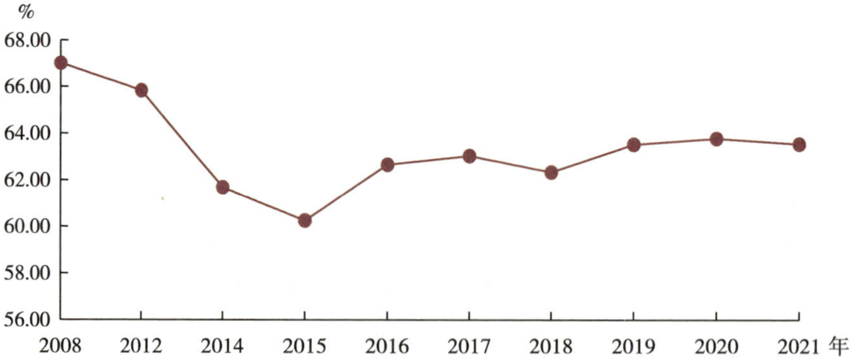

图 6-8　车贷 ABS 平均入池资产 LTV

（数据来源：中债资信整理）

尽管随着行业的发展和成熟，汽车金融公司所发放贷款的部分特征开始逐步向国际市场趋近，但整体来看国内车贷 ABS 入池资产质量明显优于国外，不仅期限更短、利率更高、LTV 更低，特殊类型资产入池比例（如二手车占比）也远低于国外。

表 6-3　　　　美国市场车贷 ABS 项目资产情况对比

	项目名称	加权平均利率（%）	加权平均合同期限（月）	加权平均 LTV（%）	二手车占比（%）
Toyota Motor Credit	2020-A	3.19	65.72	97.79	19.86
	2019-D	2.98	65.75	98.37	20.34
	2019-C	2.74	65.86	98.78	18.97
	2019-B	2.56	65.85	98.93	18.24
Ford Motor Credit	2020-B	2.93	65.1	98.09	11.55
	2020-A（ii）	3.03	65.2	98.38	12.46
	2019-C	3.02	66.1	98.85	11.23
	2019-B	3.35	65.2	98.99	10.74

数据来源：标普国际，中债资信整理。

2. 交易结构设计接轨国际，多参照汽车金融公司国外母公司成熟的国际化 ABS 发行经验进行设置

（1）折后本息余额确定发行规模

该机制用综合考虑发行利率和各类费用后的折现率，将资产池未偿本息余额折现后，确定证券发行规模的方式。从理论上讲，在资产端无任何逾期、违约或早偿的情况下，基础资产产生的所有现金流刚好足以兑付各项费用及各档证券的本息，证券不会出现利率倒挂的现象。这种方式使基础资产现金流与资产支持证券现金流相匹配，有利于规避实际发行利率波动的风险。

（2）流动性储备账户

流动性储备账户的设置是车贷 ABS 产品中常见的缓释流动性风险的方式。流动性储备账户一般分为外部储备与内部储备两种，外部储备的设置会增加发起机构的资金成本，但增信效果较为明显，外资评级机构对其关注度较高；内部储备的设置则是在除缓释证券偿付的流动性风险外，也在一定程度上减缓了证券本金的偿付速度。

（3）收益补充超额抵押账户

收益补充超额抵押账户主要是为了降低甚至消除资产端低利率的利息流入和证券端较高利息流出的不匹配带来的风险。通过将各笔低利率贷款的未来现金流按照较高的折现率折现，加总后得到总现值，再计算出该总现值与各笔低利率贷款当前总的本金余额的差额，以此确定收益补充账户应保有的金额，为证券端提供收益补充的增信。

3. 循环结构项目进入常态化发行轨道，有利于发起机构提高融资效率，降低融资成本

循环结构最早出现在欧美的资产证券化产品中。由于个人消费贷款等资产期限较短，还款时间不确定，很难满足投资者需要一定期限证券的要求，不利于投资者的久期管理，循环结构的出现为解决该问题提供了可能。同时对于发起机构也扩大了单次设立证券的融资规模，提高了融资效率。

截至 2021 年末，共计发行 31 单循环车贷 ABS 项目。2015 年招商银行首次发行循环结构的车贷 ABS“和信 2015 年第二期汽车分期贷款资产支持证券”，但随后的几年循环结构的发行单数都处在较低的水平。2020 年循环项目迎来了快速增长期，近 20% 的车贷 ABS 项目都选用了循环结构，较上年数量增长了近 2 倍，2021 年循环项目数量进一步增长，单数占比超过 30%，详见图 6-9。

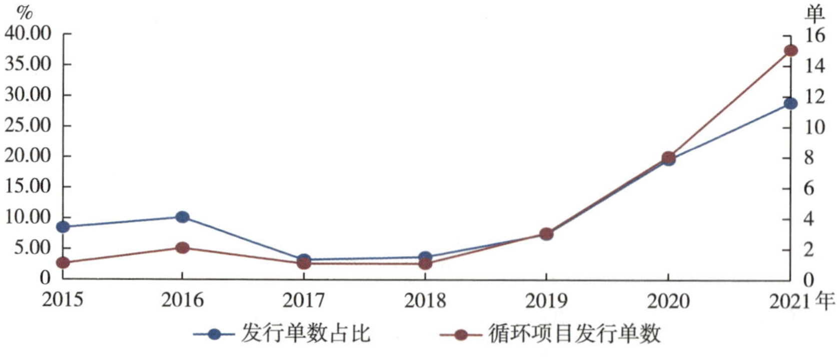

图 6-9　循环型车贷 ABS 发行单数

（数据来源：中债资信整理）

发起机构方面，截至 2021 年末已有 11 家发起机构参与了循环车贷 ABS 项目的发行，占发起机构总数的近 40%（见图 6-10）。其中宝马汽车金融发起的循环项目数量最多，单数占比超过 20%。

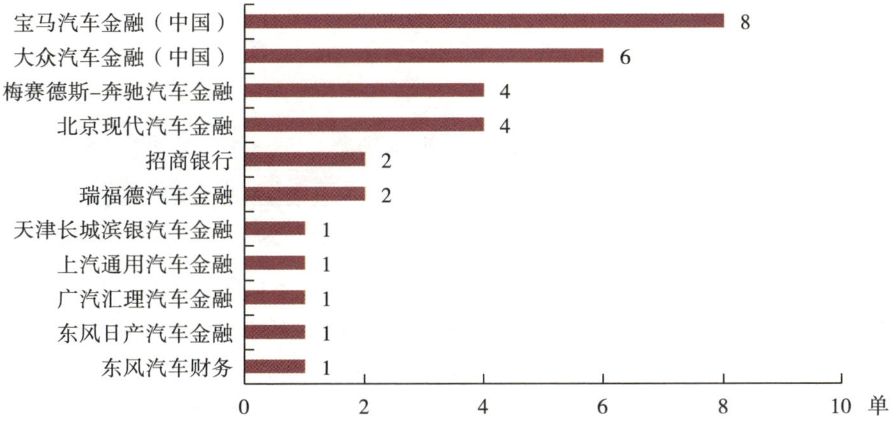

图 6-10　各发起机构循环型车贷 ABS 项目发行单数

（数据来源：中债资信整理）

二、产品核心表现

1. 车贷 ABS 整体风险较低，存续期违约率居信贷 ABS 中最低位，且呈现下降趋势，但机构间分化逐渐明显

车贷 ABS 存续期违约率整体维持低位，截至 2022 年初存续期超过 12 期的所有项目约 50% 累计违约率低于 0.3%，约 70% 累计违约率低于 0.5%。且随着汽车金融行业风控体系建设的逐步完善，累计违约率整体呈现逐年波动下降的趋势。

与此同时，机构间累计违约率表现分化明显，截至 2022 年初存续期超过 12 期的项目中，内资机构产品累计违约率均值约 0.6%，明显高于外资 0.3% 及中外合资机构产品 0.4% 的累计违约率均值。除不同机构间经营目标和风控能力存在差异外，外资机构更多地仅与本品牌主机厂客户合作，可通过贴息等措施以低收益获取优质客户，因此累计违约率较低。

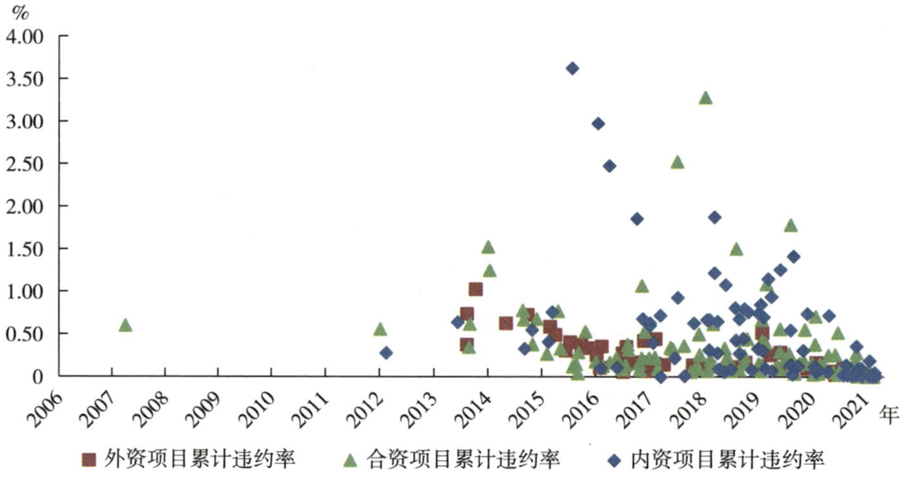

图 6–11　车贷 ABS 各项目累计违约率

（数据来源：CNABS，中债资信整理）

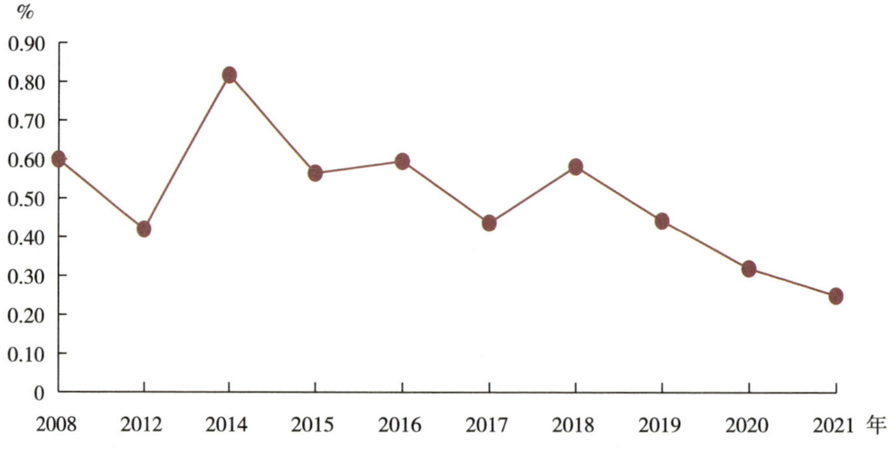

图 6–12　年度平均车贷 ABS 累计违约率

（数据来源：CNABS，中债资信整理）

2. 由于底层资产期限较短、利率较低，早偿率整体偏低

整体来看，车贷 ABS 年化早偿率较低，各年之间变化不大，基本在 3%~4% 波动。主要系车贷期限较短、利率较低，且多数发起机构对于提前偿还设有限制条件，早偿率整体走势稳定，受宏观经济因素影响较房贷更小。截至 2021 年末，已发行项目平均年化早偿率为 3.4%，近 90% 的已发行项目年化早偿率为 1%~6%，详见图 6-13 及图 6-14。

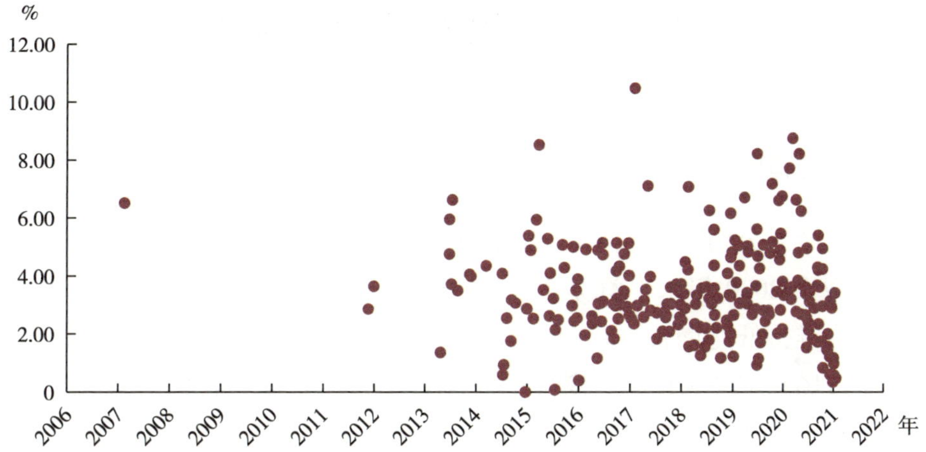

图 6-13　车贷 ABS 各项目年化早偿率

（数据来源：CNABS，中债资信整理）

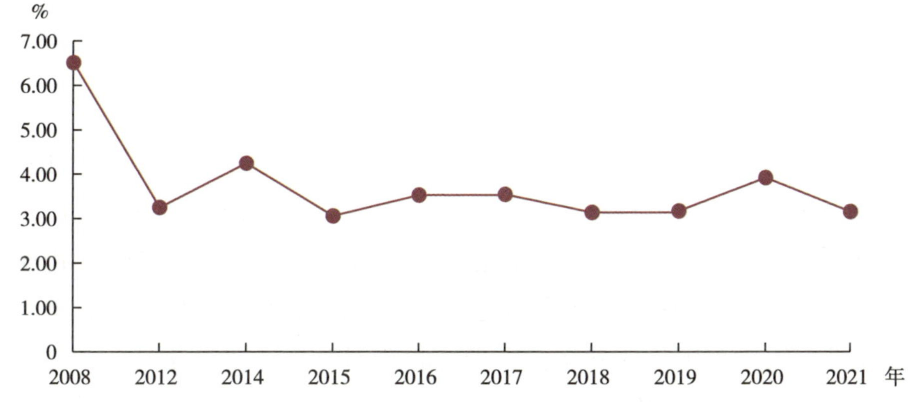

图 6-14　平均车贷 ABS 年化早偿率

（数据来源：CNABS，中债资信整理）

3. 入池资产大多有车辆抵押担保，回收率在信贷 ABS 中表现较好

截至 2021 年末，存续期大于 6 期的车贷 ABS 产品平均回收率为 22%，处于零售类 ABS 产品的中间水平，由于车贷 ABS 通常有汽车作为

抵押物，因此回收情况优于基础资产为信用类贷款的消费贷 ABS，但由于汽车贬值速度较快，与抵质押物为住房的 RMBS 相比回收率较低。

第四节　车贷 ABS 未来发展趋势

一、在相关政策鼓励以及发起机构自身融资需求下，预计车贷 ABS 发行规模仍有望上升

汽车金融公司作为汽车产业链中的重要一环，与汽车行业景气度密切相关。截至 2020 年末，汽车金融公司零售贷款余额为 7820.20 亿元，预计未来将维持低速增长。目前，汽车金融公司普遍依赖于短期融资，融资成本对市场利率较为敏感，发行车贷 ABS 有助于提高中长期借款的占比，提升公司债务弹性。同时，大量的存量零售贷款也为车贷 ABS 的发行提供了充足的基础资产。在汽车金融公司自身融资需求及拓宽市场化融资渠道的政策鼓励下，未来车贷 ABS 的发行规模仍有望上升。

二、为融资方面进一步降本增效、吸引国际投资者，预计车贷 ABS 将引入更多国际成熟的产品设计和运营管理经验

车贷 ABS 发起机构中外商独资和中外合资机构较多，交易结构多参考母公司在国际市场发行产品进行设计，国际化的产品设计一方面有利于发起机构降低融资成本，另一方面也有利于控制风险，保护投资者利益。随着车贷 ABS 市场发展不断成熟完善，境外投资者参与度逐渐增加，未来可能会引入更多国际成熟运营管理经验和创新交易结构设置，进一步助推市场进入高质量发展阶段。

第七章　消费贷 ABS 市场发展历程回顾

第一节　消费贷 ABS[①] 发展大事记

2012 年重启信贷 ABS 试点以来，CLO、车贷 ABS、RMBS 等产品相继在银行间市场发行，信贷 ABS 产品种类逐渐丰富，在市场快速发展的势头下，2015 年首单消费贷 ABS 产品成功发行。其后随着产品结构和资产类型的不断创新和完善，消费贷 ABS 产品历经市场“高速扩容阶段”和“高质量发展阶段”，逐步发展为信贷 ABS 市场的重要组成部分。

表 7–1　消费贷 ABS 发展大事记

阶段	时间	文件 / 会议 / 事件	主办机构	内容
高速扩容阶段（2015—2018 年）	2015 年 7 月	银行间市场首单消费贷 ABS 产品，同时是首单循环结构产品	宁波银行	“永盈 2015–1”成功发行
	2015 年 9 月	《个人消费贷款资产支持证券信息披露指引（试行）》	交易商协会	建立了消费贷 ABS 信息披露规范
	2015 年 11 月	首单信用卡分期资产证券化产品	交通银行	“交元 2015–1”成功发行
	2016 年 1 月	消费金融公司发行市场首单产品	中银消费金融	“中赢新易贷 2016–1”成功发行
	2016 年 3 月	《关于加大对新消费领域金融支持的指导意见》	人民银行、银监会	促进新消费领域的金融发展，推进消费信贷管理模式和产品创新
	2017 年 12 月	《关于规范整顿“现金贷”业务的通知》	人民银行、银监会	规范银行业金融机构参与无场景依托、无指定用途、无客户群体限定、无抵押等特征的“现金贷”金融业务，加大对各类违法违规机构的处置力度

① 消费贷 ABS 指在银行间市场发行的个人消费贷款资产支持证券和信用卡分期资产支持证券。

续表

阶段	时间	文件 / 会议 / 事件	主办机构	内容
高质量发展阶段（2019年至今）	2019年2月	《个人消费类贷款资产支持证券信息披露指引（2019年版）》	交易商协会	进一步明确了循环资产类型消费贷ABS的信息披露安排
	2019年4月	首单以信用卡账户资产入池的循环资产[①]循环结构消费贷ABS	招商银行	"和智2019-1"成功发行
	2020年10月	《关于促进消费金融公司和汽车金融公司增强可持续发展能力、提升金融服务质效的通知》	银保监会	允许消费金融公司适当降低拨备监管要求、拓宽市场化融资渠道、增加资本补充方式；要求提升自主展业能力和打造核心风控能力
	2021年12月	产品发行新突破	—	消费贷ABS发行单数突破100单，发行规模突破5000亿元

注：根据《个人消费类贷款资产支持证券信息披露指引（2019版）》，循环资产应为信用卡账户贷款或经金融管理部门认可的其他资产。此处循环资产指信用卡账户贷款，本章同。

数据来源：中债资信整理。

一、政策大事记

1. 证券信息披露指引的发布和更新，为消费贷ABS产品规范化、常态化发展提供支撑

2015年9月，交易商协会发布《个人消费贷款资产支持证券信息披露指引（试行）》，对非循环资产类型的个人消费贷款资产支持证券在注册环节、发行环节、存续期定期报告及存续期重大事件的信息披露作出明确要求。

2019年2月，交易商协会发布《个人消费类贷款资产支持证券信息披露指引（2019年版）》，将以信用卡账户贷款为代表的循环资产纳入管理部门认可的基础资产中，进一步明确了循环类个人消费类贷款资产支持证券的信息披露安排，提升了消费贷ABS产品的标准化、透明化水平。

2. 消费金融行业的监管政策支持力度不断加强，助力消费贷ABS产品良性发展

2016年3月，人民银行与银监会联合发布《关于加大对新消费领域

金融支持的指导意见》，提出从积极培育和发展消费金融组织体系、加快推进消费信贷管理模式和产品创新、加大对新消费重点领域的金融支持、改善优化消费金融发展环境四个方面多措施并举，促进消费金融行业发展。此后消费贷 ABS 产品逐步进入快速发展阶段。

2017 年 12 月，人民银行与银监会联合发布《关于规范整顿“现金贷”业务的通知》，进一步规范银行业金融机构参与无场景依托、无指定用途、无客户群体限定、无抵押等特征的“现金贷”金融业务，加大对各类违法违规机构的处置力度。管理规范执行后，消费贷款发放机构完善了业务审核流程及贷中、贷后管理制度，有效遏制了消金行业贷款风险。

2020 年 10 月，银保监会发布《关于促进消费金融公司和汽车金融公司增强可持续发展能力、提升金融服务质效的通知》，允许消费金融公司适当降低拨备监管要求、拓宽市场化融资渠道、增加资本补充方式等，同时要提升自主展业能力并打造核心风控能力，有效促进消费金融公司的快速发展。

整体来看，消费金融行业在促发展的同时，监管政策不断趋严，有效促进了国内消费信贷业务的规范化发展，从而进一步促进了消费贷 ABS 产品的稳步健康发展。

二、市场大事记

1. 产品发行单数和规模受宏观形势和政策影响呈波动态势

2015—2016 年，消费贷 ABS 产品处于早期探索进程中，共发行 12 单项目，发行总额达到 313.55 亿元，发行规模稳步提升。

2017—2019 年，消费金融行业获得政策支持，消费贷 ABS 发行规模快速增长。2017 年产品发行规模达到历史峰值 1489.36 亿元，2018 年受整顿“现金贷”业务等加强行业监管的政策影响，消费贷 ABS 发行规模略有收缩，随后在 2019 年有所回升。

2020—2021 年，受新冠肺炎疫情影响，金融机构消费贷款规模增速减弱，消费贷 ABS 发行规模整体下降。2020 年产品发行量缩减至 9 单为

347.42 亿元，2021 年随着新冠肺炎疫情得到控制，发行情况较上年有所反弹，详见图 7-1。

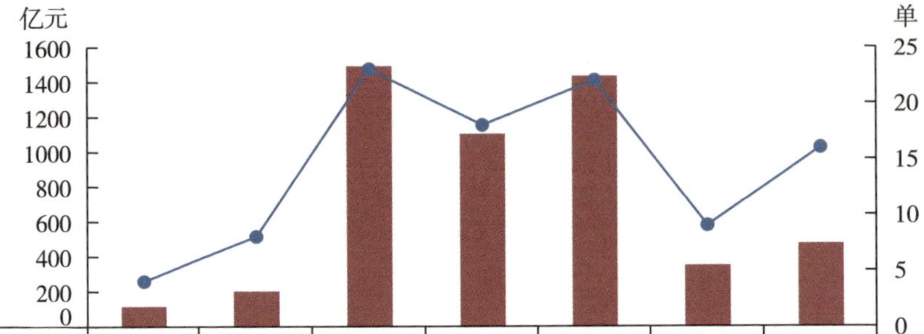

年份	2015	2016	2017	2018	2019	2020	2021
发行规模（亿元）	113.24	200.31	1489.36	1101.79	1431.86	347.42	471.87
发行单数	4	8	23	18	22	9	16

发行规模（左轴） 发行单数（右轴）

图 7-1　消费贷 ABS 历年发行单数及规模

（数据来源：Wind，中债资信整理）

2. 从发起机构来看，银行在发行规模上占据主导地位，消费金融公司的市场参与度逐步增加

银行发行项目的规模占比更高。截至 2021 年末，市场共发行 100 单消费贷 ABS 产品，规模为 5155.85 亿元，其中银行项目 61 单，规模为 4388.65 亿元。以招商银行、交通银行等为代表的银行，通过发行信用卡资产证券化产品，在发行规模上占主导地位。

表 7-2　　消费贷 ABS 各发起机构发行单数和发行规模

发起机构	发行单数(单)	发行单数占比(%)	发行规模(亿元)	发行规模占比(%)
招商银行	21	21.00	2217.71	43.01
交通银行	10	10.00	1029.72	19.97
捷信消费金融	19	19.00	465.87	9.04
中信银行	5	5.00	399.89	7.76

续表

发起机构	发行单数(单)	发行单数占比(%)	发行规模(亿元)	发行规模占比(%)
宁波银行	8	8.00	249.99	4.85
兴业消费金融	7	7.00	139.59	2.71
杭州银行	5	5.00	130.00	2.52
广发银行	4	4.00	127.90	2.48
光大银行	2	2.00	125.93	2.44
平安银行	3	3.00	75.03	1.46
中银消费金融	3	3.00	56.97	1.10
马上消费金融	2	2.00	37.95	0.74
湖北消费金融	4	4.00	37.19	0.72
浦发银行	1	1.00	20.91	0.41
中邮消费金融	1	1.00	10.27	0.20
杭银消费金融	1	1.00	10.00	0.19
厦门农业商业银行	1	1.00	6.03	0.12
南京银行	1	1.00	5.54	0.11
苏宁消费金融	1	1.00	4.83	0.09
四川锦程消费金融	1	1.00	4.53	0.09
总计	100	100.00	5155.85	100.00

注：数据统计截至 2021 年 12 月 31 日。

数据来源：Wind，中债资信整理。

消费金融公司的参与程度不断提升，近年来在发行单数上已逐渐成为主力。消费金融公司由于融资手段较为有限，且注册资本相对较少，因此资产证券化是消费金融公司拓宽融资渠道和减少自有资金占用的重要方式。随着获批信贷 ABS 发行资格的机构逐年增多，更多消费金融公司参与到市场发行中。2020—2021 年，消费金融公司发起项目合计达到 16 单，已连续两年在项目数量上超越银行（两年合计 9 单）。

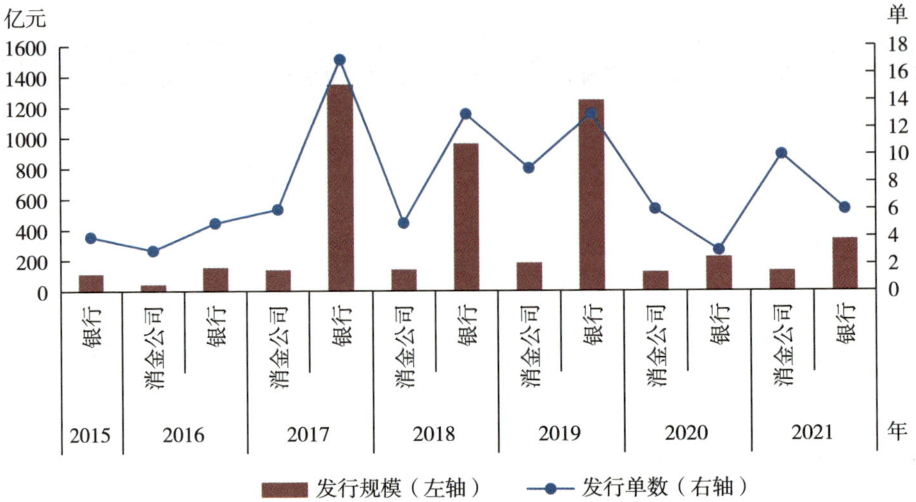

图 7–2　银行与消费金融公司历年发行规模及单数

（数据来源：Wind，中债资信整理）

三、产品大事记

1. 产品基础资产类型逐渐丰富，以信用卡贷款类资产入池产品的发行规模更高，但近年发行势头有一定程度的下降

在银行间市场已发行的消费贷 ABS 产品中，基础资产类型包括个人消费贷款、信用卡分期贷款和信用卡账户贷款。

2015—2018 年为高速扩容阶段，产品基础资产包含信用卡分期贷款和个人消费贷款，由于信用卡贷款的信贷规模更高，以信用卡分期贷款为资产入池的产品在发行规模上占据主导地位，期间在 2017 年达到发行规模峰值 1310.36 亿元，占产品当年发行规模的 87.98%；基础资产为个人消费贷款的产品发行规模逐年稳步增长，2018 年发行规模达到 313.93 亿元。

2019—2021 年为高质量发展阶段，消费贷 ABS 完成产品创新，信用卡账户贷款成为市场全新的基础资产类型，该类产品在 2019 年创立当年集中发行，发行规模达到 998.78 亿元，随后两年受疫情影响发行规模维持在接近 200 亿元；基础资产为信用卡分期贷款产品受疫情影响发行情况同样呈下降趋势，2021 年仅发行 1 单产品，规模为 50 亿元；基础资产为个人消费贷款的产品发行规模较为稳定，保持在 200 亿元左右，2021 年发行规模达到 243.67 亿元，在消费贷 ABS 产品发行占比中超过 50%，详见图 7–3。

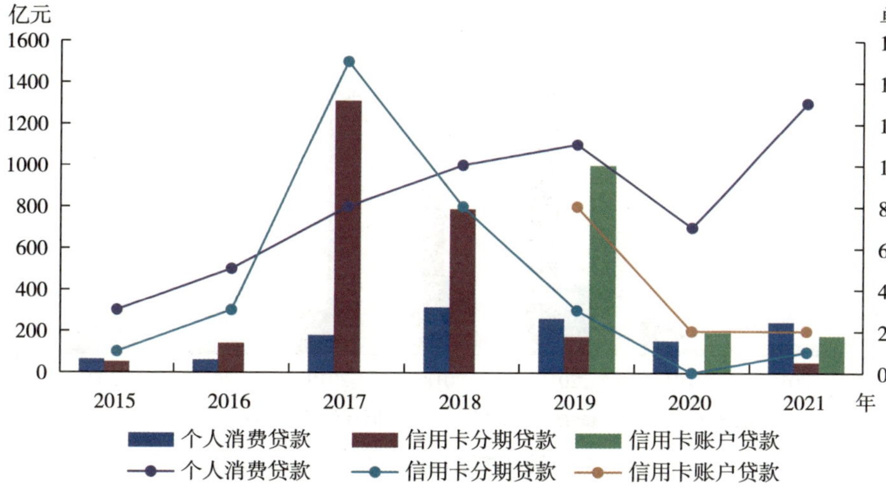

图 7–3　各基础资产类型项目逐年发行规模及单数

（数据来源：Wind，中债资信整理）

2. 循环交易结构逐渐成为消费贷 ABS 的主流产品结构

在产品设计方面，已发行的消费贷 ABS 产品主要包含静态交易结构和循环交易结构。静态结构产品指以确定的资产入池进行证券化发行的产品，而循环结构产品通过引入资产持续购买机制，在信托存续期间内，将本金回收款（可以包括超额收益）根据交易合同规定的标准再次或多次购买新的合格基础资产纳入资产池。

2015—2018 年为高速扩容阶段，由于多数发起机构的 ABS 产品发行经验相对不足，产品配套的系统建设有待进一步完善，因此多优先发起产品设计相对简单的静态结构产品，该阶段静态结构产品发行单数和规模占比分别达到 67.92% 和 73.84%。

2019—2021 年为高质量发展阶段，伴随市场的发展各发起机构积累了充足的项目发行经验，循环结构产品凭借其证券存续期限设置灵活的优点，逐渐成为消费贷 ABS 的主流产品。该阶段循环结构产品连续三年发行规模超过静态结构产品，发行单数和规模占比分别达到 61.70% 和 80.93%。

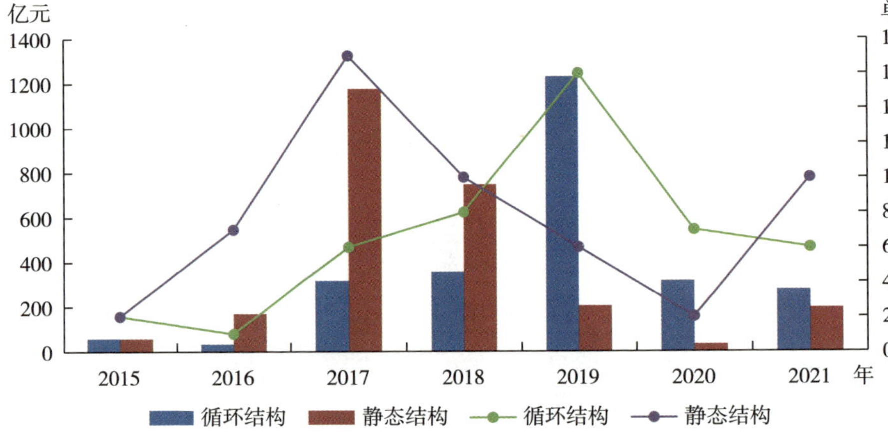

图 7-4　各交易结构项目逐年发行规模及单数

（数据来源：中债资信整理）

第二节　消费贷 ABS 市场发展的意义和特征

一、消费贷 ABS 市场发展的意义

1. 为金融机构在拓展融资渠道方面提供了有力支持

消费贷 ABS 为发起机构提供了有效的融资渠道，有助于各机构扩充资金来源、降低资本占用。尤其对于消费金融公司而言，由于其不具备通过吸收公众存款直接融资的资格，有限的融资手段是制约消费金融公司业务发展的阻碍。因此通过消费信贷 ABS，以消费金融公司为代表的发起机构能够有效盘活存量资产、拓宽融资渠道，从而促进其消费金融业务发展。

2. 为促进消费金融行业发展、激发居民消费潜力提供了支撑，助力国内经济结构转型

首先，消费贷 ABS 市场的发展促进了消费金融行业的发展。作为发起机构对外融资的重要手段，消费贷 ABS 产品的快速发展促进了消费金融行业的扩张，消费信贷产品和服务不断创新，信贷规模呈现上升趋势。同时，产品市场的发展促进了消费金融行业的进一步规范，在监管政策的指导下，银行间市场经过多年探索发展已建立较为规范完善的监管制度，参与市场发行能够反向促进金融机构在消费贷款授信标准、风险管理能力、系统建设等领域的提升，促进消金行业进一步规范健康发展。其次，产品市场的发展为国内经济结构转型提供了一定的助力。随着经济结构调整和居民财富增长，扩大内需已成为国内经济发展的长期战略，扩大消费对于提振内需、拉动经济增长的作用逐步强化。在产品市场和消金行业的发展下，国内居民消费需求呈现增长态势，居民消费潜力得到挖掘，消费逐步成为经济增长的主要引擎。因此，消费信贷 ABS 的发展为提振消费、促进经济转型提供了一定的助力。

二、消费贷 ABS 市场发展的特征

1. 消费贷 ABS 产品在银行间市场零售类 ABS[①] 产品中信用风险最高，同时风险表现多样化程度最强

首先，在市场各类型产品中，消费贷 ABS 产品的风险相对最高。由于不同 ABS 产品在基础资产类型、统计特征上存在差异，各类产品的风险水平不同。相较住房贷款、汽车贷款等抵押类贷款，担保方式以信用类为主的消费贷款整体风险定价水平更高，因此从产品实际表现来看，消费贷 ABS 产品的资产累计违约率均值达到 1.91%，高于 RMBS 产品（0.39%）和车贷 ABS 产品（0.39%），在零售类 ABS 产品中风险水平最高。其次，

① 包含 RMBS、车贷 ABS 和消费贷 ABS。

产品表现的分化程度最强。由于消费贷款的标准化程度相对较低，贷款种类较其他零售类贷款更为丰富，一般在授信额度、定价水平、资金用途、担保方式等多个维度上均可能存在较大差异。以担保方式和授信额度为例，与抵押类的房贷和车贷相比，消费贷的担保方式可涵盖信用、保证和抵押等多类别，同时各发起机构间业务模式差异较大，消费贷款单笔授信额度有显著差异，通常在数千元至数十万元之间，因此消费贷ABS产品信用表现基于资产特征差异呈现更明显的多样化分布。

2. 产品创新提升了消费信贷ABS的可行性，为消费贷ABS市场发行注入活力

（1）循环交易结构创新

永盈2015-1作为首单消费贷ABS项目，同时将循环交易结构首次引入银行间市场。循环结构产品加入了资产持续购买机制，并规定了新购买资产的合格标准，因此循环期内基础资产回收的资金除支付证券息费外，主要用于购买满足入池标准的新资产，而非偿付证券本金。

循环结构的创新有效解决了消费贷ABS资产端期限较短且与投资者对证券端期限需求不匹配的矛盾，循环类ABS通过对持续购买期的设置能够灵活调整产品存续期限。同时循环结构的信用触发机制相对严格，通常会设置持续购买终止机制等，以缓释由于资产违约或循环期内现金流波动导致的违约风险。

（2）以信用卡账户资产入池的产品创新

2019年，招商银行设立发行了“和智”系列产品，其将信用卡账户下循环资产和循环购买机制相结合，是首单采用“循环资产+循环结构”的消费贷ABS。

首先，发起机构以信用卡账户资产入池，大幅拓宽了基础资产的选择范围。与以信用卡分期资产入池项目相比，“和智”的基础资产涵盖了一般信用卡账户超过90%以上的资产，包括消费透支类非生息资产、消费透支类生息资产和分期类资产。以和智2019-1为例，初始资产池中非生息资产占比达到53.33%，解决了过往项目中该类资产无法参与证券化的难题。其次，在资产的筛选和管理方面，以信用卡账户资产入池的方式更加适应发起机构对借款人账户项下贷款集中管理的业务模式。此外，配合循环交易结构的设置实现了对短期限资产的持续购买，“一次发行，多次入池”的模式有效降低了发行成本。对于投资者，该产品丰富了消费贷ABS的投资品选择范围，扩充了可供投资的产品种类。

第三节　产品核心特征和核心表现

在产品核心特征上，消费贷ABS产品具有基础资产利率[①]水平较高、不同资产类型间贷款额度差异较大的明显特征，因此从资产利率水平和额度差异两个方面对该产品进行分析。在产品核心表现上，消费贷ABS产品在零售类ABS产品中，逾期率和违约率均处于较高水平。同时，在循环结构中，基础资产的早偿率较大程度影响循环购买金额，从而进一步影响整体违约率，因此从逾期率、违约率和早偿率三个方面对该产品进行分析。

一、产品核心特征

1. 基础资产利率水平较高，为证券的偿付提供了超额利差；利率水平存在明显的机构分化现象

资产较高的利率水平为证券偿付提供了一定支持。消费贷款多为信用类贷款，信用风险相对较高，根据风险定价，利率水平明显高于其他抵押零售类贷款。截至2021年12月，市场已发行的消费贷ABS产品基础资产的加权平均利率为12.44%，处于较高水平。而且，消费贷ABS资产端收益率水平通常远高于证券端的发行息费水平，为证券的偿付提供了较高的超额利差。

银行和消费金融公司的利率水平存在明显分化。由于不同类型机构在

① 由于无法获取全部项目的基础资产内部收益率（IRR）数据，本章仅对资产池加权平均利率进行分析，作为资产IRR水平的参考。

授信政策和目标客群上存在明显差异，机构间利率水平分化明显。以资产池加权平均利率为例，消费金融公司的平均值是银行的 2 倍以上。

表 7-3　　消费贷 ABS 已发行项目资产池加权平均利率

机构类型	加权平均利率（%）		
	最大值	平均值	最小值
消费金融公司	23.22	18.79	11.71
银行	16.79	8.37	4.63
整体	23.22	12.44	4.63

数据来源：中债资信整理。

2. 产品基础资产类型多样，不同类型间贷款额度存在较大差异

与标准化程度较高的抵押零售类 ABS 产品不同，消费贷 ABS 的基础资产类型更加丰富。目前已发行产品的基础资产主要类型包括信用类个人消费贷款、信用卡分期贷款、信用卡账户贷款及抵押类个人消费贷款。受资产类型不同影响，各类贷款在授信额度上也存在较大差异。银行发放的信用卡贷款额度通常较小，单笔贷款金额均值在 2 万元以下。通过抵押物增信，抵押类消费贷款授信额度可达数十万元。而信用类消费贷款受发起机构业务模式不同影响，内部分化明显，线下人工审批授信业务额度一般较高，通常在几万元至几十万元不等；线上自动审批授信业务额度通常与信用卡业务相似，均值在 1 万元左右。

表 7-4　　消费贷 ABS 已发行项目不同基础资产类型单笔贷款额度差异

基础资产类型	项目数量	单笔贷款合同金额均值（万元）			单笔贷款未偿本金余额均值（万元）		
		最大值	平均值	最小值	最大值	平均值	最小值
信用类个人消费贷款	55	45.65	8.03	0.14	40.91	6.69	0.10
信用卡分期贷款	31	3.92	1.92	0.75	3.08	1.36	0.46
信用卡账户贷款	12	2.08	1.72	1.25	1.70	1.47	1.13
抵押类个人消费贷款	2	39.30	24.81	10.31	15.53	11.68	7.83

数据来源：中债资信整理。

二、产品核心表现

1. 产品基础资产违约率和逾期率实际表现

基础资产违约率、逾期率处于较高水平，且贷款逾期至违约的转换率较高。违约率表现上，截至 2021 年 12 月已发行项目基础资产累计违约率①分布在 0~10%，均值为 1.91%，资产月度新增违约率均值为 0.15%；逾期率表现上，资产月度新增逾期率②均值为 0.46%，消费贷款逾期至违约的转换率均值为 31.85%，整体而言，各项指标在零售类 ABS 产品中处于较高水平。从证券偿付表现来看，中债资信在信用评级时已充分考虑资产风险，消费贷 ABS 较厚的次级证券规模为优先级证券的偿付提供了较好的信用支持。

表 7-5 消费贷 ABS 各机构已结清项目累计违约率表现

发起机构	已结清项目资产累计违约率均值（%）
消费金融公司 1	4.49
消费金融公司 2	4.46
消费金融公司 3	4.45
银行 1	4.41
消费金融公司 4	3.82
消费金融公司 5	3.45
银行 2	2.79
消费金融公司 6	2.21
银行 3	1.47
银行 4	1.17
银行 5	1.10

① 循环消费贷 ABS 的累计违约率 = 累计违约金额 /（初始未偿本金余额 + 累计循环购买金额），本章同。

② 指贷款 1~30 天逾期率。

续表

发起机构	已结清项目资产累计违约率均值（%）
银行 6	0.73
银行 7	0.53
银行 8	0.41
消费金融公司 7	0.40
银行 9	0.32
银行 10	0.19
银行 11	0.06

数据来源：受托报告数据，中债资信整理。

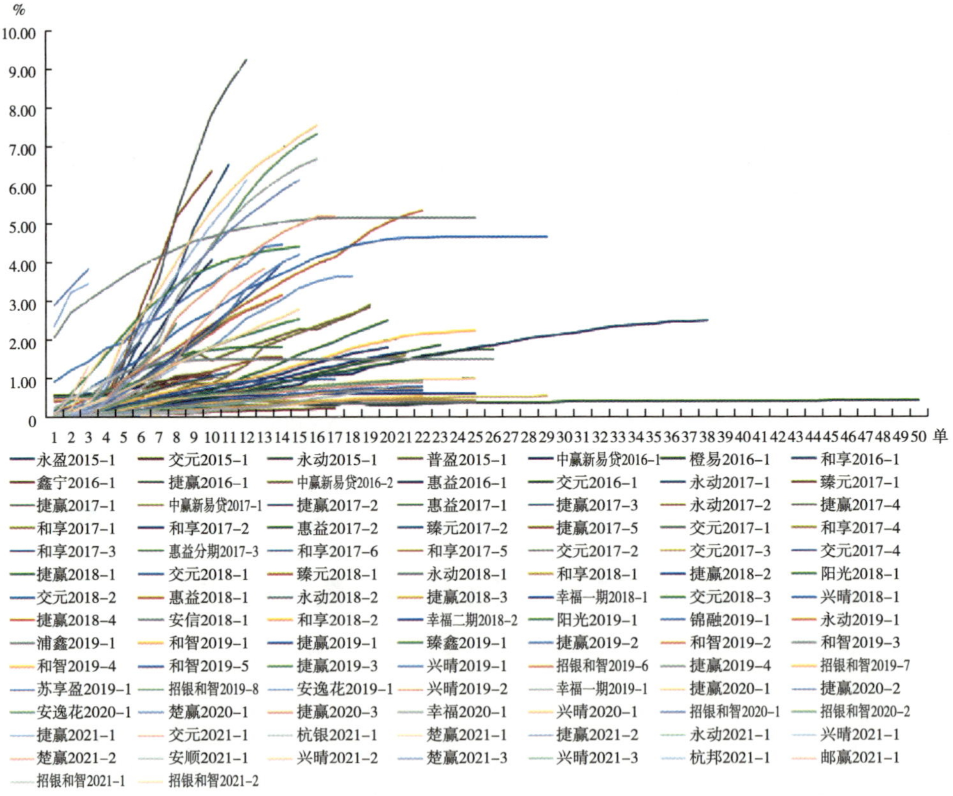

图 7–5　消费贷 ABS 已发行项目累计违约率

（数据来源：受托报告数据，中债资信整理）

银行和消费金融公司的资产表现存在明显分化。首先，从已发行项目违约率表现来看，银行项目的平均表现期数①为 19.77 个月，对应累计违约率均值为 0.99%，而消费金融公司项目的平均表现期数为 13.73 个月，对应累计违约率均值为 3.35%，银行发起产品的平均表现期更长，但违约率表现却显著优于消费金融公司。其次，从逾期率表现来看，银行项目的资产月度新增逾期率均值仅为 0.06%，明显小于消费金融公司项目的资产逾期率均值 0.34%。由于不同类型机构在目标客群、风控体系和经营策略上存在较大差异，银行资产的整体信用风险水平较消费金融公司明显更低，详见图 7-6。

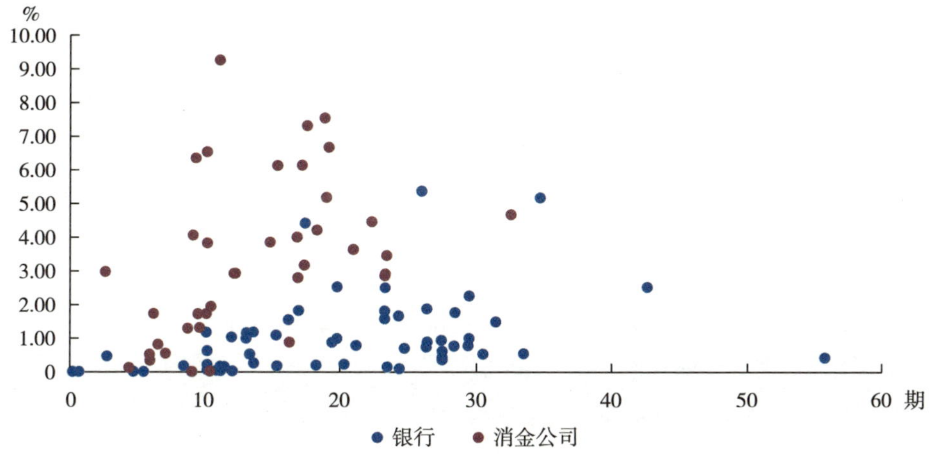

图 7-6　消费贷 ABS 已发行项目表现期数与累计违约率分布

（数据来源：受托报告数据，中债资信整理）

消费贷 ABS 产品表现的波动幅度较高。首先，同一发起机构项目受资产特征、交易结构等因素差异影响，信用表现波动较大。第一，基础资产类型差异对产品表现有较强影响，以某消费金融公司消费信贷业务为例，其发放的消费贷款包含信用风险水平差异较大的商品贷和现金贷。在产品

① 中债资信在计算资产表现期数时，考虑了封包期表现和交易结构中封包期内违约是否赎回的影响。若封包期内违约赎回，表现期数 =（最新一期收款终止日 - 信托设立日）/30，若封包期内违约不赎回，表现期数 =（最新一期收款终止日 - 初始起算日）/30。

实际表现上，以现金贷入池的产品资产违约率表现是以商品贷入池产品的近2倍。第二，基础资产的剩余期限和账龄差异均较大程度地影响产品信用表现。在剩余期限方面，短剩余期限的资产风险暴露时间相对更少，通常信用风险更小；而在账龄方面，长账龄资产若已过违约高发期，通常信用风险更小，但各机构的违约时间分布受客群、还款方式等因素影响差异较大，入池贷款是否已过违约高发期需根据静态池表现、过往项目实际表现再进一步分析判断。第三，封包期内违约赎回的交易条款设置是影响产品表现的重要因素，设置该条款的产品一般会在信托设立时一次性赎回违约资产，从而降低资产违约表现。其次，消费贷ABS受宏观经济影响波动明显。2020年上半年新冠肺炎疫情高峰期间，与市场其他ABS产品相比，消费贷ABS产品资产逾期率和违约率的均值和整体涨幅最高。以存续产品数据为例，2月新增逾期率均值达到全年峰值1.55%，环比上涨98.72%；5月新增违约率均值达到全年峰值0.27%，环比上涨125%，一定程度上体现出该类产品更易受外部环境的负面影响而产生大幅波动的特性。

表7-6　　各信贷ABS产品疫情期间逾期率和违约率水平

产品名称	疫情暴发前逾期率（%）	疫情暴发前月度新增违约率（%）	2020年最高逾期率（%）	2020年最高月度新增违约率（%）
RMBS	0.18	0.01	0.36	0.02
车贷ABS	0.57	0.02	0.77	0.05
消费贷ABS	0.78	0.12	1.55	0.27
微小ABS①	0.25	0.03	0.64	0.03

数据来源：受托报告数据，中债资信整理。

消费贷ABS产品的表现更依赖于资产信用质量，与发起机构主体信用资质无显著相关关系，一定程度展现了资产证券化的本质。以银行发起项目的实际表现为例，地方性商业银行项目的基础资产累计违约率均值为

① 指小微企业贷款资产支持证券。

0.21%，远低于全国性银行项目的均值 1.25%。主要原因是部分经济较发达地区的地方性商业银行，发放的消费贷款目标客群为具有稳定收入和职业的优质客群，贷款信用质量相对更好。因此，与一般金融债券不同，消费贷 ABS 产品信用风险更取决于基础资产的信用特征，与发起机构的主体信用质量、业务规模不具有强相关性，一定程度上体现了资产证券化产品的实质。

2. 历史数据资产违约率表现

从静态池数据表现来看，累计违约率呈现逐年上升趋势。随着产品的不断发展，中债资信在信用评级业务中，已累计超过 20 家发起机构、涵盖多种资产类型的消费信贷业务历史表现数据，数据时间跨度最长超过十年，贷款总样本量达到千万级。中债资信从中选取了市场中有较长表现期、数据质量较高的发起机构静态池数据，并将违约数据外推至贷款全生命周期[①]，据此对违约历史表现进行分析。整体来看，受宏观经济持续承压及消费信贷业务发展逐步深入下沉的影响，累计违约率表现逐年呈波动上升趋势，2021 年静态池累计违约率均值平均约为 2016 年的近 2 倍。

消费金融公司和银行在资产表现上分化仍显著，消费金融公司的违约率水平和波动幅度均远高于银行。首先，发起机构中银行的全周期累计违约率均值一般在 2% 以下，而消费金融公司的全周期累计违约率均值一般在 4% 以上[②]。其次，与银行相比，消费金融公司的业务规模较小，其针对客群的还款能力更易受宏观经济波动影响，违约率的波动性也更大。根据有较长表现期、数据质量较高发起机构的静态池分析来看，消费金融公司静态池数据的标准差约为银行的 2 倍。

3. 产品基础资产早偿率实际表现

不同消费贷 ABS 产品资产早偿率表现差异较大，主要与贷款的还款

---

① 通过静态池历史数据表现出的违约率增速计算出资产违约时间分布，将表现期不足的数据根据违约时间分布外推至全周期，从而得到资产全生命周期累计违约率表现。

② 排除中债资信认为静态池不能反映真实信用风险的发起机构。

方式和提前还款政策相关。截至2021年12月，已发行项目年化早偿率存在较大差异，分布在0~90%，均值为13.59%。首先，采用随借随还或到期一次性还本还款方式的个人消费贷款，年化早偿率水平最高，均值达到50.61%，原因是其授信政策较为灵活，授信期间还款后可以多次续借。其次，采用分期还款的贷款中，消费贷款的年化早偿率均值为10.43%，显著高于信用卡分期贷款的均值水平2.45%，主要原因是部分消费贷款提前还款可以减免手续费或利息，而信用卡分期贷款通常不对手续费进行免除。

表7–7　消费贷ABS已发行项目各还款方式及资产类型对应早偿率表现

还款方式	资产类型	年化早偿率均值（%）
随借随还 / 到期一次性还本	个人消费贷款	50.61
分期还款	个人消费贷款	10.43
分期还款	信用卡分期贷款	2.45
无固定还款方式	信用卡账户贷款	—①

数据来源：受托报告数据，中债资信整理。

第四节　消费贷ABS未来发展趋势

一、产品资产端与证券端的期限需求错配问题，预计将通过循环结构等产品交易结构的创新完善来更好解决

由于个人消费贷款期限普遍较短，以静态资产入池发行消费贷ABS通常与发起机构和投资者对证券期限的需求不匹配。目前循环结构的设置能够有效延长消费贷ABS存续期限，提高证券的发行效率。多数发起机构在发行静态结构产品后，会尝试循环结构产品的设计和发行。近三年发行的消费贷ABS产品中，循环结构产品的单数占比已达到61.70%，大幅

① 由于信用卡账户贷款包含的消费透支类贷款和分期类贷款，资产无固定还款方式，因此对于早偿率无与一般资产可比的统计口径。

超过 2015—2018 年的 32.08%，循环交易结构正逐渐成为发起机构采用的主流交易结构。然而确保循环结构下新购买资产的信用表现，对发起机构的尽职管理能力与交易条款的设置提出了更高要求，未来，随着发起机构在资产管理、系统建设上的进一步完善，以及产品交易结构设计标准的进一步规范，预计消费贷 ABS 产品的循环结构设置将不断完善，更好地满足市场各参与方的需求，从而进一步促进我国消费贷 ABS 的发展。

二、受宏观经济承压和疫情影响，消费贷 ABS 产品发行面临挑战；但随着国内疫情防控常态化，及新发起机构不断获批资产证券化业务资格，产品市场发行积极性有望继续回升

近年来，国内宏观经济承受下行压力，同时叠加新冠肺炎疫情暴发的影响，借款人还款能力减弱，受此影响消费金融行业普遍收紧授信政策以控制信用风险，个人消费贷款投放力度减弱，部分机构表内资产规模增长有限。因此，银行和消费金融公司的对外融资及出表需求下降，消费贷 ABS 产品发行规模在近两年整体呈现收缩态势，2020 年产品发行规模仅为巅峰时期的三分之一。然而，随着国内疫情防控的常态化，宏观经济仍有望在稳增长政策的支持下保持稳定，2021 年产品发行情况已较上年回升，预计未来将继续得到改善。同时，随着新的发起机构不断获得市场准入资质，更多新机构有望通过首单产品发行建立公开市场声誉，从而促进市场活跃度进一步回升。

三、消费贷 ABS 产品风险整体可控，但未来仍需加强对基础资产信用风险的及时识别和监测

虽然消费贷 ABS 产品的基础资产违约率和逾期率等指标表现在零售类 ABS 产品中处于较高水平，但中债资信在信用评级时已考虑了极端压力情景下，基础资产表现变化对证券偿付的影响，优先级证券的信用风险整体可控。然而，基于消费贷款信用表现的机构分化显著，消费金融公司资产的“高风险、高波动”特性仍需市场关注。并且，发起机构同时作为

贷款服务机构，其尽职履责能力对入池资产的信用表现将产生一定影响。在 2021 年出现主体风险事件时，中债资信及时对相关 ABS 产品信用风险进行排查，做好对风险的及时监测。未来，中债资信将持续夯实评级技术体系并完善风险监测流程，做到对产品风险及时有效的识别，做好信贷 ABS 市场守门人角色，促进消费贷 ABS 产品健康稳步发展。

第八章　不良 ABS 市场发展历程回顾

第一节　不良 ABS 发展大事记

2005 年，信贷 ABS 开始试点时期，由于国有大行刚经历完大额不良资产剥离，不良 ABS 的发行意愿不强，2006—2008 年仅发行 4 单。2008 年美国次贷危机爆发，监管部门全面暂停信贷 ABS 业务，不良资产支持证券发行也相应停滞。2016 年以后，随着三次不良资产证券化试点政策的逐步落地，不良 ABS 产品历经三个阶段逐步发展为信贷 ABS 市场中重要的一员。

表 8-1　不良 ABS 发展大事记

阶段	时间	文件 / 会议 / 事件	主办机构	内容
重启初期阶段（2016年）	2016 年 2 月	1.《关于金融支持工业稳增长调结构增效益的若干意见》 2. 第一批试点	人民银行等八部门	1. 在审慎稳妥的前提下，选择少数符合条件的金融机构探索开展 2. 6 家银行入围首批不良资产证券化试点
	2016 年 4 月	《不良贷款资产支持证券信息披露指引（试行）》	交易商协会	指引对不良贷款资产支持证券发行环节、存续期间、重大事件以及信息披露评价与反馈机制作出明确规定
	2016 年 5 月	首单对公不良 ABS	中国银行	“中誉 2016-1”成功发行
	2016 年 5 月	首单信用卡不良 ABS	招商银行	“和萃 2016-1”成功发行
	2016 年 9 月	首单个贷抵押不良 ABS	建设银行	“建鑫 2016-2”成功发行
稳步发展阶段（2017 年至 2019 年 10 月）	2017 年 4 月	第二批试点	人民银行	试点稳步扩容，新增 12 家试点银行，新增发行额度 500 亿元
	2019 年 9 月	发行规模新突破	—	不良 ABS 重启后累计发行规模突破 500 亿元

续表

阶段	时间	文件 / 会议 / 事件	主办机构	内容
高速增长阶段（2019年11月至今）	2019 年 11 月	第三批试点	人民银行	试点继续扩容，新增 22 家试点机构，新增发行额度 1000 亿元
	2019 年 12 月	《中国人民银行金融消费者权益保护实施办法（征求意见稿）》	人民银行	明确指出金融机构向金融消费者催收债务，不得采取违反法律法规、违背社会公德、损害社会公共利益的方式，不得损害金融消费者或者第三人的合法权益
	2021 年 9 月	发行规模新突破	—	不良 ABS 重启后累计发行规模突破 1000 亿元

数据来源：中债资信整理。

一、政策大事记

1. 三次试点政策逐步落地，不良 ABS 产品有序扩围

2016 年 2 月，人民银行等八部门联合印发《关于金融支持工业稳增长调结构增效益的若干意见》，提出要加强不良资产处置的力度和提高处置效率；在审慎稳妥的前提下，少数符合条件的大型金融机构被选中探索开展不良资产证券化试点。同月，6 家银行（中国银行、工商银行、建设银行、农业银行、交通银行和招商银行）入围首批不良资产证券化试点，总额度为 500 亿元。

2017 年 4 月，新增第二批试点银行 12 家，范围扩大至 1 家政策性银行（国家开发银行）、8 家股份制商业银行（中信银行、光大银行、华夏银行、民生银行、兴业银行、平安银行、浦发银行和浙商银行）和 3 家城市商业银行（北京银行、江苏银行和杭州银行），新增发行额度 500 亿元。

2019 年 11 月，第三轮不良资产证券化试点启动，试点金融机构新增 22 家，包括 4 大资产管理公司（AMC）、多家城市商业银行和农村

商业银行，其中农业商业银行首次获得试点资格；试点额度增加 1000 亿元。试点规模及范围均创下新高，为更多金融机构带来新的不良资产处置机会。

由于不良资产类业务的回收对风险控制和处置能力的要求较高，而国有大行的相关制度建设相较于其他金融机构更为完善，贷后保全能力更为突出，因此试点政策从国有大行、股份制银行到城市商业银行的稳步推进，有助于将不良资产证券化逐步培育成不良资产市场化处置的重要路径，从而助推国内不良资产市场化和常态化处置机制的建立。

2. 信息披露指引发布，为不良 ABS 风险防范和持续健康发展提供重要支撑

2016 年 4 月 19 日，中国银行间市场交易商协会发布施行《不良贷款资产支持证券信息披露指引（试行）》，对不良贷款资产支持证券发行环节、存续期间、重大事件、信息披露评价与反馈机制作出明确规定。信息披露指引规范明确，对发起机构具有操作指导性。同时，相较于正常类 ABS 产品的违约率表现规律，不良 ABS 产品底层资产的回收率表现及回收时间不确定性更高，因此规范信息披露的文本、内容和行为，对于投资者充分把握产品信息、有效识别信用风险、进行精准价值判断具有更高的重要性，从而为不良资产支持证券风险防范和持续健康发展提供重要支撑。

3. 整治催收行业规范发展，助力不良 ABS 产品良性发展

2019 年 12 月，人民银行发布《中国人民银行金融消费者权益保护实施办法（征求意见稿）》，明确指出催收债务不得违背社会公德，不得损害消费者合法权益。该《办法》的发布规范了金融消费纠纷的解决机制，有利于促进不良资产的催收工作向良性发展，从而助力不良 ABS 产品产生更加平稳的回收现金流，提高资产回收率，维护金融机构的合法债权，增强服务实体经济的能力。

二、市场大事记

1. 不良 ABS 发行单数和规模保持上升趋势，市场潜力较大

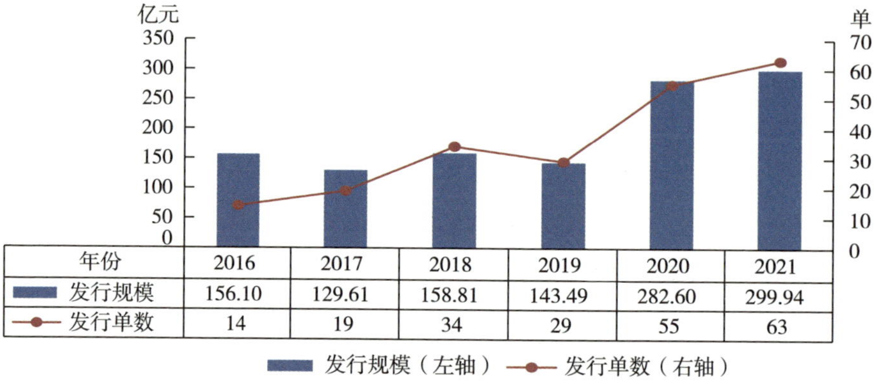

年份	2016	2017	2018	2019	2020	2021
发行规模	156.10	129.61	158.81	143.49	282.60	299.94
发行单数	14	19	34	29	55	63

图 8-1　不良 ABS 历年发行规模及单数

（数据来源：Wind，中债资信整理）

重启初期阶段，首批试点机构发行不良 ABS，率先试水。在资产筛选、价值评估、发行定价、交易结构设置等方面均进行了积极的探索，为未来我国不良资产证券化业务的发展奠定了良好的开端。2016 年共发行 14 单项目，发行规模为 156.10 亿元，占发行试点额度的 31.22%。

稳步发展阶段，市场发行规模较重启初期有了较大提升，2017—2019 年累计共发行项目 82 单，发行单数市场占比为 17.41%，发行规模 431.92 亿元，是首批试点阶段发行量的 2.77 倍，占试点额度的 86.38%。至 2019 年 9 月，累计发行规模突破 500 亿元。

高速增长阶段，市场发行规模大幅攀升，2020—2021 年共发行 118 单，发行单数超过前述两个阶段之总和，占同期信贷 ABS 市场比重提升至 30.41%，发行规模为 582.54 亿元。至 2021 年 9 月，累计发行规模突破 1000 亿元。

2. 国有大行始终是发行主力，其他金融机构参与积极性逐年提升

自首批试点起，国有大行的发行规模基本占据不良 ABS 的半壁江山，尤其是首发的 6 家银行，发行单数和发行规模均遥遥领先。但是自 2020

年以来，其他股份制银行和城商行的发行热情逐步高涨，发起机构发行规模的梯队差异逐步缩小。

表 8-2　　不良 ABS 各发起机构发行单数和发行规模

发起机构	发行单数（单）	发行单数占比（%）	发行规模（亿元）	发行规模占比（%）
工商银行	39	18.22	358.91	30.66
建设银行	38	17.76	304.73	26.03
招商银行	26	12.15	63.36	5.41
农业银行	19	8.88	68.94	5.89
浦发银行	17	7.94	42.52	3.63
中国银行	14	6.54	70.78	6.05
民生银行	9	4.21	9.34	0.80
平安银行	8	3.74	18.14	1.55
中信银行	8	3.74	26.56	2.27
兴业银行	8	3.74	18.23	1.56
交通银行	8	3.74	79.30	6.77
华夏银行	3	1.40	10.40	0.89
浙商银行	3	1.40	5.42	0.46
广发银行	3	1.40	7.86	0.67
邮储银行	2	0.93	8.00	0.68
东方资管	2	0.93	26.00	2.22
光大银行	1	0.47	1.25	0.11
贵阳银行	1	0.47	0.85	0.07
江苏银行	1	0.47	7.25	0.62
华融资管	1	0.47	13.50	1.15
杭州银行	1	0.47	4.25	0.36
北京银行	1	0.47	2.00	0.17
信达资管	1	0.47	23.00	1.96
总计	214	100.00	1170.59	100.00

注：数据统计截至 2021 年 12 月 31 日。

数据来源：Wind，中债资信整理。

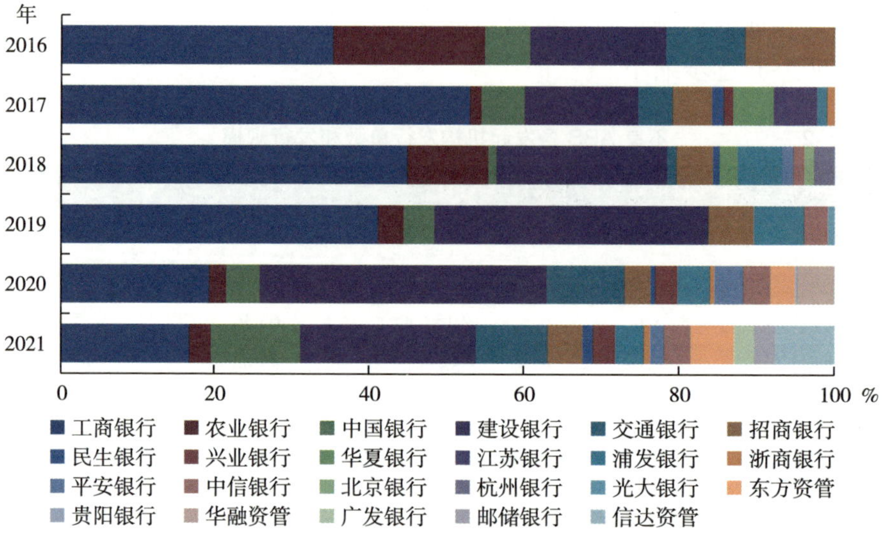

图 8–2　各发起机构逐年发行规模占比情况

（数据来源：Wind，中债资信整理）

首发机构以国有大行为主，发起机构积极性较高。首批试点银行均参与发行，从发行单数来看，招商银行发行 4 单项目，居于首位，且项目类型丰富，涵盖信用卡不良、小微不良和传统对公不良。在发行规模上，工商银行以 55.08 亿元的规模排位第一。其中，对公不良 ABS“工元 2016–3”发行 40.80 亿元，是迄今为止不良 ABS 市场上发行规模最大的项目。

在稳步发展阶段，股份制银行和城市商业银行积极参与发行。新增试点的 12 家银行中，除国家开发银行外均发行不良 ABS 项目，且仍以对公不良 ABS 为主。尽管新增试点的股份制商业银行和城市商业银行积极入场，开始发行不良 ABS，但是受制于不良资产规模及银行内部相关业务系统建设等因素，在发行规模上与首发机构差距显著。在该阶段，首发 6 家机构仍然以绝对优势领跑不良资产证券化市场，发行共计 61 单，金额合计 371.47 亿元，占同期总发行规模的 86%。

在高速增长阶段，国有大行仍是主力，但各机构发行规模的梯队差异逐步缩小。在发行单数、发行规模及产品创新方面，国有大行始终保持领头军的地位，但是其他金融机构与国有大行在发行规模上的差距日渐缩小。2020—2021 年，随着城商行和 AMC 逐步加入发行市场，其他试点金融机构的发行规模占市场比重从第二次试点阶段的 19.15% 攀升至 32.06%，这在一定程度上表明经过前期实践经验的积累，各类型金融机构的相关业务系统建设持续完善，机制运行愈加成熟，市场主体发展更加均衡。

3. 虽然产品规模相对小众，但二级市场活跃度日益增强，投资者认可度不断提高

从交易情况来看，不良 ABS 产品现券交易量自 2019 年起保持高速增长，年均增长率为 47.65%。换手率同步提升，基本保持增长态势，成交活跃度突出，流动性持续增强。随着不良 ABS 产品的稳步发展，其在二级市场的交易越发踊跃，投资者的认可度越来越高，尤其是次级证券，因其收益高且风险相对可控的优势，受到投资者追捧。

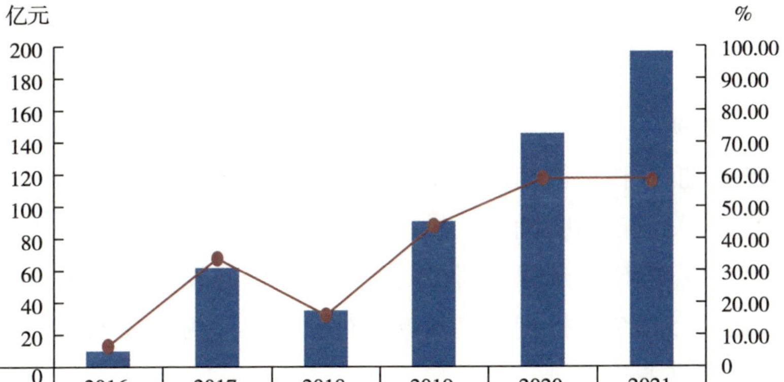

年份	2016	2017	2018	2019	2020	2021
交易金额	10.04	62.02	35.20	90.86	145.55	196.66
换手率	6.60	33.94	16.14	44.10	58.82	58.12

图 8-3　不良 ABS 产品逐年成交情况

（数据来源：Wind，中债资信整理）

三、产品大事记

1. 资产类型日渐丰富，个人信用类 ABS 成为市场主流

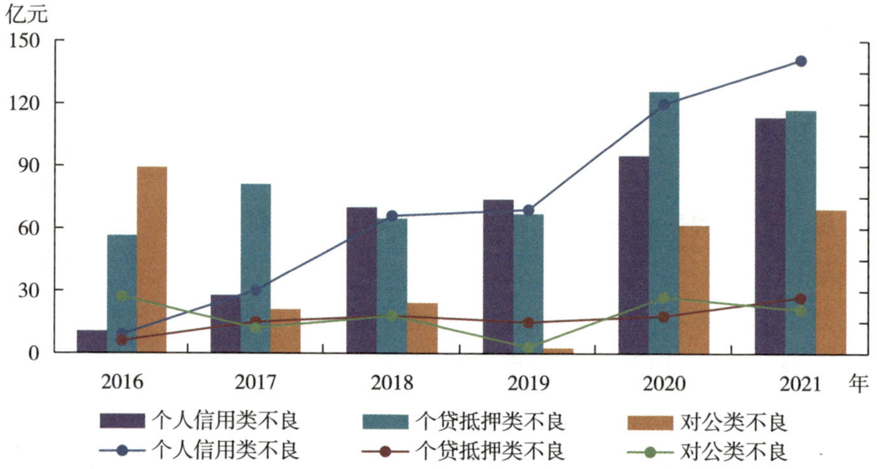

注：为便于统计，此处个人信用类不良包含：信用卡不良、信用类消费贷不良及车贷不良三类产品；对公类不良包含小微企业不良及传统对公不良两类产品，本章同。

图 8–4　各类型项目逐年发行规模及单数

（数据来源：Wind，中债资信整理）

重启初期产品以对公类不良 ABS 为主。在入池资产类型方面，由于对公贷款抵押物估值相对信用类资产更容易确定，回收时间评估与司法进程的相关关系较为明确，获投资者认可程度较高且有前序项目可参考，因此首轮试点机构多选择以对公资产入池，但各发起机构也开始探索将信用卡不良资产和个人抵押不良贷款进行证券化，为后续零售类不良资产证券化发展提供了范例。

自稳步发展阶段以来，个人信用类不良 ABS 产品的发行量不断上升，占据主流地位并延续至今。究其原因，一是个人信用类不良资产具有天然成为证券化产品的优势，即笔数多、金额小、分散性高、同质性强等，有利于产生平滑稳定的可预测回收现金流。二是个人信用类产品的估值方法主要依赖于历史数据的分析，相较于对公类资产尽职调查、价值评估所

需的人力及时间成本较低，发行效率相对较高，更容易受到发行人的青睐。三是由于回收现金流相较对公不良贷款更具有稳定性和可预测性，投资者对个人信用类不良产品的认可度越来越高，认购倍数始终维持在较高水平，买方市场需求的上升进一步增强了发行人采用该类资产入池的意愿。

信用卡不良 ABS 为全球首创，实现了零售不良资产批量处置的渠道创新实践。2016 年 5 月，招商银行发行信用卡不良 ABS“和萃 2016-1”，该项目也是全球首单信用卡不良 ABS。尽管国外不良资产证券化起步较早，但是可能受制于信用卡催收的难度，回收率水平较低，信用卡不良 ABS 在国外并未获得长足发展，因此“和萃 2016-1”开启了我国商业银行乃至全球范围内零售不良资产批量处置的率先尝试。

抵押类不良资产入池逐步减少，信用类不良 ABS 主流地位日渐稳固。随着三次试点机构扩围的稳步推进，在对公类不良、个贷抵押不良、信用卡不良的基础上，逐步加入了消费贷不良和车贷不良。从担保方式来看，带抵押物的不良资产入池逐步减少，信用类不良 ABS 产品规模日渐成为主流。比如，消费贷不良入池资产中带抵押物的不良贷款日渐减少，直至 2021 年发行的消费贷不良 ABS 均为信用类不良资产；对公类不良 ABS 产品中开始出现纯信用类小微不良 ABS。信用类不良 ABS 产品的蓬勃发展充分契合了大数据的发展规律，与正常类 ABS 产品中基础资产小而分散、标准化程度高的零售类 ABS 逐步成为主流产品的规律基本一致，均说明大数法则逐渐得到充分应用，从而促进提升资产违约率或回收率的可预测性，进而推动我国 ABS 市场逐步向成熟市场迈进。

2. 交易结构设置较正常类 ABS 更加简单、稳定，产品发展日趋成熟

不良 ABS 始终保持相对较简单的交易结构，利于投资者更好地进行价值判断。由于其基础资产均为不良贷款，相较正常类 ABS，不良 ABS 的回收金额及回收时间存在更大的不确定性，因此交易结构设置与正常类 ABS 有所不同。比如，不良 ABS 产品通常会设置包括优先级 / 次级分层、现金流分配机制、流动性储备账户或流动性支持机构、信用触发事件等，均为降低证券信用风险的措施。同时，有些项目还设置了清仓回购条款，该条款是发起机构保留超额收益和调节次级收益的重要方式，目的在于激励贷款服务机构尽职履责能力。简单而稳定的交易结构设置在一定程度上避免了复杂产品设计给投资者价值判断带来的难度，有助于投资者更好地识别信用风险。

不良 ABS 发展日渐成熟，支付频率加速明显。以信用卡不良为例，重启初期发行的项目均为按半年支付，而在 2021 年按半年支付项目的比例降至 12.82%，且部分发起机构开始采用按月、按双月进行兑付的设置。例如，2021 年 3 月，招商银行发行市场首单按月支付的不良 ABS“招银和萃 2021-1”。证券支付频率的明显加速，一定程度上说明各参与机构对预测回收率的把握更加精准，且信用卡不良 ABS 产品的发展模式趋于稳定，总体上证券兑付的流动性风险较低。

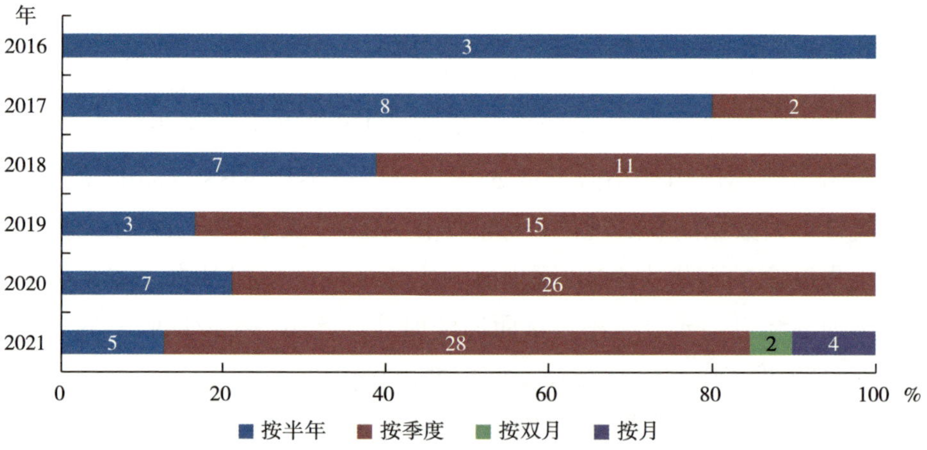

图 8-5　信用卡不良 ABS 项目支付频率统计

（数据来源：WIND，中债资信整理）

第二节 不良 ABS 市场发展的意义和特征

一、不良 ABS 市场发展的意义

1. 不良 ABS 日渐成为金融机构处置不良资产的重要渠道

商业银行是我国金融市场的重要组成部分，其不良资产的规模和处置情况与国内金融市场的稳定发展息息相关。不良资产证券化作为商业银行处置不良贷款的渠道和方式之一，在重启后近 6 年的发展历程中，贴合商业银行不良资产处置压力的需求变化，助力加快商业银行不良贷款处置速度，始终为提高我国商业银行资产质量、维护金融市场稳定贡献力量。截至 2021 年末，不良 ABS 重启后累计发行 214 单，发行规模 1170.59 亿元，处置不良资产 6239.05 亿元，约占同期银行不良资产规模的 5.24%，详见图 8-1。

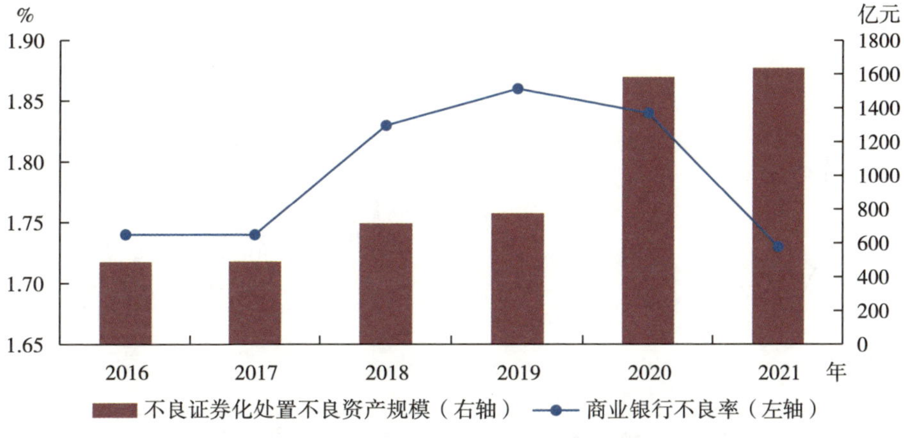

图 8-6 商业银行不良率及证券化处置不良资产规模

（数据来源：银保监会，中债资信整理）

2. 良好的估值效果为不良资产风险的有效化解保驾护航

不良资产估值准确性的稳步提升有助于发起人市场声誉的维护和投资者投资价值的实现，进而促进市场秩序的健康发展。自不良资产证券化重启以来，规范细致的信用披露要求在一定程度上促进各银行信息系统建设

日臻完善，不良资产历史数据的规范性、完整性逐步增强，贷后管理能力也相应得以完善，培育成熟的市场参与主体已取得初步成效，合格发起人已逐步成为市场的中坚力量。与此同时，评级机构深耕估值技术，积累项目经验，不断地进行方法迭代与更新，推动着估值准确性的不断提升，目前市场上已形成一套科学、客观、严谨的估值方法体系，持续助力信用风险的防范，维护不良资产证券化市场的“品牌形象”。

经持续跟踪监测，主流信用类不良 ABS 产品以及估值难度较大的纯信用 / 保证类小微不良 ABS 产品均具有良好的估值效果。以中债资信为例，信用卡不良 ABS 的全生命周期真实回收与预测回收的比值逐步向 1.0~1.2 靠近，90% 信用卡不良 ABS 项目的真实回收表现与中债资信的预测相近。近期兴起的纯信用 / 保证类小微不良 ABS 产品也具备一定的估值准确性，截至 2021 年末的实际回收金额 / 预测回收金额倍数均值为 1.14，真实回收率与中债预测回收率水平和趋势基本一致。

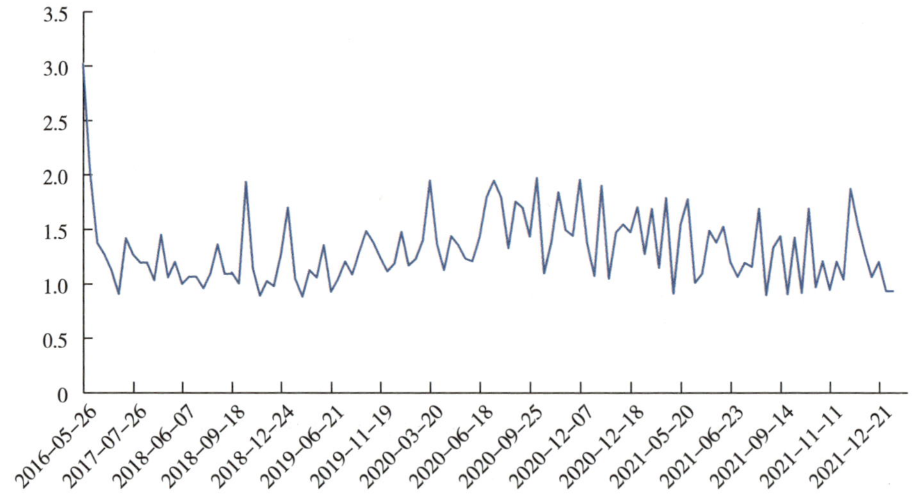

图 8-7　个人信用类不良 ABS 逐年发行项目累计真实回收与预测回收的比值

（数据来源：中债资信整理）[①]

① 此统计仅针对个人信用卡不良和信用类个人消费贷不良，不含带抵押的消费贷款。

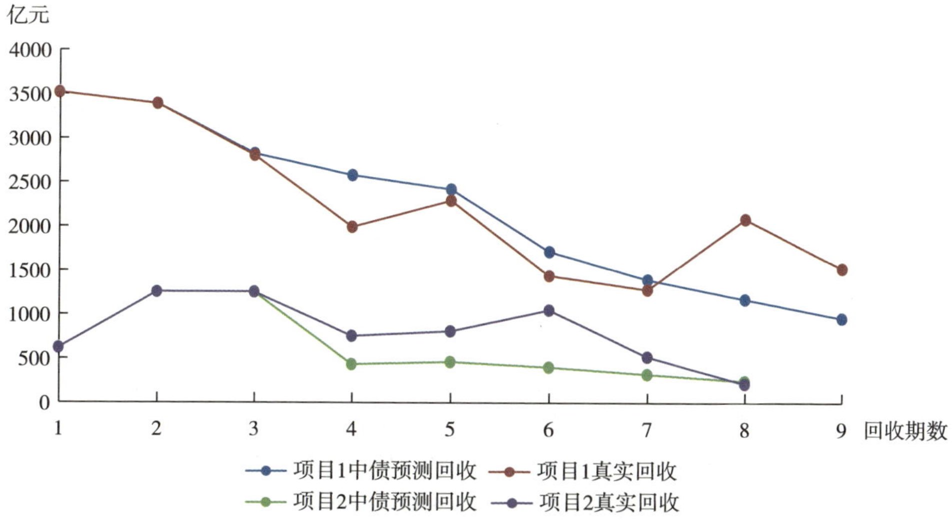

图 8–8 信用类小微不良历史项目真实回收和预计回收对比

（数据来源：中债资信整理）

二、不良 ABS 市场发展的特征

1. 发行规模逆周期增长，日渐成为债券市场中不可或缺的重要角色

与正常类 ABS 产品相比，不良 ABS 产品属于逆经济周期产品，即在商业银行不良率上升、不良贷款处置压力较大时，基础资产类型更加丰富，发起机构的发行动机更为强烈。相较于信贷 ABS 市场的三大正常类主流产品[①]来看，不良 ABS 发行数量在近年来基本保持稳定增长态势，尤其是在 2019 年以后呈爆发式增长，发行单数于 2020 年首度超越 RMBS 并延续至今，日渐成为资产证券化市场中的重要组成部分。不良 ABS 产品的发展不仅有利于降低银行不良率、改善财务指标，同时也为有能力的合格投资者提供了和风险性相匹配的具有相对高收益性的资产，丰富了金融市场的产品品种。

① 此处指 RMBS、车贷 ABS 及消费贷 ABS。

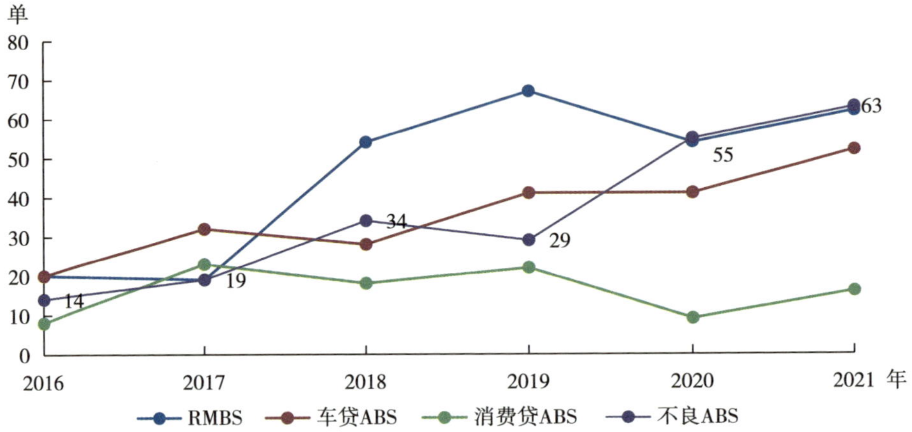

图 8-9　信贷 ABS 市场不同类型项目发行单数

（数据来源：Wind，中债资信整理）

2. 产品发展逐步形成“品牌效应”和不同梯次机构口碑

不良资产的回收是其证券化兑付的重要来源，而其催收面临的信息不对称、信息透明度差、信任缺失等问题普遍存在，尤其信用类不良资产更为突出。不同发起机构受目标客群、贷后管理能力、催收政策等因素的影响，其回收表现梯队差异显著，部分回收率水平较高且表现稳定的机构已逐步形成“品牌效应”。以信用卡不良 ABS 为例，建设银行始终名列前茅，工商银行、农业银行稳居前三。前述三家银行作为催收管理体系最完备的国有大型银行，历史项目资产回收率均值稳定在 20%[①] 甚至更高水平，优于全市场的平均回收率 15.89%，始终处于领先地位。截至 2021 年末，其信用卡不良项目的真实回收率均值分别为 25.96%、20.47%、20.72%，回收表现优势突出。其他国有银行及大型全国性股份制商业银行，其回收率均值大体处于 15%~18%；其他股份制商业银行，回收率普遍为

① 此处回收率水平为截至 2021 年末历史所发行项目的平均值，回收率 = 外推累计回收金额 / 入池未偿本息费，其中外推累计回收金额为根据当前累计真实回收与累计预测回收的比例推广至全周期预测回收金额得出。

10%~15%，但也有个别银行的回收率低于 10%，发起机构的回收表现梯队分化现象明显，详见图 8-5。

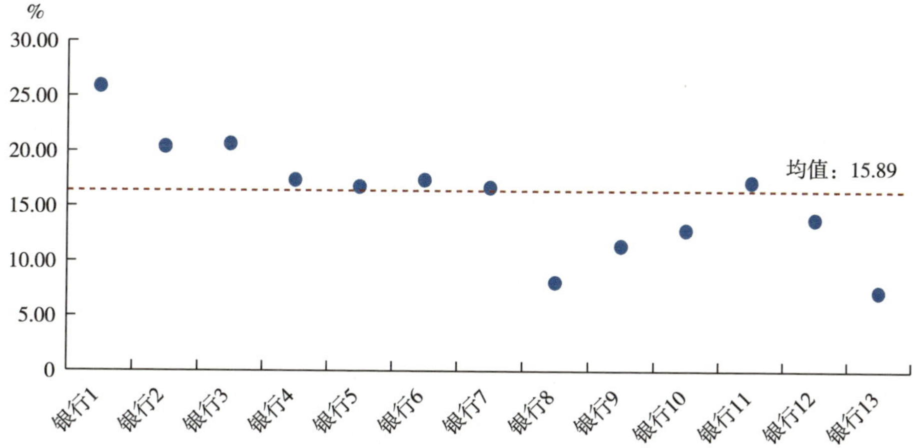

图 8-10　信用卡不良 ABS 各发起机构平均回收水平

（数据来源：中债资信整理）

3. 投资者范围不断扩大，构成日趋多元化

从投资者构成来看，2008 年以前发行的 4 单项目，其优先档投资者主要是银行业金融机构，占比达 90% 以上，次级证券全部由发起人的资产管理公司自持。2016 年不良 ABS 破冰重启后，招商银行发行市场首单信用卡不良 ABS 项目“和萃 2016-1”时，率先引入私募基金等非银行机构投资者，为证券化项目中次级证券投资者进行多元化探索。而后，随着各发起机构不良资产处置经验日渐丰富，不良资产证券化的投资潜力受市场认可程度逐步提高，目前已基本形成一批以银行、证券公司为主要参与方，以私募机构为补充的稳定的投资群体。

第三节　产品核心特征和核心表现

不良 ABS 的底层资产均为发起机构的不良贷款，证券的正常兑付与入池资产未来回收情况息息相关。针对不同类型的入池资产，影响其回收的核心特征也有所不同，比如，个人信用类不良资产的回收率受资产入池时的未偿本金余额和逾期期限影响较大；个贷抵押类不良资产和传统对公类不良资产的回收率则主要受抵押物类型、所在地区等因素的影响。

一、产品核心特征

1. 随着信用卡客户的下沉，个人信用类不良资产逾期期限无明显变化趋势，大额资产占比呈上升态势

从个人信用类不良产品来看，入池资产逾期期限无明显变化趋势，近3年来加权平均逾期期限基本保持在6~7个月的水平。但是，在国内经济增速放缓、扩大内需刺激消费的背景下，随着信用卡业务目标客群的下沉以及银行处置不良资产压力的增大，大额个人信用类不良资产入池占比呈现出一定的上升趋势。以信用卡不良产品为例，2016年入池资产平均单笔未偿本息费为2.62万元，而2021年该值为4.25万元，是2016年的1.62倍，大额资产入池比例的提升对底层资产回收带来了新的挑战。

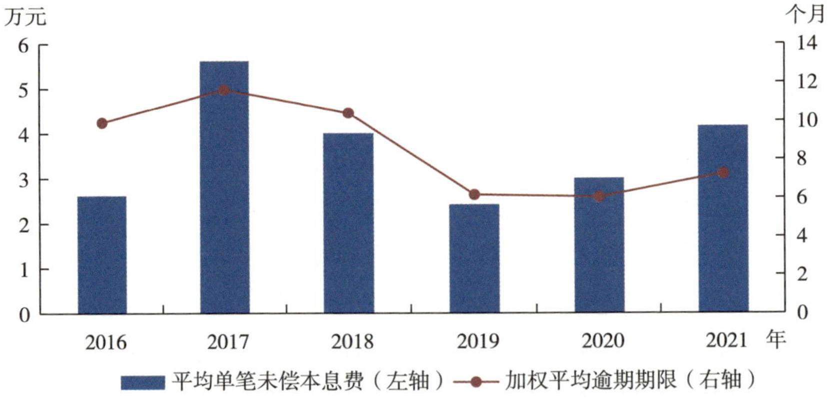

图 8-11　信用卡不良 ABS 入池资产特征统计

（数据来源：中债资信整理）

2. 个贷抵押类不良抵押物始终以居住用房为主，且入池比例呈现上升趋势

个贷抵押类不良项目的基础资产包括成为不良的个人住房按揭贷款和

个人抵押类消费贷款，抵押物均以居住用房和商用房地产为主。自首单个贷抵押不良 ABS 项目“建鑫 2016–2”发行以来，该类项目的入池抵押物中居住用房占比始终维持在 65%[①] 以上的水平，自 2018 年起更是大幅提升，截至 2021 年该比例已达 99.79%，商用房地产占比则有所下降。究其原因，一是居住用房较商用房地产的流动性更好，处置难度更低，且处置价格稳定性更强；二是受宏观经济下行、疫情突发、电商兴起的叠加影响，全国商用房地产投资和销售规模持续萎缩，市场信心不足，导致其回收的不确定性加剧，入池比例逐渐下降。

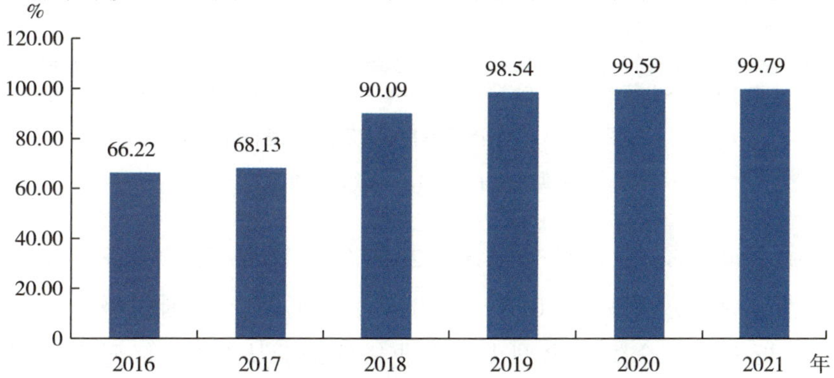

图 8–12　个贷抵押类不良入池资产中居住用房占比

（数据来源：中债资信整理）

3. 纯信用 / 保证类小微不良贷款入池占比开始逐步上升，传统对公类不良资产入池则相对减少

传统对公不良贷款入池越来越少。试点重启初期，传统对公不良资产是主流资产，而截至目前入池占比却越来越低。究其原因，一是相较小微不良贷款，其集中度更高，某一户或几户资产的回收率表现对证券兑付的影响较大；二是抵押物类型多以工业用地及厂房为主，回收周期更长，回

① 此处统计口径为：当年发行的个贷抵押类不良项目中居住用房对应的入池未偿本息费之和与所有个贷抵押类项目的入池未偿本息费的比值。

收面临的不确定性更大，对市场参与机构风险定价能力的要求更高。

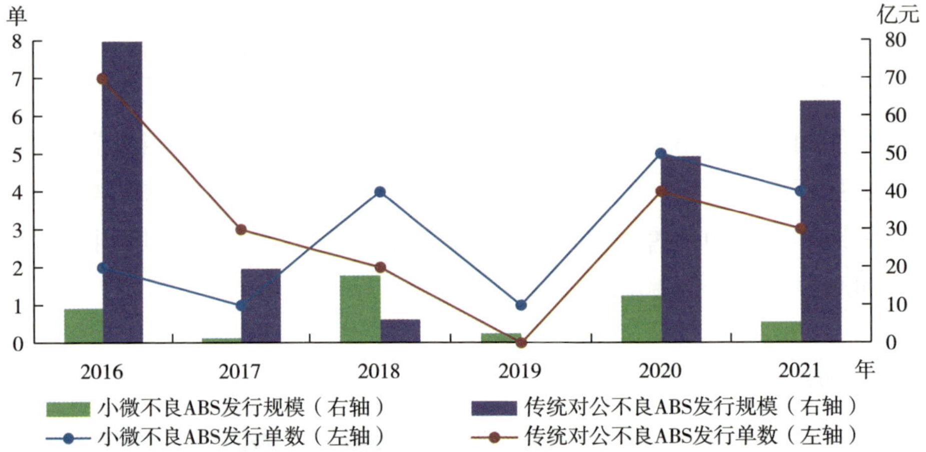

图 8–13　对公类不良 ABS 逐年发行量

（数据来源：Wind，中债资信整理）

小微不良 ABS 发行越来越多。2016 年 1 月 15 日，国务院印发关于推进普惠金融发展规划（2016—2020 年）的通知，我国积极推进普惠金融建设。近五年，全国普惠型小微企业贷款余额从 7.4 万亿元增长到 2021 年末的 19.1 万亿元[①]，年均增速 26.75%。自 2019 年以来，经济下行压力和疫情的冲击导致小微企业贷款不良开始暴露，加大了银行不良处置的压力，因此选择小微不良贷款入池的机构逐步增多。小微不良 ABS 发行单数自 2018 年反超传统对公不良 ABS。截至 2021 年，小微不良 ABS 发行单数占当年发行单数的 50%。

纯信用 / 担保类小微不良贷款入池开始兴起。小微企业贷款发展初期，出于风险控制的角度考虑，银行发放的小微企业贷款以抵押类为主，以利于降低贷款违约后的损失率。之后银行小微贷款风险控制制度和措施逐渐完善，纯信用 / 保证类小微贷款规模逐步上升，相应地催生了以该类不良

① 数据来源：银保监会。

贷款入池的小微不良 ABS 项目发行。纯信用 / 保证类小微贷款不良 ABS 的萌芽和兴起，进一步印证了大数法则的应用，即入池笔数多、同质性高的资产借助大数法则可以获得相对稳定且准确的预测回收率。

二、产品核心表现

由于回收来源及回收周期不同，不同类型不良资产的回收率规律表现略有不同。各类型产品回收率表现梯队差异显著，个贷抵押类不良回收始终维持在最高水平。

1. 承压能力通过突发事件检验，风险可控得到证实

不良 ABS 产品发展至今，新冠肺炎疫情的冲击和催收行业整治政策的出台均对基础资产的回收表现产生了一定影响，但不良 ABS 产品整体表现仍保持稳定，未出现信用风险事件。

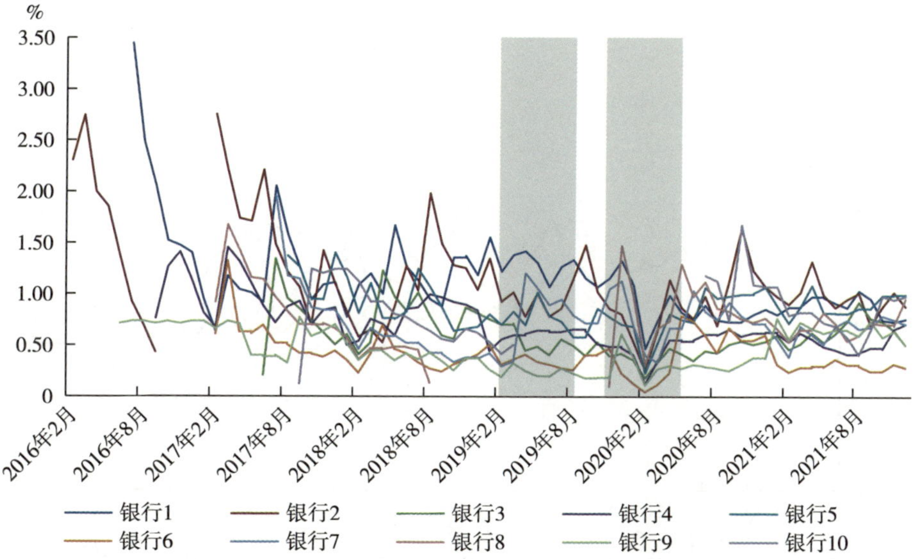

图 8–14　主要发起机构个人信用类不良 ABS 历史项目逐月回收率均值[①]

（数据来源：中债资信整理）

① 图中回收率统计方式为：各机构项目逐月回收金额 / 初始资产池未偿本息费金额。

从已发行项目逐月真实回收率来看，回收率受外部环境影响存在一定波动。以个人信用类不良ABS为例，2020年受疫情影响，借款人的还款能力受到较大冲击，同时催收机构的催收工作难以开展，导致2月回收率跌至史上最低水平，为0.25%，同比下降64.51%；但是随着疫情防控举措落地，各行各业复工复产，后续月份的回收率迅速回升；至2021年，我国经济在全球疫情下领跑复苏，不良资产月均回收率水平稳步提升至0.64%，恢复至正常水平。此外，2019年4—8月的回收呈现明显波动下降态势，主要由于2019年4月以来工业和信息化部对暴力催收尤其是电话催收的方式进行了整治与规范，各地银保监局也不同程度地对管辖范围内金融机构的暴力催收整顿进行了窗口指导，严厉打击暴力催收行为，短期内对部分发起机构的回收产生了影响，但是8月以后回收情况企稳。

2. 个人信用类不良资产回收率呈下降趋势，受外部环境影响存在一定波动

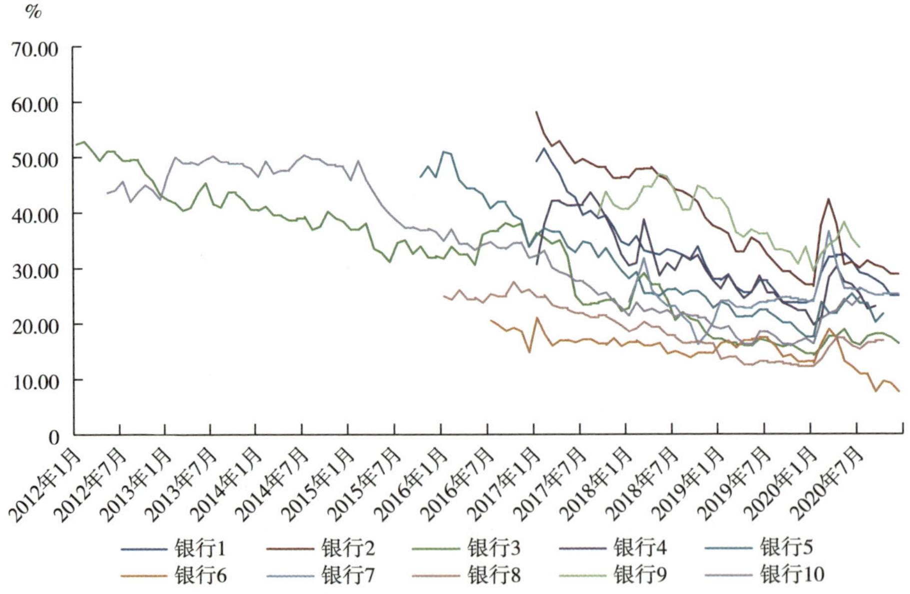

图8-15　主要发起机构个人信用类不良静态池12个月绝对回收率

（数据来源：中债资信整理）

整体来看，个人信用类不良贷款的回收率随时间推移而呈现下降趋势，或受宏观经济持续承压及信用卡业务发展逐步深入下沉的影响所致。从主要发起机构的静态池数据来看，个人信用类贷款在2016—2020年成为不良后12个月的回收率分别为34.98%、29.09%、24.41%、20.04%和22.84%，基本以每年-4%~5%的水平稳步下降。从已发行项目的实际回收表现来看，2018—2021年的年化回收率[①]分别为9.37%、8.14%、7.36%和7.32%，降幅有所减缓。2020年上半年，静态池回收率呈现先升后降的短期趋势，主要由于大量具备正常还款能力的借款人因2020年疫情初发时期外出不便导致逾期或不良，随后交通恢复从而恢复正常还款，导致回收率短期上升。

3. 个贷抵押类不良资产的回收率远高于其他不良ABS产品，其中居住用房回收率高于商用房，且保持稳定

个贷抵押类不良资产的回收率远高于其他不良ABS产品。截至2021年末，个贷抵押不良项目平均回收率为59.68%，高于对公类不良的44.48%，近4倍于个人信用类不良的15.89%[②]。

分抵押物类型来看，居住用房回收率普遍高于商用房，且基本保持稳定。以2021年跟踪评级项目为例，15单个贷抵押类不良项目中，有13单入池贷款抵押物类型为居住用房的本息余额占比大于50%，平均回收率为26.66%；有2单项目的商用房占比均高于80%，平均回收率为21.14%。究其原因，一是居住用房较商用房的流动性更好、处置难度更低，且处置价格基本保持稳定；二是受宏观经济下行压力、疫情、电商的叠加影响，全国商用房投资和销售规模持续萎缩，并促使地区分化进一步加剧。例如，某项目中，东北地区入池占比近15%，该地区的商用房回收率为

① 信用卡不良ABS年化回收率＝该年度全部存续项目的月均真实回收率 ×12。

② 各类型项目的资产池统计节点：对公类不良指38~44个月，个人抵押贷款不良指34~38个月，个人信用类不良回收率统计口径为外推累计回收金额／入池未偿本息费，其中外推累计回收金额为根据当前累计真实回收与累计预测回收的比例推广至全周期预测回收金额得出，与前文同。

30.99%，比其他地区的 39.89% 明显更低，导致该项目的累计真实回收 / 预测回收比值不足 0.90。

4. 传统对公不良入池资产地区分布随着工业发展重心的转移而有所变化，回收率具有一定的区域性差异

第一批对公不良项目入池抵押物以山东、河北等华北地区的工业土地及厂房为主，后续逐步向东部、东南沿海地区转移。随着 AMC 逐步加入对公不良发行，浙江、广东、江苏等地区的入池资产比重更是明显上升。以 2021 年为例，上述三省份入池占比均达 70.88%，而在 2016—2017 年占比均约为 30%。其主要原因在于随着新型工业化战略实施，我国产业结构持续优化，战略性新兴产业和技术密集型产业加速发展，带动沿海地区的工业发展势头明显向好，企业贷款规模增长。

对于对公不良 ABS 而言，各地区不良的产生和当地的经济环境、企业的经营环境、银行授信政策等因素紧密相关，各地区不良的回收与当地的司法环境、抵押物流动性等因素有直接关系，因此回收表现具有一定的区域性差异。以 2021 年对公不良 ABS 的跟踪评级数据为例，安徽、河北和北京地区回收情况较好，回收率分别达到 50.85%、42.20% 和 31.12%；另外受地域经济发展的影响，比如，经济发展水平较高的东南沿海地区，在国家、地方政府、政策及金融利好因素的支持下，该地域近年来对工业用房的需求较高，高质量工业用房的供给较为紧俏，成交难度较小，因而出现了工业用房回收率高于同地区商业用房回收率的现象。

第四节　不良 ABS 未来发展趋势

一、不良资产的类型扩展、质量参差不齐，对市场的稳定发展形成一定挑战

如前所述，不良 ABS 产品未来的入池资产类型或将更加丰富，但同时也存在不同机构的不良资产质量参差不齐、回收表现分化显著等情况，以上两方面均对不良 ABS 市场未来持续稳定发展形成一定挑战。例如，

近期出现的纯信用类小微不良资产的回收因发展时间较短，数据积累尚且有限，真实回收表现规律仍有待进一步挖掘。此外，尽管经过十年发展经验的累积，发起机构的贷后管理能力逐步增强，在催收系统建设、制度建设方面已取得一定成效，但是考虑到各家机构目标客群、属地管辖等差异较大，因此预计未来各金融机构的不良资产回收表现仍存在一定的差异性和不确定性。

二、估值准确性对风险防范的重要性将进一步凸显，需要评级机构继续坚守

由于不良资产的回收直接影响不良 ABS 证券端的兑付，因此不良资产估值的准确性对不良 ABS 的发行规模和证券信用风险防范具有较高的重要性。截至目前，经过多年发展积累，不良资产估值准确性取得了一定成果，但是仍有优化空间，比如，虽然全生命周期的预测回收率准确性较高，但是回收分布的合理性仍有优化空间；个别小众不良 ABS 产品的估值准确性仍在积累和探索阶段，比如，在目前国内宏观经济和房地产市场发展趋势的综合影响下，部分个贷抵押不良 ABS 项目的估值水平较为保守；纯信用 / 保证类小微贷款的违约表现仍处于暴露初期等。因此，未来随着业务数据的不断积累，不同类型不良资产的估值技术方法仍待优化完善，需要评级机构不断加强在估值技术领域的研究和探索，为保障不良 ABS 产品的信用水平提供有力支撑。

第九章　次级档证券市场分析与估值定价研究

次级资产支持证券（以下简称次级证券）是资产证券化业务中通过结构化分层技术产生的一种劣后级证券，自 2012 年信贷 ABS 试点正式重新启动以来，经过十年发展，次级证券发行存量规模稳步提升，产品类型逐渐多元，也因其绝对收益较高的特点，吸引了越来越多的投资者，交易愈加活跃，市场关注度显著提高。同时，由于次级证券交易结构及收益构成较为复杂，收益影响因素分析是次级证券投资中重要的关注点。

第一节　一级市场发行及存量概览

一、发行及存量规模

信贷 ABS 次级证券市场自信贷 ABS 重启十年来，呈现较快的发展趋势，具体表现为三个阶段，分别为萌芽阶段（2012—2013 年）、快速增长阶段（2014—2018 年）和平稳发展阶段（2019—2021 年）。萌芽阶段整体发行与存量规模较小，产品类型与发起机构较为集中；快速增长阶段发行与存量规模快速增长，产品类型逐渐丰富，发起机构愈加多元；平稳发展阶段发行与存量规模增速放缓，产品类型结构已经较为均衡。

1. 发行规模经过萌芽阶段与快速增长阶段后，目前进入平稳发展阶段，存量规模逐年上升，供给较为充足

在发行方面，2012—2021 年，银行间市场共发行 1143 只次级证券，发行规模为 6038.91 亿元。2012—2013 年，信贷 ABS 重启试水，发行次级证券较少，共发行 10 只证券，发行规模 25.27 亿元。2014—2018 年，次级证券发行进入快速增长阶段，4 年间累计发行次级证券 563 只，累计规模达到 2911.49 亿元，发行规模增速年平均达到 527.44%；2019—2021 年，次级证券发行规模增速放缓，年均发行规模为 1034.05 亿元，年均发行证券 190 只（见图 9-1）。

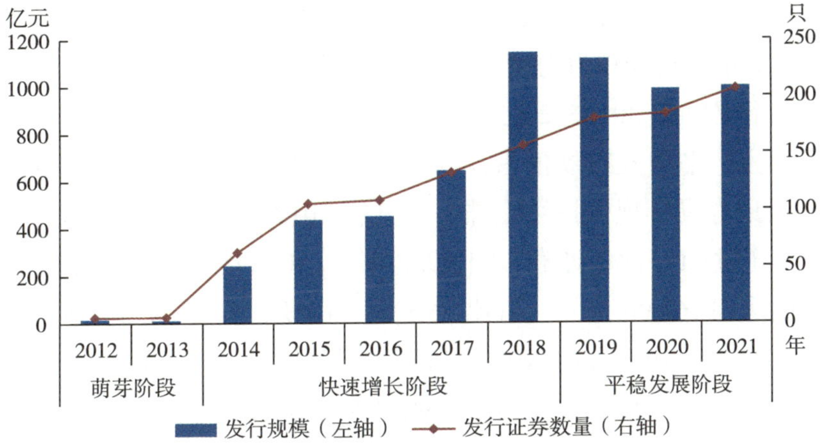

图 9–1　次级证券发行规模及数量

［数据来源：中债资信 ABS 平台（http：//tbs.chinaratings.com.cn），中债资信整理］

在存量方面，次级证券存量规模及证券数量逐年上升，2014—2018 年，随着次级证券一级市场发行规模的大幅上涨，存量规模增速较快，2018 年达到 1921.65 亿元，同比增长 61.75%，存量证券数量 320 只，之后增速放缓，2021 年存量规模为 3516.7 亿元，同比增长 16.51%，存量证券数量 511 只（见图 9–2）。

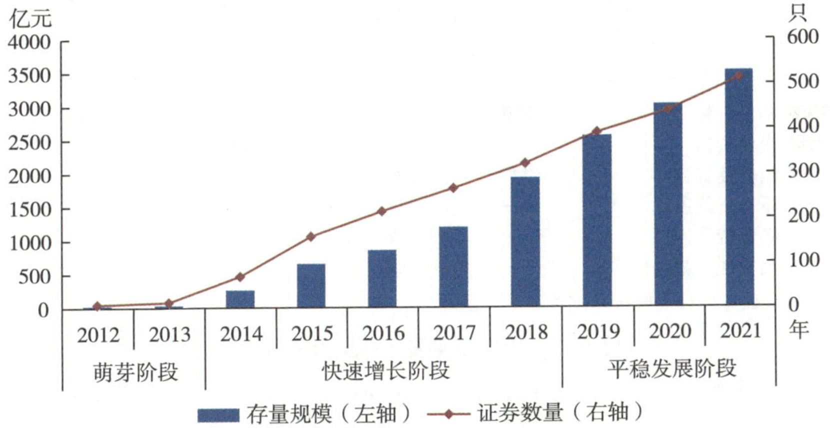

图 9–2　次级证券存量规模及数量

［数据来源：中债资信 ABS 平台（http：//tbs.chinaratings.com.cn），中债资信整理］

2. 产品类型在萌芽阶段较为单一，通过快速增长阶段的不断丰富，目前产品类型结构已经较为均衡

在发行方面，2012—2013 年，产品类型较为单一，主要以 CLO 次级证券为主，平均发行规模占比 95.24%；2014—2018 年，RMBS 和车贷 ABS 次级证券发行规模持续上涨。尤其在 2017 年，RMBS 次级证券发行规模首次超过 CLO 次级证券，占比跃居第一。2018 年更是迎来爆发式增长，发行规模达到 763.08 亿元，占比 66.83%，同期，不良 ABS、微小 ABS、消费贷 ABS 和信用卡分期 ABS 次级证券也陆续发行，产品类型不断丰富。2019—2021 年，产品类型结构以 RMBS 和车贷 ABS 次级证券为主，发行规模总占比平均在 70% 左右，不良 ABS、微小 ABS、消费贷 ABS 和信用卡分期 ABS 次级证券为辅的较为均衡的结构（见图 9–3）。

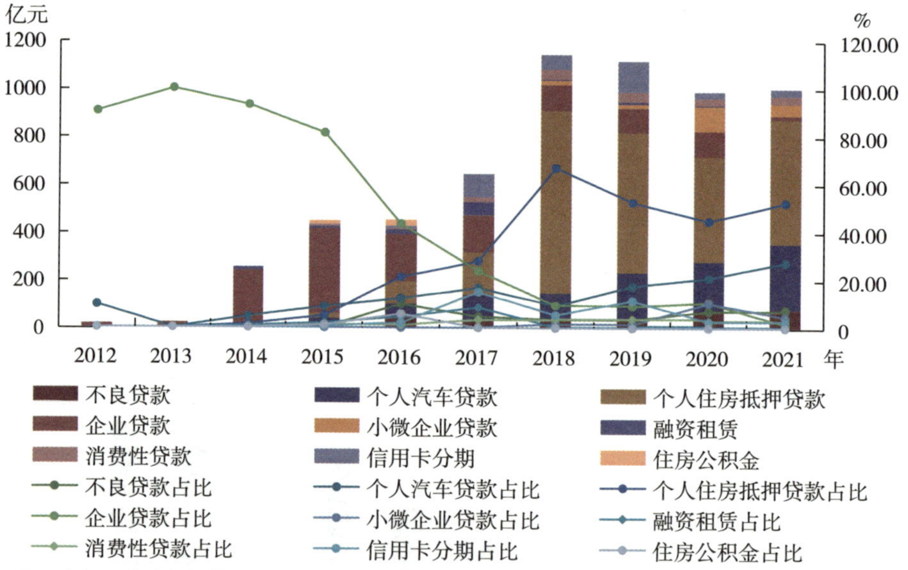

注：次级证券发行规模按基础资产类型统计。

图 9–3　次级证券发行规模及占比情况

［数据来源：中债资信 ABS 平台（http：//tbs.chinaratings.com.cn），中债资信整理］

在存量方面，2012—2017 年，CLO 次级证券存量规模占比最高，2018 年之后，RMBS 次级证券存量规模占比跃居首位，2021 年达到 74.05%，存量规模为 2604.01 亿元，车贷 ABS 次级证券存量占比紧随其后，2021 年达到 12.57%，存量规模为 441.95 亿元。不良 ABS 和微小 ABS 次级证券存量规模占比近年来有所上升，2021 年分别为 4.15% 和 3.23%，存量规模分别为 145.77 亿元和 113.50 亿元（见图 9-4）。

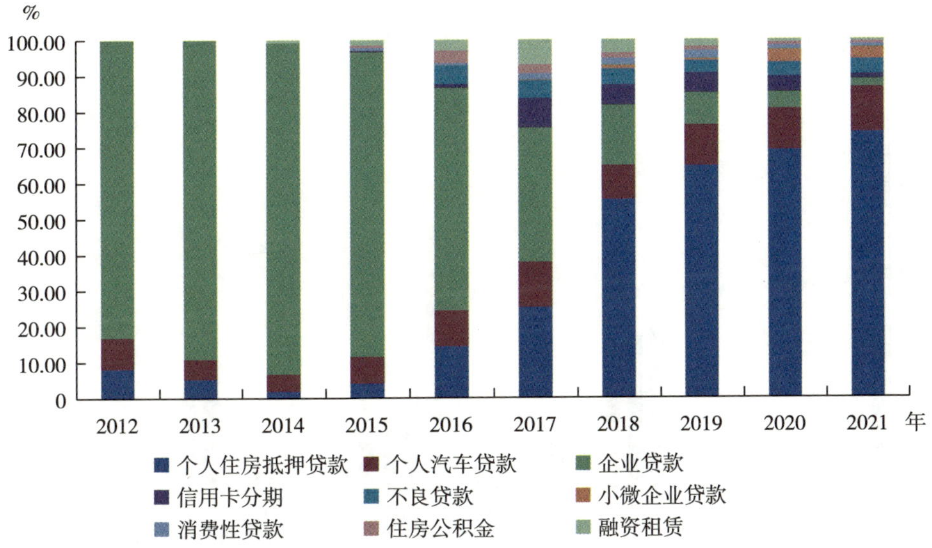

注：次级证券存量规模按基础资产类型统计。

图 9-4 次级证券存量规模占比

［数据来源：中债资信 ABS 平台（http：//tbs.chinaratings.com.cn），中债资信整理］

3. 发起机构类型在萌芽阶段主要以国有商业银行和政策性银行为主导，之后类型愈加多元，目前从发行和存量规模上来看，前十大发起机构主要以银行和汽车金融公司为主

2012—2013 年，发起机构主要由政策性银行和国有商业银行构成，发行规模占比在 80% 以上。2014 年以后，逐步涵盖股份制商业银行、城市商业银行、农村商业银行以及其他非银机构，如汽车金融公司、消费金融公司等。在发行方面，前十大机构中银行占据主体，汽车金融公司紧随其后。2012—2016 年，发行规模前十大机构主要为银行，发行产品以 CLO、RMBS 和不良 ABS 次级证券为主。2017 年以后，汽车金融公司排名上升，发行产品主要为车贷 ABS 次级证券。2018 年以来，以 RMBS 为拳头产品的建设银行和工商银行始终位居前两位，2021 年发行规模分别为 193.34 亿元和 116.89 亿元（见图 9-5）。在存量方面，前十大机构主要为银行，包含一家汽车金融公司。2021 年，建设银行和工商银行存量规模位居前两位，均以 RMBS 次级证券为主，存量总金额分别为 1075.04 亿元和 750.91 亿元，占总存量规模的 51.10%（见图 9-6）。

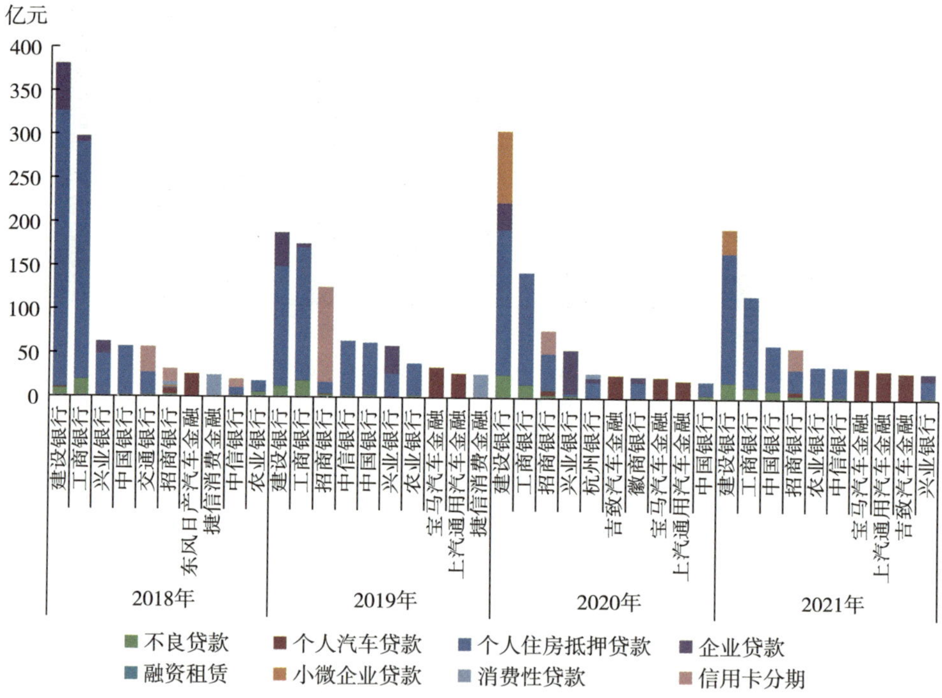

注：次级证券发行规模按发起机构统计。

图 9-5　次级证券发行规模

［数据来源：中债资信 ABS 平台（http：//tbs.chinaratings.com.cn），中债资信整理］

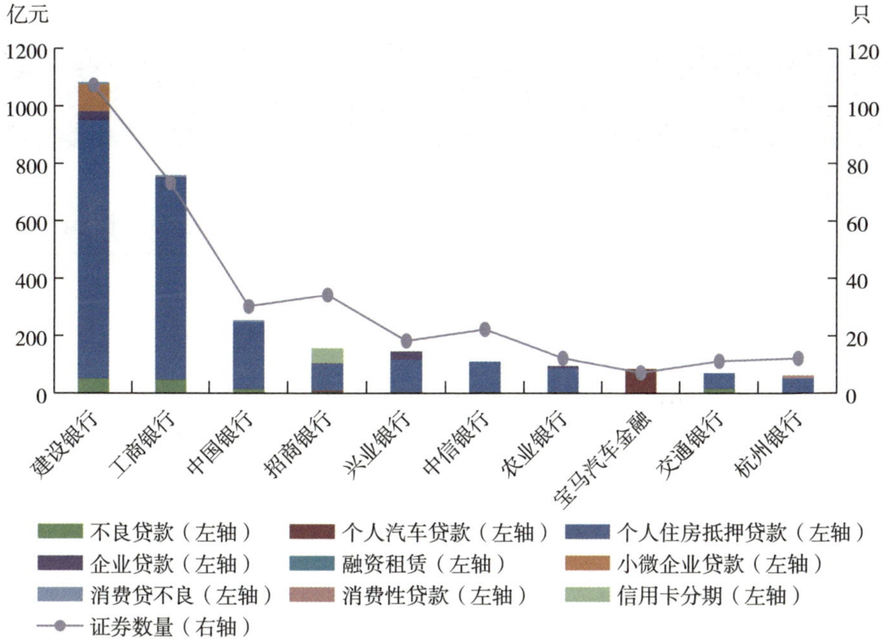

注：次级证券发行规模按发起机构统计。

图 9–6　2021 年次级证券存量规模

［数据来源：中债资信 ABS 平台（http：//tbs.chinaratings.com.cn），中债资信整理］

二、产品结构

次级证券占比体现了信用评级机构对基础资产信用质量的判断，不同基础资产类型信用质量的绝对表现有一定差异，各类基础资产十年间信用质量变化情况呈现出一定的分化态势。

整体来看，RMBS、车贷 ABS 和信用卡分期 ABS 基础资产绝对信用质量表现最好，其中 RMBS 和车贷 ABS 信用质量十年来保持稳定，信用卡分期 ABS 信用质量近年来有所降低；CLO、消费贷 ABS 和微小 ABS 绝对信用质量中等，微小 ABS 信用质量近年来有所提升，消费贷 ABS 信用质量近年来有所降低；不良 ABS 基础资产回收水平较为稳定。

表 9-1 信用质量表现

基础资产绝对信用质量十年间变化情况		十年间信用质量表现		
		提升	稳定	降低
绝对信用质量	高	—	RMBS、车贷 ABS	信用卡分期 ABS
	中	微小 ABS	CLO	消费贷 ABS

注：信用质量表现按基础资产类型统计。

数据来源：中债资信整理。

具体来说，RMBS、车贷 ABS 和信用卡分期 ABS 次级证券平均分层占比较低，且 RMBS 和车贷 ABS 次级证券平均分层占比自 2015—2021 年较为稳定，年均分别为 11.01% 和 10.28%，信用卡分期 ABS 次级证券平均分层占比逐年上升，2015 年为 5.02%，2021 年上升至 12.35%；CLO、消费贷 ABS 和微小 ABS 次级证券平均分层占比较高，年均分别为 14.95%、13.98% 和 17.70%，其中消费贷 ABS 次级证券平均分层占比从 2015 年的 11.94% 上升至 2021 年的 17.10%，微小 ABS 次级证券平均分层占比从 2017 年的 22.06% 下降至 2021 年的 13.17%。另外，由于不良 ABS 的次级规模确定逻辑和正常类 ABS 有所不同，不良 ABS 在发行时点通常根据预期回收确定优先级发行规模，再根据次级证券预期收益确定次级证券规模，一般基础资产资质越好、回收越高，次级证券发行规模占比越大。不良 ABS 次级证券平均分层占比较为稳定，2016—2021 年年均占比为 24.34%，从不良 ABS 的细分类型来看，对公不良和个贷抵押不良 ABS 次级证券平均分层占比略高于个人信用类不良 ABS（包括消费贷不良 ABS 和信用卡不良 ABS），平均分别为 28.56%、25.25% 和 22.84%。对公不良和个贷抵押不良因为有抵质押物担保，回收率较高且较有保障，次级证券占比较高；个人信用类不良入池贷款均为纯信用类不良贷款，回收来源较为单一，次级证券占比相应较低，但是近年来随着个人信用类不良发行规模的增长，回收优于预期，次级证券的占比也随之提高（见图 9-8）。

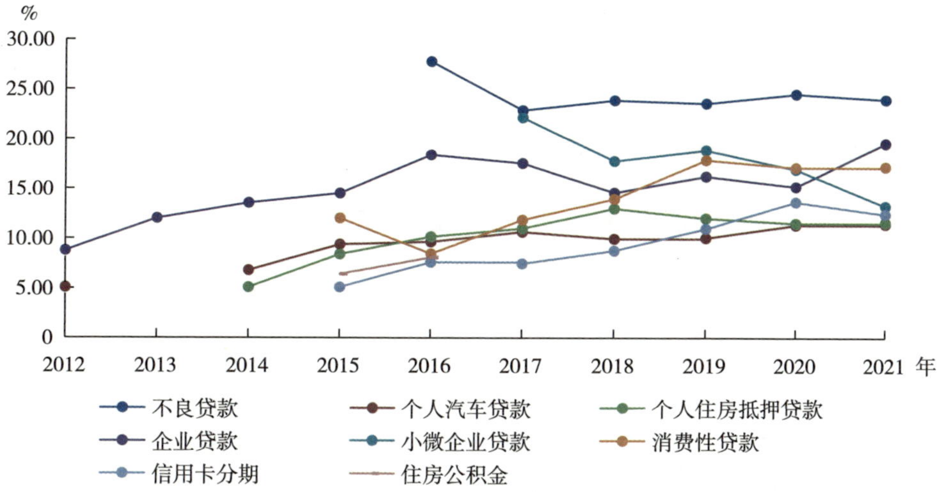

注：次级证券平均分层占比按发行时间及基础资产类型统计。

图 9-7　次级证券平均分层占比

［数据来源：中债资信 ABS 平台（http：//tbs.chinaratings.com.cn），中债资信整理］

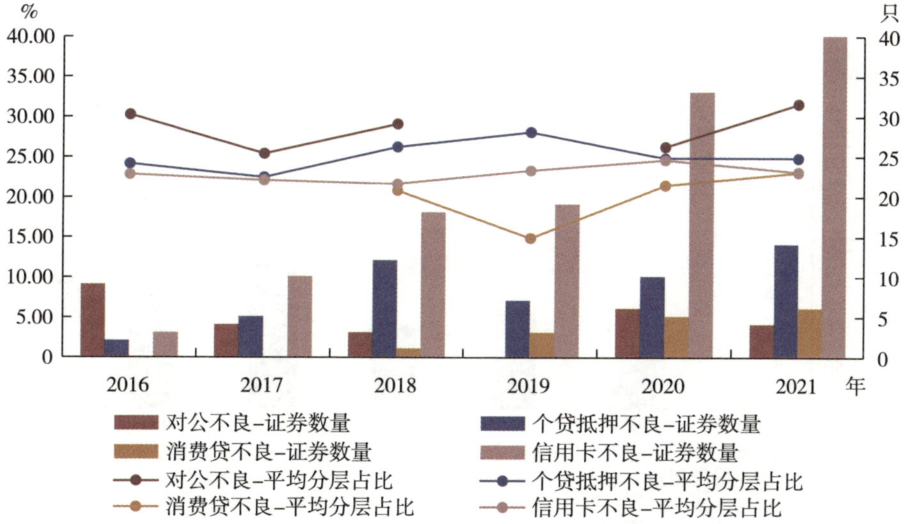

注：不良 ABS 次级证券平均分层占比按发行时间及不良 ABS 细分类型统计。

图 9-8　不良 ABS 次级证券平均分层占比和数量

［数据来源：中债资信 ABS 平台（http：//tbs.chinaratings.com.cn），中债资信整理］

第二节 二级市场交易概览

信贷 ABS 次级证券二级市场成交越发活跃，成交规模和换手率波动上升，交易证券种类更加丰富，市场化成交水平逐年提高。

一、成交规模和换手率波动上升，成交笔数持续上升

在成交金额和笔数方面，2016 年和 2017 年，CLO 次级证券非市场化成交较多，部分证券一个交易日被反复成交，可能是不同机构之间进行了倒仓过券交易所致，剔除该部分证券后，成交笔数与金额基本呈现逐年上升的趋势，2019 年成交金额较低，为 97.09 亿元，之后成交金额逐年大幅增长，年均增长率达到 168.59%，2021 年成交金额达到 270.66 亿元，成交笔数达到 343 笔，同比增长 138.19%（见图 9-9）。

在换手率方面，则呈现随时间先下降后上升的趋势，2017—2019 年，换手率逐年下降至 4.34%，之后年均增长 1.97%，2021 年达到 8.28%，市场活跃度有所提高，但是与优先级证券相比活跃程度仍较低，其 2021 年成交金额为 7204.23 亿元，换手率为 53%（见图 9-10）。

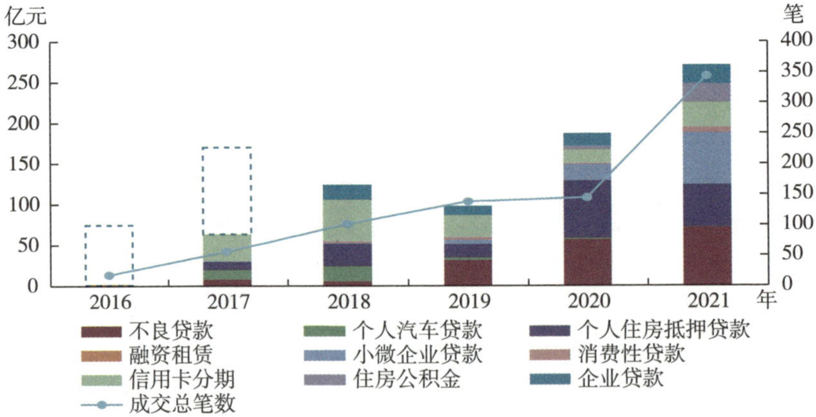

注：图中 2016 年和 2017 年虚线柱体为 CLO 次级证券成交金额。

图 9-9 次级证券成交金额及笔数

［数据来源：中债资信 ABS 平台（http：//tbs.chinaratings.com.cn），中债资信整理］

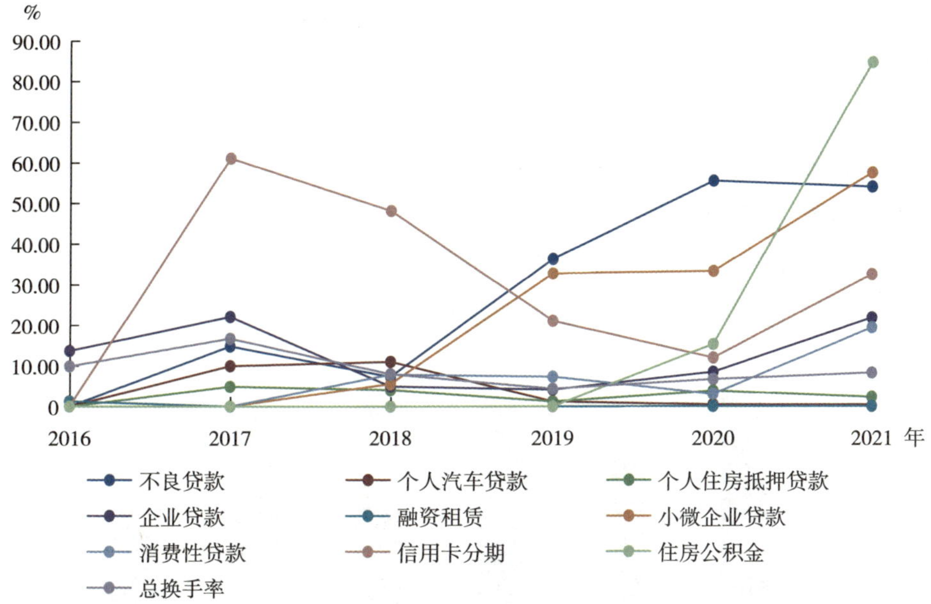

注：次级证券换手率按金额统计。换手率计算公式为证券年度成交金额 ×2/（年初证券存量规模 + 年末证券存量规模）。

图 9-10　次级证券换手率

［数据来源：中债资信 ABS 平台（http：//tbs.chinaratings.com.cn），中债资信整理］

二、交易证券种类更加丰富，不良 ABS、微小 ABS、信用卡分期 ABS 次级证券活跃程度较高

在成交金额方面，2018 年以前交易证券主要以 CLO 次级证券为主。2018 年之后，交易证券种类不断丰富，涵盖 CLO、不良 ABS、RMBS、微小 ABS、消费贷 ABS、信用卡分期 ABS、车贷 ABS 次级证券等。CLO 次级证券成交金额占比近年来下降明显，与之相对，不良 ABS、微小 ABS、RMBS 和信用卡分期 ABS 次级证券成交金额占比较高，2021 年分别为 26.19%、23.39%、19.41% 和 11.18%（见图 9-11）。

在换手率方面，不良 ABS 和微小 ABS 次级证券换手率逐年上升趋势明显，上升幅度显著高于其他类型次级证券，2021 年换手率分别为

54.08% 和 57.52%。信用卡分期 ABS 次级证券换手率随时间呈下降趋势，2021 年回升至 32.48%，仍是市场活跃度较高的次级证券类型。由于 2021 年发行规模较低，CLO 次级证券换手率有所提升，但交易证券基本为存量证券，随着存量证券的到期兑付，市场活跃度可能进一步下降。RMBS 和车贷 ABS 次级证券换手率较低，均低于平均水平，2021 年分别为 2.24% 和 0.06%。住房公积金 ABS 次级证券 2021 年换手率大幅提升，主要是两只证券的反复交易所致，是否为市场化成交有待商榷（见图 9-11）。

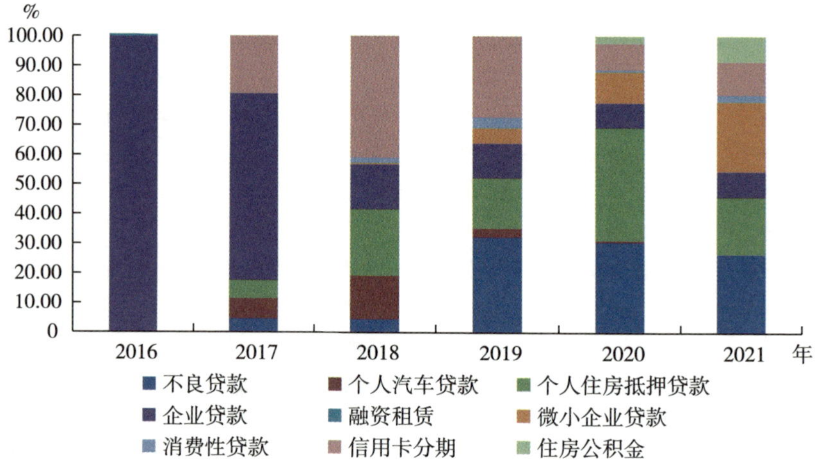

注：次级证券成交金额占比按基础资产类型统计。

图 9-11　次级证券成交金额占比

［数据来源：中债资信 ABS 平台（http：//tbs.chinaratings.com.cn），中债资信整理］

三、国有商业银行和股份制商业银行发行的次级证券、部分城市商业银行发行的微小 ABS、RMBS 次级证券和部分消费金融公司发行的消费贷 ABS 次级证券交易活跃度较高

在成交金额方面，2016—2017 年，政策性银行和城市商业银行发行的 CLO 次级证券交易金额较大。2018 年之后，国有商业银行和股份制商业银行发行的次级证券交易较为活跃，尤其是招商银行发行的信用卡分

期 ABS 和 RMBS 次级证券、中国银行发行的 RMBS 次级证券、工商银行和建设银行发行的不良 ABS 次级证券以及建设银行发行的微小 ABS 和 RMBS 次级证券，2021 年成交金额前三的发起机构分别为建设银行、招商银行和工商银行，成交金额分别为 96.86 亿元、50.17 亿元和 34.73 亿元，占总成交金额的 67.15%（见图 9–12）。

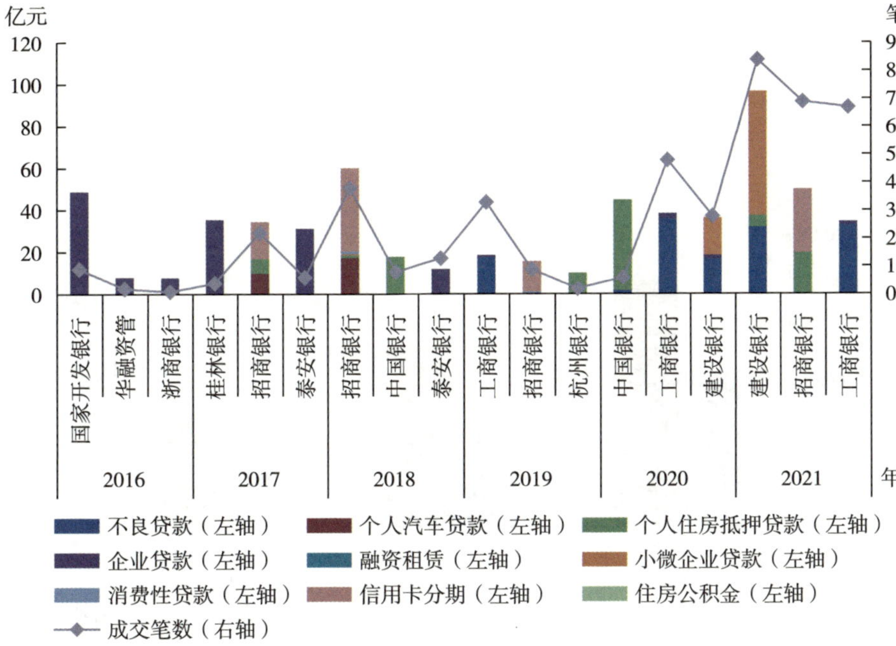

注：次级证券成交金额按发起机构统计。

图 9–12　次级证券成交金额及成交笔数

［数据来源：中债资信 ABS 平台（http：//tbs.chinaratings.com.cn），中债资信整理］

在个券换手率方面，2016—2021 年共有 204 只次级证券成交，年均动态换手率[①] 均值为 64.96%，中位值 42.07%，2021 年共有 95 只次级证券

① 年均动态换手率 =（证券信托成立日后第 n 年成交金额 / 区间存量均值）/n。

成交，年度换手率[①]均值为111.10%，中位值74.96%（见图9–13）。取中位值以上的换手率为活跃交易证券，年均动态换手率在40%及以上证券107只，2021年度换手率在70%及以上证券50只，这些活跃交易次级证券主要为国有商业银行和股份制商业银行发行的不良ABS次级证券，如工元至诚系列、建鑫系列、中誉系列、交诚系列、农盈系列，浦鑫归航系列等；微小ABS次级证券，如飞驰建普系列；信用卡分期ABS次级证券，如和享系列、招银和智系列；RMBS次级证券，如招银和家系列；CLO次级证券，如兴银系列以及部分城市商业银行发行的微小ABS、RMBS、CLO次级证券和部分消费金融公司发行的消费贷ABS次级证券。

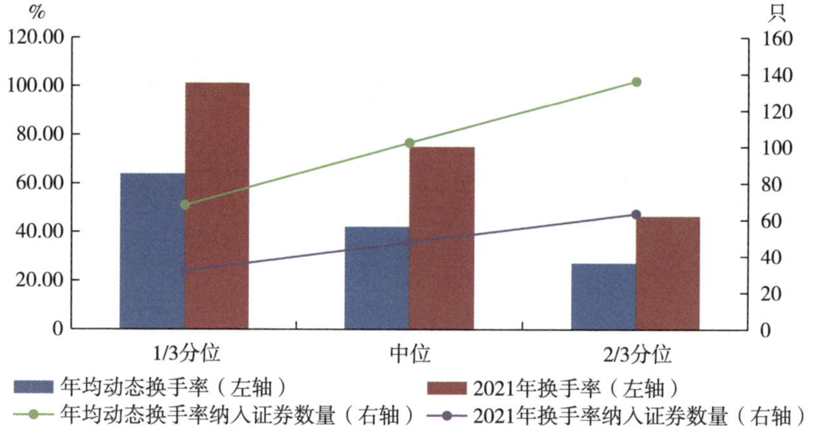

图9–13　次级证券成交年度换手率

（数据来源：中债资信整理）

第三节　收益率水平解析

整体来看，在一级发行方面，次级证券预计收益率主要取决于基础资产类型和发起机构意愿；在到期清算方面，2016年以来中国信贷ABS次级

① 年度换手率＝证券年度成交金额 ×2/（年初证券存量规模＋年末证券存量规模）。

证券的绝对收益率较高且较为稳定，清算收益率普遍高于发起机构预计收益率；在二级成交方面，次级证券普遍以高于或等于预计收益率的水平成交。

一、次级证券一级成交收益率（预计收益率）① 水平主要取决于基础资产类型和发起机构意愿

1. 不同基础资产类型的次级证券一级预计收益率略有差异，整体收益率区间基本落在 7.5%~10%

目前市场化发行的次级证券主要为不良 ABS 次级证券和部分发起机构发行的 RMBS、微小 ABS、CLO、消费贷 ABS、信用卡分期 ABS 次级证券。在发行价格方面，RMBS 次级证券全部为平价发行。2020—2021 年，CLO、微小 ABS 和信用卡分期 ABS 次级证券也均为平价发行，部分消费贷 ABS 次级证券为溢价发行，不良 ABS 次级证券溢价发行占比较高，2016—2021 年平均溢价占比 68.22%，发行价格区间为 100~142 元，平均发行价格为 105.54 元（见图 9–14）。

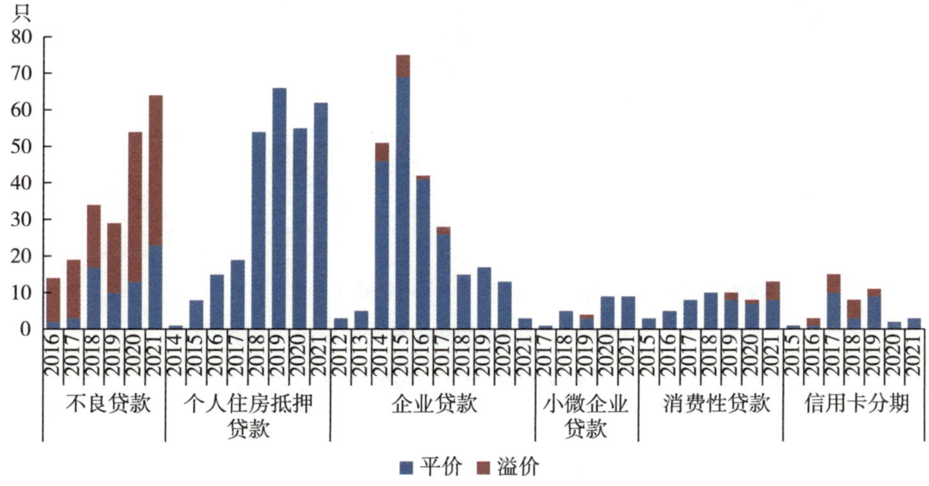

图 9–14　次级证券平价或溢价发行的数量

［数据来源：中债资信 ABS 平台（http：//tbs.chinaratings.com.cn），中债资信整理］

① 指在次级证券一级发行时点发起机构与投资者约定的次级证券预计收益率。

在预计收益率方面，整体收益率区间基本落在 7.5%~10%，不同基础资产类型预计收益率稍有差异，具体来看，不良 ABS 次级证券预计收益率区间在 8%~10%，其中对公不良和信用卡不良 ABS 次级预计收益率稍高，在 8.5%~10%，个贷抵押不良和消费贷不良在 8%~9%，CLO 次级证券预计收益率为 10%，消费贷 ABS 和信用卡分期 ABS 次级证券预计收益率在 8%~9.5%，微小 ABS 次级证券预计收益率波动较大，区间在 7.3%~10%，RMBS 次级证券预计收益率在 8%~9%。在加权平均剩余期限[①]方面，RMBS 期限最长，区间在 8~12 年，平均为 10.48 年，个贷抵押不良 ABS 和对公不良 ABS 次级证券期限较长，平均在 3 年左右，其他类型次级证券平均期限均在 2 年以内（见图 9–15）。

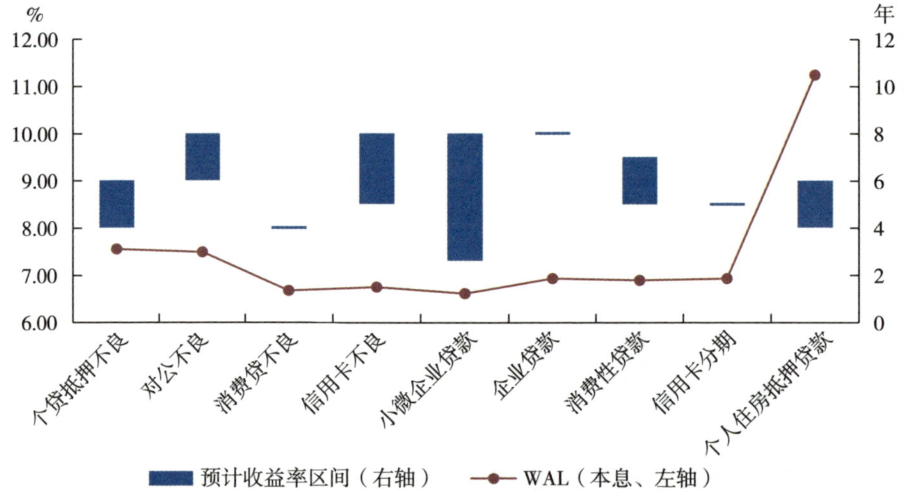

图 9–15　次级证券一级预计收益率及加权平均剩余期限

（数据来源：中债资信整理）

① 这里加权平均剩余期限计算公式为以每一期兑付的本息为时间权重计算的平均存续期限，具体计算方法如下：证券 WAL（本息）=（证券对应支付日支付的本息 / 证券兑付本息总额）×（支付日 – 信托设立日）/365。后续文中提到期限均指加权平均剩余期限。

2. 大部分发起机构发行的同系列证券预计收益率基本维持在固定水平，但近年来，随着次级证券需求的大幅增加，部分系列预计收益率略有下降

整体来看，大部分发起机构发行的同系列证券预计收益率基本维持在固定水平。具体来看，企业贷款中，不同发起机构发行的不同系列的次级证券预计收益率均为10%，平均期限略有差异，分别为1.55年和2.33年；小微企业贷款中，不同发起机构发行的不同系列次级证券预计收益率差异较大，较高在10%，较低在7.30%~8.5%，平均期限均为1~2年。部分发起机构发行的部分系列证券预计收益率略有下降。通过市场调研，次级证券预计收益率的波动主要受到市场供需关系的影响，随着资产证券化市场的不断发展，越来越多的投资者将次级证券纳入投资范围，一级市场次级投资者大幅增加。据了解，次级证券投标倍数平均为5倍，一级市场已经呈现卖方市场的特点，发起机构对次级预计收益率具有较强的控制力，部分系列证券预计收益率出现一定程度下降。例如同一发起机构发行的同一系列小微ABS次级证券，预计收益率在2年内从8.5%下降至7.30%，期限均在1年左右，同一发起机构发行的消费贷ABS次级证券，预计收益率从9.5%下降至9%，期限均在1.7年左右。

二、近年以来，次级证券的清算收益率稍有下降，但基本高于发起机构预计收益率

1. 随着资产证券化市场的不断发展，发起机构成本控制效果趋好，次级证券清算收益率稍有下降，逐步向预计收益率收敛，但仍普遍高于预计收益率

整体来看，银行间信贷ABS次级证券整体收益[①]远高于优先级证

① 中债资信对2012年至2021年清算的544单项目进行梳理，此处次级证券清算收益纳入统计的项目是以现金形式清算（清仓回购或正常兑付）可以准确计算次级收益的项目，共443单项目。

券，尚未出现亏损案例。同时，次级证券收益率波动较大。需要注意的是，发起机构持有全部次级证券比例较高，占443单现金形式清算项目的20.99%，且收益率大幅高于部分持有的证券，2012—2021年平均清算收益率分别为41.16%和17.60%。若剔除次级证券收益率波动较大项目以及发起机构全部自持项目，对余下2012年以来发行的证券且清算收益率区间在0至30%的项目进一步梳理①，会发现次级证券清算收益率稍有下降，但仍普遍高于发起机构预计收益率。

具体来看，不良ABS次级证券清算收益率逐年下降较为明显，从2016年的17.47%下降至2020年的10.76%，2021年上升至17.43%，但由于只清算1只证券，清算收益率有待进一步观察，平均清算收益率为13.27%，高于平均预计收益率9.16%②。CLO和信用卡分期ABS次级证券清算收益率较为稳定，逐年平均分别为11.40%和11.20%，均高于10%和8.5%的平均预计收益率。车贷ABS次级证券发起机构自持比例较高，纳入统计证券数量较少，平均清算收益率最高，为14.68%，2020年清算收益率稍有下降至12.73%。微小ABS次级证券清算项目较少，纳入统计11只，平均清算收益率为9.35%，高于平均预计收益率8.41%。消费贷ABS次级证券平均清算收益率最低，仅为8.09%，低于平均预计收益率9%（见图9-16）。

① 纳入统计证券316只。

② 此处平均预计收益率指同基础资产类型估值次级证券预计收益率均值。

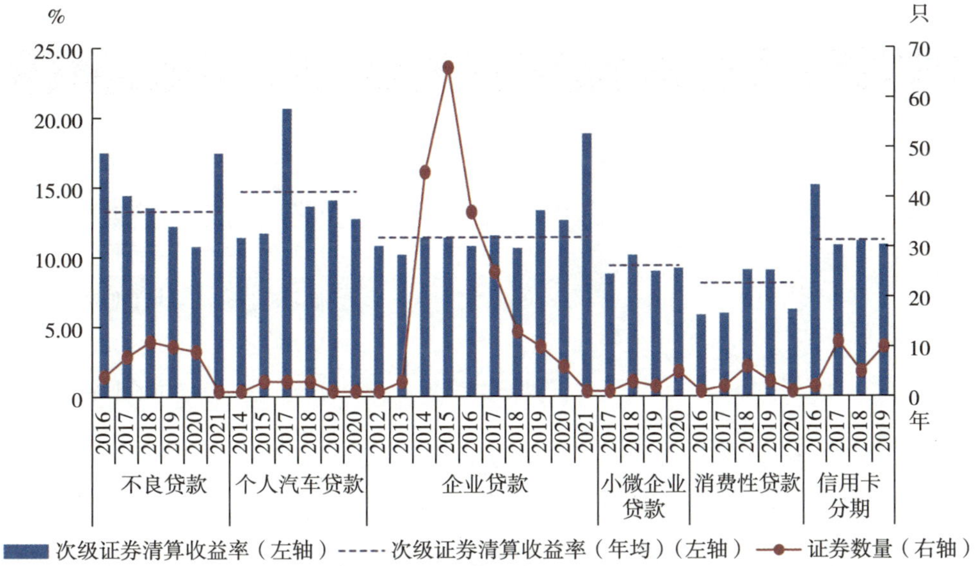

图 9–16　次级证券清算收益率及数量

（数据来源：中债资信整理[①]）

2. 截至 2021 年 12 月，次级证券清算收益率普遍高于初始预计收益率

整体来看，目前中债资信已估值的信贷 ABS 次级证券中有 9 单已完成清算，除 1 单信用卡不良和 1 单微小 ABS 次级证券外，其余证券清算收益率均高于初始预计收益率。同时，同一系列次级证券（非估值证券）完成清算 69 单，其中等于或高于预计收益率的有 62 单，占比 89.86%。

具体来看，微小 ABS、信用卡分期、消费贷不良、对公不良和信用卡不良次级证券清算收益率普遍高于预计收益率。CLO 次级证券清算收益率大部分高于预计收益率，部分发起机构早年发行的部分次级证券清算收益率低于预计收益率，为 6%~8%。消费贷 ABS 次级证券估值同一系列清算项目较少，清算的 3 单项目中有 1 单清算收益率为 8.36%，略低于预计收益率（见表 9–2）。

① 次级证券清算收益率按基础类型统计。

表 9-2　　信贷 ABS 次级证券预计收益率与清算收益率对比

基础资产	系列名称	预计收益率	清算证券名称	清算收益率	清算方式
企业贷款	**	10%	***	10.27%	清仓回购
			***	10.14%	正常兑付
			***	10.38%	正常兑付
			***	10.12%	清仓回购
			***	10.05%	清仓回购
			***	10.13%	正常兑付
			***	10.26%	清仓回购
			***	9.95%	清仓回购
			***	10.63%	正常兑付
			***	12.30%	正常兑付
			***	24.07%	清仓回购
			***	22.20%	清仓回购
			***	98.95%	正常兑付
			***	6.09%	正常兑付
			***	8.00%	正常兑付
			***	7.33%	正常兑付
			***	7.36%	正常兑付
			***	49.46%	正常兑付
	**	10%	***	32.53%	正常兑付
			***	9.59%	正常兑付
			***	13.32%	正常兑付
			***	13.11%	正常兑付
			***	11.01%	正常兑付
信用卡不良	**	8%~10%	***	9.36%	清仓回购
			***	48.64%	清仓回购
			***	36.68%	清仓回购
			***	122.55%	清仓回购
			***	48.81%	清仓回购

续表

基础资产	系列名称	预计收益率	清算证券名称	清算收益率	清算方式
信用卡不良	**	8%~10%	***	10.34%	清仓回购
			***	10.00%	清仓回购
			***	10.04%	清仓回购
			***	9.81%	清仓回购
			***	9.72%	清仓回购
			***	18.91%	清仓回购
			***	12.56%	清仓回购
			***	12.25%	清仓回购
			***	17.84%	清仓回购
			***	12.04%	清仓回购
			***	52.46%	清仓回购
	**	9%~10%	***	18.39%	清仓回购
			***	11.79%	清仓回购
	**	8.5%~10%	***	8.64%	清仓回购
			***	9.38%	清仓回购
			***	8.72%	清仓回购
	**	10%	***	11.44%	清仓回购
			***	126.98%	清仓回购
			***	72.93%	清仓回购
			***	245.22%	清仓回购
			***	242.69%	清仓回购
			***	15.93%	清仓回购
			***	12.18%	清仓回购
			***	18.49%	清仓回购
	**	8%~10%	***	7.92%	清仓回购
			***	9.00%	正常兑付
			***	14.27%	清仓回购

续表

基础资产	系列名称	预计收益率	清算证券名称	清算收益率	清算方式
消费贷不良	**	8%	***	14.90%	清仓回购
			***	99.88%	清仓回购
			***	122.59%	清仓回购
对公不良	**	10%	***	18.90%	清仓回购
	**	9%	***	22.36%	清仓回购
小微企业贷	**	10%	***	14.33%	清仓回购
	**	7.5%	***	8.01%	清仓回购
			***	7.68%	清仓回购
			***	7.80%	清仓回购
	**	7.3%~8.5%	***	8.00%	清仓回购
	**	7.5%	***	7.50%	清仓回购
			***	8.51%	清仓回购
信用卡分期	**	8.5%	***	10.03%	清仓回购
			***	9.61%	清仓回购
			***	9.61%	清仓回购
			***	11.25%	清仓回购
			***	12.01%	清仓回购
			***	11.67%	清仓回购
			***	10.02%	清仓回购
			***	12.36%	清仓回购
消费贷	**	9%~10%	***	8.36%	清仓回购
			***	11.32%	清仓回购
			***	12.00%	清仓回购

数据来源：中债资信整理。

三、次级证券普遍以高于或等于预计收益率的水平成交

通过对2016—2021年12月成交的784笔次级证券成交持有期收益率[①]进行梳理，发现次级证券成交收益率约等于或高于预计收益率[②]的占比较高，为90.69%，大部分次级证券以不低于预计收益率的水平成交。从时间来看，2018年之后次级证券成交收益率约等于或高于预计收益率的比例有所下降，2018—2021年年均为89.42%（见图9-17）。从基础资产类型来看，RMBS、CLO和微小ABS次级证券成交收益率约等于或高于预计收益率的占比较高，在96%左右，车贷ABS占比较低，为58.33%（见图9-18）。

通过市场调研发现形成二级成交价格的原因个性化很强且差异很大。目前次级证券成交收益率约等于或高于预计收益率的比例较高的原因主要有三个：一是买入方无法在一级市场直接购买证券，而是由卖出方代为购买，即代持购买，成交价格反映的是买入方履行承诺的信誉水平；二是部分二级成交原因是买入方采用短期持有策略，通过二级市场快速实现收益变现，因此牺牲部分持有期收益率；三是由于发起机构约定预计收益率，卖方大概率会以预计收益率为锚作为定价的起点。另外，由于次级证券在二级市场交易时透明度相较一级市场更低，整体次级证券二级市场呈现买方市场的特征，买方通常会索取更高的流动性溢价。

---

① 次级证券成交持有期收益率指以一级发行价格买入证券，持有期间获得证券本息兑付，再以二级成交价格卖出证券获得的收益率，与证券成交收益率相对，一般来说，次级证券现金流一定，成交持有期收益率越高（成交价格越高），成交收益率（估值收益率）越低。

② 通过开展估值业务，中债资信了解到次级证券的预计收益率通常在8%~10%，部分小微企业贷款预计收益率较低，在7.5%左右，部分不良的收益率高于10.0%，因此中债资信将二级市场次级证券成交持有期收益率期间7%~13%设定为成交收益率约等于预计收益率区间，将成交持有期收益率低于7.0%设定为成交收益率高于预计收益率区间，将成交持有期收益率高于13.0%设定为成交收益率低于预计收益率区间。

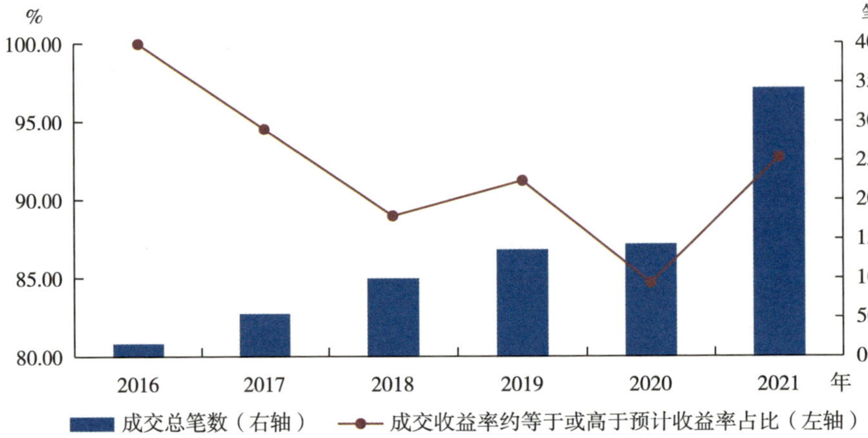

注：次级证券二级成交收益率按时间统计。

图 9-17　次级证券二级成交收益率及数量

（数据来源：中债资信整理）

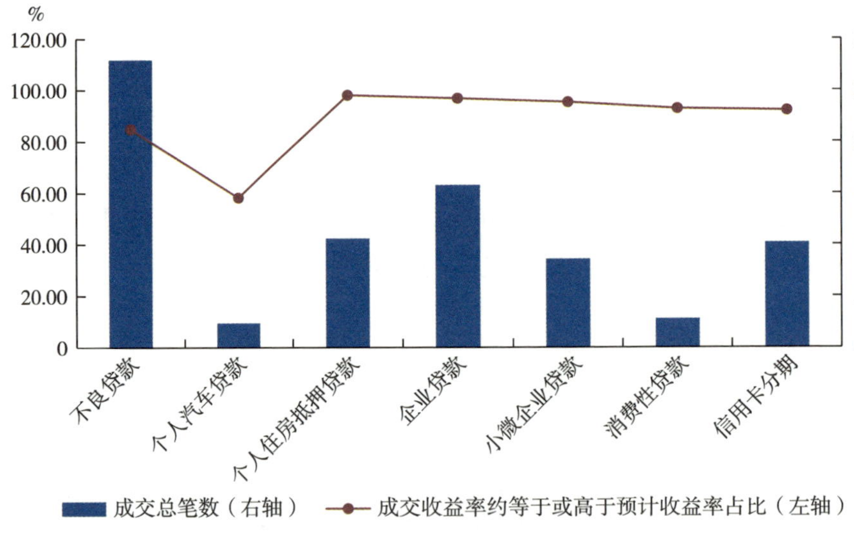

注：次级证券二级成交收益率按基础类型统计。

图 9-18　次级证券二级成交收益率及数量

（数据来源：中债资信整理）

第四节　收益率影响因素分析

一、收益构成

资产证券化市场重启初期，次级证券大多数由发起机构自持或实行非市场化销售，其收益构成较为简单，多为“期间收益+超额收益”的形式。随着次级投资市场的兴起以及监管条例趋严，发起机构出售次级证券的意愿也逐渐增强。为控制发行成本、平衡风险与收益，次级证券的偿付结构有了一定的创新，主要体现在超额收益的再分配形式的多样化，目前主要的分配形式分为四种，固定比例、固定金额上限、预期资金成本以及前后端资金成本，其中固定比例和预期资金成本的分配方式较为常见。

表 9–3　　次级证券收益构成

期间收益		或有收益，一般为每期收益账的最后一个分配项，普遍在 2%~5%	不良 ABS 次级证券通常不设置期间收益，其他类型 ABS 次级证券 70% 左右会设置期间收益
期末超额收益再分配	固定比例	超额收益按照一定比例在贷款服务机构和次级证券间分配，普遍按照“二八分成”	在非不良 ABS、RMBS 次级证券中比较常见
	固定金额上限	超额收益先分配次级证券收益，达到上限金额后，剩余部分按照一定比例在贷款服务机构和次级证券间分配	部分发起机构发行的信用卡分期次级证券设置，较为少见
	预期资金成本	超额收益先分配次级证券收益，直至达到预期资金成本，剩余部分按照一定比例在贷款服务机构和次级证券间分配，较大程度保证次级证券基本收益	不良 ABS 次级证券通常设置，大部分项目采用单利公式计算，部分发起机构发行的项目采用复利公式计算，且由于不良次级证券普遍溢价发行，次级证券实际收益率与预期资金成本往往不可比
	前后端资金成本	超额收益先分配次级证券收益，直至达到前端预期资金成本，然后按照一定比例在贷款服务机构和次级证券间分配，直至达到后端预期资金成本，剩余部分全部支付给贷款服务机构	部分发起机构发行的信用卡分期次级证券设置，较为少见

注：目前中债资信 ABS 平台支持表中所示次级收益分配形式。

数据来源：中债资信整理。

二、收益影响因素

交易结构一旦确定，次级证券的收益水平主要受到以下三方面因素的影响：一是违约、早偿等基础资产表现导致的次级证券收益率变化；二是产品结构和市场因素导致的次级证券收益率波动；三是次级证券持有人权力劣后导致的次级证券收益率降低。

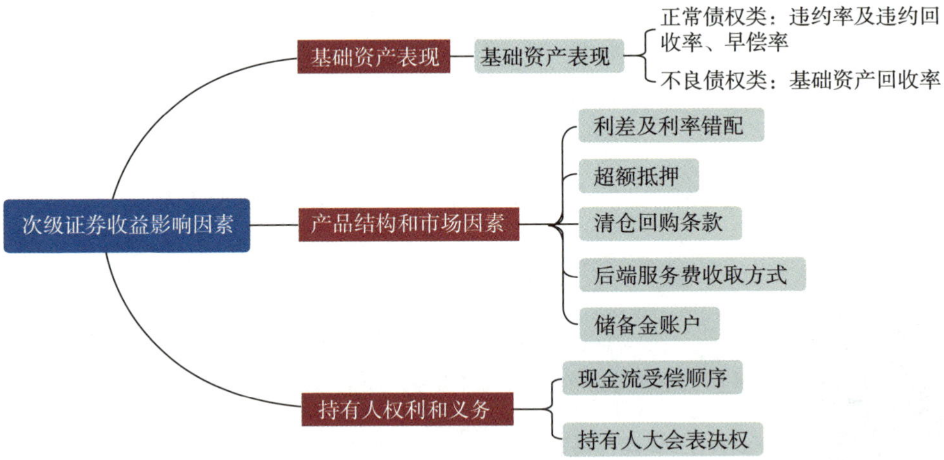

图 9-19　次级证券收益率影响因素

（数据来源：中债资信整理）

1. 违约率及违约回收率

项目交易文件对于贷款违约会有明确规定，入池贷款一旦触发相应条款（如逾期 90 天以上）即被认定为违约。被认定为违约的贷款，由于借款人自身情况改善或贷款服务机构的催收等多种原因，仍有收到偿付款的可能，从而形成违约回收。

一方面，基础资产违约会大幅降低次级证券收益。目前国内绝大部分次级证券具有劣后特性，当基础资产出现违约，资产池整体的本息流入减少，此时根据交易文件中规定的现金流支付机制，会首先由次级证券吸收全部损失从而保证优先级证券本息兑付，且由于杠杆效应的存在，违约率的上升对次级证券内部收益率的影响会被成倍放大，次级证券的整体收益率大幅减少；当基础资产违约率进一步上升，还有可能触发“加速清偿”等风险事件，此时初始现金流支付顺序改变，次级证券不再享有期间收益，将进一步降低次级证券收益。另一方面，考虑到现金流总额变少导致的支付速率减慢，以及违约资产回收处置时间等因素，次级证券的加权平均剩余期限会一定程度的延长。

以某消费贷项目为例，以发行说明书初始披露的零违约零早偿现金流为基准，对不同违约情景下的次级证券内部收益率进行测算，可以验证累计违约率对次级证券收益率的影响，详见表 9-4。

表 9-4　　不同违约率水平下的次级证券内部收益率

某消费贷项目	情景 1	情景 2	情景 3
假设条件	累计违约率 0 年化早偿率 0	累计违约率 1.5% 年化早偿率 0	累计违约率 3% 年化早偿率 0
次级证券内部收益率	14.31%	11.1%	-0.43%
预期 WAL	1.22	1.33	1.48

数据来源：中债资信 ABS 平台（http：//tbs.chinaratings.com.cn）测算。

2. 早偿率

基础资产的早偿是指基础资产池的相关债务人因自身收入水平变化、贷款利息变动或者利率走势预期变动等因素而提前偿还部分或全部贷款的行为。早偿会导致基础资产现金流入金额和时间与预期产生偏差，从而影响次级证券的分配金额和时间。

相较于违约，早偿对次级证券收益的影响并不直接，主要通过利差产生间接影响。一般情况下，对于正利差的资产证券化产品，基础资产的早偿会降低次级证券持有人的绝对收益；而对于负利差的产品，早偿反而会提高次级证券持有人的收益，加上次级证券存续期限的缩短，有助于提高次级证券的年化收益率。

同样选取某消费贷项目为例，其基础资产池利率大于证券端加权息费率，为正利差。中债资信现金流引擎测算结果如表 9-5 所示。

表 9-5　　不同早偿率水平下次级内部收益率

某消费贷项目	情景 1	情景 2	情景 3
假设条件	累计违约率 0 年化早偿率 0	累计违约率 0 年化早偿率 2%	累计违约率 0 年化早偿率 4%
次级证券内部收益率	14.31%	14.25%	14.19%
预期 WAL	1.22	1.21	1.19

数据来源：中债资信 ABS 平台（http：//tbs.chinaratings.com.cn）测算。

3. 基础资产回收率

基础资产回收率特指在不良 ABS 项目中依靠抵质押物处置、对借款人催收等方式产生的基础资产回款水平。不良 ABS 在发行时点通常根据预期回收确定优先级发行规模，再根据次级证券预期收益确定次级规模。因此，基础资产回收率是影响不良 ABS 次级证券收益率的最重要影响因素。一方面，基础资产回收率优于初始预期可增加次级证券获得的收益水平，提高次级证券收益率。另一方面，基础资产回收分布较初始预期大幅前置可缩短次级证券存续期限，有助于提高次级证券收益率。

以某个贷抵押不良项目为例，不同基础资产回收水平情景下测算收益率如表 9-6 所示。

表 9-6　　不同基础资产回收水平下次级内部收益率

某个贷抵押不良项目	情景 1	情景 2	情景 3
假设条件	发行说明书 预测现金流	发行说明书 预测现金流 ×1.1 倍	发行说明书 预测现金流分布前置
次级证券内部收益率	7.37%	9.32%	7.77%
预期 WAL	3.43	3.20	2.74

数据来源：中债资信 ABS 平台（http：//tbs.chinaratings.com.cn）测算。

4. 利差及利率错配因素

资产证券化项目中，可以把利差简单地理解为资产池贷款加权平均利率与证券端加权息费率的差额。支付日当天，若资产池利息回收款在支付完项目所涉及的各类税费及优先级的利息后还有剩余，则为正利差；若资产池收到的利息不能完全覆盖证券端的息费，则为负利差。此时，根据目前市场上大多数产品的交易结构设计，本金账和收益账互补，即贷款本金会被回收用于补足证券端息费。

通常，在正利差的情况下，正利差产生的多余利息回收款会转入本金账，用来提前偿付优先级证券的本金，有助于次级证券预期收益率提升；在负利差情况下，本应偿付次级证券的本金流入则用于补足项目税费及优先级证券利息，不仅会导致次级证券的到期期限延长，还可能影响次级证券的偿付。因此，这类项目往往会设置超额抵押来提高次级证券本金的预期收益水平。

利率错配是指资产池贷款利率和证券发行利率在设置方式上存在差异，具体包括利率类型不同、利率基准不同和基准利率调整幅度不同等。利率错配实质上也是通过利差变化间接影响次级证券收益率，即当基准利率发生调整，资产端利率和证券端利率受到不同程度的影响，从而导致证券化项目的利差发生了变化。利率错配对次级证券收益的影响需根据项目具体测算。

我们对已经清算项目的利差（剔除超额抵押的影响和部分偏离值）进行了计算，并将其与次级证券的收益率进行对照，可以发现产品超额利差与其次级证券的收益率呈现较为明显的正相关性，详见图 9-20。

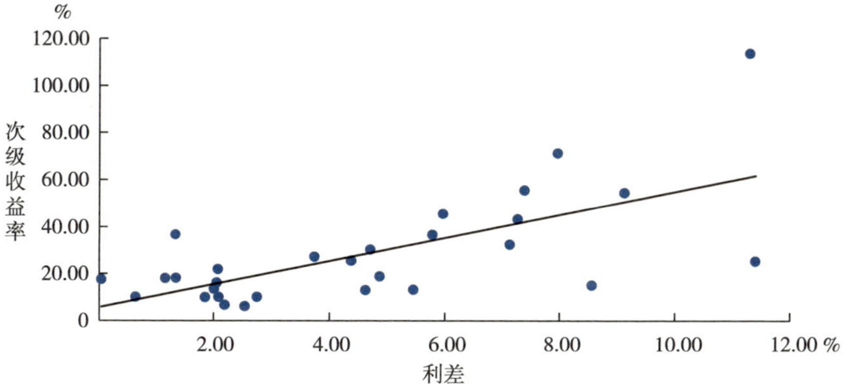

图 9-20　超额利差与次级证券的收益率相关性

［数据来源：中债资信 ABS 平台（http：//tbs.chinaratings.com.cn）测算］

5. 超额抵押

超额抵押是指资产池初始未偿金额超过证券发行金额的部分，其形成方式主要有两种：一是封包期[①]期间的利息流入，在此期间由于无须支付证券端息费，因此封包期内利息入池相当于给证券提供了额外的现金保障；二是在初始发行时点采用超过证券发行规模的基础资产或者现金直接作为超额抵押，此部分资产或现金会加快证券本金的兑付，从而提高次级收益。

已清算项目中，部分车贷 ABS 项目出现了初始超额抵押的情况（资产池规模大于证券发行金额）。将初始超额抵押占发行规模占比与其次级证券收益率进行对比，可发现整体上呈现较为明显的正相关性，详见图 9-21。

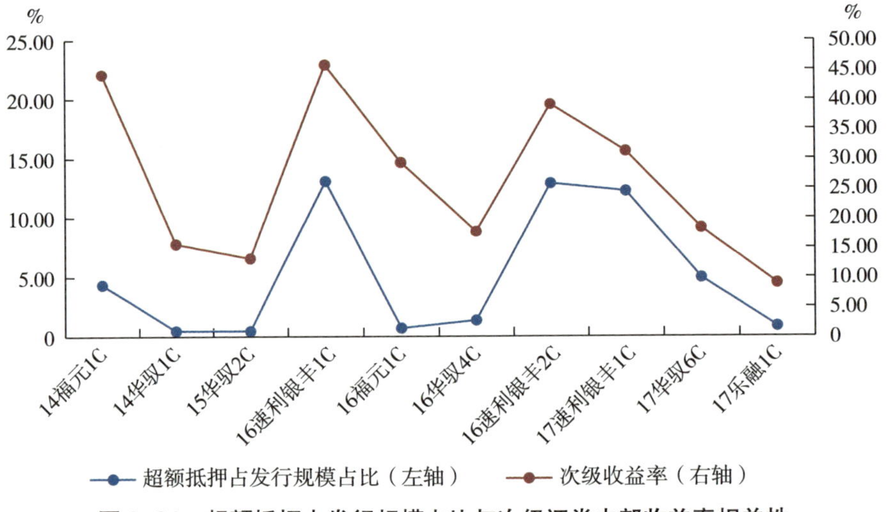

图 9-21　超额抵押占发行规模占比与次级证券内部收益率相关性

［数据来源：中债资信 ABS 平台（http：//tbs.chinaratings.com.cn）测算］

6. 清仓回购条款

清仓回购是指在满足一定条件的情况下，发起机构根据信托合同的约定，回购届时信托项下的资产池，是发起机构的一项选择权。

① 我国资产证券化项目在资产池的封包日至证券的发行日之间的一段间隔时间为封包期。

现有清仓回购条款中对于剩余资产池公允价值的定义并不明确，往往只会确定其价值的下限，以避免因清仓回购的触发导致优先级证券投资者亏损，因此清仓回购成为发起机构调节次级证券收益的重要方式：对于累计净损失过多的项目，可以通过提高清仓回购价格，弥补次级证券的损失；而对于资产池剩余未偿本金远高于次级证券本金的项目，可以通过确定偏低的公允价值，降低次级证券收益率。对于现阶段的银行间信贷 ABS 而言，清仓回购一般会减少次级证券总收益率的绝对值，但同时也明显缩短了次级证券的期限，消除了资产池未来现金流的不确定性。

以某车贷项目为例，经过清仓回购，次级证券于 2018 年 12 月 26 日到期，内部收益率为 31.38%；若假设该项目未进行清仓回购，根据信托报告披露的剩余资产池情况及未来现金流预测，在基准情景下对次级证券偿付情况进行预测，次级证券到期时间应为 2020 年 12 月 26 日，到期收益率为 69.58%，详见表 9–7。

表 9–7　　某车贷项目不同清仓回购情景下次级内部收益率

某车贷项目	实际情景	假设情景
是否清仓回购	经过清仓回购	未进行清仓回购
次级证券内部收益率	31.38%	69.58%
预期到期日	2018 年 12 月 26 日	2020 年 12 月 26 日

数据来源：中债资信 ABS 平台（http：//tbs.chinaratings.com.cn）测算。

7. 后端服务费收取方式

后端服务费是指在支付完优先级证券本金后支付的费用，部分先于次级证券本金支付，部分后于次级证券本金，但先于次级证券超额收益支付。信贷 ABS 项目中常见的后端服务费收取形式主要为贷款服务机构激励服务报酬和贷款服务机构后端服务报酬。后端服务费一方面减少次级证券超额收益，另一方面延长次级证券存续期限，一定程度上降低了次级证券收益率。特别地，对于后端服务费率没有明确规定的项目，通常起到控制次级证券收益，调节次级证券收益率的作用。

以某消费贷项目为例，不同后端服务费率情景下测算收益率如表 9-8 所示。

表 9-8　　不同后端服务费率情景下次级内部收益率

某消费贷项目	情景 1	情景 2	情景 3
后端服务费率	5.5%	4.77%	0
次级证券内部收益率	8%	10%	22.17%

数据来源：中债资信 ABS 平台（http：//tbs.chinaratings.com.cn）测算。

8. 储备金账户

储备金账户将本期的一部分现金流回收款计提至下一个支付日进行使用，可以在一定程度上改变回款现金流的形态。储备金账户可以将应付税费、服务费和优先级证券利息的总和作为储备金额，以免下一期支付时遭遇现金流流动性紧张，从而避免引发流动性风险，但同时也会延长优先级证券兑付时间，基础资产需要支付更多利息给优先级证券持有人，进而降低次级证券的收益率。如表 9-9 所示，将储备金账户的计提倍数由 2 倍降低到 0.5 倍后，次级证券收益获得了提升。

表 9-9　　储备金账户对次级证券内部收益率的影响

储备金账户倍数	0.5	1.0	2.0
次级证券内部收益率	10.77%	10.69%	10.54%

数据来源：中债资信 ABS 平台（http：//tbs.chinaratings.com.cn）测算。

9. 次级证券持有人权利义务

根据《信贷资产证券化试点管理办法》[①]，信贷 ABS 系指在中国境内，银行业金融机构作为发起机构，将信贷资产信托给受托机构，由受托机构以资产支持证券的形式向投资机构发行受益证券，以该财产所产生的现金

① 《信贷资产证券化试点管理办法》第二条、第三条。

支付资产支持证券收益的结构性融资活动。受托机构以信托财产为限向投资机构承担支付资产支持证券收益的义务。资产支持证券由特定目的信托受托机构发行，代表特定目的的信托受益权份额。次级证券代表资产支持信托（特定目的信托）的次级信托受益权。

《金融机构信贷资产证券化试点监督管理办法》[①] 规定，资产支持证券结构化分层为资产证券化产品的内部信用增级方式。次级证券先于项目中其他所有档次的证券承担损失，以此为其他所有档次的证券提供信用保护。因此，次级证券的权利劣后于优先级证券。权利劣后性主要体现在两个方面，一是次级证券现金流受偿顺序劣后，二是在持有人大会的表决权劣后。

具体来说，首先，次级证券受偿顺序劣后于优先级证券，受偿顺序劣后指的是次级证券持有人劣后于优先级受偿信托财产收益。次级证券的预期到期日系根据对基础资产的现金流预测及清仓回购等交易结构设置综合判断的次级本金获得兑付的日期，通常次级证券的预期到期日晚于优先级证券的预期到期日。其次，次级证券持有人劣后于优先级证券持有人成为有控制权的持有人。实际业务操作中，大多数资产证券化项目采用了“有控制权的持有人大会”的概念，即“有控制权的资产支持证券”持有人有权参加会议并进行表决，其余证券持有人有权列席会议，但不享有表决权，其所持的份额亦不计入有表决权的份额总数。“有控制权的资产支持证券”一般是指：在“优先级证券”全部“未偿本金余额”得以足额清偿之前，是指“优先级证券”；在“优先级证券”全部“未偿本金余额”得以足额清偿之后，是指“次级证券”。理解设置“有控制权的持有人大会”有助于项目存续期管理简化操作，但不容忽视的是，在优先级证券尚未偿付完毕时，或在项目发生风险事件时召开“有控制权的持有人大会”，如会议通过决议修改优先级证券份额收益、分配方式或制定项目清偿方案，可能

① 《金融机构信贷资产证券化试点监督管理办法》第三十条、第八十六条。

存在有损劣后持有人利益的风险。因此，在项目中也存在设置对应的风险缓释的机制，比如，约定“有控制权的资产支持证券持有人大会”所通过的任何决议，对于各等级的所有“资产支持证券持有人”均有约束力。但是，因修改“交易文件”或“资产支持证券条款和条件”而涉及改变其他等级“资产支持证券”的到期日、利率或付款币种事项的决议，须经分别召开的相应等级的“资产支持证券持有人”会议表决通过，方可生效。

次级投资者应在投资决策时重点关注项目交易文件对于持有人大会的议事规则，以确保知悉次级证券持有人相关的权利义务。

第三部分

创新发展篇

专题一　促进发展：市场创新回顾解析

第十章　信贷 ABS 市场创新回顾解析

信贷 ABS 自重启以来，在监管机构以及市场参与者的努力下，市场创新层出不穷。在监管层面，积极出台相关政策健全市场发展相关制度并鼓励各类机构参与市场发行；在市场参与者层面，发起机构和投资者类型不断丰富，承销商及其他中介机构水平不断提升。十年间，出现了持续购买结构、全账户产品入池、不良资产证券化产品、债券通等各类创新产品。本章从促进市场创新关键因素以及重要市场创新两个部分，对信贷 ABS 重启以来的市场创新进行回顾，并对未来进行展望，以期市场创新不断，促进纵深发展。

第一节　促进市场创新的关键因素

一、市场监管制度的持续更新

市场的创新发展离不开监管机构的支持以及相关的配套政策。市场发展初期，相关部委颁布了一系列制度以支持市场的创新行为。市场重启后，监管机构陆续出台相关政策以促进市场的成熟发展。2015 年，人民银行将审批制改为注册制，项目报审时间的缩短显著提高了基础资产同质化较强的资产证券化产品发行效率，有利于项目掌握发行时间窗口。银保监会继2014年末将审批制变更为备案制后，于2020年11月将备案制变更为在银登中心进行登记，进一步缩短了项目报审时间。与此同时，自市场重启以来，信息披露制度不断更新完善，为相关创新产品的发展提供了信息披露标准。具体标准包括交易商协会公布的各类产品信息披露指引以及在各期创新产品的发行文件中细化的披露标准。

二、发起机构经验的不断积累

市场大部分创新内容来源于市场参与机构的主动提出。市场发展初期，市场参与者仅为几家大型银行业金融机构，并且发行品种比较单一。随着市场的扩容，汽车金融公司、消费金融公司、金融租赁公司等各类机构均深度参与其中，各种类型产品不断涌现，发起机构结合国际市场经验、自身资产的特点以及国内监管政策，发行了具有市场创新的产品，如大众汽车金融结合其全球发行经验在国内推出具有红黑池结构的“华驭”系列，建设银行首获AAA国际评级并常态化借助债券通发行的“建元”系列RMBS项目，招商银行首单以循环资产入池的“和智”系列信用卡ABS项目，宁波银行结合其自身资产特点以及融资需求推出的具有参照资产池结构的“永动”系列等。

三、投资者类型的不断丰富

随着市场发展，投资者需求多样性助力市场创新不断出现。市场发展初期，受限于市场产品种类的单一以及产品类型的复杂性，投资者类型较为集中。市场重启后，随着市场化销售程度的加深和投资者类型丰富性的提高，除了商业银行外，还包括证券公司、理财产品、保险公司、资产管理公司以及其他非银行业金融机构，投资者结合内部风控要求、负债端期限匹配以及相关监管政策对交易结构和产品类型提出新的需求，市场创新不断出现。如根据银保监会在2021年发布的《关于规范现金管理类理财产品管理有关事项的通知》第二条，现金管理类产品应投资剩余期限应该在 397 天以内（含 397 天）的资产支持证券，随后市场设计出相应的分层结构以满足此类投资者的需求。

第二节　重大创新成果解析

一、市场层面

1. 重启时“双评级”制度的引入为市场平稳健康发展提供保障

“双评级”制度是指在债券发行过程中，两家评级机构同时对同一债券发行人或同一债项进行评级并各自独立出具评级报告的一项制度安排。2012 年，中国人民银行、中国银行业监督管理委员会、财政部联合发布《关于进一步扩大信贷资产证券化试点有关事项的通知》（银发〔2012〕127 号），规定“资产支持证券在全国银行间债券市场发行与交易初始评级应当聘请两家具有评级资质的资信评级机构”。由此，信贷 ABS 市场正式进入“双评级”时代。

评级行业发展初期，评级机构为了争夺市场份额，采取级别竞争的手段，导致债券市场信用等级明显虚高。双评级制度的引入，一方面使得不同评级机构的评级结果互为对照，为获取短期利益而降低评级标准的评级机构将面临更大的声誉损失，从而对级别竞争现象形成了有效约束，提高了评级结果的公信力，优化了评级环境。另一方面，通过双评级的制度安排，可以更加充分地揭示债券发行人及债项的信用风险信息，有效消除投资者与债券发行人之间的信息不对称，进一步防止债券市场系统性风险的产生。

除此之外，与目前国际评级市场以发行人付费模式为主不同，信贷 ABS 评级业务中投资者付费模式和发行人付费模式共存，并且监管机构积极支持投资者付费模式，中国人民银行、国家发展改革委、财政部、银保监会、证监会于 2021 年 8 月发布《关于促进债券市场评级业务健康发展的通知》，明确提出“继续引导扩大投资者付费评级适用范围，在债券估值定价、债券指数产品开发及质押回购等机制安排中可以参考投资者付费评级结果，可以选择投资者付费评级作为内部控制参考”。

2. 债券通开通，国际评级项目大幅增加，市场国际化水平不断提高

自市场重启以来，具有国际发行经验的发起机构积极参与市场，个人汽车贷款、个人住房抵押贷款等基础资产类型不断丰富，循环交易结构、流动性储备账户等交易结构不断优化以及国际评级项目的大幅增加，满足了国际投资者需求。监管机构积极支持信贷 ABS 的国际发行，自市场重启以来，相关基础设施不断完善，并为市场发行提供相关优惠政策①。2017年7月，债券通的推出为我国信贷ABS走向国际市场提供了重要渠道。2017 年 8 月，福元 2017 年第二期个人汽车抵押贷款资产支持证券作为首单通过“债券通”引入境外投资者的项目成功发行。随后此类项目不断涌现，并且涉及的基础资产类型也不仅仅局限于个贷类基础资产。

除此之外，市场机构积极探索在自贸区发行相关产品，由自贸区内的境内外投资者通过其在自贸区开立的自由贸易账户进行交易，在拓宽发起机构融资渠道的同时吸引了更多的投资者进入自贸区。上汽通用汽车金融有限责任公司发行的融腾通元 2022 年第一期个人汽车抵押贷款绿色资产支持证券于 2022 年 1 月在自贸区成功发行，受到了兴业银行等投资者的积极参与。

二、产品层面

1. 不良资产证券化引入，市场化处置不良资产的同时丰富了投资选择

作为市场化、批量化处置不良资产的重要手段，监管部门已于 2016 年重启不良资产证券化，拓宽了不良资产投资者范围，提升了价格发现功能。虽然目前已允许相关个人信用类贷款批量转让②，但资产接收方仍较有限。不良资产证券化相比批量转让，可证券化的基础资产类型丰富，既

---

① 财政部、税务总局于 2021 年 11 月发布《关于延续境外机构投资境内债券市场企业所得税、增值税政策的公告》，规定自 2021 年 11 月 7 日起至 2025 年 12 月 31 日止，对境外机构投资境内债券市场取得的债券利息收入暂免征收企业所得税和增值税。

② 《关于开展不良贷款转让试点工作的通知》（银保监办便函〔2021〕26 号）。

包括银行对公类贷款，也包括个人住房抵押贷款、个人消费类抵押贷款、个人信用卡贷款、小微企业贷款等多种类型，是发起机构全方面化解不良的重要手段，并为投资者提供了丰富的投资选择，投资者范围更为市场化，除金融资产管理公司外，涉及商业银行、证券公司、公募基金等多种类型，并且信息披露制度更为完善。

在具体投资者方面，相较其他种类的信贷 ABS 产品，不良资产证券化投资者类型更为分散，并且不同的投资者关注点也有差异。整体来看，此类产品投资者重点关注主体资质、基础资产分散程度、基础资产的回收情况、证券期限、收益率水平等多个方面。具体针对次级投资者，在保证产品安全的前提下，更加关注收益率水平。随着不良资产证券化试点的稳定发展和逐渐深入，更多的投资者被吸引进入，包括境外机构投资者。相信随着不良资产证券化市场的发展，后续会有更多发起机构参与其中，投资者专业能力也将得到进一步提升。

2. 开展公积金贷款资产证券化，缓解公积金中心流动性压力

2014 年前后，随着我国房地产行业的发展，公积金贷款规模快速增长，部分城市出现公积金流动性不足的问题。为支持各地公积金中心正常运转，发挥公积金贷款对稳投资、促消费的作用，住建部提出允许部分运作规范、资金使用效率较高的公积金中心在银行间市场发行公积金资产证券化产品。2014 年 10 月，住建部、财政部和人民银行联合发文①，为盘活存量资产，指出“有条件的城市，要积极探索发展住房公积金个人住房贷款资产证券化业务”。2015 年 9 月，三部委又联合发文②，为拓宽贷款资金筹集渠道，指出“有条件的城市要积极推行住房公积金个人住房贷款资产证券化业务，盘活住房公积金贷款资产”。

① 《关于发展住房公积金个人住房贷款业务的通知》（建金〔2014〕148 号）。

② 《关于切实提高住房公积金使用效率的通知》（建金〔2015〕150 号）。

截至目前，银行间市场累计发行 7 单公积金贷款证券化产品，发起机构为上海、武汉、杭州、湖州 4 个公积金管理中心，发行规模合计 416.77 亿元，投资者类型以商业银行机构为主。现阶段住建部正积极推动公积金住房贷款证券化的再次发行，预计随着配套政策的逐步完善，后续将会有更多的住房公积金中心参与市场，公积金贷款证券化的发行或将常态化，并且投资者类型也将更加丰富。

3. 引入参照资产池，便利短期限资产发行

信贷 ABS 项目承做过程中，基础资产池封包后，后续需经过尽调、评级、发起机构内部流程、项目报审等各个环节，存在一定的封包期，且项目承做过程中存在一定不确定性，导致封包期存在变动的可能性。但发起机构某类资产期限较短时，封包期较长不利于项目的发行，为此需要设计交易结构以满足短期限资产的发行，参照资产池的引入可以很好地解决这个问题。参照资产池项目中，前期项目承做过程以及项目报审使用的均为参照资产池，信托设立时交割的资产为另一资产包，但是在重要基础资产特征方面保持大致相同。在信息披露方面，交易商协会 2019 年发布的《个人消费类贷款资产支持证券信息披露指引》（2019 版）要求如涉及非循环资产持续购买结构并且在发行前未确定初始资产池的，需要披露参照资产池的信息，并且根据监管要求，项目发行成功后需披露下表资产池相关统计信息。

永盈 2015 年第一期消费信贷资产支持证券为市场首单采用此类结构的项目，发起机构为宁波银行，基础资产为个人消费贷款。目前，市场中已有多单参照资产池项目发行，如宁波银行的“永动”系列个人消费贷款资产支持证券和杭州银行的“杭银幸福”系列个人消费贷款资产支持证券均采用此类结构。以永动 2021 年第一期个人消费贷款资产支持证券为例，本期项目发行金额为 30 亿元，加权平均贷款剩余期限为 173.08 天，项目发行成功后披露了初始下表资产池相关信息，重要基础资产池特征具体对比如下，与参照资产池比，资产池统计特征基本保持一致，如表 10-1 所示。

表 10–1　　参照资产池与初始下表资产池统计特征对比

资产池特征	参照资产池	初始下表资产池
加权平均合同期限（天）	343.21	322.26
加权平均剩余期限（天）	173.08	160.84
加权平均借款年利率（%）	7.00	7.01
借款人加权平均年龄	41.19	39.74
借款人加权平均收入债务比	1.93	1.64

数据来源：公开披露数据。

4. 引入 LPR 定价产品，实现资产端和证券端利率匹配

2019 年 12 月，人民银行发布《中国人民银行公告〔2019〕第 30 号》，为深化利率市场化改革，进一步推动贷款利率市场报价利率（LPR）的运用，将存量浮动利率贷款的基准调整为 LPR。对于信贷 ABS 项目，除 RMBS 存续期较长外，其他信贷 ABS 产品剩余期限较短，且部分项目在交易文件中已进行特殊约定，如主管部门实行新利率政策、不再公布或规定适用的贷款基准利率或其他任何贷款利率定价基准，或者允许商业银行自行确定存量贷款利率，则基准利率采用发起银行适用的贷款基准利率，整体看 LPR 改革对信贷 ABS 项目影响有限。

考虑到尚有部分项目与贷款基准利率挂钩，底层资产已按照规定部分或全部改为 LPR，仍旧存在利率错配的风险，为防止此类风险，后续项目证券端浮动利率设置与 LPR 挂钩，招商证券作为主承销商 / 簿记管理人的招银和家 2020 年第一期个人住房抵押贷款资产支持证券为市场首批与 LPR 挂钩的 RMBS 产品，本期产品优先 A–1 档、优先 A–2 档、优先 B 档及优先 C 档证券均为浮动利率，基准利率均为全国银行间同业拆借中心发布的五年期贷款市场报价利率（LPR）。项目具体信息如表 10–2 所示。后续发行项目证券端浮动利率设置与 LPR 挂钩成为常态化。

表 10-2　招银和家 2020 年第一期个人住房抵押贷款资产支持证券基本情况

证券信息	优先 A-1 档	优先 A-2 档	优先 B 档	优先 C 档	次级档
发行规模（亿元）	27.30	45.60	1.58	2.53	1.85
评级结果（中诚信 / 中债资信）	AAA/AAA	AAA/AAA	AA-/AA	A-/A-	—
预计到期日（CPR=10%）	2022/6/19	2026/2/19	2026/7/19	2027/5/19	2041/1/19
还本方式	固定摊还	过手摊还	过手摊还	过手摊还	—
票面利率	浮动利率	浮动利率	浮动利率	浮动利率	/
基准利率	全国银行间同业拆借中心发布的五年期贷款市场报价利率（LPR），首个计息期间基准利率值为 4.80%				/

数据来源：公开披露数据。

5. RMBS 次级证券市场化销售

RMBS 作为信贷 ABS 占比最高的品种，市场发展初期，发起机构通过自持全部次级证券，市场化销售优先级证券，实现贷款额度的腾挪，考虑我国商业银行资本管理办法，此种持有方式无法实现资本的释放。随着市场的发展，市场中次级投资者逐渐增加，发起机构提出创新项目的发行需求，开始尝试通过垂直持有各档资产支持证券，市场化销售 RMBS 次级证券。为满足次级投资者的收益率要求，需对 RMBS 项目进行调整，包括入池资产期限、入池资产利率、支付顺序、费用设置等方面。RMBS 次级证券的市场化销售除了可以实现资本释放外，还可以向市场提供次级证券，进一步丰富我国债券市场品种。目前，市场已有多单 RMBS 项目实现次级证券的市场化销售。

建设银行作为我国目前 RMBS 发行量最大的国有大行，其作为发起机构的建元 2021 年第十二期个人住房抵押贷款资产支持证券是其首单市场化销售 RMBS 次级证券的产品，本期项目发行规模为 129.77 亿元，其中次级证券为 9.27 亿元，占比 7.15%，本期项目入池资产加权平均利率为 5.13%，加权平均剩余期限 9.68 年。本期项目通过挑选优质资产、调整交易结构、更新交易条款等措施，在项目参与机构的共同努力下成功发行，次级证券受到次级投资者的踊跃参与。

三、交易结构层面

1. 设计多层次优先级证券，吸引各类型投资者参与

目前，信贷 ABS 证券端分层多为“优先级 + 次级”“优先 A+ 优先 B+ 次级”“优先 A+ 优先 B+ 优先 C+ 次级”等结构，并根据需求对优先 A 进行切分。市场发展初期，市场投资者以银行业机构为主，所以交易结构设计方面按照相应需求进行设计。各类型基础资产形成的产品较少，流动性不足，交易机会也不多，投资者也以持有到期为主。与国内信贷资产支持证券不同，国外成熟市场中 ABS 产品设计分层更为丰富，投资者对产品有深入了解，对不同基础资产根据自己的研判体系制定投资策略，市场中除了退休基金、保险公司和商业银行等低风险投资者外，也存在大量的高风险偏好投资者。

随着国内信贷 ABS 的深入发展，投资者类型的不断丰富，产品设计方面也出现了更丰富的分层结构，其中招商银行 2018 年第一期个人住房抵押贷款资产支持证券和兴晴 2022 年第一期个人消费贷款资产支持证券设计了优先 D 分层结构，相关债券要素如表 10–3 所示。

表 10–3　22 兴晴 1 优先 D 和 18 和家 1 优先 D 证券要素统计

证券名称	票面利率	利率类型	基础资产类型	债项评级（中债资信）	债券期限
22 兴晴 1 优先 D	3.50%	固定利率	个人消费性贷款	A+	1.38 年
18 和家 1 优先 D	7.50%	固定利率	个人住房抵押贷款	BBB-	4.86 年

数据来源：公开披露数据。

此类产品的发行进一步丰富了市场产品层次，向市场提供了低级别高收益债券，有利于吸引更多投资者进入市场。从发起机构角度，设置更多夹层证券，可以有效降低次级厚度，利于次级证券的销售。

2. 信用衍生工具引入，对冲相关风险，完善交易结构

由于信贷 ABS 结构的特殊性，其存续期间面临各种风险，如基础资

产的违约风险、利率风险、流动性风险等。信用衍生工具的引入，可有效缓释相关风险，保护投资者利益，目前信贷 ABS 市场引入的信用衍生工具包括信用风险缓释工具 CRMW 和利率互换协议。

2010 年交易商协会发布《银行间市场信用风险缓释工具试点业务指引》[①] 推出信用风险缓释工具 CRMW，标志着我国信用风险缓释工具的诞生。投资者买入信贷资产支持证券的同时买入 CRMW，在发生信用事件时创设机构可通过买入被保护标的以规避投资者的风险，CRMW 的引入完善了信用风险分担机制并且丰富了投资者信用风险管理手段，有利于多层次资本市场的建立。根据信息披露，目前已经有多单信贷 ABS 创设了 CRMW。最近的一单，招商证券股份有限公司 2022 年度第一期 22 兴晴 1 优先 C 信用风险缓释凭证于 2022 年 4 月 25 日上市流通。标的债务为兴业消费金融股份有限公司发起的兴晴 2022–1 优先 C 档资产支持证券，基础资产为个人消费贷款。该凭证触发的信用事件为标的债务发生支付违约，结算方式为实物结算，详见表 10–4。

表 10–4　部分信贷资产支持证券信用风险缓释凭证创设情况

凭证简称	基础资产类型	信用事件	结算方式	上市流通日期
22 招商证券 CRMW001（22 兴晴 1 优先 C）	个人消费贷款	支付违约	实物结算	2022/4/25
21 中信证券 CRMW007（21 招银和信 3 优先 C）	汽车分期贷款	支付违约	实物结算	2021/12/23
21 招商证券 CRMW001（21 兴晴 1 优先 C）	个人消费贷款	支付违约	实物结算	2021/6/16
20 中信建投 CRMW001（20 工元至诚 4 优先）	不良资产	支付违约	实物结算	2020/10/30
20 招商证券 CRMW001（20 建鑫 5）	不良资产	支付违约	实物结算	2020/9/29
20 中信证券 CRMW003（20 瑞泽质享 1 优先）	个人汽车贷款	支付违约	实物结算	2020/9/16

数据来源：公开披露数据。

① 该指引后续经多次修订，最新版本为 2021 年修订的《银行间市场信用风险缓释工具试点业务规则》。

利率互换指交易双方在未来一定期限内，按照名义本金互相定期支付按照不同利率基准计算出来的利息的合约，利率互换的引入可有效对冲证券端和资产端利率错配的风险。招商证券作为牵头主承销商 / 簿记管理人的招银和家 2020 年第一期个人住房抵押贷款资产支持证券于 2020 年 1 月 15 日发行成功，本期项目证券端与 LPR 挂钩，并且为投资者提供了利率互换服务以对冲产品存续期间的利率波动风险。

第三节　对于未来市场创新的展望

一、债券市场的互联互通

2022 年 4 月《中共中央　国务院关于加快建设全国统一大市场的意见》发布，其中明确提出“推动债券市场互联互通，实现债券市场要素自由流动”。在此之前，监管部门已发布相关政策促进债券市场互联互通。2020 年 7 月，人民银行和证监会联合发布公告，同意两市场基础设施开展互联互通。2022 年 1 月，经人民银行和证监会批准，上交所、深交所、同业拆借中心、中证登以及上海清算所联合发布《银行间债券市场与交易所债券市场互联互通业务暂行办法》，债券市场互联互通建设取得重大进展。

针对信贷 ABS，交易所市场与银行间市场的相互开放，吸引交易所市场投资者进入银行间市场，可以进一步丰富投资者类型、发挥市场价值发现功能。在目前资本市场大统一的趋势下，在监管机构和市场基础设施的共同努力下，信贷 ABS 跨市场发行未来有望成功落地。

二、信贷 ABS 定向发行

2015 年末以前，信贷 ABS 产品优先级证券均为面向全市场投资者公开发行，次级证券为定向发行，次级投资者通过签署《定向认购协议》对次级证券进行认购，因《中国人民银行公告〔2015〕第 9 号》约定公开发行的产品自动上市流通，所以后续发行的信贷 ABS 产品次级证券均由定向发行改为公开发行，以对垂直持有类产品的次级证券进行交易。

目前，信贷 ABS 产品均为面向全市场投资者公开发行，《信贷资产证券化试点管理办法》第四十一条明确规定“资产支持证券可以向投资者定向发行”，为信贷资产支持证券的定向发行提供了制度依据。相较于主体信用债，信贷 ABS 基础资产类型种类多、交易结构复杂，对投资者提出了更高的要求，信贷 ABS 定向发行可以培育专业投资者，并且可以根据投资者的要求进行交易条款的设计，利于市场的进一步创新。除此之外，定向发行缩小了投资者范围，在证券销售阶段，相应减少了路演、投资者尽调等内容，提高了发行效率。相信随着信贷 ABS 的深入发展，投资者类型的不断丰富，在监管机构、发起机构、承销商等市场参与者的共同努力下，信贷 ABS 定向发行或将落地。

三、风险自留方式

为维护投资者权益、防范风险，中国人民银行和银监会 2013 年第 21 号公告规范了信贷 ABS 的风险自留行为，发起机构可根据需求灵活设置风险自留方式，目前市场有垂直持有、水平持有、L 形持有多种持有方式，发起机构会综合考虑资产出表、资本释放和证券发行等多方面因素确定各档资产支持证券的自留比例。根据现行规则，商业银行持有次级证券按照 1250% 计提风险资本，发起机构通过资产证券化释放监管资本效率有限。在市场发展初期自留规则的设定可以促进发起机构与投资者利益共担，有利于督促发起机构对基础资产的监控。但随着市场的逐渐成熟，对于发行稳定、存续期管理较好的发起机构，或者针对存续期产品表现稳定的基础资产类型，可借鉴国外风险自留豁免规则，研究适用风险豁免规则或者允许发起机构根据信贷 ABS 产品的信用状况灵活设置风险自留比例。

四、跨境 ABS 的发行

随着我国信贷 ABS 的深度发展，我国信贷 ABS 产品的基础资产以及交易结构逐渐被国际投资者接受，可探索跨境 ABS 发行的必要性及可行性。对于发起机构来说，跨境 ABS 的发行可以为其提供境外资金，汇回境内使用或者在境外直接使用。相关监管机构积极支持跨境信贷 ABS 的发行，此前也有市场机构进行过有益尝试，但是考虑到监管制度以及相关法律问题，尚未形成大规模应用。目前，国内信贷 ABS 相关规章制度比较完备，但是对于境外发行资产证券化尚无相关具体规定可循，采用何种交易结构发行需要商榷，并且外汇管理方面，也无相关规定进行指导，资金汇路存在不确定性。为此，在试点之前需要与各监管部门沟通确定监管路径、交易机构以及资金汇路等各种问题。相信随着人民币国际化进程的加快和人民币债券规模的逐渐扩大，未来跨境信贷 ABS 发行可形成规模化发行。

五、促进二级市场发展

活跃的二级市场交易可以吸引更多的投资者参与，利于信贷资产支持证券产品的发行。市场发展初期，由于信贷资产支持证券的特殊性，人民银行规定资产支持证券应以现券买卖的方式在银行间市场交易流动，市场二级流动性明显不足。监管机构早在 2007 年就允许信贷资产支持证券做质押式回购交易①，发挥其应有的质押融资功能，促进增加二级市场流动性，取得了部分效果。为进一步改善这种情况，市场尝试引入做市商制度，兴银 2015 年第四期信贷资产支持证券是信贷 ABS 首个尝试做市的产品，对信贷 ABS 业务的发展具有重要意义。二级市场做市情况受一级市场发行以及证券估值差异等因素的影响，市场初期，通过二级市场做市提高市场流动性作用有限，不过随着市场的深入发展，发行量的逐步提升以及投资者专业性的增强，信贷资产支持证券二级市场做市情况较发展初期已有明显改善，二级市场流动性也大幅提升。相信随着市场发展，市场参与机构对于产品价格、估值趋于一致，将优质信贷资产支持证券产品纳入合格抵质押品范围的渠道被打通，二级市场流动性还将进一步提升。

① 《中国人民银行 2007 年第 21 号公告》。

六、TBA 市场的建立

TBA（To Be Announced）市场中，买卖双方就未来某一天按照某个约定的价格交割特定数量的 MBS，实质为远期交易协议，但是拟交割的 MBS 尚未形成，其底层基础资产也尚未封包，只是在交易日对证券某些重要特征予以披露，如发行人、证券期限、利率等要素，在结算日前 48 小时通知拟交割的 MBS 的构成以及基础资产池情况。TBA 远期交易提高了美国 MBS 市场的流动性，并吸引了众多类型投资者参与，为美国按揭贷款市场提供了充分流动性，并推动了 MBS 二级市场收益率的不断降低，进而传导到个人住房贷款利率。引进 TBA 市场有利于提高 RMBS 的一级市场发行有效性和二级市场流动性，并且可以进一步引导货币市场利率向居民贷款利率的传导，进一步推动利率市场化改革。

专题二
防范风险：产品内外部影响因素研究

第十一章　信贷 ABS 为何具有高抗风险性[①]

2020 年以来，信用债市场发生高等级债券违约事件，“高等级信用债信仰”被动摇；但是在“促发展与防风险”并重的政策背景下，信用债市场整体信用风险仍然可控。信贷 ABS 是信用债中的一个特殊品种，其较高的抗风险性将逐渐揭开面纱。

第一节　资产证券化在国外：高风险的名声

资产证券化是指将金融机构缺乏流动性但具有一定未来收益或现金流的资产，通过重新组合，并利用必要的信用增级技术，创造出适合不同投资者需求，具有不同风险、期限和收益组合的收入凭证[②]。

资产证券化兴起于 20 世纪 70 年代的美国，并经历高速发展阶段。在资产证券化发展初期，产品以住房抵押贷款证券化为主。20 世纪 80 年

① 本章部分内容已发表于中债资信专题报告〔2020〕第 224 期（总第 1148 期）。

② 参考《资产证券化评级：国际模型与中国实践》（郑磊，杨珺皓编著，中信出版社，2016）。

代开始，美国资产支持证券发展速度大幅加快。一方面，产品类型不断创新、扩展，先后囊括了车贷 ABS、公司贷款资产支持证券（CLO）、消费贷 ABS 乃至担保债务凭证（CDO）等更复杂的结构化产品。另一方面，发行规模逐年上升，至 2007 年末，美国资产证券化产品市场总量已高达 11.1 万亿美元，在整个固定收益类产品市场的占比提升到 35%。

资产证券化被认为是美国次贷危机的导火索。2008 年美国爆发次贷危机，其中次贷是指美国金融机构向信贷记录较差、收入较低等信用风险较高的借款人发放的次级住房贷款；金融机构再将次贷作为基础资产进行资产证券化，形成次级债券。2005 年，美国在加息周期影响下，房地产价格开始下行，在此背景下，次级住房贷款的逾期率不断上升，进而导致次贷的相关资产证券化产品贬值。同时，由于次级债券的层层再证券化，扩大了危机的传导范围，最终导致了次贷危机在世界范围内的爆发。

资产证券化背负高风险属性的名声。美国次贷危机之后，资产证券化被普遍认为是一种具有高风险属性的产品，一是由于基础资产的信用质量对证券风险有较大影响，但是在结构化的包装下，投资者很难穿透至底层资产；二是不断衍生的再证券化产品，无形中延展了信用风险的传导链条；三是信用评级机构在自身利益的权衡下，其评级结果很难真实体现债券内在风险。因此，2008 年之后，ABS 在美国市场的发行规模出现大幅下跌，同时我国也暂停了 2005 年开始的资产证券化试点。

第二节 信贷 ABS 在中国：促发展与防风险并重

信贷 ABS 市场自重启以来一直在不断发展。自 2012 年重启至 2021 年末，信贷 ABS 累计发行项目 1150 单，发行规模共计 52922.47 亿元，2021 年末存续规模共计 1.75 万亿元。产品类型涵盖银行业金融机构主要贷款类型，包括 RMBS、车贷 ABS、消费贷 ABS、CLO 和不良资产 ABS 等（见图 11-1）。

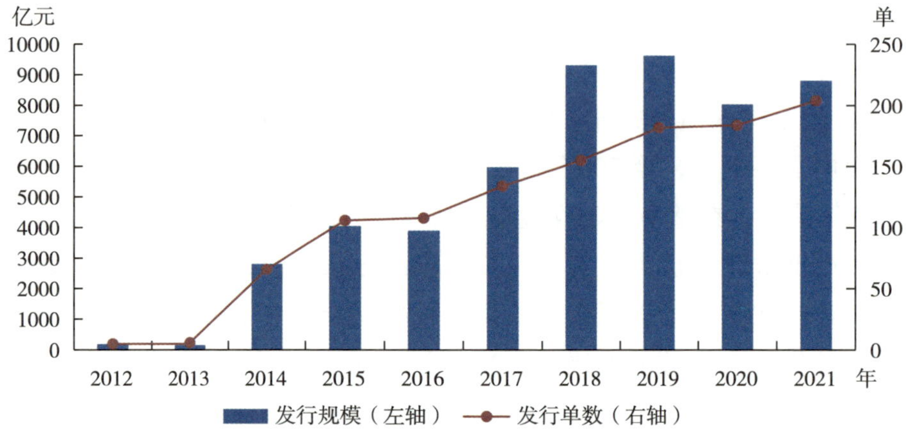

图 11-1　信贷 ABS 历年发行单数和发行规模

（数据来源：Wind，中债资信整理）

信贷 ABS 市场至今零违约，做到了防风险。在证券层面，截至目前，任何级别的信贷 ABS 证券均无违约，基础资产实际违约率也很低，即使在突发新冠肺炎疫情的情况下，基础资产违约表现也较稳定，各产品逾期率或违约率有小幅上升后，均已恢复至正常水平。

第三节　信贷 ABS 市场为何得以健康发展

虽然信贷 ABS 相较其他信用债品种，基础资产和交易结构更复杂多样，却仍能保持健康发展，得益于信贷 ABS 市场的有效监管和制度保障、基础资产的分散性和较强把控、交易结构防风险的特殊设置以及评级功能的充分发挥。

一、信贷 ABS 市场的有效监管和充分的制度保障，使得证券的信用风险可被及时追踪和揭示

2012 年信贷 ABS 重启试点时，监管机构吸取了美国次贷危机的教训，做了若干顶层设计，防范 ABS 产品的风险。一是不搞再证券化，监管多次表态，要保证信贷 ABS 产品的简单、透明，使得信贷 ABS 可以杜绝产品的不断复杂化，投资者可以观测底层资产以识别风险。二是鼓励“双评

级”，支持采用投资者付费模式进行信用评级，抑制了利益追逐导致的评级虚高、级别恶性竞争等行为，进而保障信贷 ABS 的评级真正客观有效。作为探索投资者付费模式改革试点单位，中债资信积极践行投资者付费模式，强化结构化产品的信用风险揭示，助力市场稳健发展。三是信贷 ABS 市场有标准、透明的信息披露机制，交易商协会共推出了六大产品的信息披露指引，投资者可在约定时间充分了解到证券的实际情况，包括基础资产的累计违约率、回收率和早偿率等重要参数实际表现，以及是否触发加速清偿事件等重大事件信息，从而使信用风险得以被及时披露和跟踪。四是信贷 ABS 市场有风险自留制度，发起机构对发起的信贷 ABS 要自留一定比例，防止风险刻意转移的道德风险。

二、信贷 ABS 遵循了资产信用的本质，资产分散性高，基础资产筛选较严，有效降低了证券的信用风险

信贷 ABS 主要由分散性很高、集中风险很低的零售类 ABS 构成，基础资产的分散性有效降低了证券的信用风险。信贷 ABS 市场中，零售类 ABS 占比最高，而零售类 ABS 入池资产一般笔数众多，从几万笔到几十万笔不等，当基础资产的累计违约率控制在一定范围内时，就不会导致优先级证券的违约。以风险相对较高的消费贷 ABS 为例，截至 2021 年末，历史已发行项目的次级档占比均值为 12.39%，即只有在极端情景下，当基础资产损失率超过该值时[①]，优先级证券才会违约，而历史已发行项目实际累计违约率均值仅为 1.91%，损失率则更低，远低于用于吸收损失、保护优先档投资者的次级规模占比。

信贷 ABS 基础资产的筛选标准保障了证券较高的信用质量。信贷 ABS 的发起机构普遍对基础资产的质量筛选有较强的把控，资产质量有一定的保障。例如，截至 2021 年末，RMBS 已发行项目基础资产的 LTV 均

① 此处为简化估计，不考虑超额利差、相关费用支出、违约时间分布和提前还款等因素的影响。

值为 61.97%，明显低于同期美国、日本、澳大利亚 RMBS 市场 70%~90% 的平均水平。再比如消费贷 ABS，根据发起机构历史数据、信用评分等最能代表信用风险的指标来看，基础资产的质量一般处于发起机构同类型全量贷款的平均及以上水平。

三、信贷 ABS 特殊的交易结构设置，进一步防范了证券的信用风险

信贷 ABS 实现了真正的破产隔离，“资产信用”而非“主体信用”决定证券表现。破产隔离是信贷 ABS 交易结构设计的核心，也是证券化过程的基础，是指发起人将资产转移到特定目的机构后，从而使该资产免受发起人的债权人追索；而对于未能完全实现破产隔离的证券化交易，一旦发起人资不抵债导致破产，证券化基础资产将有可能作为破产清算财产进行清算，相应投资者的本息将可能遭受损失。信贷 ABS 实现了真正的破产隔离，证券是否违约主要由资产决定，主体违约一般不会直接导致证券违约，这是信贷 ABS 区别于其他信用债产品及其他 ABS 产品的优势之一。

优先级 / 次级和超额利差提供保护垫，交易条款设计有效缓释信用风险。首先，优先档均设有看得到的保护垫，超额利差和低级别债券均对高级别债券形成内部增信，只有当基础资产的损失穿透了超额利差的沉淀、次级以致更低级别的债券时，高级别证券才会违约。其次，交易条款设计有效缓释了优先级证券的信用风险。比如，加速清偿事件条款是最基础和有效的交易结构设计，其触发条件之一是基础资产的信用风险恶化程度，即实际累计违约率达到规定的阈值。该条款的设置既可以使投资者提前得到风险预警，避免证券真正违约时的被动，又能在触发该事件后通过支付顺序的变化保证优先档投资者更优先得到兑付。

四、信贷 ABS 市场中，投资者更依赖外部信用评级，信用评级环境有内生约束，评级信用风险揭示的功能得以充分发挥，投资者保护程度较高

相较一般的信用债，ABS 投资者对外部信用评级的依赖程度更高。在

所有信用债中，信贷 ABS 由于相关信息获取渠道单一，交易结构、现金流分析和风险评估比一般债券复杂很多，因此其信用风险水平的判断需要很强的技术性，但是一般市场投资者并不具备该分析能力，信息不对称的问题更加严重，因此投资者非常依赖外部信用评级机构基于专业分析得出的评级结果。

信贷 ABS 市场鼓励投资者付费模式的评级，使得评级可以保持客观公正。单一的发行人付费模式容易导致评级机构为了利益放松评级标准，给予对发起人更有利的评级结果，从而造成评级结果客观性受损。我国信贷 ABS 市场通过鼓励“双评级”、支持投资者付费模式的评级，解决了以上问题。一方面，信贷 ABS 市场鼓励投资者付费模式的评级，保障了评级机构的独立性和公正性，在一定程度上抑制了发行人付费模式下评级虚高乱象。另一方面，双评级机制通过不同评级相互校验的市场自我约束机制，在一定程度上提升了评级结果准确性，避免因利益驱使导致评级失真，使得评级可以保持客观公正。

信贷 ABS 的评级技术方法具有科学性，评级结果合理性有保障。信贷 ABS 评级一般通过定性分析和构建量化模型相结合的科学方式进行。同时，信贷 ABS 评级需要设计多种合理和极端的压力情景，使评级结果经得起严苛情景下的压力测试，特别是经得起极端经济形势的考验，对信用风险的评估是合理且谨慎的。

第十二章　个人住房抵押贷款违约影响因素研究[①]

个人住房抵押贷款资产支持证券（RMBS）是信贷 ABS 市场中的重要一员，受到市场各方的极大关注。个人住房抵押贷款（以下简称个人房贷）作为 RMBS 的底层资产，其违约风险的高低直接决定了拟证券化资产池整体目标违约比率[②]大小。基于房贷自身的特点，我们从贷款特征和借款人特征两个维度，运用定性及定量相结合的分析方法，探究影响房贷借款人偿债能力和偿债意愿的相关因素，以期为识别房贷资产的信用风险提供一定的有益参考。

第一节　贷款方面的特征分析

在贷款方面，可以从贷款发放机构、贷款成本和贷款特征三个方面进行分析。一是贷款发放机构的主要影响因素为机构的资产经营能力、风险管理能力等；二是贷款成本的主要影响因素为贷款利率；三是贷款特征的主要影响因素包括账龄、初始贷款价值比[③]、购买住房的面积、还款方式和业务品种等。

为进一步研究个人房贷违约的影响因素，本章采用实证的方式对相关影响因素进行了验证。一方面，统计分析了截至 2019 年末已发行 RMBS 项目的机构的静态池数据和部分项目存续期表现数据。另一方面，统计分析了 RMBS 项目逐笔贷款数据特征：首先，为减少抽样误差，保证样本中涉及更多种类型的违约资产和违约借款人数据以供分析，本章将 2018

① 本章部分内容已发表于《债券》2020 年 7 月刊。

② 整体目标违约比率是指不同信用等级证券所需承受的资产池目标违约比率。

③ 初始贷款价值比是指在初始贷款发放时的贷款合同金额与抵押房产价格的比值。

年以前发行并在2019年进行跟踪评级的RMBS项目，按照银行类型进行划分并进行分层抽样，最终以25单RMBS项目作为观测样本；其次，为尽量避免仅分析违约数据特征的片面性，保证数据结论的合理性，本章通过对比某一影响因素（或该因素中的某一数据区间）在跟踪违约资产中的笔数占比是否明显高于其在首评总资产池中的笔数占比，来判断该因素是否对房贷违约具有影响。

一、贷款发放机构

笔者通过分析发现，各商业银行累计违约率水平差异显著。从静态池累计违约率数据来看，以表现期截至60期的个人房贷资产为例，最高的机构累计违约率接近10%，而最低的机构累计违约率不到1%。从存续超过12期的RMBS项目累计违约率表现来看，不同发起机构RMBS项目累计违约率差异也很明显。此外，各商业银行房贷资产静态池新增违约率形态存在差异。经营时间长、业务经验丰富、风控制度完善、业务地域分布广的商业银行，其新增违约率曲线相对平滑，新增违约率先增后降的特征也比较明显。而经验有限、风控能力一般且业务地域分布较为集中的商业银行，其新增违约率曲线波幅较大且违约率水平整体偏高。

笔者认为，个人房贷发放机构的资产经营能力、风险管理能力不同是各发起机构累计违约率水平和新增违约率形态出现差异的主要原因：一是商业银行资产经营能力越强，其房贷资产违约风险越低。商业银行经营时间越长、业务越成熟，获取优质客户的能力就越强，资产质量就越高，违约风险越低。二是商业银行风险管理能力越强，其房贷资产违约风险越低。商业银行风控制度越完善、风险预警与识别能力越强，对于借款人偿债能力和偿债意愿的衡量就越准确、违约风险就越低。三是商业银行房贷经营区域越分散、经营区域经济越发达，其房贷资产抗风险能力越强。

二、贷款利率

利率是借款人的融资成本，贷款利率越高，说明借款人的利息负担越重，越容易发生违约。

目前 RMBS 入池资产的利率以浮动利率为主，利率波动风险也由借款人来承担。尽管现在市场利率处于下行阶段，但受贷款定价基准转换政策影响，在利率下行期，将贷款定价基准转换为市场报价利率（LPR）的浮动利率借款人，可能会适用相对较高的浮动比例，若后续市场利率上行，那么有可能对这部分借款人的偿债能力和偿债意愿造成负面影响，这类借款人就更容易发生违约。

三、账龄

与累计违约率相比，新增违约率能够更好地捕捉到个人房贷资产逐期违约率水平的上升和下降的趋势。笔者经过分析发现，在贷款发放初期，新增违约率逐步上升。当账龄为 12~24 期时，新增违约率达到峰值，并在 60 期前都保持较高水平，随后逐渐下降，账龄超过 120 期的个人房贷资产新增违约率极低。为排除贷款发放时间的影响，按年份对各期房贷资产新增违约率进行统计后，可以发现上述规律仍然存在，而在合并所有年份静态池数据后，新增违约率曲线先升后降的形态更加明显（见图 12-1）。

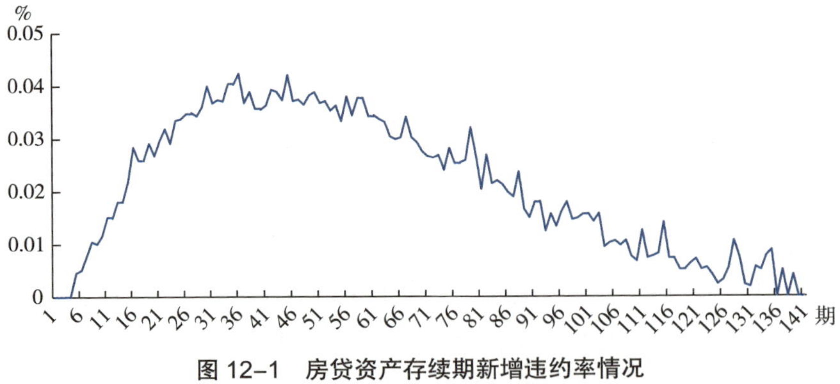

图 12-1　房贷资产存续期新增违约率情况

（数据来源：中债资信整理）

个人房贷资产新增违约率随账龄增加呈现先升后降态势主要是受违约成本和投机炒作因素的影响。一方面，个人房贷违约成本变化影响违约意愿，进而影响违约率水平。在个人房贷发放初期，抵押物对未偿本息的覆盖程度有限，此时借款人违约意愿较强，随着借款人逐期偿付贷款，抵押物对未偿本息的覆盖倍数提高，此时借款人违约成本上升，违约意愿下降。加之我国住宅平均销售价格自1998年住房分配货币化改革以来一直处于单边上扬趋势，受此影响，账龄越长的房贷资产，其违约成本越高，违约率就越低。另一方面，投机炒作的短期性特征可能导致房贷发放初期违约率上升。房地产具有居住和投资的双重属性，房价上涨带来的“羊群效应”可能刺激投机炒作的产生，而投机炒作者大多期待在短期获利，当房价稍有波动时，投机者通常选择及时止损，这将加剧房贷发放初期的信用风险。

四、初始贷款价值比

从初始贷款价值比分布对比图来看，违约资产与首评总资产在初始贷款价值比的分布形态上较为相似（见图12–2）。但是当初始贷款价值比超过60%时，违约贷款笔数占比明显较高。初始贷款价值比越高，说明该笔贷款的首付比例越低，借款人违约的成本越小，较低的违约成本可能会导致借款人后续违约意愿的增加，违约风险由此上升。

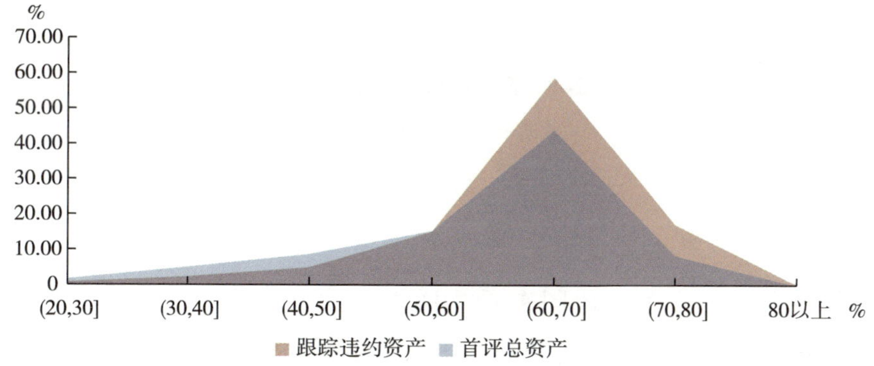

注：“跟踪违约资产”指证券存续期间，资产证券化入池贷款中已发生违约的贷款。“首评总资产”指证券发行时，资产证券化的入池贷款，本章同。

图12–2 初始贷款价值比分布对比图

（数据来源：中债资信整理）

五、抵押住房面积

从抵押住房面积分布对比图来看，当抵押住房面积超过100平方米时，违约贷款笔数占比较大。对于购买大户型住房的借款人来说，其贷款还本付息金额较大，加大了购房者的财务负担，一旦借款人的第一还款来源（一般为收入）受到影响，那么其偿债能力将下降，这将导致贷款违约可能性增大（见图12–3）。

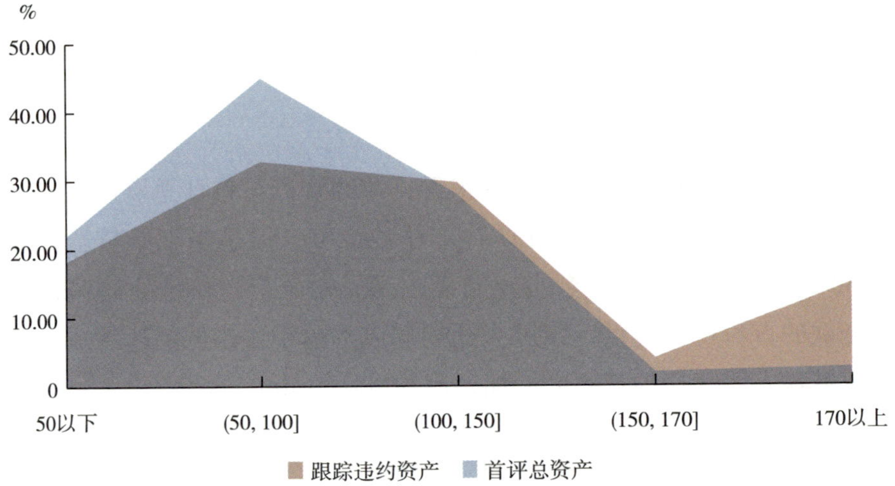

图12–3 抵押住房面积分布对比图

（数据来源：中债资信整理）

六、还款方式

从还款方式分布对比图来看，样本中的RMBS资产全部为等额本金或等额本息还款，且两种还款方式在跟踪违约与首评总资产的占比较为接近，说明等额本金和等额本息的还款方式对违约无明显影响（见图12–4）。

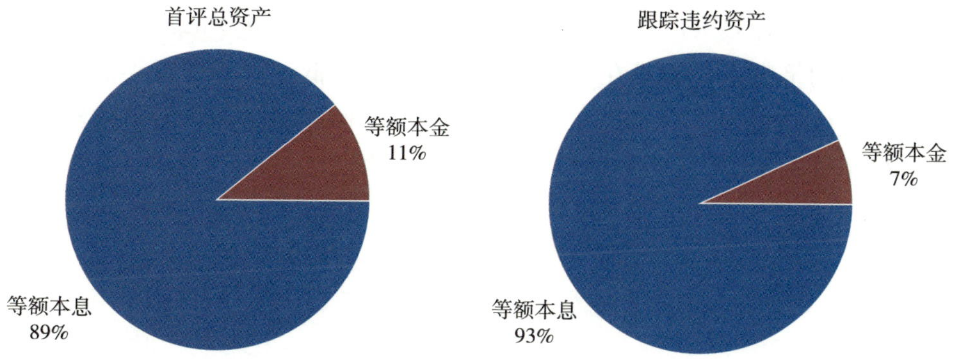

图 12-4　还款方式分布对比图

（数据来源：中债资信整理）

七、业务品种

一般来说，借款人通过贷款购买的首套住房多具有自用属性，借款人的偿债意愿较高，贷款违约风险较低；而非首套住房的投资属性偏大，或为改善性住房，一旦借款人受到负面因素影响冲击，借款人对于非首套房贷的偿债意愿更容易下降，贷款违约风险更高。

第二节　借款人方面的特征分析

在借款人方面，可以从个人信息、偿付能力和历史信用情况三个方面进行分析。一是个人信息对房贷违约的影响，主要影响因素包括年龄、婚姻状况、性别和职业情况等；二是偿付能力对房贷违约的影响，主要影响因素包括收入和收入债务比等；三是历史信用情况对房贷违约的影响，主要影响因素包括逾期情况和个人信用分等。笔者选取与上文相同的样本和统计方式，对数据进行了分析。

一、借款人的年龄

由借款人的年龄分布对比图可见，跟踪违约资产和首评总资产的年龄分布形态大体一致，但 20~30 岁和 50 岁以上的借款人，其贷款违约笔数占比较其在首评总资产中的占比有所上升。而从30~50岁的借款人来看，其贷款违约笔数占比较其在首评总资产中的占比低，说明中青年借款人多处于职业的稳定期，财务状况较好且稳定，偿债能力较强，发生违约的风险更低（见图12-5）。

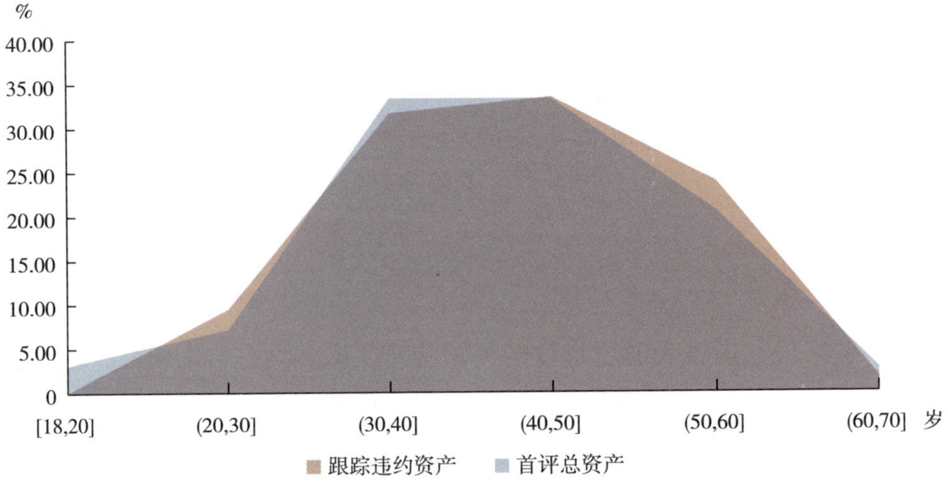

图12-5　借款人的年龄分布对比图

（数据来源：中债资信整理）

二、借款人的婚姻状况

由借款人的婚姻状况分布对比图可见，已婚借款人的贷款违约笔数占比较其在首评总资产中的占比有所下降，而处于未婚、离异和其他（包括丧偶等）婚姻状态下的借款人，其贷款违约笔数占比较其在首评总资产中的占比有不同程度的上升。笔者认为，已婚借款人的家庭通常有双份工资收入，偿债能力更有保障，因而发生贷款违约的风险更低（见图12-6）。

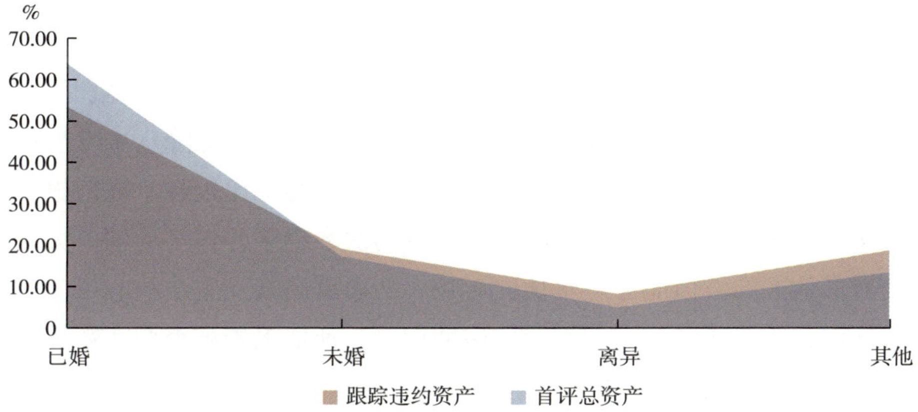

图 12-6 借款人的婚姻状况分布对比图

（数据来源：中债资信整理）

三、借款人的收入债务比

收入债务比是指借款人的收入对贷款金额的覆盖程度。从借款人的收入债务比分布对比图来看，在相同的收入债务比条件下，样本贷款的违约笔数占比与其在首评总资产中的占比较为相似，但是在收入债务比小于 2 时，违约贷款笔数占比明显增加（见图 12-7）。这说明收入债务比越高，收入对于债务的覆盖能力越强，其发生违约的风险越低。

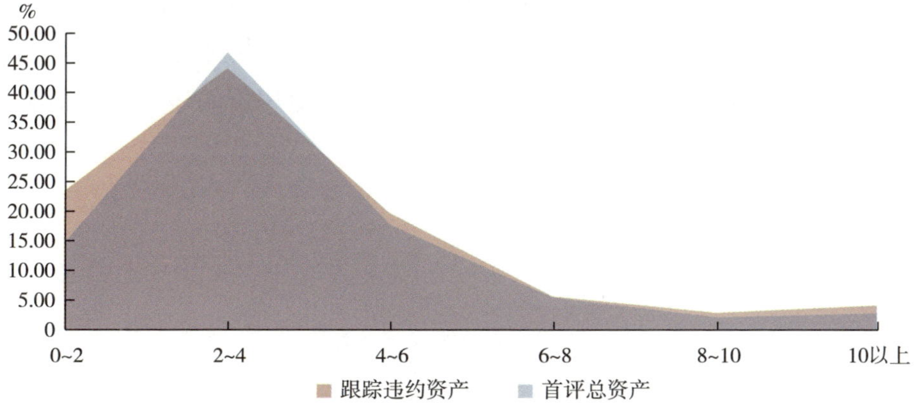

图 12-7 收入债务比分布情况

（数据来源：中债资信整理）

四、其他因素

一般来说，借款人所从事的职业性质越稳定、职务级别越高、服务年限越长，其收入情况就越稳定，借款人偿债能力就越有保障。未发生过逾期情况的借款人，其偿债能力比较稳定，偿债意愿也比较强。征信报告被查询次数越多，代表借款人曾经申请贷款的次数越多，较多的债务关系可能会对借款人的偿债能力产生负面影响，从而提高其发生违约的可能性。通常来说，职业状况稳定、无贷款逾期记录、征信报告被查询次数较少的借款人，其违约风险会较低。

第三节　结　论

总结上述研究发现，房贷的违约会受到多方面因素的影响。贷款因素方面，一是我国房贷资产抵押率足、不良率低，是商业银行相对优质的零售类个贷产品，但不同贷款发放机构的房贷资产质量仍有较大差异，资产经营能力强、风险管理能力强、抗风险能力强的贷款发放机构，其房贷违约风险更低；二是我国房贷资产的新增违约率随着账龄的增加，整体呈现较为一致的先升后降趋势特征；三是贷款价值比高、贷款利率高、抵押物面积大的贷款，发生违约的可能性更高，业务品种或会对违约产生一定影响。借款人因素方面，年龄、婚姻状态、性别、收入债务比对房贷违约具有一定影响，中青年、已婚、女性和收入债务比较高的借款人违约风险更低，职业状况、逾期情况和个人征信被查询次数或会对房贷的违约产生影响。

第十三章　个人汽车贷款违约影响因素研究[①]

近年来个人汽车抵押贷款资产支持证券逐渐发展，已成为银行间市场信贷资产支持证券的重要产品之一，备受市场关注。在宏观经济增速放缓、汽车行业整体消费表现疲弱、车企梯队间竞争日益激烈的背景下，汽车金融机构同样面临市场竞争的加剧，采取的业务策略也不尽相同，车贷 ABS 的基础资产质量存在弱化的可能性。从存续期车贷 ABS 项目的表现来看，不同机构的汽车贷款资产表现也已经表现出一定的分化。因此关于个人汽车贷款违约的影响因素研究具有重要意义。本章基于多单汽车抵押贷款资产支持证券产品的基础资产的实际违约表现，主要从宏观因素、主体因素和资产因素三个维度研究影响汽车贷款违约的主要因素。

第一节　宏观因素分析

宏观经济环境主要通过作用于居民收入，影响借款人的还款能力，从而影响汽车贷款的违约表现，且这种影响是系统性的。城镇居民失业率和城镇居民收入可支配收入可以一定程度上反映借款人的还款能力。在汽车行业竞争加剧的背景下，行业的销售周期和促销政策与汽车贷款违约表现有一定的相关性。基于此，本章对比了城镇登记失业率、城镇居民人均可支配收入、汽车行业乘用车产销量与汽车金融行业贷款违约率表现[②]的变

① 本章已发表于《中国征信》2020 年 4 月刊（总第 118 期）。

② 本章选取了汽车贷款业务稳步增长并且具有车贷 ABS 发行经验的 16 家汽车金融公司作为研究对象，将发起机构 i 的各静态池在同一时点的月度新增违约率进行算术平均得到发起机构 i 的月度新增违约率，再以各发起机构贷款规模为权重，得到汽车金融行业汽车贷款月度新增违约率曲线。其中月度新增违约率 = 新增 30 天以上逾期贷款金额 / 贷款余额。

化情况。

一、宏观经济形势发展

宏观经济发展形势向好时期，汽车贷款的违约较低。从汽车金融行业新增违约率曲线来看（见图 13-1），2014 年以来新增违约率呈现逐步下降的态势，对比城镇登记失业率存在相似的变化趋势，而对比城镇居民人均可支配收入（见图 13-2），与新增违约率变化大致呈现反向关系。在经济态势稳中向好时，城镇失业率较低，人民收入稳定，借款人偿还能力较好，违约意愿较弱；而当经济发展形势不稳定时，城镇居民失业率上升，借款人面临失业危机，其未来收入现金流不确定性增强，违约意愿可能增强。

注：为了统一数据频率，将车贷行业新增违约率月度数据进行算术平均，调整为车贷行业新增违约率季度数据，下同。

图 13-1　车贷行业新增违约率与城镇登记失业率对比

（数据来源：Wind，中债资信整理）

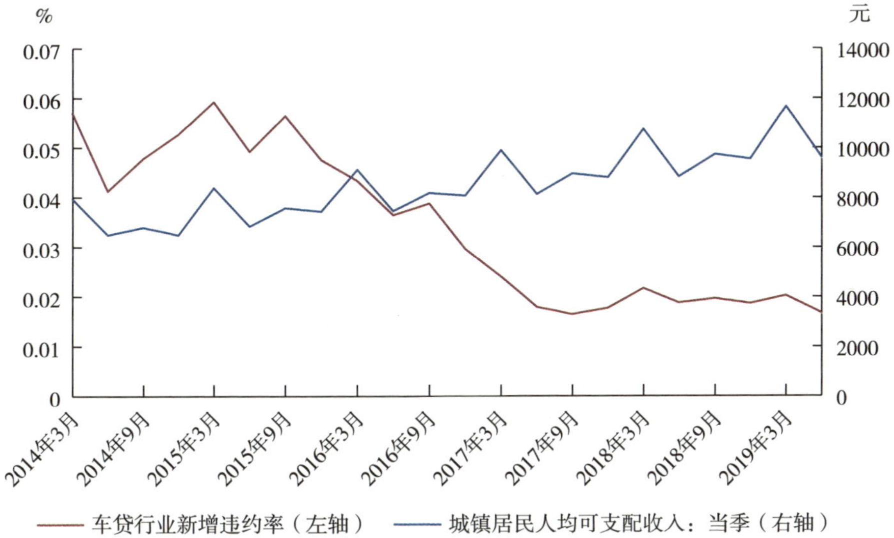

图 13-2 车贷行业新增违约率与城镇居民人均可支配收入对比

（数据来源：Wind，中债资信整理）

二、汽车行业

受汽车行业销售周期及主机厂商促销政策的影响，汽车贷款违约呈现明显的周期性。我国乘用车产销量呈现周期性变化，在居民积蓄增加以及春节返乡的背景下，叠加汽车厂商促销力度的加大，部分消费者存在冲动性购车行为，每年的年末是购车的高峰期。对比发现新增违约率[①]表现在销售高峰期后 1~2 个月也会出现相应的高峰（见图 13-3），分析认为有如下两个原因：一是汽车厂商一般在年末会加大促销力度，为了助力主机厂销售，汽车金融公司可能会适度加快信贷审批流程，提升审批通过率，降低借款人偿债能力门槛，进而反映在违约表现中，且从市场经验来看，年末的借款人资质和评分相较于年中借款人而言略差，违约可能性更高；

① 新增违约率曲线使用的是逾期 30 天以上的数据，因此通常滞后与销量高峰值 1~2 个月。

二是业务量的快速增长要求更高的贷款管理能力，叠加春节假期影响，相关风控措施、催收力度可能有所减弱，因此导致逾期率的增加以及逾期向违约的转化。

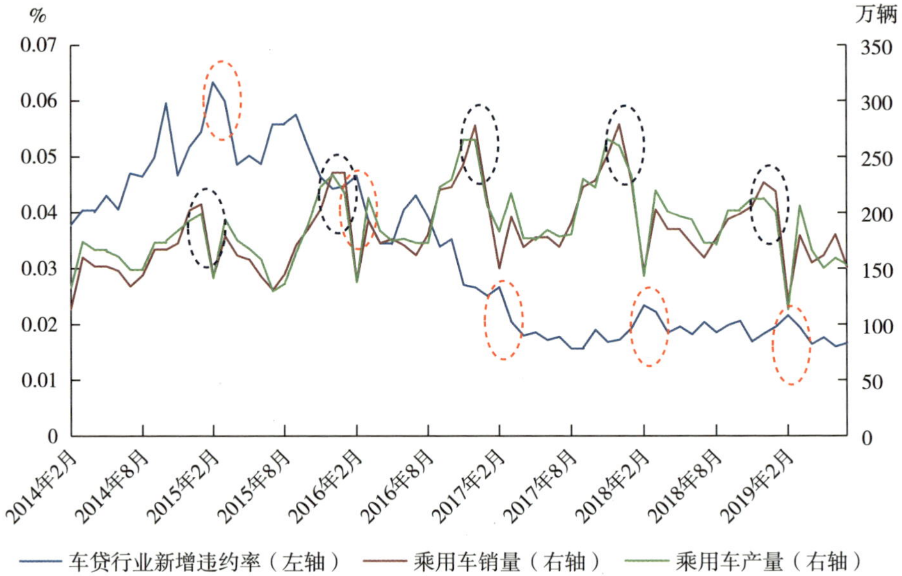

图 13-3 车贷行业新增违约率与乘用车产销量对比

（数据来源：Wind，中债资信整理）

第二节 主体因素分析

发起机构的风险管理经验、对借款人风险刻画的准确度、风控政策的稳定性将直接影响汽车贷款的违约水平，发起机构的品牌经营模式、业务类型、客户群体可能间接影响汽车贷款的违约水平。从 2019 年车贷 ABS 存续期表现中发现（见图 13-4），发起主体之间的累计违约率存在明显分化。本章对比了不同风控能力和业务策略的汽车金融公司在实际风控表现上的差异，进而分析主体因素对汽车贷款违约的影响。

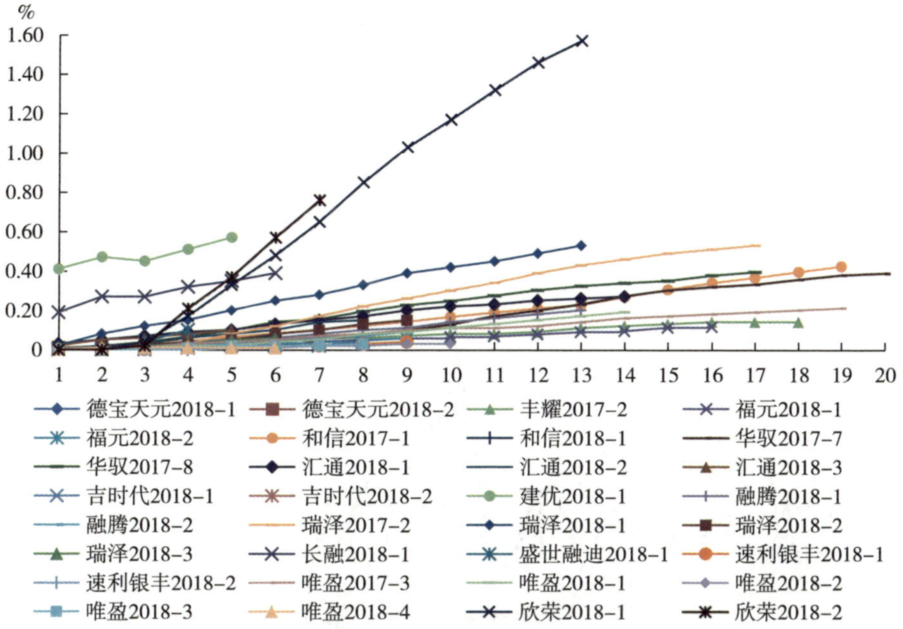

图 13-4　2019 年车贷 ABS 基础资产累计违约率表现

（数据来源：Wind，中债资信整理）

一、发起机构风控能力

汽车金融公司的股东背景、经营年限、贷款规模等能在一定程度上反映公司把控贷款审批风险的经验及能力，而不良率能真实反映发起机构的风控表现。从股东背景和经营经验来看，根据公开披露数据，截至 2018 年末，外资、合资、内资汽车金融主体①的不良率均值分别为 0.18%、0.31%、0.60%，外资公司可以借鉴母公司丰富成熟的行业经验、先进完善的风控系统，具有较强的风控能力，但内资公司不良率也呈现明显的分化差异，不乏一些内资公司通过长期的经营积累，对国内汽车贷款市场的理解更深入，更能准确评估风险。从贷款规模来看，规模在 500 亿元以上及不足

① 以各汽车金融公司的股东构成作为划分标准。

500 亿元的汽车金融公司的 2018 年末不良率均值分别为 0.16% 和 0.50%，贷款规模较大的发起机构往往具有更强的资本实力和经营经验，其不良率处于较低水平。从历史数据违约率表现来看（见图 13–5），违约率均值水平及波动程度的分化与不良率水平的分化表现相近，说明风控能力相对较低且稳定性较差的汽车金融公司，贷款违约表现较差。

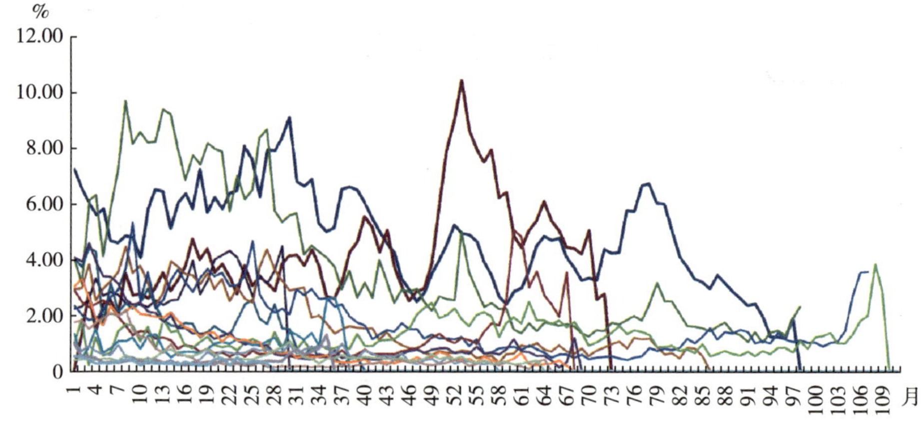

图 13–5　部分汽车金融公司历史数据外推违约率波动情况

（数据来源：各发起机构静态池历史数据，中债资信整理）

二、发起机构业务策略

不同业务策略的汽车金融公司违约表现存在差异。就汽车品牌而言，粗放的外品牌经营模式下汽车贷款的不良率高于本品牌经营模式。一方面，自有品牌经营模式下的汽车金融主体主要从其所背靠的汽车主机厂商自身的经销商中获客，客群质量有所保障且比较稳定，但自有品牌之间由于差异化的市场定位，贷款违约表现也存在一定差异，而外品牌主要通过 SP（Service Provider）渠道获客，代理模式下中间环节较多，客群较为复杂，通常客群质量不确定性较大。另一方面，外品牌贷款无主机厂的贴息支持，首付比例较低，借款人后期还款压力较大，贷款违约的可能性变高。就产品类型而言，含附加贷产品的贷款不良率通常更高，这种贷款模式主要目的是提升客户贷款金额，降低客户首付压力，进而提升汽车金融公司的产品竞争力和利润率。但相应地，如果附加贷金额较大，客户的还款压力及不确定性也会随之增高。就客户群体而言，中低收入的客户群体对应的贷款不良率更高，贷款违约的决策主要在借款人，相对于高收入客户，低收入客户的抗风险能力较弱，且职业稳定性较差的借款人违约概率相对更高。

第三节　资产因素分析

资产因素主要影响借款人的还款能力和还款意愿，进而影响汽车贷款违约。当借款人职业、家庭状况发生变化，收入降低时，借款人的还款能力下降，为了满足其他方面的生活需求，借款人的违约意愿会有所提高。当借款人还款能力处于一定水平时，对于首付比较高的贷款，借款人的负债水平较低，还款压力较小，还款意愿较高，而在贷款偿还超过了一定期限后，随着贷款账龄的增加，剩余期限的减少，借款人的还款意愿会越来越强，违约可能性会降低。

为了控制宏观环境和主体因素的影响，以及遵循大样本数据具有统计意义的原则，本章选择违约贷款样本量较大且具有类似风险管理能力及业务经营策略的发起机构发起项目的 2019 年跟踪数据，同时结合了上汽通用提供的融腾系列近五年车贷 ABS 的违约贷款数据，从贷款特征因素、借款人因素、资产特征因素三个方面，通过对比违约贷款与初始资产池在资产特征分布上的差异，分析汽车贷款违约的影响因素。

一、贷款特征因素

对于同类发起机构类似的汽车品牌，合同金额越高的贷款越容易违约。从违约贷款分布占比可以看出（见图 13-6），合同金额较小的贷款违约占比明显减小，而合同金额在 6 万元以上的占比较初始资产池分布明显增大，增加了约 20%，并且合同金额越高违约占比增长幅度越大。贷款金额越高意味着还款压力越大，面对现金流骤紧问题时借款人有更大可能放弃还款。

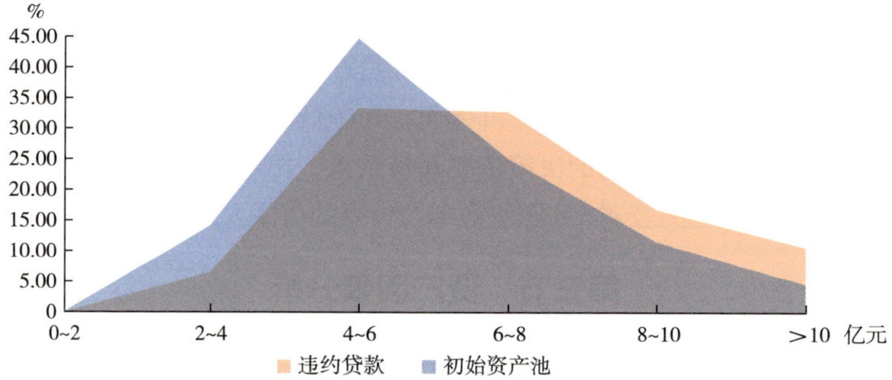

图 13-6　贷款金额按笔数占比的分布情况

（数据来源：中债资信整理）

合同期限越长的贷款越可能违约，贷款账龄 1 年左右是违约高峰期。相对应的，剩余期限 2 年左右达到违约高峰。从合同期限来看（见图 13-7），违约贷款中 36 期合同期限的贷款占比明显增大，较初始资产池分布增加了约 20%。分析认为，一方面样本数据中借款人为中低收入人群，选择长合同期限的借款人偿债能力较弱，而还款周期越长，借款人收入不确定性越大，相应的未来还款的不确定性越大。从账龄和剩余期限来看

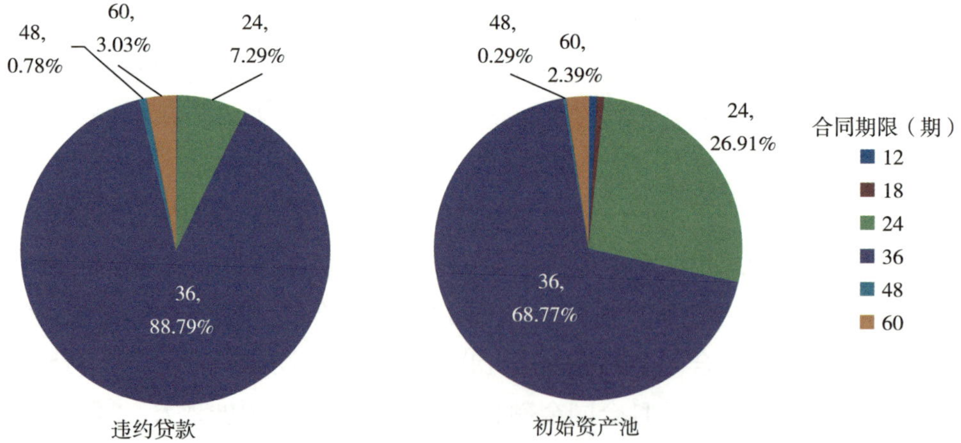

图 13-7　贷款合同期限分布情况

（数据来源：中债资信整理）

（见图 13-8、图 13-9），在违约贷款中，当账龄处于 10~15 期时，相应的剩余期限处于 21~26 期时，贷款违约概率明显增大。分析认为，样本数据中的汽车大多属于中低端品牌，汽车贬值速度较快，当账龄在 1 年左右时，借款人偿债意愿可能有一定程度的降低，并且此时的违约成本并未处于高值，进一步增强了借款人的违约倾向。另一方面，部分借款人存在冲动型贷款行为，在还款前期可能因无法承担购车后的日常开支而导致偿还能力下降，出现违约行为。

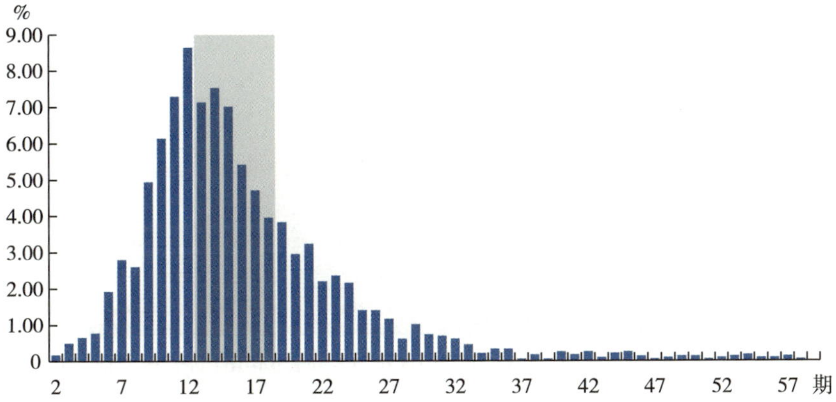

图 13-8 贷款账龄与违约占比分布情况

（数据来源：中债资信整理）

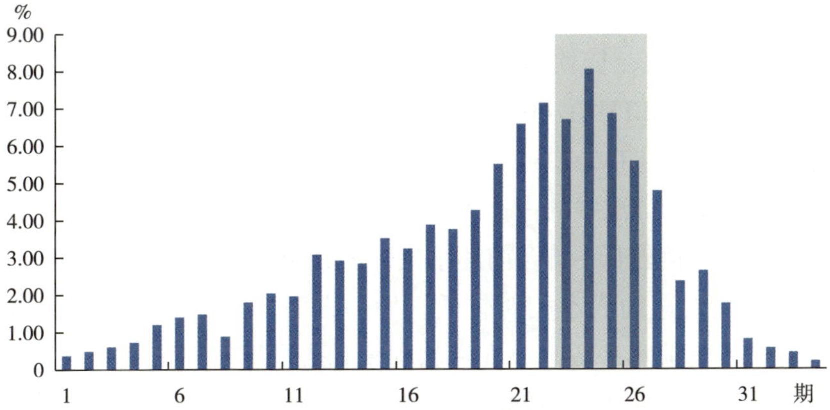

图 13-9 贷款剩余期限与违约占比分布情况

（数据来源：中债资信整理）

借款人执行利率越高，其违约可能性越高。从客户执行利率来看（见图 13-10），借款人执行利率大于 12% 的贷款违约占比明显增高，较初始资产池分布增加超 20%。一方面，从汽车金融公司的差异化定价策略来看，综合考虑风险与收益的平衡，汽车金融公司为该类信用资质较差的借款人提供的贷款利率较高。另一方面，从借款人的偿债压力来看，执行利率越高借款人的还款压力越大，借款人违约的可能性较高。

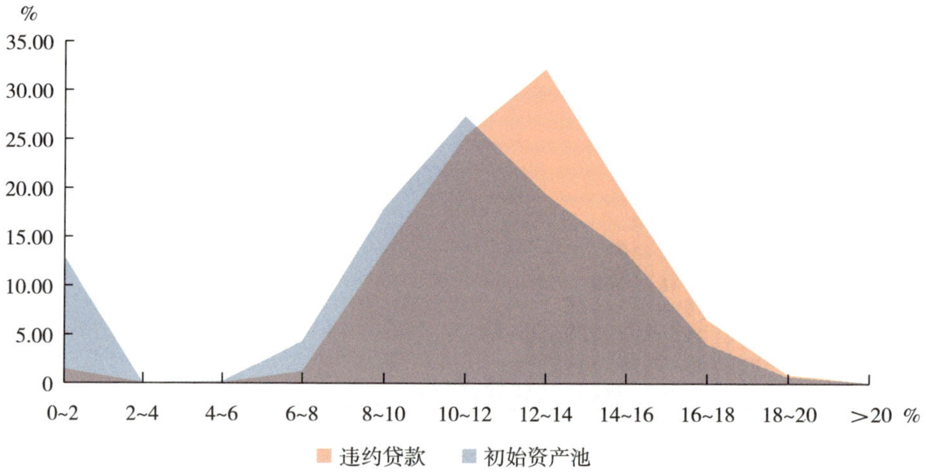

图 13-10　贷款利率按笔数占比的分布情况

（数据来源：中债资信整理）

初始 LTV 越大，贷款违约可能性越高。从初始 LTV 分布图来看（见图 13-11），初始 LTV 在 60% 以下的贷款，违约贷款占比较初始资产池大幅降低，而初始 LTV 在 60%~80% 水平的贷款，在违约贷款中的占比超过 90%，较初始资产池中的占比水平增加约 13%。一方面，初始 LTV 越高，对应的首付款比例较低，结合前述结论账龄在 10~15 期贷款违约水平较高，还款前期借款人违约成本相对较低。另一方面，初始 LTV 较高的贷款，借款人的实际负债水平较高，在借款利率和合同期限一定的情况下，每期需要承担较高的还款额，还款压力较大。

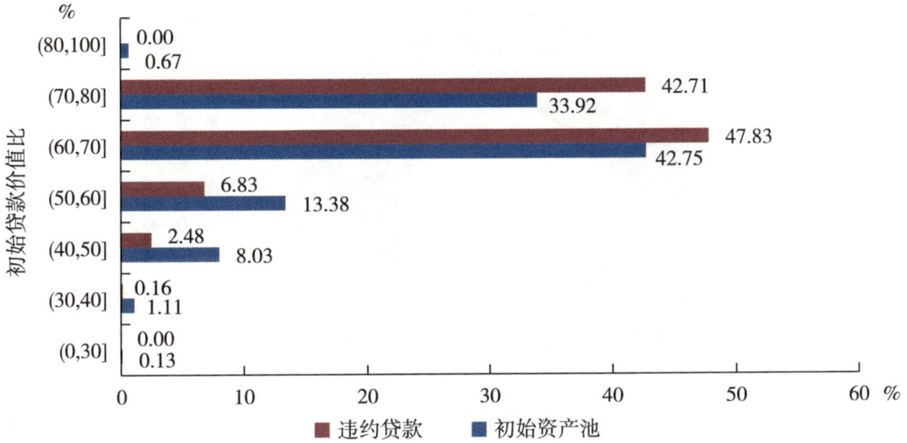

图 13-11　初始贷款价值比分布情况

（数据来源：中债资信整理）

另外，我们研究了不同还款方式对违约贷款的影响，从样本数据中暂未发现显著结论，可能由于样本数据存在偏差，后续仍须关注。

二、借款人因素

低收入的借款人更容易违约。从借款人收入分布图来看（见图 13-12），违约贷款中年收入低于 10 万元的借款人占比近 80%，超过初始资产池中占比约 17%。但是所选贷款样本的发起机构主要集中于中低端品牌汽车，因此面向客群主要集中于中低收入消费者，考虑到样本数据存在一定的偏差，收入差异对汽车贷款违约的影响还有待进一步分析。

另外，基于样本数据，我们发现借款人年龄、受教育程度、婚姻状况、所在地区对贷款违约的影响程度一般，且暂未发现借款人性别对违约有显著影响，但是女性借款人违约后的平均贷款损失率[①]相对男性高 3.5 个百分点。

① 贷款损失率 = 贷款损失金额 / 贷款初始发放金额。

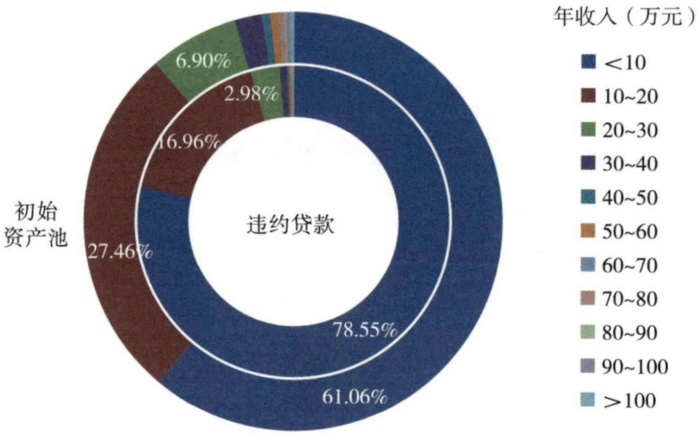

图 13–12　借款人年收入分布情况

（数据来源：中债资信整理）

三、汽车相关特征因素

在汽车相关特征方面，我们还从汽车初始购买价格、新车 / 二手车、购车用途角度对违约贷款特征进行了分析，暂未发现其对贷款违约有显著影响。

第四节　结　论

通过上述研究发现，汽车贷款的违约存在多方面的影响因素，不同因素的影响路径、影响范围、影响程度有所不同：宏观经济形势主要通过影响借款人的还款能力影响汽车贷款违约的整体水平；汽车行业的销售周期及汽车厂商的促销政策影响汽车贷款违约的季节性波动；不同机构的风控能力差异、业务策略差异影响了各自汽车贷款违约的分化表现；资产因素主要是通过影响借款人的还款能力和还款意愿影响汽车贷款的违约，且不同的资产因素影响程度不同，其中贷款金额、账龄、剩余期限、贷款利率、初始贷款价值比、借款人收入对汽车贷款违约的影响程度较强。由于样本数据限制，本次研究暂未发现还款方式、借款人性别、汽车初始购买价格、新车 / 二手车、购车用途对贷款违约有显著影响，未来仍需要持续关注跟踪数据的实际表现，做进一步探索和验证。

第十四章 透视消费贷款违约影响因素[①]

近年来，我国消费贷款[②]规模快速增长，形成以商业银行、持牌消费金融公司和其他非持牌机构为主的面向不同群体的多层次消费金融服务体系。与此同时，消费贷资产支持证券（ABS）也已成为信贷 ABS 市场的主流产品之一，广受投资者关注。消费贷款作为纯信用类贷款，与房贷、车贷等抵押类消费性贷款相比，其违约率呈现出更大的波动性。在 2020 年上半年突发新冠肺炎疫情期间，相较于其他信贷 ABS 产品，存续消费贷 ABS 的逾期率在 2 月跳升明显。同时，累计违约率上升趋势较存续住房抵押贷款支持证券（RMBS）和车贷 ABS 产品更为明显（见图 14–1）。

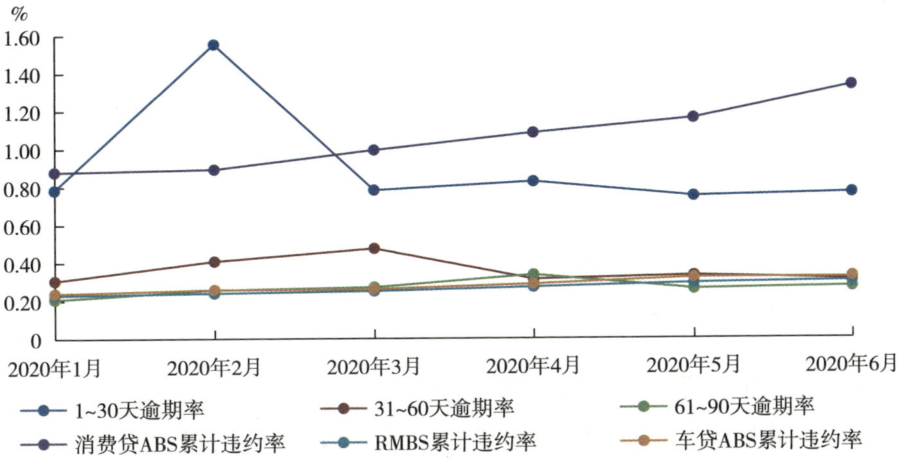

图 14–1 2020 年上半年存续零售类 ABS 实际累计违约率及消费贷 ABS 逾期率

（数据来源：Wind，中债资信整理）

① 本章已发表于《金融市场研究》2021 年 3 月刊（总第 106 期）。

② 本章消费贷款泛指担保方式为信用的信用卡贷款和消费性贷款。

鉴于近年来消费贷款资产质量下滑的现状，以及借款人差异较大导致的消费贷款信用风险较难辨别，本章使用约 663 万笔消费贷款的真实表现数据，运用样本分布特征分析和 logistic 回归模型验证两种途径，从借款人和贷款两个维度探究影响消费贷款违约的风险因素，并就商业银行和消费金融公司两种类型进行对比，从而得出各风险因素的影响显著性、影响程度等相关结论，以期为识别消费贷款的信用风险提供有益参考。

第一节　样本数据选取和分析模型基础

一、样本数据选取

本章选取商业银行和消费金融公司的贷款真实表现数据，总体样本数据合计约 663 万笔贷款，其中违约贷款[①]数据约为 162 万笔，违约贷款笔数占比为 24.47%。

由于客户资质、业务模式的差异，消费金融公司和商业银行消费贷款的违约率表现存在较大差异。本章使用的总体样本中，消费金融公司的数据中违约贷款笔数为 40.5%，而银行仅为 2%；违约样本中，消费金融公司贷款占比 96.7%。因此，针对两种类型的发起机构表现差异较大的影响因素，本章会在下述分析中进行区分。

二、分析模型基础

国内外用于研究贷款违约率的统计学工具主要包括主成分分析、Bayes 判别分析和 Logistic 回归分析等，其中 Logistic 回归是一种广义的线性回归分析模型，适用于分析违约与影响因素的直接联系，被广泛运用于违约概率相关研究。该模型限制条件较少，不需要对变量做限制性假设，使用准确性高的最大似然法计算估计量，并且可以直观地说明在其他变量

① 本章消费贷款违约指逾期 90 天以上。

固定不变的情况下，每个自变量对因变量取某一值的概率的影响程度大小。故本章选用 Logistic 回归模型研究消费贷款的违约影响因素，以研究在其他变量固定不变的情况下，每个自变量对消费贷款违约概率的影响程度大小。

第二节　样本统计和模型结果分析

影响消费贷款违约的因素包括宏观和微观层面的诸多指标，比如宏观层面的经济增速、失业率、物价水平和微观层面的金融机构获客模式、消费用途、借款人信用风险水平等。而这些因素会体现在贷款的期限、金额、客群等方面。比如，线下获客的消费贷款一般贷款期限相对较长、金额相对更大；在消费用途方面，家装、旅游等用途的贷款金额较大，电子产品、家电等用途的贷款金额较小、客群则年轻人较多等。

结合上述分析，并考虑到指标的可量化性、数据的可获取性，本章基于样本数据质量和消费贷款的真实表现，主要对借款人特征（年龄、性别、收入、职业等）和贷款特征（利率、期限、金额等）这两个微观层面影响违约率的因素进行探究。

一、借款人特征因素

1. 男性借款人的违约率高于女性

通常而言，男性和女性在就业情况、消费习惯、履约意识、风险偏好等方面存在一定的差异，从而导致性别对违约可能有一定的影响。在总体样本中，男性借款人占比高于女性，在一定程度上说明相较于女性，男性对超前消费的接受程度更高。在违约样本中，男性借款人占比也高于女性。从违约贷款笔数占比来看，男性借款人同样高于女性，均体现出男性借款人的违约率高于女性。

从模型结果来看，性别对贷款违约有显著性影响，且女性违约概率约为男性借款人的 78.1%。

2. 违约率在年龄中的分布呈现U形，30~50岁的借款人违约率相对更低

通常而言，不同年龄阶段的借款人还款能力和还款意愿可能有所差异。比如：年轻人尚未形成良好的消费观念，可能通过消费贷款超前消费、过度消费，同时年轻人收入相对较低，还款能力和还款意愿相对较低，违约风险相对较高；中年人收入相对较高且稳定，考虑问题更加全面，面对风险可能相对谨慎，还款能力和还款意愿相对较高，违约风险相对较低；而老年人面对风险相对较为保守，但收入也急剧下降，还款能力相对较低，违约风险相对较高。

在总体样本中，30岁以下借款人占比最高，其次为30~40岁的借款人，在一定程度上说明40岁以下的借款人对超前消费的接受程度更高。同时，也说明随着年龄的增加，借款人的财富慢慢累积，消费习惯也趋于理性。在违约样本中，各年龄段占比与在总体样本中的占比基本一致。同时，各年龄段违约贷款笔数占比呈现U形，其中30~40岁以及40~50岁的借款人违约率均低于总体样本的平均水平。

模型结果显示，年龄对贷款违约有显著性影响，且同样呈现U形，30岁以下借款人相比对照组50岁以上借款人相对违约概率高12.1%，而30~50岁借款人比50岁以上对照组低约7.5%。

消费金融公司的客户群体更年轻，30岁以下借款人的违约率相对更高。商业银行和消费金融公司的样本数据中均有80%左右的借款人年龄在40岁以下，但消费金融公司的客户群体更为年轻，30岁以下客户占比高达51.8%，高于商业银行的42.5%。商业银行样本数据中各年龄段的违约贷款笔数占比分别为2.1%、1.9%、1.8%和1.7%，各年龄段表现相差不大；而消费金融公司的分别为43.8%、37.5%、36.2%、37.0%，30岁以下的借款人违约率明显较高。

3. 整体而言，借款人收入越高，违约率越低；中等收入借款人的违约率最高

通常而言，借款人收入越高，借款人的还款能力越强，出现违约的概率相对越小。在总体样本[①]中，大多数借款人处在中等收入[②]区间，高收入和低收入人群均较少。在违约样本中，各收入群体占比与在总体样本中的占比基本一致。就违约贷款笔数占比而言，除低收入组外，借款人收入越高，违约率就越低。

低收入组呈现的低违约率，究其原因，一方面由于该组样本量少，数据体现出的规律有待商榷。另一方面，说明金融机构在对低收入借款人授信时更为谨慎，对其信用资质要求更高；从商业银行和消费金融公司分别来看，低收入借款人在商业银行样本中违约率（0.7%）远低于消费金融公司（40.3%）。

模型结果与上述统计特征分析所体现出的规律基本一致，借款人收入对贷款违约有显著影响，且高收入区间的违约概率最低，较高收入的违约概率为高收入的 1.54 倍，中等收入区间的违约概率为高收入的 1.97 倍，低收入的违约概率为高收入的 1.75 倍。

4. 未婚借款人违约率高于已婚借款人

通常而言，已婚借款人收入相对较稳定且在面临相关决策时更为谨慎，借款人的还款能力和还款意愿相对越高，出现违约的概率相对较小。在总体样本[③]中，已婚占比最高，可能因为已婚人群家庭支出相对较高，因此对消费贷款的需求相对较大。在违约样本中，已婚借款人占比略高于未婚借款人；但未婚借款人的违约贷款笔数占比高于已婚借款人。

模型结果显示，婚姻状况对贷款违约有显著影响，但是其显著性相较于其他变量更低；未婚的违约概率略高于已婚，约为后者的 1.05 倍。须注意的是，由于婚姻状况是含有缺失值最多的变量，模型分析中将缺失值均归入“其他”分类，因此模型所体现出的规律尚需数据积累后再商榷。

---

① 剔除收入字段空白数据后。

② 本章参照国家统计局的划分标准对借款人收入各阈值进行划分。

③ 剔除婚姻字段缺失数据后。

二、贷款特征因素

1. 违约率随合同期限的增加呈现先升后降的形态

通常而言，贷款的期限越长，不确定性越大，借款人的违约风险越高。在总体样本和违约样本中，合同期限 12 月以下的贷款占比均为最高；违约贷款笔数占比随合同期限的增加呈现先升后降的形态（见图 14-2）。其中 18 个月以上的贷款违约率低，一方面，是因为期限较长的贷款主要以线下渠道方式进行获客，而线下获客的贷款违约率通常低于线上。另一方面，说明金融机构在授信时会根据借款人信用资质调整贷款期限，资质好的借款人更容易获得长期限的贷款。

从模型结果来看，贷款期限对贷款违约有显著性影响，且呈负相关，但相对变化较小。贷款期限每增加一个月，相对违约概率下降约 0.5%。

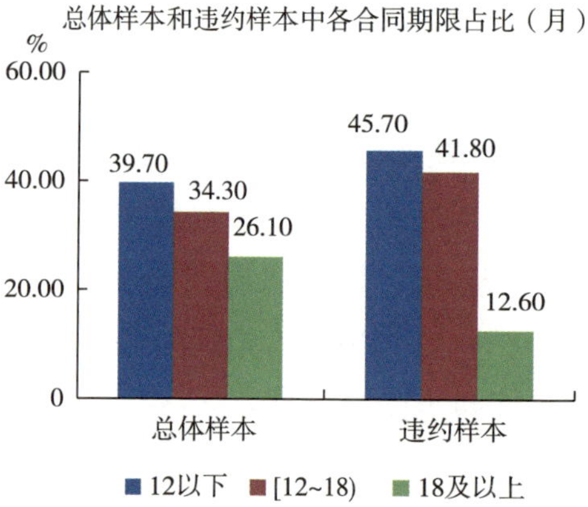

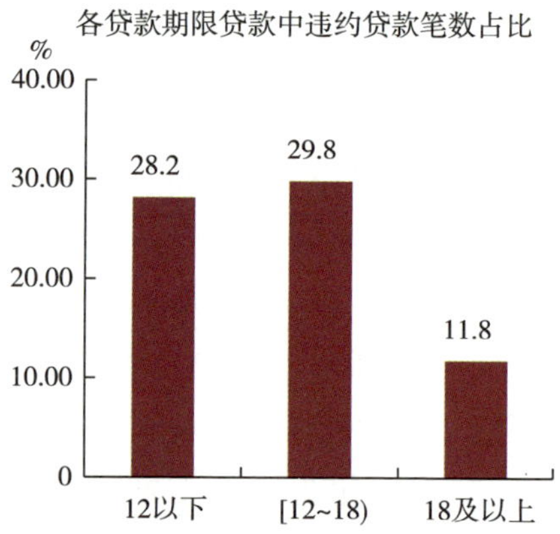

图 14-2　贷款期限与违约率的关系

（数据来源：中债资信整理）

2. 违约率随合同金额的提升而降低

通常而言，贷款的金额越大，借款人的还款压力越大，借款人的违约风险越高。在总体样本中，合同金额在 3500 元以下的贷款占比最多，3500~9000 元和 9000 元以上贷款占比相近。但在违约样本中，合同金额在 3500 元以下的贷款占比远高于后两者。相应地，合同金额在 3500 元以下的贷款中，违约贷款笔数占比最高，违约率随着合同金额的提升而降低。合同金额大的贷款违约率低的原因与上述合同期限的分析基本相似，即金额较大的贷款主要以线下渠道方式进行获客，而线下获客的贷款违约率通常低于线上。

模型结果与上述统计特征分析所体现出的规律基本一致，贷款合同金额对贷款违约有显著影响，且呈负相关。合同金额每上升 1000 元，相对违约概率下降 8.4%。

3. 商业银行和消费金融公司贷款利率分布差异较大，分别来看，违约率与利率高低成正比

通常而言，不同机构面对的客群不同，其要求的风险定价也不同。违约风险越高的人群，需要的风险定价越高。总体样本和违约样本中，利率为 21%~24% 区间的贷款占比最高（见图 14-3），主要因为样本中消费金融公司数据较多，且消费金融公司的消费贷款利率和违约贷款笔数均高于商业银行。

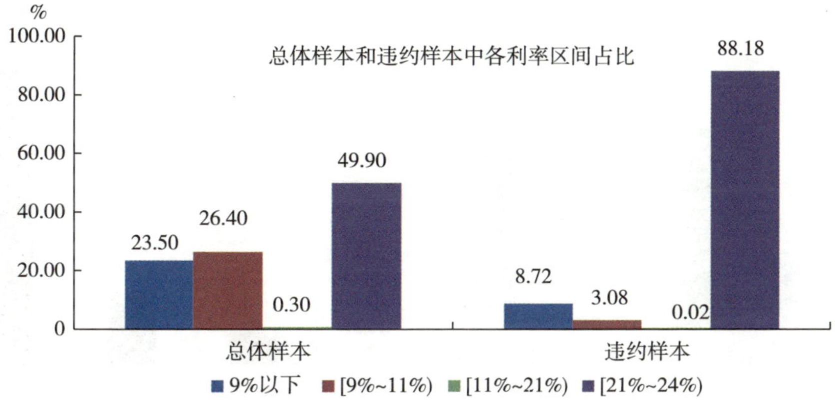

图 14-3 利率与违约率的关系

（数据来源：中债资信整理）

考虑到两类机构的利率分布差异性较大，因此对其进行分别的样本统计分析。其中，消费金融公司的贷款利率主要集中在 21% 以上，且利率 21%~24% 区间内的违约贷款占比明显高于利率 21% 以下的区间

（见图 14-4）。商业银行的贷款利率主要集中在 9% 以上，且该区间内的违约贷款占比明显高于其他区间（见图 14-5）。

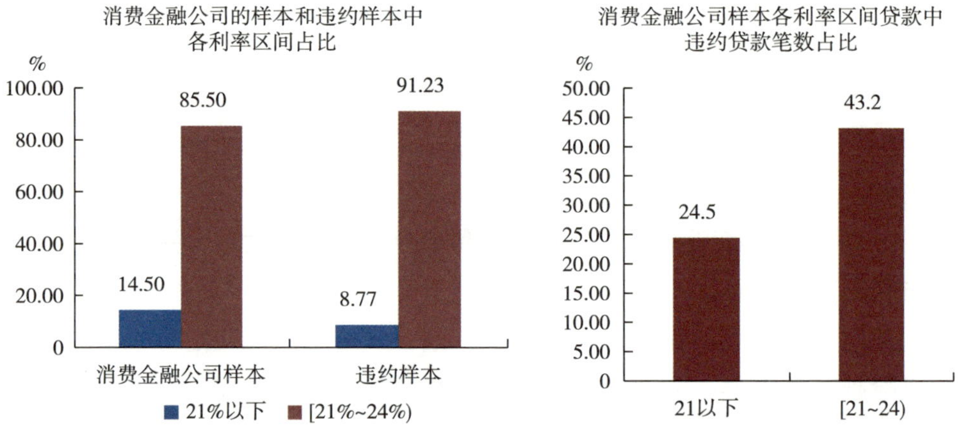

图 14-4　消费金融公司贷款利率与违约率的关系

（数据来源：中债资信整理）

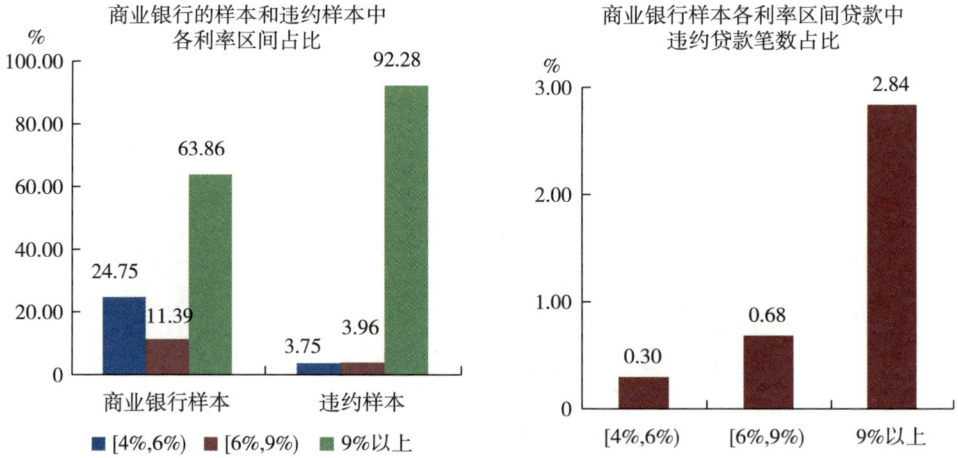

图 14-5　商业银行消费贷款利率与违约率的关系

（数据来源：中债资信整理）

模型结果显示，总体来看，贷款利率对贷款违约有显著性影响，且呈正相关：年利率每上升 1%，相对违约概率上升 12%。但是分机构类型来看，商业银行模型中利率对违约率的影响幅度远大于消费金融公司模型。在商业银行模型中，利率每提高 1%，相对违约率提升约 51.2%，而消费金融公司模型中仅提高约 0.4%，主要由于消费金融公司各利率区间贷款的违约贷款占比水平均较高，相对差异较小，而商业银行各利率区间的消费贷款中虽然违约贷款占比水平均较低，但各区间的违约表现差异较大。

第三节　模型预测效果的检验

为了考察模型对目标结果分类的准确程度，使用 ROC 曲线和 AUC 值衡量 TPR 和 FPR① 之间的关系。本章模型的目标是识别出违约的借款人，即希望能够使 TPR 尽量地大，而使 FPR 尽量地小。ROC 曲线下方的面积（Area Under Curve，AUC）在 [0.5, 1] 间取值，能够反应模型的预测能力。一般认为 AUC>0.75 的模型有一定的预测能力。本章模型的 AUC 值为 0.781，模型有一定的预测能力（见图 14-6）。

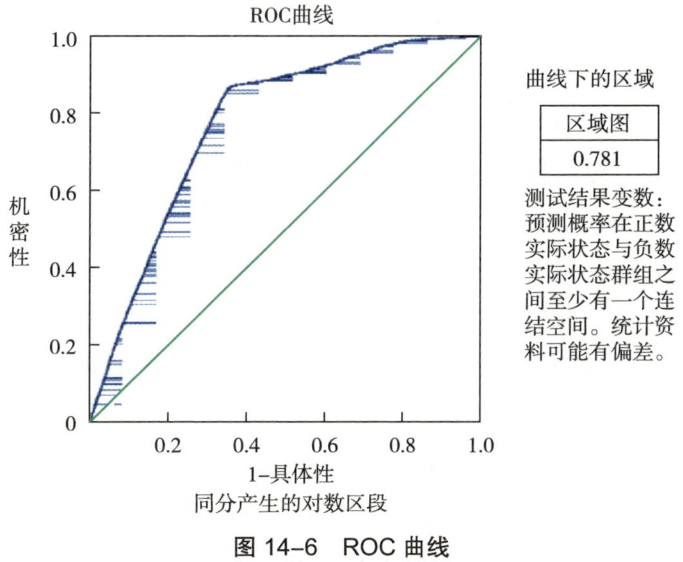

图 14-6　ROC 曲线

（数据来源：中债资信整理）

① TPR（True Positive Rate，真阳性率）指正确将违约样本预测为违约样本的概率，FPR（False Positive Rate）指将未违约样本预测为违约样本的概率。

第四节 结 论

基于总体数据，并采用上述样本统计分析和模型检验的两种方式，本章得出如下结论。

本章所验证的借款人因素均对贷款违约有显著性影响，其中婚姻状况的显著性相对略低；不同收入区间的相对违约概率差别最大，地区、性别和年龄次之。借款人各因素中（包括性别、年龄、收入、婚姻状况和地区），婚姻状况对贷款违约影响的显著程度相对其他因素略低，可能与该变量缺失值较多有关，尚需数据积累后再商榷。不同收入区间违约概率的最大差异为97.1%(中收入区间对贷款违约的影响程度是高收入区间的1.97倍），不同地区的最大差异为34.8%，而性别和年龄的则分别为21.9%和12.1%。

本章所验证的贷款特征因素均对贷款违约有显著影响，但影响程度略有不同，其中利率对违约概率的影响程度最大。模型结果显示，贷款期限的每单位变动带来的违约率变动很小，仅为0.5%，贷款金额方面为8.4%，而利率方面则为12.1%。利率对违约率的影响程度最大，也反向说明机构在发放贷款时，对借款人的信用资质评定结果主要体现在定价方面。

合同期限较长的贷款和金额较大的贷款，呈现出相对较低的违约率。金融机构消费贷款包含两种常见的自主获客渠道，即线下和线上方式。其中，线下获客可获取更多、更真实的客户信息，对客户信用风险的判断更准确，因此高授信额度和长合同期限的比例更大，同时该部分客户的信用水平较好，违约率也相对更低。

相较于商业银行，消费金融公司客群更年轻、收入更低、贷款利率和违约率更高。从样本统计分析结果来看，消费金融公司的借款人在30岁以下和低、中等收入区间的占比更高，同时贷款利率分布区间和违约率水平均远高于商业银行。

最后，因数据的可得性及数据质量等问题，本章存在一定的局限性。一是金融机构发放贷款时已根据借款人的相关信息对借款人的信用资质进行判定从而确定具体的授信方案，可能会导致部分因素对违约的影响与理论情况存在差异。二是本章可获取的数据主要来源于消费贷ABS的跟踪资产池和抽样静态池，为筛选或抽样之后的贷款样本，可能与整体贷款的表现存在一定差异，因此可能导致部分因素对违约的影响显著性不明显。三是本章可获取的数据字段以及获取字段的完备性、准确性存在一定的局限性，可能影响研究结论。

第十五章 房贷早偿率特征及成因分析[①]

随着 RMBS 产品的快速发展，市场各方对产品本身存在的利率错配、抵押物跌价、违约、早偿等风险因素关注度也在逐步提升，由于证券存续期限较长，提前还款对 RMBS 影响尤为重大，且相对复杂。借款人提前还款有利于降低入池房贷的风险暴露，但同时也会加剧证券剩余期限的不确定性风险。截至 2021 年 6 月末，已兑付完毕的 55 只过手型 RMBS 优先级证券，其中仅 13 只证券在预期到期日兑付完毕，34 只证券提前兑付，平均提前约 17.4 个月，最大提前约 53.8 个月，证券提前到期风险或影响投资者收益水平以及久期管理。

本章基于我国全市场近 30 家 RMBS 发起机构的超过 2000 个静态池[②]早偿表现、存续 250 余单项目的 6500 余期受托报告、8000 多万笔个人住房按揭贷款存续数据，综合国内外相关文献研究以及 RMBS 项目评级经验，从宏观环境、贷款特征和机构特征三个维度，对国内房贷早偿率进行定量分析和定性研究，探讨我国房贷资产的早偿率特征及成因，以期提高对我国房贷资产早偿率预测的准确性，助力市场相关参与机构更好识别 RMBS 早偿风险。

第一节 宏观环境对房贷早偿率的影响

近年来，国内外学者对房贷早偿率的影响因素进行了诸多研究，研究结论相对一致：认为房贷提前还款表现与宏观经济的发展密不可分，当宏

① 本章部分内容已发表于中债资信专题报告（2021）第 212 期（总第 1384 期）。

② 静态池即在某一时点形成的资产池，一经确定不再加入新资产，这样静态样本池的表现不会因为发起机构贷款规模的变化而变化，每个静态样本都是分别跟踪采集的，能够代表在某一时间段内该资产组合产生的违约或损失，与拟证券化资产池更加可比。

观经济处于增长复苏阶段时，经济活动更加活跃，住房成交量上升，居民收入增长，良好的经济前景会增强消费者购房、换房信心，借款人提前还款行为增多，早偿率随之提升。结合 GDP 增速、房价指数、商品房销售面积增速等经济指标历年表现和 2008 年金融危机以来国内的四轮房地产调控政策来看，分析认为，国内房贷早偿率表现受宏观环境影响程度较大。

一、历年房贷早偿率表现

近年来房贷早偿率水平维持在 8% 左右，且波动区间不断收窄。本章对近 30 家发起机构 2006—2019 年发放的全量房贷静态池历史数据进行处理，并计算相同年份房贷资产的早偿率均值，得到各机构房贷早偿率均值区间处于 5%~10.5%，总体围绕 8%[①] 左右波动；2016 年以来，房贷早偿率整体处于 7%~9.5%，波动区间有所收窄，早偿率水平趋于稳定。

各机构在相同年份房贷资产早偿率变动趋势较为一致，受宏观环境影响较大。通过分析不同机构房贷资产早偿表现，可以发现其变化趋势一致，整体可以分为 4 个阶段：一是 2008 年受金融危机影响，房贷早偿率整体有所下降，约由第一季度的 9% 下降至第四季度的 8%，但在降低首付比、下调贷款基准利率等宽松调控政策影响下，2009 年第一季度早偿率大幅拉升至约 11%，并全年维持高位；二是 2010—2011 年受宏观经济增速放缓影响，房贷早偿率逐季下降至历史最低水平。其中，2010 年约由第一季度的 8.6% 下降至第四季度的 7.6%，2011 年继续保持下跌趋势，约从第一季度的 7.4% 下降至第四季度的 4.5%，达到历史低点；三是 2012—2016 年在住房价格上涨的背景下，房贷早偿率企稳回升，早偿率水平由 2012 年第一季度的 6.1% 反弹至第四季度的 9.2%，达到近十年峰值；四是 2017 年至今，随着房地产市场长效机制、房住不炒等政策的落地，房贷早偿率总体围绕 8% 左右波动，波动幅度逐步收窄，其中 2020 年初，

① 此处所用早偿率数据未考虑账龄，由于贷款发放初期早偿率一般相对较低，因此未考虑账龄情况下所计算获得的早偿率相对考虑账龄情况下偏低。

受新冠肺炎疫情冲击，第一季度城镇居民人均可支配收入增速同比下降 3.9%，受此影响存续 250 余单 RMBS 在 2020 年 2 月早偿率仅为 4.1%，同比下降近 50%。此后，伴随复工复产的不断推进、还款渠道的逐步畅通和借款人收入水平的稳步回升，3 月以来房贷早偿率逐步企稳回升并延续至今。

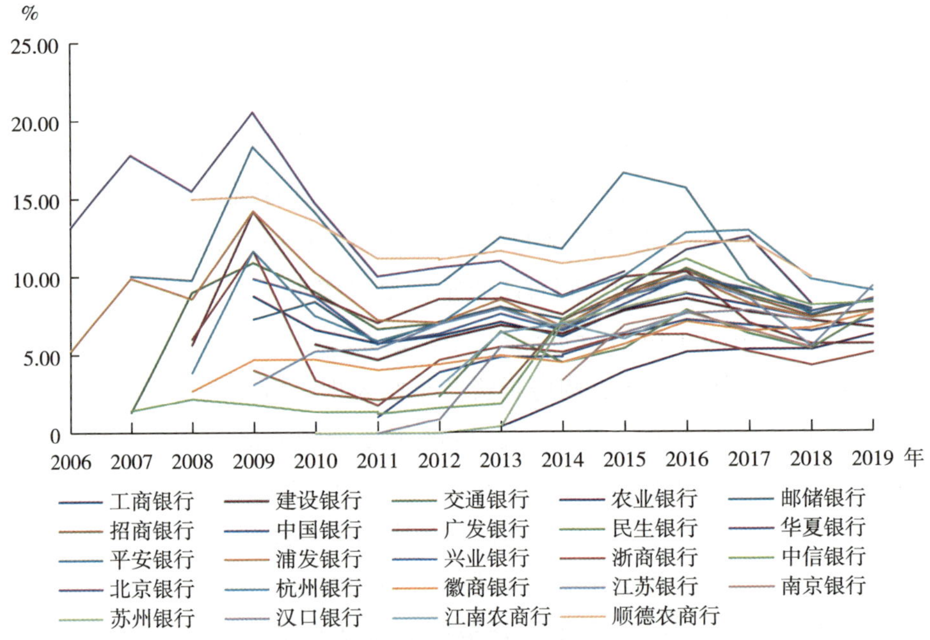

图 15-1　不同年度发起机构早偿率表现情况

（数据来源：Wind，中债资信整理）

二、宏观环境对房贷早偿率影响分析

一是房贷早偿率与宏观经济发展呈现明显相关性，GDP 增速、房价指数等宏观经济指标波动将正向影响房贷早偿率水平。对静态池历史数据进行处理可以得到相同时点下房贷资产早偿率均值，将逐期的早偿率水平与同时期的 GDP 增速和房价指数对比可得：① GDP 增速与房贷早偿率水平存在同向波动，从图 15-2 可以看出 2010 年开始国内经济增速放缓，

2010—2011 年房贷早偿率随之下行，二者呈现较为明显的一致性。分析认为，2010 年之前国内经济始终保持高速增长，但其后增速下行承压加大，房贷借款人早偿意愿及能力不足，房贷早偿率有所下降。②房贷早偿率的上升与下降和房价指数基本同步，从图 15-3 可以看出 2012 年和 2015 年房价指数明显抬升，房贷早偿率随之上升。分析认为，房价上升时住房换手率升高，一方面部分出于投资目的买房的借款人或将贷款全部结清以获取投资套现，另一方面出于自住目的买房的借款人由此带来的收入的上升，激发借款人改善居住环境的动力，提前还款后再购买住房，因此早偿率上升。未来伴随中央"房住不炒"的定位、地方政府因城施策等监管政策的落地实施，预计房价出现大幅波动的可能性较小，由此引发的早偿率发生大幅波动的可能性也较小。

注：为便于进行数据分析，此处采用季度早偿数据，季度早偿率计算方式为对该季度各期的早偿率数据取均值，由于取均值影响，年度数据表现与季度数据存在一定差异。

图 15-2　房贷季度早偿率与 GDP 增速对比图

（数据来源：Wind，中债资信整理）

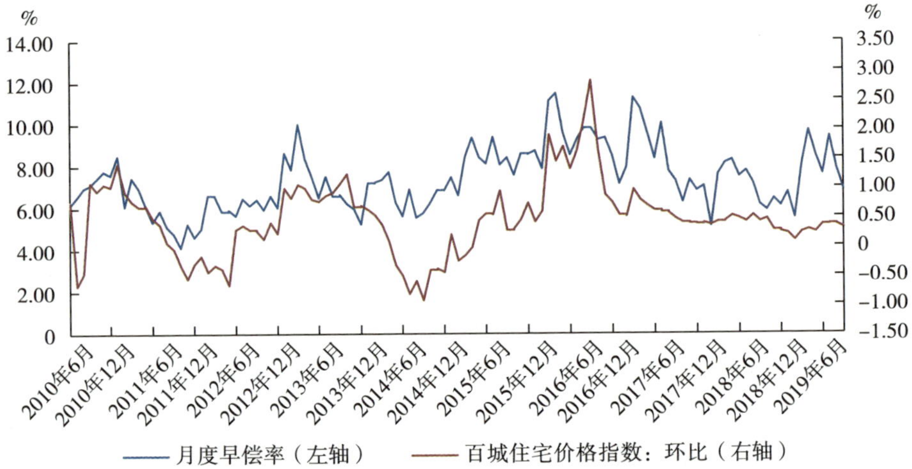

图 15-3　房贷月度早偿率与百城房价指数对比图

（数据来源：Wind，中债资信整理）

二是宏观调控政策对借款人的早偿行为有重要影响，早偿率通常随政策放松而上升，随政策收紧而下降。房地产市场对宏观政策调整较为敏感，政策变化直接对住房供求产生影响，并影响市场活跃度，进而影响房贷早偿。一般而言，政策趋紧时，市场活跃度下降；政策放松时，市场活跃度上升，市场活跃度又会进一步影响住房价格，借款人的早偿行为往往随住房价格变化而改变。

具体来看，2008—2009 年国际金融危机后，国家先后实施降低首付比、下调贷款利率等一系列宽松政策，房地产市场活跃度回升，表现为商品房销售面积和房屋新开工面积上升、住房价格提高（见图 15-6）。在供给方面，开发商融资成本下降、投资动力增强，有动力增加住房供给，但由于新增住房供给需要一定周期，因此短期内住房市场供给端以存量市场为主；在需求方面，贷款利率下降、首付款比例下调，借款人购买能力提升、购房需求增加，供给相对稳定的情况下，供需缺口带动房价上涨，房价保值增值能力加强，借款人的二套房需求（投资需求）和换房需求提升，住房换手率提高带动房贷早偿率提升。2010—2011 年受国家出台“国十条”“国八条”等系列紧缩政策影响，房价短期上涨得到有效遏制，百城住宅价格指数环比最大降幅达 0.92%，住宅投资完成额、商品住宅销售面积下滑（见图 15–6）。在供给方面，房地产开发商融资成本增加，为缓解流动性压力、加快资金回笼，短期内新增住房供给增加；在需求方面，借款人贷款成本增加，投资和改善性需求减弱，短期内供过于求下房价涨幅回落，市场交易活跃度下降，房价早偿率整体下降。

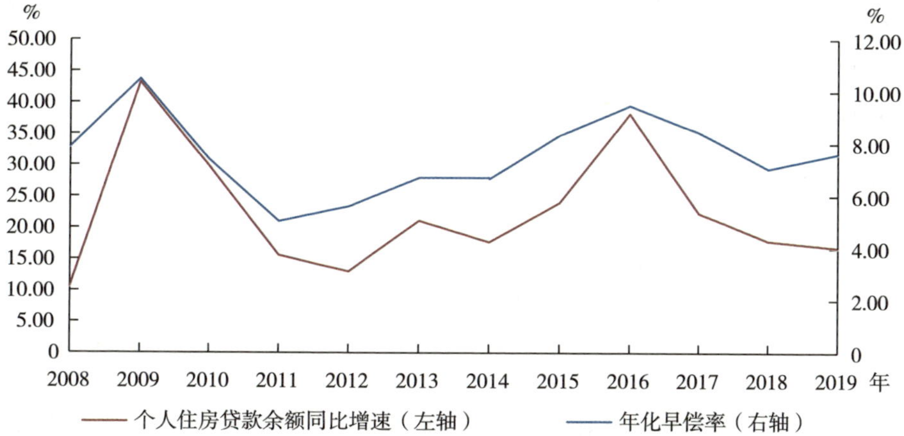

图 15–4　房贷年化早偿率与住房贷款余额增速对比图

（数据来源：中国人民银行、WIND，中债资信整理）

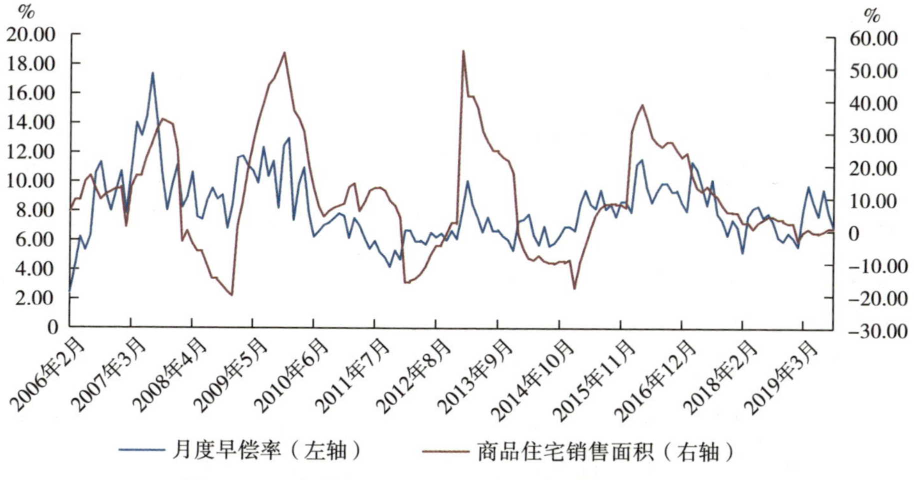

图 15–5　房贷早偿率与商品房销售面积增速对比图

（数据来源：国家统计局、WIND，中债资信整理）

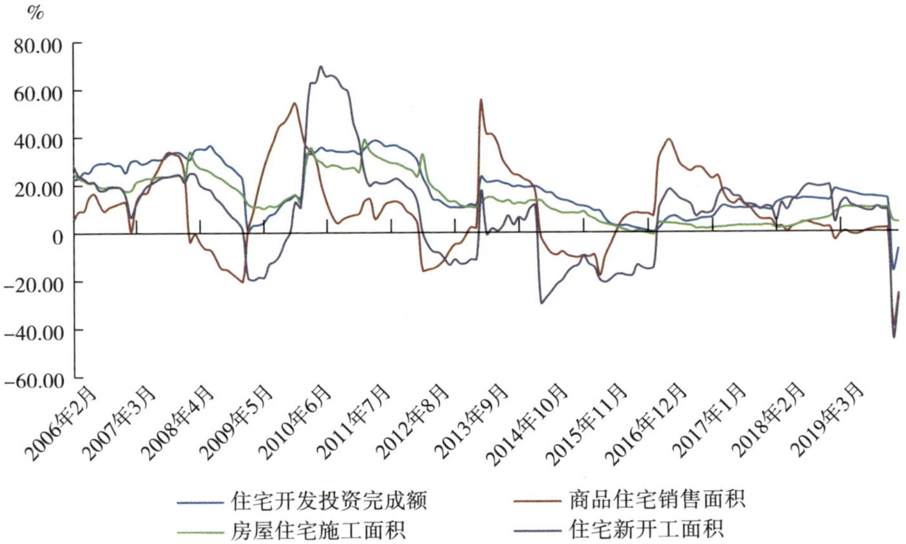

图 15-6 房地产市场主要指标累计同比情况

（数据来源：国家统计局，中债资信整理）

三是房贷早偿率水平和居民收入增速存在一定正相关性，受年终奖等季节性收入影响，每年 3~5 月早偿率相对较高。从图 15-7 中可以看出，2008 年末至 2009 年末，居民收入同比增速升高，房贷早偿率随之上升，2013 年起随着居民收入增速的稳定，房贷早偿率的波幅较 2009 年前有所收窄。通常而言，在其他条件不变的情况下，作为借款人还款能力的主要支撑，居民收入对早偿率具有较强的正相关性。此外，受个人资金的季节性变化影响，房贷早偿率呈现较为明显的季节性特点，通过分析已发行 RMBS 项目存续期间早偿率表现可以得到（见图 15-8），近几年（未考虑受疫情影响的 2020 年）早偿率均值为 9.8%，而每年 1~2 月早偿率区间范围在 6.7%~11.8%，均值约为 8.9%，处于相对低点；3~5 月早偿率区间范围在 9.8%~14.2%，均值约为 11.5%，处于相对高点。分析认为，1~2 月受春节影响，居民对现金需求较高，或占用部分房贷提前还款，而春节过后居民对现金需求减少，且叠加年终奖等季节性收入变化，居民具备更足的现金支撑以提前还款。

图 15-7　房贷季度早偿率与居民收入增速对比图

（数据来源：Wind，中债资信整理）

图 15-8　存续期项目月度年化早偿率表现

（数据来源：Wind，中债资信整理）

第二节　贷款特征对房贷早偿率的影响

存续 RMBS 项目早偿率变动趋势与静态池基本一致，但受贷款特征差异影响，RMBS 项目早偿率水平整体略高于静态池。基于 8000 多万笔房贷资产数据，结合存续250余单RMBS项目真实早偿率表现，从微观层面看，分析认为房贷早偿率与借款人所在地、年龄、性别，贷款账龄、利率等贷款特征密切相关。

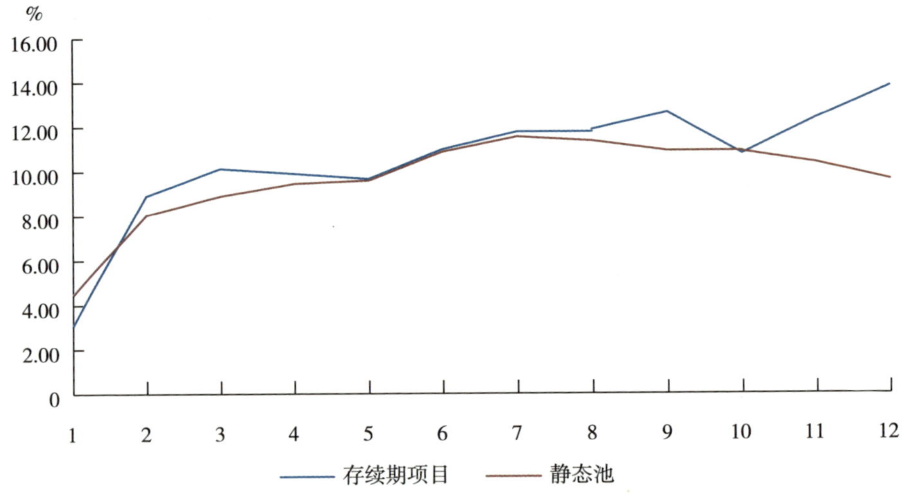

图 15-9　考虑账龄情况下存续项目及静态池早偿率对比

（数据来源：Wind，中债资信整理）

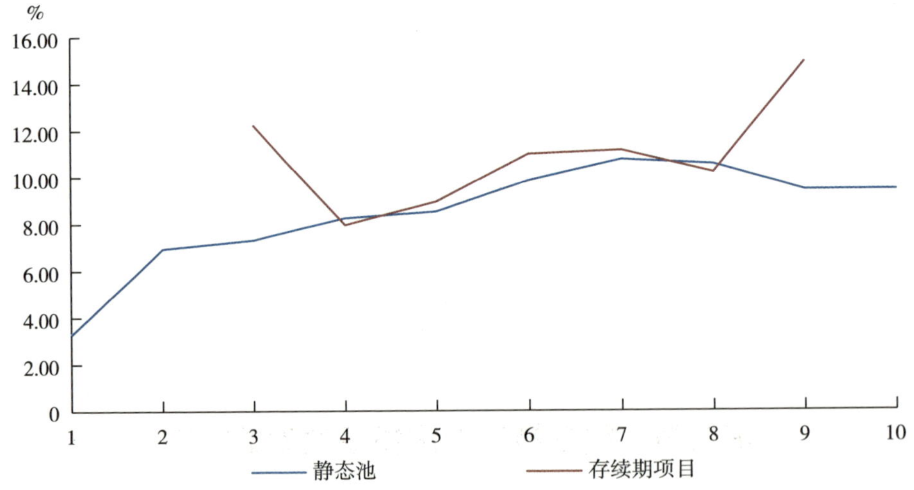

图 15-10　A 机构静态池及存续项目早偿率对比

（数据来源：Wind，中债资信整理）

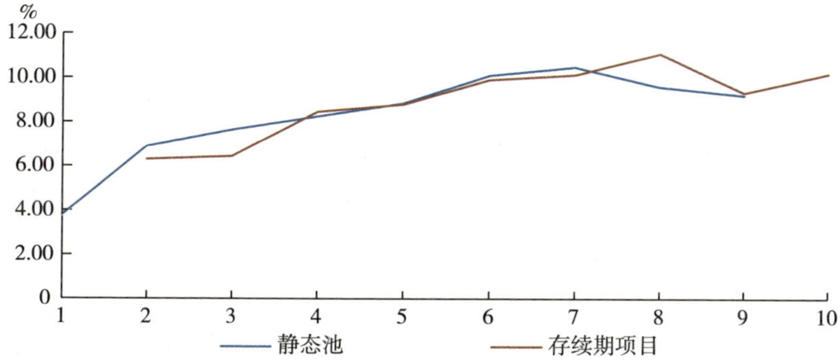

图 15-11 B 机构静态池及存续项目早偿率对比

（数据来源：Wind，中债资信整理）

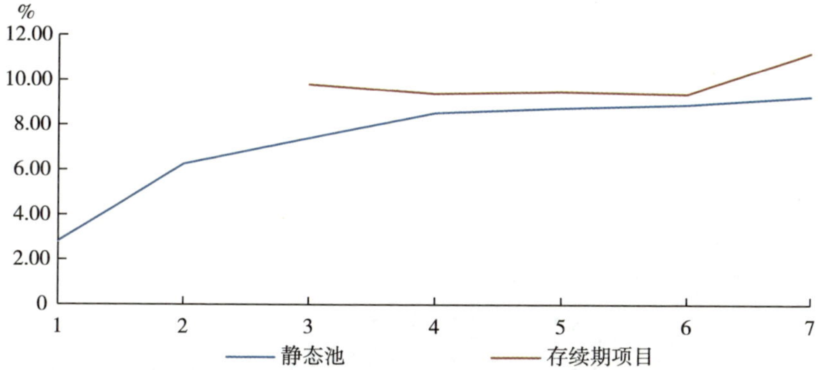

图 15-12 C 机构静态池及存续项目早偿率对比

（数据来源：Wind，中债资信整理）

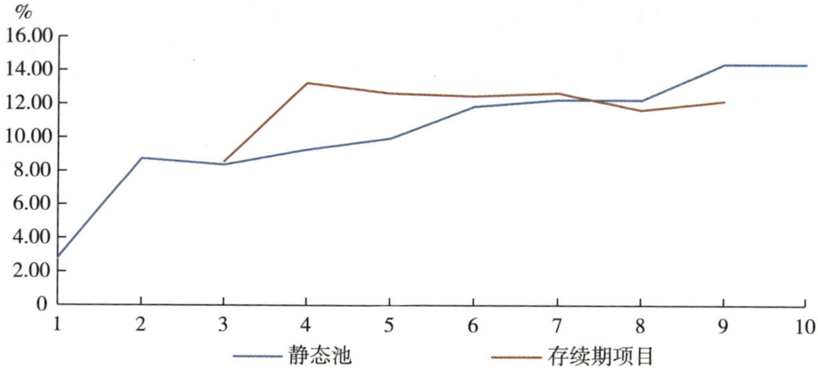

图 15-13 D 机构静态池及存续项目早偿率对比

（数据来源：Wind，中债资信整理）

一、地区

东南沿海省份等经济发达地区房贷早偿率普遍高于西北地区。住房市场是典型的区域性市场，住宅市场的供给、需求与价格波动都与城市经济基本面的变动紧密相连，相较发展缓慢或疲软的地区，经济发展快或发达地区住宅市场相对更为活跃，与之相应房贷全部提前结清概率[①]相对较高。基于 128 个城市的 8000 多万笔房贷资产，分析可得在经济发展较快或发达地区，如深圳、北京、宁波、杭州等城市，全部提前结清概率相对较大；而在经济发展疲软或欠发达地区，如六盘水、呼伦贝尔、南阳、安阳、大庆等城市，全部提前结清概率相对较小。从城市级别来看，一线城市全部提前结清的概率最高，四线城市概率最低。

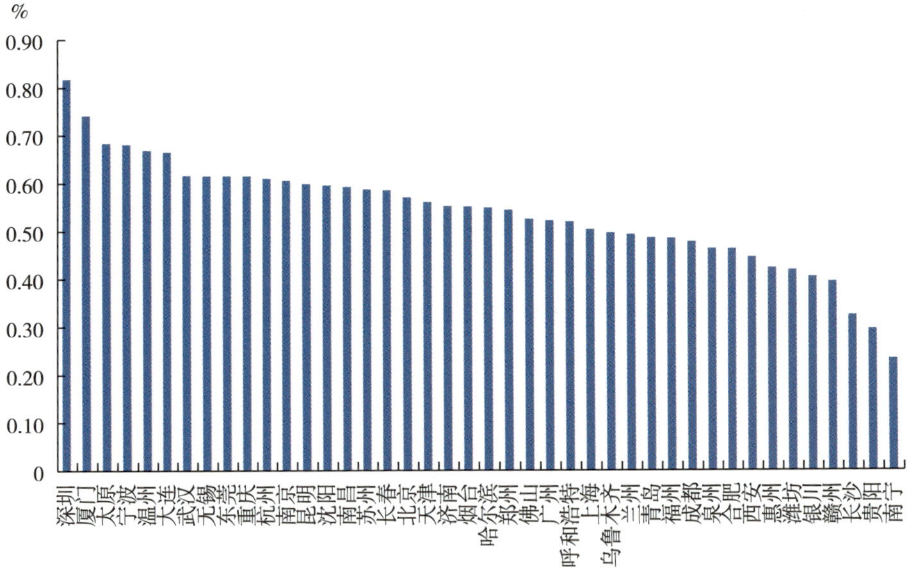

图 15–14　部分城市房贷资产全部提前结清概率分布

［数据来源：中债资信 ABS 平台（http：//tbs.chinaratings.com.cn），中债资信整理］

① 此处为按笔数进行统计，提前结清概率 = 到期日前提前结清的笔数 / 全部贷款笔数。

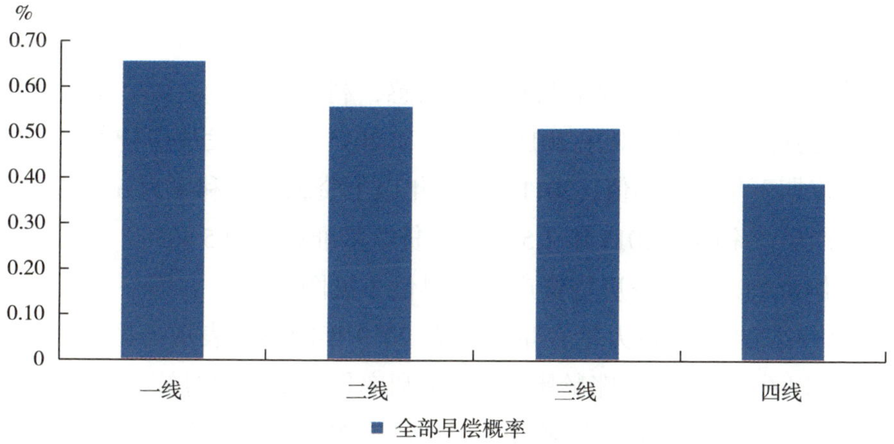

图 15–15　分城市类别房贷资产全部提前结清概率分布

［数据来源：中债资信 ABS 平台（http：//tbs.chinaratings.com.cn），中债资信整理］

二、账龄

房贷早偿率的变动趋势与贷款账龄密切相关，随着账龄的增加，房贷早偿率呈现先增后减的态势，在第 6、第 7 年达到最高水平。从图 15–9 可以看出，房贷静态池及存续期早偿率表现较为一致，在第 6、第 7 年达到最高点，早偿率峰值水平约为 12%。分析认为，借款人还款能力及早偿意愿共同影响房贷提前还款，一是还款能力方面，借款初期由于借款人需筹措首付款项，往往会造成短期资金短缺，表现为借款初期早偿率相对较低，而随着账龄的增加，借款人现金储备不断增加，逐步具备早偿能力，表现为随着账龄增加早偿上升。二是早偿意愿方面，受传统观念影响，我国个人住房抵押贷款的借款人更倾向于提前、一次性结清贷款，而房贷早偿率的变动趋势更受早偿活跃人群的影响，在贷款前几年早偿活跃人群会推动房贷早偿水平不断提高。同时，随着账龄增加，借款人置换需求不断提升，致使早偿率水平提高，在第 6、第 7 年早偿率达到最高点，此后随着早偿活跃人群贷款不断偿还、置换需求降低，早偿率开始走低。

三、利率

房贷早偿率对贷款利率调升较为敏感，利率高、浮动利率贷款更易发生提前还款。一方面，对比 2011 年 6 月和 2015 年 6 月发放房贷资产在相同账龄表现期下早偿率均值，2011 年（5 年以上贷款基准利率为 6.80%）发放房贷资产早偿率高于 2015 年（5 年以上贷款基准利率为 5.40%），排除房贷浮动比例影响，高利率房贷资产更易早偿（见图 15–6）。另一方面，以截至 2018 年末的近 1000 万笔存量贷款在 2019 年的早偿表现（见图 15–17）为例，可以看出，不考虑账龄影响，固定利率贷款早偿相对较低。分析认为，对于利率类型为浮动的贷款来说，房贷利率提高时，借款人预期未来还贷成本增加，为避免支付更多利息，借款人将整体倾向于提前还款，早偿率随之上升，而借款人早偿行为相对黏性较高，对房贷利率下降的敏感性较低；对于利率类型为固定利率的贷款来说，借款人对市场利率的调整敏感性相对较低，因而早偿率相对较低。

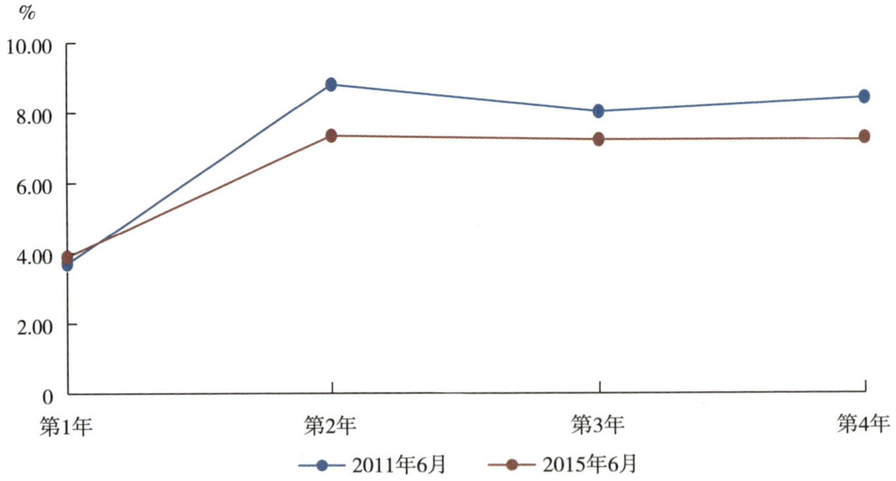

图 15–16　2011 年 6 月和 2015 年 6 月房贷静态池年化早偿率对比情况

［数据来源：中债资信 ABS 平台（http：//tbs.chinaratings.com.cn），中债资信整理］

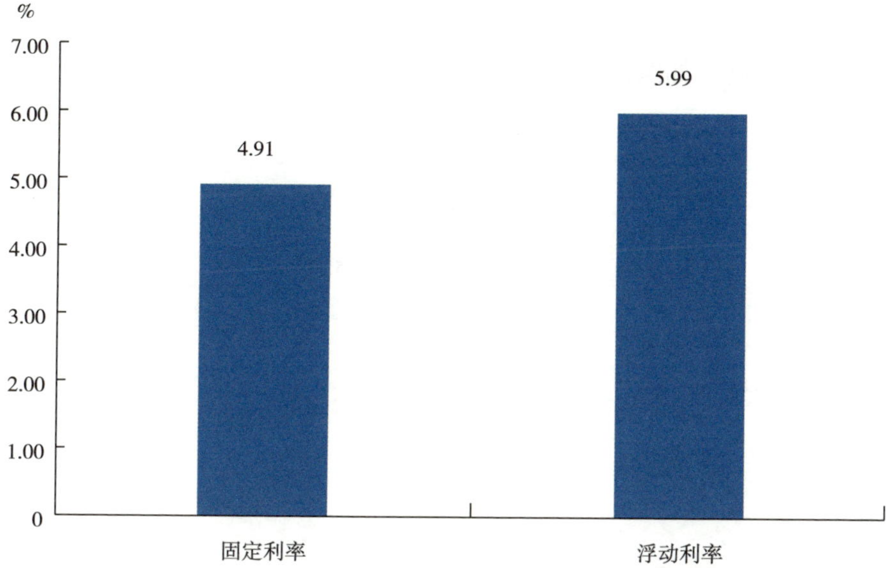

注：基于截至 2018 年末近 1000 万存量贷款数据，以 2019 年提前还款情况计算所得。

图 15–17　固定利率与浮动利率房贷的早偿率表现情况

［数据来源：中债资信 ABS 平台（http：//tbs.chinaratings.com.cn），中债资信整理］

四、年龄

房贷早偿率与借款人年龄有较强的相关性，收入稳定的中青年早偿率最高。基于截至 2018 年末近 1000 万笔存量贷款数据在 2019 年的早偿表现，年龄处于 25 岁以下的借款人早偿率较低，随着年龄的增加早偿率呈现上升趋势。分析认为，年轻人收入稳定性较弱，经济基础相对而言较为薄弱，可用于提前还款的资金相对不足。同时，风险偏好相对较高，为追求更高收益愿意背负一定贷款，早偿意愿相对不足。而随着年龄增长，借款人职业及收入迈入稳定期，家庭经济条件逐步改善，借款人提前还款能力及意愿不断提升，提前还款比例逐渐提高。同时，对于年龄较大的借款人（55 岁以上），囿于样本数量影响，早偿率数据可用性一般，结合过往研究认为此类借款人，一方面收入的增长水平通常在逐步降低，提前还款能力增长有限；另一方面，随着年龄的增长，借款人的储蓄及其他方面的资金需求可能有所提高（如医疗保险等），提前还款意愿或有所降低。

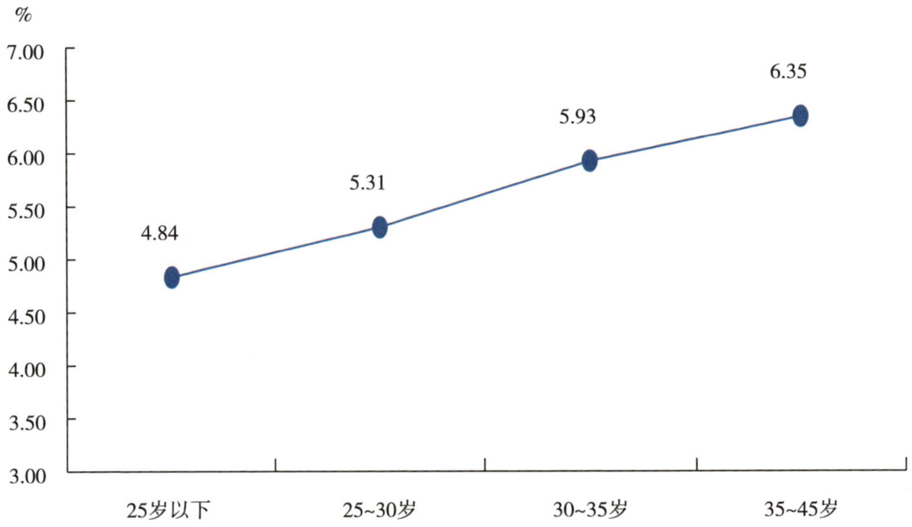

图 15–18　不同年龄区间的平均早偿率

［数据来源：中债资信 ABS 平台（http：//tbs.chinaratings.com.cn），中债资信整理］

五、其他影响因素

房贷早偿率与借款人性别、业务品类等因素亦呈现一定的相关性，女性提前偿还率明显高于男性，城市二手房贷款提前偿还率普遍高于一手房。分析认为性别影响或由于女性和男性在思维方式和行为方式上的不同所致，女性一般在重要经济决策方面行事更为谨慎、稳妥，且女性风险偏好相对更低，致使早偿意愿更为强烈。而在业务品类方面，相较于一手房，二手房为投资属性或为改善性住房的可能性较大，在国内房地产市场运行环境良好的条件下，借款人为获取即时回报或尽快置换住房而提前还款的可能性更大。

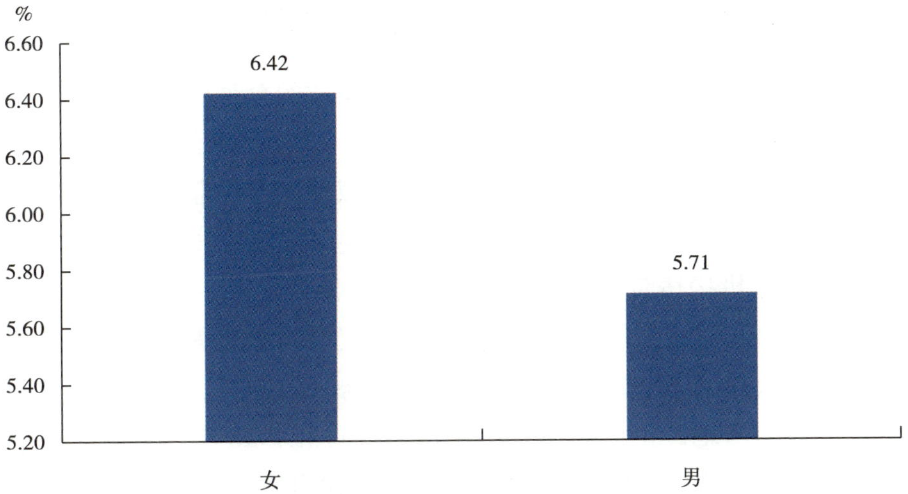

图 15–19　不同性别的平均早偿率

［数据来源：中债资信 ABS 平台（http：//tbs.chinaratings.com.cn），中债资信整理］

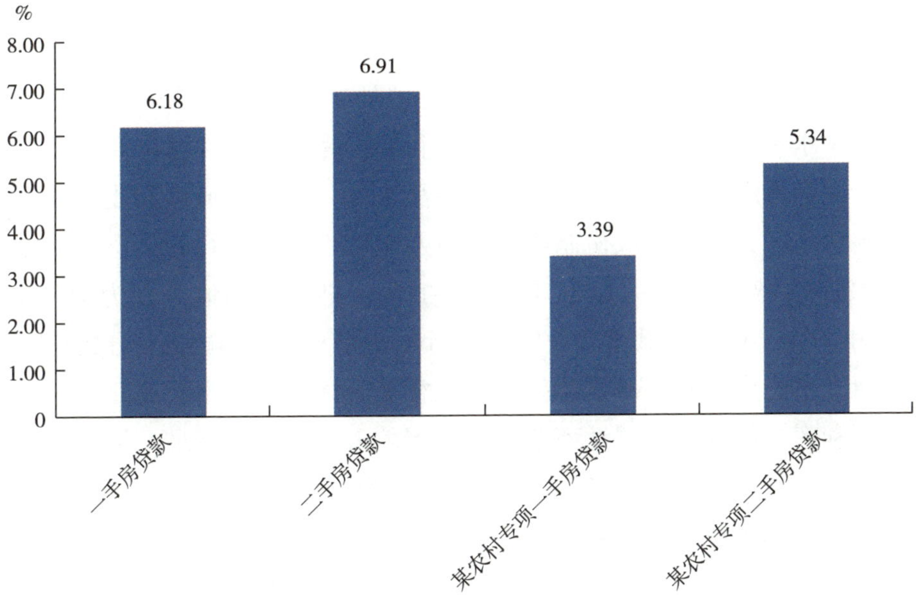

图 15–20　不同业务种类的平均早偿率

［数据来源：中债资信 ABS 平台（http：//tbs.chinaratings.com.cn），中债资信整理］

第三节 机构特征对房贷早偿率的影响

基于近 30 家发起机构于 2006—2019 年发放的全量房贷静态池历史数据，结合存续的 250 余单 RMBS 项目早偿率表现，分析认为现阶段不同发起机构房贷早偿率无明显差异，但囿于区域性城市农业商业银行数据样本不足，未来我们对房贷早偿率机构分化仍将保持持续关注。

不同发起机构房贷早偿率波动趋势整体保持一致，呈现先增后减的态势，暂未出现明显分化。分析认为，房贷资产同质化程度高及房贷业务发展历史特点共同决定机构间早偿率波动趋势一致的特点。一方面，房贷业务的发展与房地产市场的发展息息相关，而自 1998 年以来房地产市场发展较好的地区以一二线城市为主，即过去 20 年各机构房贷业务发展重心为一二线城市，表现为城市分布较为类似、同地区房贷资产同质化程度较高。另一方面，由于静态池数据多数起始于 2008 年、2009 年，因此在一定程度上宏观环境的变动亦会对考虑账龄情况下的早偿率波动产生一定影响。

不同机构早偿率水平尚未出现明显差异，发达地区城市农业商业银行早偿率水平整体略高于全国性商业银行，但考虑区域性城市商业银行数据较少，尚待继续观察。从发起机构类型来看，区域性城市农业商业银行（以发达地区为主）、股份制商业银行及全国性商业银行的早偿率整体分别在 5%~13.6%、5.2%~11.5% 和 3.2%~11%，早偿率均值分别为 10.7%、9.8% 和 8.8%，区域性城市农业商业银行早偿率水平整体略高。分析认为，一方面，由于房贷利率对早偿率具有正相关，区域性城市农业商业银行发放房贷利率一般高于全国性商业银行，借款人早偿意愿更足，早偿水平更高。另一方面，目前发行 RMBS 项目的主要是经济发达地区的城市农业商业银行，其入池资产主要都集中在一、二线城市，早偿率更高。但考虑到当前城市农业商业银行数据较少，数据可用性或相对较低，尚待继续观察。

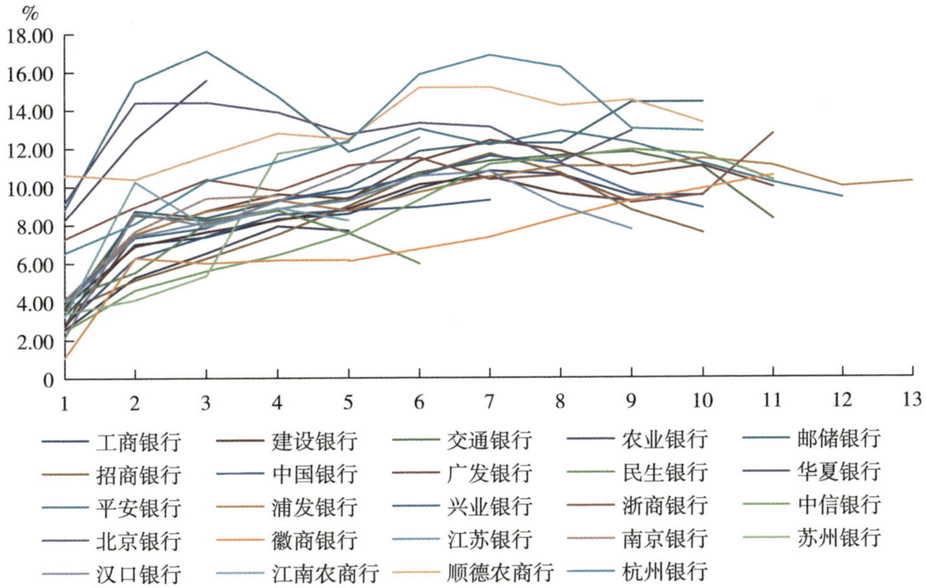

图 15-21　考虑账龄时分机构静态池年度早偿率变动趋势

［数据来源：中债资信 ABS 平台（http：//tbs.chinaratings.com.cn），中债资信整理］

第四节　结论

综上所述，我国房贷资产早偿率与宏观经济发展及贷款特征密切相关。宏观方面，GDP 增速上升、居民收入增长、房价指数上涨及宏观调控政策放松等对借款人的早偿产生正向影响，房贷早偿率表现为上升，反之亦然。贷款特征方面，经济越发达地区房贷早偿率越高，早偿率随账龄的增加呈现先增后减态势，随利率的提高而升高，随借款人年龄的增加而提升，且女性较男性更易发生提前还款，城市二手房贷款早偿率高于一手房业务。此外，当前机构差异并未对早偿率变动趋势及早偿率水平产生明显影响，但未来仍需继续关注。

2020 年受新冠肺炎疫情影响，我国实际 GDP 增长率较往年有所下降，但随着疫情得到控制，经济发展逐步回归常态，我国经济长期向好趋势没有发生改变，同时考虑落实房地产长效管理机制政策指导下，热点城市房价涨幅回落、二手房市场交易活跃度下降、居民购房意愿趋于理性等因素共同作用下，未来房价大涨大落可能性较小，预计房贷早偿率发生大幅波动的可能性不大，但仍需关注发起机构授信还款政策调整、区域分化、利率波动等因素对房贷早偿率的可能影响，合理评估 RMBS 产品的早偿率水平。

第十六章　信用卡不良 ABS 估值准确性研究[①]

自 2016 年不良资产证券化重启以来，个人信用类不良特别是信用卡不良 ABS 在助力金融机构有效化解表内零售类资产不良压力的优势凸显。由于信用卡不良 ABS 底层基础资产均为纯信用不良资产，其回收具有较大的不确定性，因此，产品的估值准确性既至关重要、同时又难点重重，引发了市场对不良估值方法长期的探索、讨论和研究，本章就此进行总结与探索，以期为未来的估值技术做进一步展望和思考。

第一节　信用卡不良估值准确性的意义

一、产品底层基础资产的回收不确定性较大，估值准确性意义凸显

信用卡不良 ABS 估值是指评估底层基础资产在未来 24 期或 36 期的逐月预测回收金额、毛回收金额[②]、毛回收率[③]、回收时间分布[④]的过程。衡量估值的准确性主要体现在毛回收与真实回收之间的差异，若两者差异较小，则估值的准确性较高，反之较低。

对于正常类 ABS 而言，市场对产品期限、风险及收益的估计主要是通过预测底层资产的早偿及违约情况来实现的。早偿越高，证券存续期限越短，绝对收益越低；违约越高，证券兑付难度越大，甚至可能出现投资损失。但是，对于信用卡不良 ABS 而言，最大的区别在于其底层资产已

① 原文部分内容已发表于《金融市场研究》2021 年 5 月刊（总第 108 期）。

② 毛回收即 24 期或 36 期总预测回收金额。

③ 毛回收率 = 毛回收 / 入池未偿本息费余额。

④ 回收时间分布是指由 24 期或 36 期逐月预测回收金额组成的时间分布曲线。

经处于违约状态，证券的还本付息保障来源于资产的回收，而回收又具有较大的波动性，回收多寡将直接决定证券是否按期兑付、证券存续期限长短，是市场重点关注所在。

二、信用卡不良 ABS 估值准确性从回收金额准确和回收时间分布准确两方面牵动市场各方关注

估值准确性直接影响投资者的投资决策以及投资收益高低。估值的准确性分为两方面，一是估值的总额准确，二是估值回收时间分布准确。从投资者来看，若估值总额虚高，实际回收不及预期，投资者将面临本金或收益亏损的可能；此外，对于优先档投资者而言，投资更关注违约风险以及期限，譬如现金管理类理财和货币基金可投资剩余期限在 397 天以内（含 397 天）的资产支持证券，若估值现金流相较实际现金流过于前置，则证券的兑付需要整体后延，影响投资者的预期流动性安排，若估值现金流过于后置，则优先档将提早完成兑付，在市场利率下行的背景下，优先档投资收益会降低，再投资风险增加。

估值准确性直接影响发起人的声誉以及发起动力。从发起人来看，估值总额虚高，发起人将承担催收不达预期的声誉风险，譬如某发起人发行的信用卡不良 ABS，由于部分原因无法在预期到期日完成本息兑付，证券需延期兑付，这对发起人的声誉造成一定的负面影响，后续该类产品销售或面临困难；估值总额过低，发起人则面临资产贱卖的损失压力，发起动力不足。

估值准确性间接影响监管机构对市场的发展判断以及市场监管。从监管机构来看，估值虚高与过低都可能扰乱不良 ABS 的市场秩序，影响这个不良处置渠道的长远健康发展。近几年，为应对银行业不良贷款不断攀升、帮助银行有效化解不良压力，监管机构多次扩容不良 ABS 试点机构范围以及发行额度，在此背景下，估值准确性愈加重要。一方面，较高的估值准确性将引导市场向公允公正的方向发展，营造健康良好的市场氛围。另一方面，较高的估值准确性能直接促进市场各方的参与积极性，扩大市

场发行规模，提升化解不良的效果。因此，在一定程度上，估值准确性能够助力监管机构客观判断市场化处置不良的效果。

估值准确性是体现评级机构的评级技术水平的重要评价标准。估值是不良 ABS 产品评级过程中的重要组成部分，估值的高低直接影响证券的发行规模。估值技术是评级技术的一部分，决定着对证券信用风险评估的客观性和准确性。因此，准确客观估值是评级机构的职责与目标，评级机构需站在第三方的立场客观评价产品优势，揭示产品风险，做好守门人的角色，为投资者提供信用风险评估的客观依据。

第二节 实现准确估值的四大难点

与其他类型不良 ABS 相比，信用卡不良 ABS 实现准确估值的难度更高。一方面，信用卡不良 ABS 整体估值逻辑主要以历史回收数据表现为基准，通过分析当前以及未来宏观环境、催收政策等因素的变化，对回收加以调整得到预测回收。因此，把握历史、当下以及未来三者之间的区别与联系，成为准确估值的难点。另一方面，历史回收数据量高达几百万条，给数据分析制造了较大的阻力。总之，如何甄选合适的历史数据、科学合理地处理数据，从而准确地将历史与未来的区别以及变化反映在估值结果上面临着若干技术性难题。

一、选择合适的历史回收数据较难

信用卡不良 ABS 的回收估值主要以历史回收表现作为参考。这些历史数据是由过去成为不良的逐笔信用卡资产数据组成，规模庞大，一般多达几百万条。因此，如何客观、合理地选择历史数据非常重要，也具有一定的难度。

一是需要确定应观测历史回收数据的时间长度。历史回收数据由各年份成为不良的逐笔贷款及其逐月回收组成，不同年份的宏观经济环境与催收环境不同，成为不良的贷款特征不同，后期的回收波动性也不尽相同。因此，历史回收数据的时间跨度应包含最长的时间跨度，以便于对各年月成为不良的贷款的回收特征、回收率以及波动性进行准确判断。

二是需要选择与入池资产种类一致的历史数据。随着大消费概念的逐步发展，银行针对不同的客群以及不同的需求发放了不同类型的信用卡产品，各产品基于用途、客群质量、授信额度等资产特征不同，其违约以及回收的特征各有差异。因此，对历史数据的选择需要参考入池的资产类型，以确保借历史数据预测当前资产池的合理性。

三是判断历史回收数据中存在新增消费的贷款，避免高估或低估回收。在实际业务操作中，由于个人消费金融的业务竞争压力越来越大，为了维护与客户的长久合作关系，部分机构允许借款人在进入不良后再退期及新增消费的操作，即当借款人偿还所欠本息费，其信用卡即可恢复正常并继续消费。在此情况下，回收款中既有成为不良后的回收款，也有新增消费的正常还款，导致回收高估。

二、根据资产池与静态池的差异合理调整估值较难

静态池数据包含所有的卡类产品历史回收数据，而资产池则是按照一定甄选标准从静态池中筛选出来的样本集。两者在资产特征、成为不良的时点、区域、职业、催收方式等方面存在一定的差异，直接影响资产池的回收估值。

比如，资产池与静态池在成分上可能不同：资产池的入池资产为 30% 金卡与 70% 白金卡，而静态池则是 70% 金卡与 30% 白金卡，资产类型一致但权重不同，回收率便会存在较大差异，如何根据该差异合理地调整估值是难点之一。再比如，静态池数据可能存在回收表现期不足的情况：随着个人贷款市场竞争日趋激烈，金融机构逐步开始以信用卡为载体发放大额消费贷款或者现金贷等新产品，而新产品通常在静态池数据中占比较小、表现期较短、催收水平波动较大，造成静态池数据预测能力下降；新产品从出现到稳定运行通常需要较长时间，而在静态池中表现时间过短且数量占比过少，导致静态池无法充分反映资产池客观质量。综上，如何依据两池的特征差异合理调整估值便是一大难题。

三、把握周期性以及季节性的回收波动规律较难

准确估值包含两方面的内容，一是回收估值总额估值准确；二是回收时间分布估值准确。相较之下，后者的实现难度更大。回收时间分布理论上是随着不良资产账龄的增加，逐月回收呈现单调递减的态势，但是从实际表现来看，有两方面因素导致回收呈现波动。

一方面，信用卡不良的催收高度依赖外包，节假日因素会影响催收的进行。在春节、国庆等重大节假日前后，外包催收机构由于人员探亲休假等原因，在岗率发生波动，从而影响当月回收率的高低，因此，重大节假日所在月份的回收金额常会出现后置。另一方面，由于催收政策以及催收力度不同，各发起机构的回收分布存在差异。季末、年末通常是各机构绩效考核的重要时点，因此，相应月份内发起机构对催收机构的考核力度增加，促使催收机构的催收力度加大，回收率则可能升高。综上，如何根据周期性和季节性对回收分布进行调整较难。

四、精准判断特殊事件对整体回收的影响较难

历史回收数据仅代表过去的回收表现，并不能证明将来会重复该历史情况。因此，回收估值若单纯依赖历史回收可能并不客观，还需进一步考虑不同时期的宏观经济环境差异以及特殊外部事件对整体回收带来的影响。特殊事件主要指不可预测的、对资产表现具有重大影响的事件。在估值过程中须精准判断此类事件对不良资产回收的影响，并落实到最终的毛回收估值。此外，当下发生类似事件时，过去的处理方法是否具有借鉴性以及可复制性，也需要进行分析，否则估值可能与实际回收水平产生明显差异。

第三节　估值方法论

一、估值方法论介绍

本章研究团队根据大数定律，运用定性与定量相结合的分析原则，采

用聚类的方法对静态池以及资产池分池聚类，结合统计检验的方法将具有同质化特征的资产进行归类，得出资产池的初始回收率。然后，在此基础上，综合各因素对初始回收进行折扣调整，得到最终的毛回收率以及回收时间分布。从结果来看，该信用卡不良 ABS 估值方法在实现估值总额以及回收时间分布的准确性方面已取得初步成效。

1. 分池阶段，对静态池和资产池进行聚类分池，匹配得到资产池初始回收率

估值的原理是将静态池和资产池以相同方式聚类划分为若干子池。假定各子池内的基础资产同质，然后以静态池各子池内条件回收率的算术平均值作为资产池相应子池条件回收率的预测值。

影响资产池回收率的变量包括成为不良时未偿本金余额、客户授信额度、年收入、职业、地区等。这些变量对回收率的影响程度各有不同，但在实操层面，穷举所有变量进行聚类分池并不现实，因此，需要运用降维思路找出影响回收率的关键变量作为分池依据。此处，我们利用统计检验的方法实现降维，检验结果显著的变量才作为聚类变量。根据历史项目经验，一般以成为不良时未偿本金余额进行聚类分池；分池后将得到若干个子池，各子池均可计算得出回收率。在资产池方面，未打折毛回收率是由各静态池子池回收率映射相应资产池同质子池，同时考虑各笔资产的账龄情况，从而得到资产池的总回收率。

2. 差异调整阶段，运用估值折扣消除静态池和资产池之间的差异，拟补以历史预测未来的偏差，得到最终的毛回收率

通过静态池预测资产池的缺陷，在于两者之间存在差异。静态池仅包括过去成为不良的贷款数据，与资产池在外部经济状况、贷后催收政策、资产本身质量等方面存在差异；而且，当进行长期预测时，若使用的历史数据较为久远，也会导致对未来发展趋势的判断不足。因此，需要设置估值调整折扣，对静态池与资产池之间的差异进行修复。

估值调整折扣分为真实回收折扣和特殊调整因素。真实回收折扣确定以历史产品或在评项目的封包期真实回收为基准，将真实回收与预测回收进行对比，判断真实回收趋势是属于下降、稳定或上升，从而对预测回收进行修正。特别调整项则包括静态池数据质量调整、静态池数据时效性调整、静态池与资产池的资产差异调整、季节性因素调整、发起机构催收能力调整、发起机构预测调整以及宏观经济调整等多个调整项，进行逐项累积调整。

最后，在初始回收率的基础上乘以上述估值折扣，即得到最终的毛回收率。

二、估值方法论的特点

1. 科学、合理解决估值四大核心难题

选择与资产池对应时间长度、产品类型一致的历史数据，并剔除新增消费，保证历史数据选用的合理性。首先，在选择静态池时间长度时，我们选择资产池成为不良最早的时间点作为静态池的时间开始日，选择封包日当天作为静态池历史数据的截止日，保证静态池的时间长度包含资产池的时间长度。其次，应保证静态池的资产类别与入池的资产类别一致，剔除不相关资产，保障两池匹配，避免模拟回收受到干扰。最后，应准确甄别新增消费的情况，若回收款中本金回收总额大于成为不良时未偿本金余额的资产，即可认定为存在新增消费的情况，将这一类资产从静态池中剔除，避免回收高估。

为降低回收估值受资产池与静态池在定性与定量因素上差异的影响，设置差异因素调整项以平滑差异。从过往发行产品的数据分析，资产池的部分特征与静态池的整体特征会存在明显的差异，且会影响回收预测的效果。因此，差异折扣因素的设置目的主要是平滑资产池与静态池存在的差异，使估值过程更合理、估值结果更客观。

根据历史数据以及已发行产品的真实回收波动规律，模拟并调整回收时间分布。通过逐月观测历史回收数据，将其波动性规律复制到资产池的现金流中，对部分波动性较大月份的金额进行后置或前置处理。譬如，春节所在月份或者国庆十月，其回收金额应进行一定比例的后置，得到最终

的回收时间分布。

针对特殊事件，应判断其对回收的影响范围和影响程度，调整最终估值。特殊事件一般通过影响发起机构的催收能力来影响最终的回收估值。在估值过程中应考虑这些事件的影响，判断影响范围和影响大小，并应用到估值调整实践中。在此，以暴力催收整顿事件为例分析特殊事件对回收的具体影响。

2019 年 4 月，工业和信息化部为响应扫黑除恶的政策，牵头八部委以及几大电信运营商联合整治暴力催收，这一行动直接影响信用卡不良 ABS 的实际回收。我们对存续产品接下来四个月的回收情况进行了连续监测，以真实回收表现为依据，判断该发起机构是否涉及暴力催收以及是否受到整治行动的影响，并将该事件的影响通过特殊事件折扣对估值进行调整。结果显示，不同银行受到整治行动的影响程度不同，部分银行的单月真实回收下降幅度达到 20%~50%，其他银行受影响较小。对于受影响较大的银行，将根据历史已发行产品真实回收波动情况确定特殊事件折扣值，对新产品估值进行酌情下调。通过后续观测，估值下调产品的实际回收基本保持稳定，并未出现进一步恶化，证明当前对特殊事件的判断处理较为准确。

2. 精细化、多维度考量估值其他相关因素

从经验来看，估值首先需要解决前述四大关键问题。除此之外，要实现准确估值，还需补充考虑贷款特征、已发行产品回收表现、发起机构催收能力、发起机构内部预测参考、宏观经济形势等因素，纳入估值过程并进行适当调整，夯实估值结果的准确性。

贷款特征的不同将导致估值产生差异。不良贷款的特征会影响回收，比如成为不良贷款的时间、成为不良贷款时的余额等。成为不良贷款的时间直接影响账龄，若贷款账龄较长，那么该笔贷款回收的可能性就会降低；成为不良贷款时的余额会直接影响到回收可能性，回收总体上随着金额增大呈下降趋势。因此首先对发起机构提供的数据进行处理，然后选取有较强预测能力的特征，并将具有相近特征的不良贷款划分至同一类别。

已发行产品的回收表现具有重要的借鉴意义。已发行证券化产品的实际回收表现既能体现出发起机构最近的催收策略及催收能力，也能体现出证券化资产与非证券化资产的回收差异。在参考全量历史数据表现的基础上，结合已发行产品的回收表现，将两者之间的差异作用于估值折扣调整中，使在评项目的估值结果更加科学合理。

发起机构催收能力的差异也将引起估值的分化。发起机构的催收能力是指发起机构对信用卡不良资产的催收政策、催收制度、催收力度以及催收考核机制等综合作用的体现。若发起机构对证券化资产与非证券化资产的催收政策一视同仁，那么催收能力对回收的影响为中性；若发起机构针对证券化资产制定特殊的催收政策，譬如优先催收入池资产，将有利于证券化产品的回收；若发起机构针对证券化资产的催收力度较弱或对外包催收团队考核目标不明确，那么回收将受到不利影响。我们认为通过考察发起机构的催收政策、催收制度、催收力度以及催收考核机制等因素，并对合作催收机构抽样访谈，综合评价发起机构的催收能力，对证券化资产的回收水平进行调整。

发起机构内部预测能力对估值有一定的参考价值。在不良资产证券化过程中，发起机构同时也是贷款服务机构，相比其他机构，发起机构具有较大的信息优势，更为了解入池资产的质量水平，且从主观上能够决定这些资产的催收水平。因此，有必要参考发起机构对回收的预测，并根据其预测逻辑及预测准确性对拟证券化资产的估值进行相应调整。

估值模型中增加对宏观经济形势的考虑和判断。宏观经济形势主要从收入方面影响借款人的回收水平。具体而言，当宏观经济形势向好时，借款人收入改善，还款能力增强，证券化资产的回收水平将顺势提高；而当整体经济形势低迷时，借款人收入下降，还款能力恶化，证券化资产的回收水平将降低。目前，我国宏观经济面临新的风险挑战，可能对基础资产未来回收表现产生不利影响，可以在回收估值模型中对该因素加以考虑。

第四节 估值技术的下一步探索

随着市场与产品飞速发展，外部环境的挑战日渐增多，技术方法不能故步自封，仍需与时俱进、不断改良优化，进一步考虑新的因素，解决新的难题，继续夯实估值准确性。

一、在分池阶段，探索更多显著影响回收的因素，构建多维立体分池，进一步提升估值的准确性

从检验结果来看，成为不良时的未偿本金余额、客户授信额度等变量与回收的相关性较高，因此作为分池的主要依据；婚姻、职业、学历、年收入等因素则作为回收估值的辅助判断因素。从定性角度推断，这些辅助判断因素对回收均可能有一定影响，由于它们并非申请信用卡的必需信息，或均为借款人自填信息，在缺乏逐笔、严格验证的情况下，其真实性和准确性存疑，难以衡量其对回收的确切影响程度。未来，随着用户征信数据互联和大数据分析技术的发展，以上字段信息或将会得到充分补全和校正，届时我们将继续探索更多对回收影响显著的因素，实现多维立体分池，进一步提升估值的准确性。

二、持续对历史数据表现和资产池实际表现进行观察总结，不断改良历史视角对当前环境的适应性

历史不能完全反映未来，但仍可以在一定程度上解释未来。目前的估值逻辑以历史静态池数据表现作为依据，应对瞬息万变的市场环境则是巨大的挑战。因此，需要对历史数据表现与资产池实际表现进行持续监测、校验和比对，通过两者差异的变化趋势来动态调整历史静态池的可参考性。

三、在调整差异阶段，进一步捕捉回收数据的区域性特点，研究引入地区作为估值调整变量的可行性

过去，我们通过显著性检验的方式来分析地区对回收的影响，发现三个现象：一是不同地区的回收率虽存在差异，但并不明显；二是不同发起机构的回收的地区性分布特点有较大区别；三是同一地区的回收率在不同发起机构之间表现分化明显。由此推断，地区这一因素对回收的影响并不

显著。

然而，近年来，我们逐渐发现地区对回收也存在阶段性显著影响。例如，新冠肺炎疫情暴发后，各省份受影响的程度不同，地区之间或存在回收的短暂性差异，这将导致不同资产包的估值产生分化。因此，对于回收率的地域性特点，仍需进一步研究和捕捉，并适时将地区因素纳入资产包的估值调整中。

四、加强对公共卫生事件的全周期影响的衡量及思考，为未来类似的特殊事件处理提供参考和借鉴

2020 年，新冠肺炎疫情给企业经营及个人生活都带来了巨大影响，直接导致部分债务人的收入水平骤降、还款能力恶化，对应信用卡不良 ABS 底层资产的回收表现受到明显冲击。前文提到，精准判断特殊事件的影响对于回收估值非常重要，而疫情这类公共卫生事件具有持续性和不可预测性，其产生、蔓延、衰退直至消亡的生命周期内对于信用卡不良 ABS 的回收造成的影响程度暂无法估计，因此需要对事件的全周期进行持续监测与评估。

疫情生命周期的不同阶段对回收的影响程度不同。如图 16-1 所示，疫情的影响预计可能存在不同走势，自暴发、扩散至极限后，可能迅速被

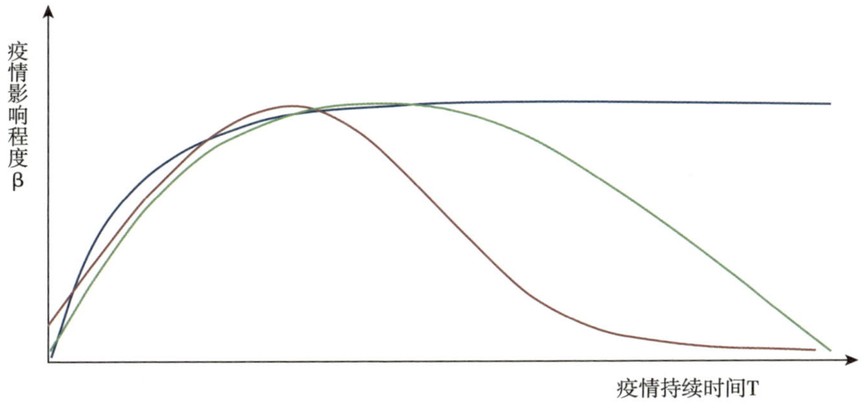

图 16-1　疫情全周期内对回收的影响程度走势模拟

控制并消失，或是经较长时间缓慢萎缩、又或是与人类活动长期并存。因此，我们首先需要对事件进行全周期评估，以判断事件影响的变化形态，然后及时通过特殊事件折扣在不同时间段的估值中精准体现。

我们在本次新冠肺炎疫情事件中，持续积累回收数据的变化趋势以及估值调整的经验，这将为下一次类似公共卫生事件发生时的回收估值提供前瞻性的参考，推动估值结果更加科学、客观、准确。

第十七章 新冠肺炎疫情对零售类正常 ABS 的影响专题分析

新冠疫情暴发后，考虑到其影响可能传导至信贷 ABS 基础资产表现层面，中债资信持续监测信贷 ABS 基础资产及证券表现，并基于观测数据，对主流产品分别进行影响分析，总结疫情期间的资产表现情况，分析证券信用风险特征，并揭示在后疫情时代须关注的风险点。

第一节 疫情对基础资产的影响

一、个人住房抵押贷款资产支持证券（RMBS）

1. 个人住房抵押贷款违约率在疫情暴发后短期有小幅上升，短期扰动后逐月回稳向好

在疫情冲击下，RMBS 基础资产逾期率和新增违约率指标均表现良好，短期内受疫情冲击有小幅上升，长期无明显跳升趋势。从逾期率指标来看，逾期率受疫情短期扰动后逐月回稳向好，2020 年 2 月 RMBS 产品 1~30 天新增逾期率（0.36%）接近疫情前的 2 倍，3 月以来开始逐月回稳向好；2020 年下半年已经普遍低于 2019 年同期逾期率水平，处于零售类 ABS 中最低水平，2021 年逾期率基本维持在 0.10%~0.15%，保持疫情前水平，未出现明显跳升。从违约率指标来看，RMBS 存续期较长，累计违约率呈现递增趋势主要是到期项目较少所致，新增违约率 2020 年上半年增长相对较快，平均月新增违约率为 0.02%，2020 年下半年以来逐渐恢复稳定，平均月新增违约率为 0.01%；2021 年进一步回落，平均月新增违约率小于 0.01%，详见图 17-1。分析认为，一方面在保证信贷供给、合理延后还款期限等信贷政策支持下，疫情对借款人偿债能力基本面影响有限；另一方面在房住不炒定位下，“稳房价、稳地价、稳预期”长效管理机制的落地实施，有助于缓解疫情短期冲击、降低房贷资产违约风险。

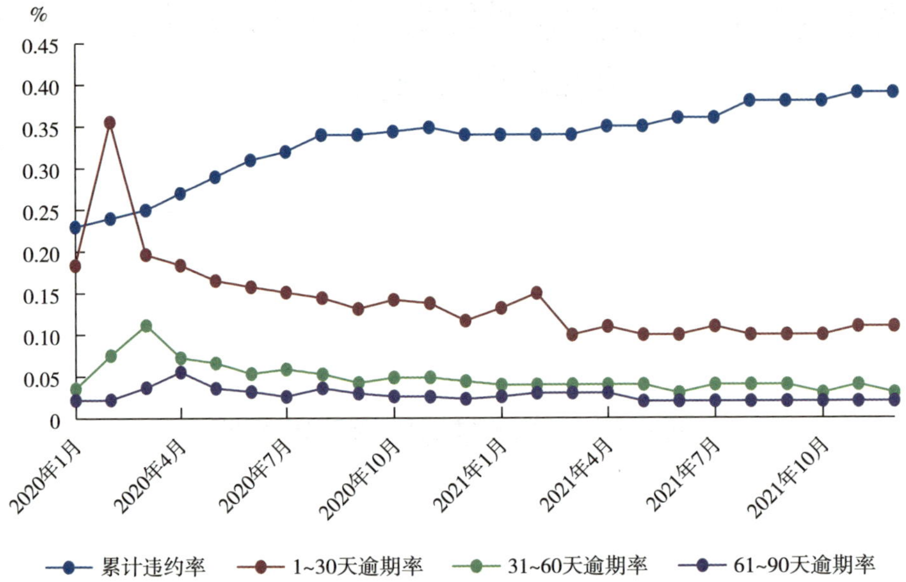

图 17-1　存续 RMBS 项目逾期率与累计违约率表现

（数据来源：Wind，中债资信整理）

2. RMBS 基础资产早偿率先降后升，但整体波动不明显，疫情冲击有限

在早偿率方面，2020 年 RMBS 项目早偿率呈先降后升的趋势，早偿率同比上升明显。疫情暴发初期 RMBS 早偿率有所下滑，2 月下降最为明显，同比下降 44.02%，而后迅速上升，持续高于 2019 年同期水平。全年来看，平均年化早偿率为 11.56%，同比上升 15.37%。2021 年上半年早偿率持续上升，于 4 月达到峰值，下半年下跌趋势较为明显，全年早偿率同比下降 28.03%，详见图 17-2。分析来看，考虑部分借款人收入下降以及部分银行要求必须网点办理早偿业务，导致疫情暴发后短期内早偿率有所下降；长期来看，房贷早偿率变化与房地产市场波动密切相关，两者变化趋势高度一致。2021 年下半年以来，房地产市场持续降温，交易活跃度显著下滑，市场观望情绪浓厚，导致借款人提前结清置换房的动力不足，早偿率下降较为明显，但和疫情暴发前的早偿率水平相比波动幅度不大。

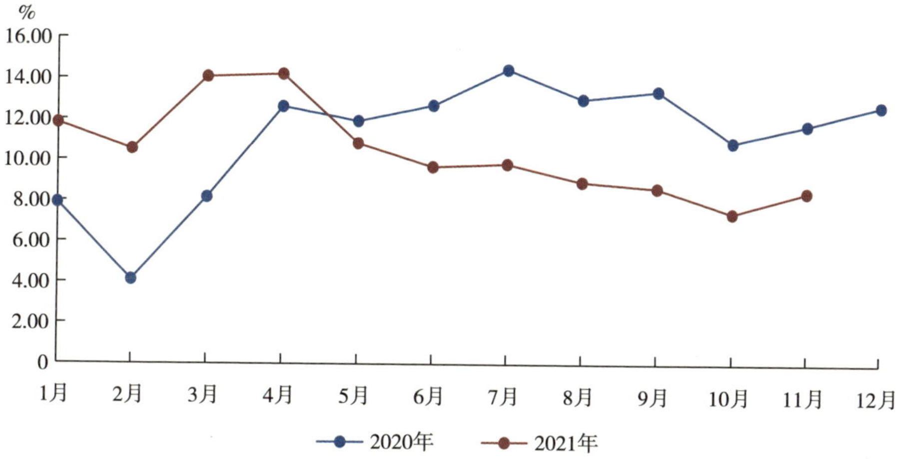

图 17-2 RMBS 产品逐月年化早偿率情况

（数据来源：Wind，中债资信整理）

3. RMBS 回收周期较长，疫情对回收率影响不大

在回收率方面，由于房贷回收周期较长，因此其对 RMBS 回收的影响有限，截至 2021 年末，RMBS 存续项目平均回收率为 34.93%①，和疫情暴发前水平基本持平。长期来看，房贷资产抵押物足值且处置难度不高，其回收率仍将保持零售类正常 ABS 产品中较高水平。

二、个人汽车抵押贷款资产支持证券（车贷 ABS）

1. 个人汽车贷款在疫情暴发初期逾期率有所上升但持续时间较短，快速回落至疫情前水平，资产抗风险性较强

疫情期间，车贷 ABS 基础资产逾期率和违约率的均值和整体涨幅相对较低，在一定程度上体现出其在受到外部环境的负面影响下具有较强抗风险能力的特性。具体来看，新增逾期率在 2020 年 2 月有所上升，达到全年峰值，2 月 1~30 天新增逾期率均值为 0.77%，较 1 月的均值 0.57% 上

① 此处为表现期超过 24 期的 RMBS 项目平均回收率。

升了 0.20%，之后快速下降并稳定在 0.40%~0.50%，恢复至疫情前水平。截至 2021 年末，车贷 ABS 存续项目的当月新增 M1、M2、M3 均值分别为 0.31%、0.04%、0.02%，与 2020 年末的 0.30%、0.04%、0.02% 相比，基本保持稳定①。累计违约率在疫情期间整体较为平稳，在 0.20%~0.40% 波动，自 2020 年下半年开始逐步下降，2021 年随着受疫情影响较大的早期项目到期，存续项目累计违约率均值继续下降至年末的 0.19%，详见图 17-3。分析认为，短期内逾期率上升的主要原因包括：一是客群集中在受疫情影响导致收入来源不稳定行业的发起机构，因复工延迟、人口流动受限，逾期率出现上升；二是购车用途集中在经营货车、大中型客车、城市出租车等运输车辆的机构，因经营活动受限，逾期率上升较为明显。长期来看，随着疫情防控效果的逐步显现，基础资产逾期和违约率表现快速恢复，体现出车贷 ABS 较强的抗风险性。

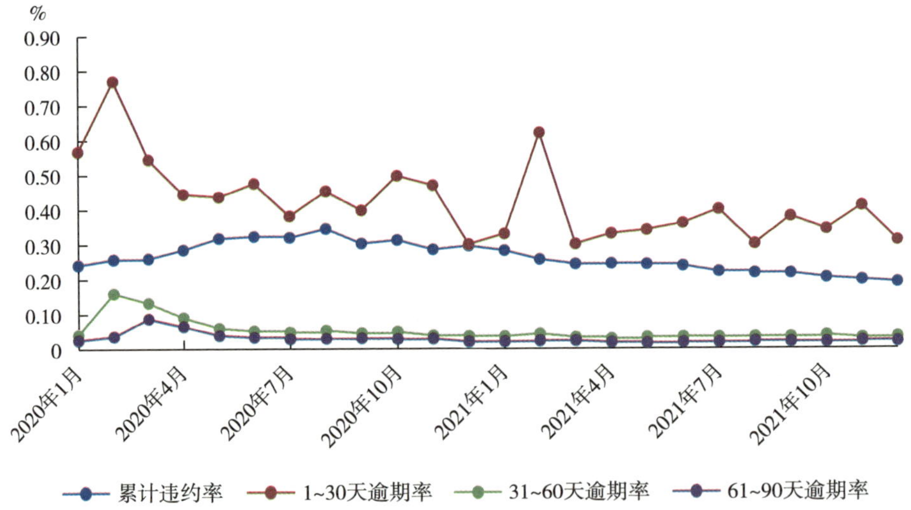

图 17-3　存续车贷 ABS 项目逾期率与累计违约率表现

（数据来源：Wind，中债资信整理）

① 2021 年 2 月 1~30 天逾期率出现小幅上升的主要原因为部分贷款还款日在节假日，银行未成功扣款，该类逾期并非疫情影响借款人偿还能力，未进一步迁移至 31~60 天。

2. 疫情对个人汽车贷款回收率及早偿率影响有限

在回收率及早偿率方面，短期有所降低，但整体影响处于零售类正常 ABS 产品中较低水平。受疫情影响，短期内贷后催收力度和效果有所减弱、回收时间有所延长，但考虑实地催收占比较小，整体来看疫情对车贷资产回收的影响不大，截至 2021 年末，车贷 ABS 存续项目回收率为 19.06%①，基本与疫情暴发前的水平持平。在早偿率方面，考虑疫情影响，短期内提前偿付有所放缓，但由于息费水平较低、贷款期限较短，存续车贷 ABS 项目平均早偿率水平基本维持在 3% 左右，处于零售类正常 ABS 产品较低水平，整体影响不大。

三、个人消费贷款资产支持证券（消费贷 ABS）

1. 个人消费贷款逾期率和违约率短期上升幅度处于零售类正常 ABS 产品最高水平，不同客群质量基础资产之间的分化加剧

疫情期间，与其他零售类 ABS 产品相比，消费贷 ABS 基础资产逾期率和违约率的均值和整体涨幅均最高。由于消费贷 ABS 项目存续期较短，且项目间违约表现差异较大，在统计当月存续项目违约率均值时，受到期退出项目影响导致均值波动较大，因此本章主要从逾期率的波动分析疫情对消费贷资产的短期影响。具体来看，存续消费贷 ABS 项目基础资产的新增逾期率在 2020 年 2 月大幅上升，达到全年峰值，2 月 1~30 天新增逾期率均值为 1.55%，较 1 月的均值 0.78% 环比上涨 98.72%；随着疫情防控的逐步稳定，之后逐月下降，截至 2020 年 12 月下降至 0.53%，恢复至疫情前水平。截至 2021 年末，消费贷 ABS 存续项目的当月新增 M1、M2、M3 均值分别为 0.47%、0.23%、0.19%，与 2020 年末的 0.53%、0.16%、0.16% 相比，基本保持稳定，详见图 17–4。分析认为，个人消费贷款均为无抵押资产，受疫情影响，部分借款人收入波动较大，短期内违约率上升

① 此处为表现期超过 6 期的车贷 ABS 项目平均回收率。

水平较高。同时，银行与消费金融公司违约分化情况持续加剧，客群质量较好、借款人收入稳定、风控更加严格的发起机构受到疫情的影响较小，客群质量较差的发起机构受到疫情的影响较大。

表 17-1　　各零售类 ABS 产品疫情期间逾期率、违约率水平

产品名称	疫情前逾期率（%）	疫情前月度新增违约率（%）	疫情期最高逾期率（%）	疫情期最高月度新增违约率（%）
RMBS	0.18	0.01	0.36	0.02
车贷 ABS	0.57	0.02	0.77	0.05
消费贷 ABS	0.78	0.12	1.55	0.27

数据来源：Wind，中债资信整理。

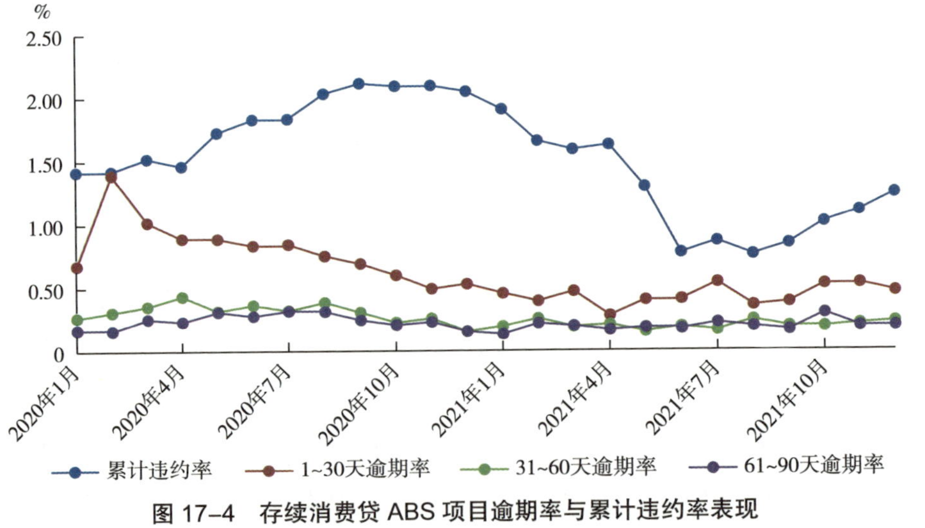

图 17-4　存续消费贷 ABS 项目逾期率与累计违约率表现

（数据来源：Wind，中债资信整理）

2. 短期早偿率下降将加大资产池正向超额利差支持

在早偿率方面，短期内有所降低，将加大入池资产正向超额利差支持。由于个人消费贷款利率水平普遍偏高，借款人提前还款的动力较强，消费

贷 ABS 的早偿率相对较高。受疫情影响，部分借款人的还款能力下降，短期看消费类贷款的早偿率有所降低，但考虑资产池加权平均利率较高，早偿率降低有利于提高入池资产的超额利差，增加入池资产的预期现金流入。长期来看，随着复工复产和部分行业的回补性发展，借款人个人还款能力逐渐恢复，早偿率逐渐回归正常水平。

3. 疫情对回收率短期影响高于 RMBS 和车贷 ABS，长期影响不大

在回收率方面，短期内受催收机构延迟复工影响，催收机构开工受限，由于缺少抵质押物，短期内催收能力下降对消费贷款回收率的影响较大。长期来看，伴随合作催收机构开工率的逐步抬升，除疫情高发区以外，其他区域资产回收率不会出现较大波动。根据中债资信监测，截至 2021 年末，存续消费贷 ABS 回收率为 8.43%，和疫情前相比基本一致。

第二节 疫情对零售类正常 ABS 证券的影响

一、零售类正常 ABS 现金流平滑稳定，且考虑交易结构设置对风险的缓释作用，可以较好保障优先级证券的本息兑付，整体看疫情对零售类正常 ABS 优先级证券本息兑付无影响

零售类正常 ABS 资产分散性较好，现金流平滑稳定，且本次疫情对基础资产的信用质量影响有限，因此基础资产的现金流入没有出现明显的恶化。内部增信及交易结构等安排对优先级证券提供保护：一是优先 / 次级结构、超额抵押为优先级证券提供了较好的信用支持，目前来看，零售类正常 ABS 的次级档及超额抵押为优先级证券提供的信用支持较为充足，且随着优先级证券的逐步兑付，次级档证券占比还会不断提高；二是加速清偿的设置可通过改变现金流支付顺序，较好地保障优先级证券的本息兑付；三是本金账回补收益账机制以及流动性储备账户的设置，可防范疫情等突发事件带来的优先级证券利息兑付的流动性风险。因此，整体看疫情对零售类正常 ABS 优先级证券本息兑付无影响。

二、部分 RMBS 优先级证券实际到期日存在延后，主要与早偿率波动相关，而疫情通过影响早偿率对证券实际到期日带来的影响，仍有待继续观察

从证券偿付的角度来看，证券到期日与早偿率密切相关。由于 RMBS 的证券期限较长，相较其他零售类正常 ABS 产品，证券存续期间受提前还款影响更大。影响早偿率的因素较多，其中在疫情影响下，短期内如资产池中出现部分申请延期还款的客户或资产池的早偿率不及预期时，RMBS 优先级证券的到期日可能会延后，但长期来看，伴随疫情缓解，各行业逐渐恢复生产经营，借款人逐步恢复正常还款，预计疫情对优先级证券的到期期限的直接影响有限，到期期限主要还是受早偿率与预期差异的影响。

三、部分消费贷 ABS 项目受疫情影响出现优先级证券实际到期日晚于预计到期日现象，但是截至目前已完成兑付，整体来看影响较小

疫情暴发后，受疫情负面冲击，个别消费贷 ABS 项目的基础资产违约率上升、回收减少，摊还期初期现金回收不及预期，后期整体回收出现延后，导致优先级证券比预计到期日延期一个月完成兑付。整体来看，由于疫情负面冲击时间有限，贷款服务机构也能够积极合理应对，且得益于交易结构合理、信用增级措施有效，在证券层面未发生违约事件，因疫情导致的实际到期日晚于预计到期日情况仍属于个例。

第三节　关注和风险提示

一、零售类正常 ABS 入池资产地区分散性总体较好，但仍需关注部分项目区域集中度以及借款人行业集中度过高的风险

自疫情暴发以来，零售类 ABS 产品证券兑付正常，表现稳定；基础资产表现有震荡、有承压，但随着复工复产的不断推进，整体信用质量维

持较好水平，累计违约率受疫情影响有限，体现了零售类 ABS 产品基础资产的优质性和稳定性。

从存续的零售类正常 ABS 来看，整体入池资产单笔金额较小、地区集中度较低、借款人行业分散，但也存在部分项目发起机构的经营范围局限于某个或某几个地区，入池资产的地区分散性较差。目前，疫情呈散点式暴发，对于受疫情影响严重的地区，借款人的收入可能会受到影响，需关注这些地区集中度较高的基础资产是否会出现超预期的违约率上升。同时，疫情对依赖线下客流的餐饮、旅游、交通运输，以及非生活必需品制造业产品行业的影响较大，受雇于相关行业借款人可能面临降薪或失业风险，收入或将受到短期冲击，需关注借款人涉及以上行业且集中度较高的项目。

二、疫情影响下发起机构分化更为明显，需要关注风控能力相对较弱的机构出现基础资产质量波动较大的风险

疫情对零售类 ABS 产品表现的负面冲击，相对容易体现在某些发起机构某系列产品上，主要因发起机构在贷款发放和催收工作中扮演较为重要的角色，相关政策制定直接影响资产质量。在零售类 ABS 产品中，消费贷 ABS 机构间表现分化最为明显，2019 年，消费金融公司存续项目的基础资产累计违约率实际表现约为银行的 3 倍，这一差异在 2020 年扩大约 9 倍。中债资信疫情期间监测数据显示，银行存续消费贷 ABS 项目在 2020 年 2 月的 1~30 天新增逾期率均值为 0.37%，是其 1 月均值 0.26% 的 1.4 倍；同期消费金融公司存续项目在 2020 年 2 月的 1~30 天新增逾期率均值为 3.4%，是其 1 月均值 1.6% 的 2.1 倍，说明消费金融公司的客群表现受疫情负面影响相对更大，而银行的客群一般收入相对较高、职业较稳定，较消费金融公司的客群具有更强的抗风险能力。2021 年消费金融公司基础资产的平均违约率[①] 约为银行的 11 倍，主要原因为纳入统计范围的银行存

① 此处为存续产品基础资产第 6 期的实际累计违约率平均值。

续项目中违约率较高的个别银行项目占比减少，排除此因素影响，2021 年与 2020 年机构分化程度基本一致。但在疫情影响暂未完全消除的情况下，机构间产品表现分化仍有进一步加剧的可能，需要关注基础资产质量波动的风险。

三、关注预告抵押登记占比过高的风险

受疫情影响，一方面，房企销售暂停，资金链或受影响，部分资金链紧张、高杠杆的中小房企流动性更为紧张，若部分地区疫情持续时间超预期，或面临楼盘开发交付端违约风险传导至房贷端的风险，预告抵押的期房资产或将出现违约上升。另一方面，房屋施工开工延后，或将致使部分楼盘完工时间推迟，从而推迟房产证交付时间，正式抵押登记时点靠后，可能影响违约资产的回收表现。因此，对于预告抵押登记占比过高的 RMBS 项目，需关注入池资产的未来表现。

四、关注循环结构项目的新购买资产不足风险

循环结构 ABS 产品新购买资产的表现较初始资产池存在较大的不确定性，受疫情影响，发起机构可能面临消费意愿不足，信贷投放量缩减的风险，在持续购买日剩余存量贷款规模若出现超预期下降，新购资产或面临购买规模不足、质量下沉等潜在风险。但考虑合格标准的约束和提前摊还事件等信用触发机制的设置，将对上述风险有一定的缓释作用。

第十八章 新冠肺炎疫情对不良 ABS 的影响专题分析

第一节 疫情对基础资产的影响

一、个人信用类不良 ABS

1. 2020 年的新冠肺炎疫情致使个人信用类不良 ABS 回收率短期内出现低谷，但 2020 年 4 月以来已恢复至疫情前水平

受新冠肺炎疫情突发影响，2020 年个人信用类不良 ABS 回收率先降后升。2020 年 1—4 月，信用卡不良 ABS 全部发起机构逐月回收率均值分别为 0.59%、0.24%、0.44%、0.64%。2020 年 2—3 月，疫情高发地区的复工时间延迟，包括餐饮、酒店、旅游等在内的消费板块经营受影响较为突出，其次是房地产、建筑等行业，这些行业内的自雇者以及被雇佣者的创收能力下降，还款能力被削弱，致使回收率下降及回收时间延迟。疫情缓和及社会全面复工复产后，各机构即恢复催收力度，优先催收除疫情高发地区以外的其他区域的资产，推动后续月份的回收率迅速回升，截至 2020 年 4 月底，实际回收率已恢复至疫情前水平。究其原因，一方面，相较于正常类资产违约率对经济形势变化的高敏感度而言，不良资产本身已处于违约状态，借款人还款能力或还款意愿不足的风险已充分暴露，疫情因素对刺激资产进一步恶化的边际效应相对较低。另一方面，根据对行业内主要发起机构的调研，疫情期间个人信用类不良 ABS 回收率骤降的主要原因更多是贷款服务机构和催收机构停工停业导致的催收效率严重低下，而非基础资产质量恶化。因此，随着疫情形势缓和，个人信用类不良 ABS 基础资产回收表现快速恢复，体现出良好的抗风险性。

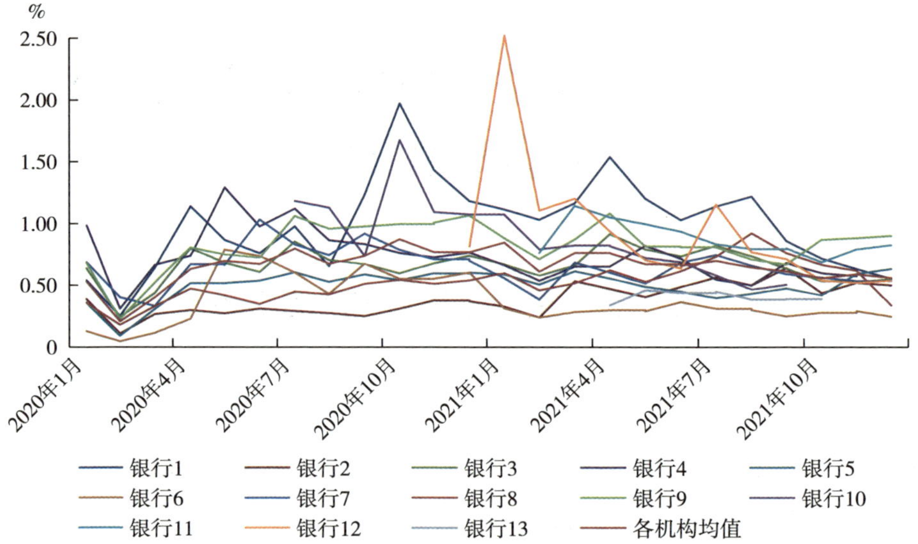

图 18-1　各发起机构信用卡不良 ABS 月均回收率表现

（数据来源：发起机构提供，中债资信整理）

2. 2021 年，疫情防控常态化背景下，个人信用类不良 ABS 基础资产回收率受点状散发式疫情影响很小，基本保持稳定

2021 年，个人信用类不良 ABS 基础资产回收率受短时突发性疫情的影响很小，全年回收率波动程度有所下降。2021 年，深圳、张家界、扬州、大连、西安等全国多地先后出现突发性散点式疫情，但是回收率表现并未复演 2020 年先降后升、大幅振动的情况。根据监测数据，除 2021 年 2 月回收率受春节影响出现小低谷外，其余月份的月均回收率整体较为平稳，全年月均回收率的标准差为 0.09%，较 2020 年的 0.19% 有所下降，回收率的波动性显著减小。究其原因，一方面，随着疫情常态化防控举措的落实，防控成果持续巩固，各家贷款服务机构的催收工作基本维持正常，催收力度未有下降。另一方面，个人信用类不良 ABS 基础资产的入池资产地区分布较为分散，有效降低了少数地区发生突发性疫情所带来的回收波动。因此整体来看，2021 年个人信用类不良 ABS 基础资产回收率受疫情的影响有限。

二、个贷抵押不良 ABS

1. 2020 年，疫情对个贷抵押不良 ABS 基础资产回收影响整体相对较小，个别产品短期内回收不及预期，但后续恢复正常

2020 年疫情暴发后，大多数个贷抵押不良 ABS 基础资产回收率波动较小，个别产品短期回收下降，但后续回款较为及时。考虑到个贷抵押不良 ABS 基础资产的回收主要来源于抵质押物处置变现，对应的处置措施更多为诉讼拍卖。短期来看，虽然疫情导致抵质押物的拍卖成交量下降，但形势缓和后市场需求迅速回升，因此疫情更多是延缓了底层资产的回收时间，而对总回收金额的影响较小；长期来看，抵质押物处置仍然是回收的最佳保障。

以在 2020 年上半年出现回收不及预期情况的 2 单个贷抵押不良 ABS 基础资产为例，经了解，其原因一是入池资产主要为商用房，疫情暴发后，全国商用房投资和销售规模萎缩，导致处置难度增加，拖慢回收进度；二是入池资产湖北地区占比较高，受短期内疫情暴发影响，贷款服务机构催收能力被削弱，因而短期内实际回收金额下降。根据后续监测数据，由于疫情负面冲击时间有限，且贷款服务机构反应迅速、应对合理，及时推进抵质押物处置，截至 2020 年末，该 2 单项目的累计实际回收金额 / 累计中债资信预计回收金额的比值分别回升至 1.63、1.28，回收水平达到预期。

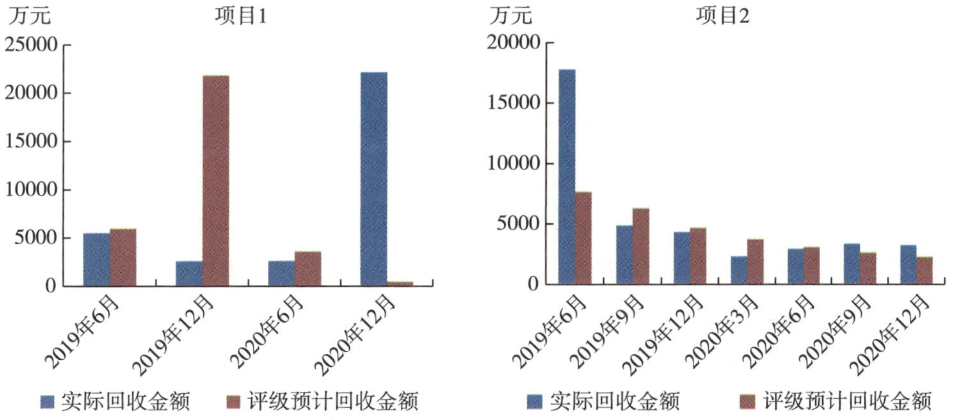

图 18–2　项目实际与预计现金流

（数据来源：Wind，中债资信整理）

2. 2021 年，个贷抵押不良 ABS 基础资产回收企稳，个别商用房为主的项目回收不及预期

2021 年，抵押类不良项目整体回收情况较好，但受楼市调控、疫情、电商经济的叠加影响，个别存续个贷抵押不良项目实际回收不达预测。这些项目的抵押物以商业用房居多，占比超 80%，且多分布于我国西部、东北等地，司法环境、营商景气度和房产市场活跃程度均一般，加之辽宁、黑龙江等省份 2021 年疫情发生较为频繁，因此清收进程较慢。但从长期来看，抵押物价值仍保持一定水平，随着司法程序继续推进，以及发起机构加大催收处置力度，回收逐步落实。

三、对公不良 ABS

疫情影响下，对公不良 ABS 发行需求增加，小微不良贷款入池占比上升。2020 年，受疫情因素影响，各发起机构在对公不良资产处置方面，亟须探索加快不良资产周转的新模式，同时随着第三轮不良资产证券化试点扩围，对公不良 ABS 在经历了 2019 年的发行空窗期后重新兴起，2020—2021 年共发行 16 单，发行规模共计 131.03 亿元，入池基础资产共计 341.51 亿元。入池资产中，小微不良贷款入池越来越多，一是由于疫情期间，大量小微借款人停工停业，营收下降，还款能力大幅削弱；二是随着各家机构普惠业务开展时间增长，小微不良资产逐渐暴露，处置压力增大。2020—2021 年，小微不良 ABS 发行单数占对公不良 ABS 发行单数的 56.25%，小微不良贷款入池余额占对公不良贷款入池余额的 17.83%。

对公不良 ABS 回收情况受疫情影响较小。对公不良 ABS 的回收来源主要为抵质押物拍卖以及借款人自身还款。在抵质押物回收方面，与个贷抵押不良 ABS 类似，其回收金额受疫情影响较小。在借款人自身还款方面，对公不良 ABS 借款人多为中小企业，2020 年下半年起，中央到地方相继出台相关政策，从税收、融资成本等各方面给予企业大力支持，积极引导企业有序复工复产，有助于借款人走出难关，营业收入将得到一定的保障，借款人还款能力回升，助力对公不良 ABS 借款人回收逐步企稳。截至 2021 年末，多数[①]2020—2021 年发行的对公不良 ABS 项目，其累计真实回收均高于同期预测值，回收进度快于预期，回收整体表现较好。

第二节 疫情对不良 ABS 证券的影响

一、不良 ABS 产品次级厚度较高，对优先级证券正常兑付的支撑作用较好

不良 ABS 次级证券发行时的厚度大多在 20% 以上，高于大部分正常类产品的次级厚度，对优先级证券的信用支撑作用较好。截至 2021 年 12 月，从存续不良 ABS 产品的次级发行厚度来看，占比 10.61% 的产品次级厚度达到 30% 以上，占比 71.21% 的产品次级厚度在 20%~30%，整体次级厚度较高，详见图 18-3。按产品来看，个人信用类不良 ABS 的平均次级发

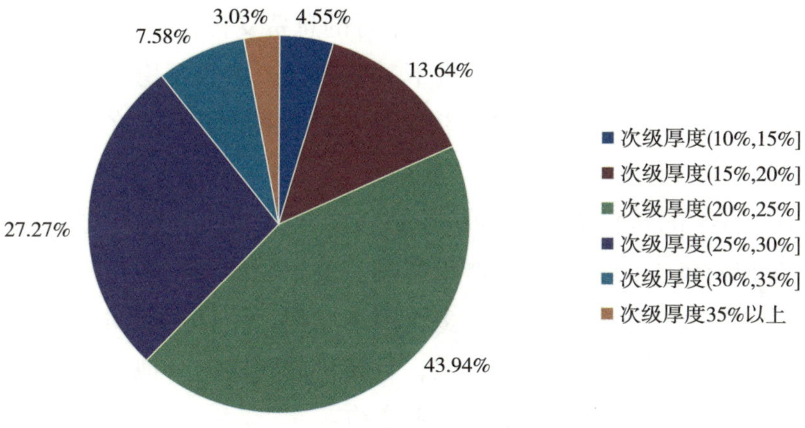

图 18-3 不良 ABS 次级厚度分布

（数据来源：Wind，中债资信整理）

① 仅 1 单资产管理公司发起的对公不良 ABS 的回收不及预期，但截至 2022 年 1 月，其优先档证券已完成兑付，整体上风险可控。

行厚度为 21.86%，个贷抵押不良 ABS 的平均次级发行厚度为 24.94%，对公不良 ABS 的平均次级发行厚度为 28.37%，对公不良 ABS 的次级证券对优先级证券提供了最好的支持，其次为个贷抵押不良 ABS、个人信用类不良 ABS。

二、不良 ABS 产品设置流动性储备金账户或流动性支持机构以及按季 / 半年的转付频率，可缓释疫情带来的短期流动性影响，进一步保障优先级证券本息兑付

流动性储备金账户或流动性支持机构的设置有助于缓释证券的流动性风险，从而降低证券违约风险。证券违约的条件之一是期间利息不能如期兑付，而存续不良 ABS 产品均设有流动性储备账户，在发生违约事件、优先级证券的全部未偿本金余额及利息偿付完毕或信托终止之前，存入当期或下期应付费用及优先级证券利息总和的 1.0 倍、1.5 倍、2.0 倍，可保证优先级证券在下一期不发生违约。若启用流动性储备账户，账户内的资金可支撑 1~2 期的息费支付，即 3~6 个月的息费支付，而在此时间跨度内，在疫情控制和复工复产的有序推进下，基础资产回收企稳。补充考虑到一些个贷抵押类不良 ABS 还设置了流动性支持机构的担保，在双重保障下，优先级证券违约的风险较低。

不良 ABS 的转付周期多为按季或按半年，因此个别月份回收偏低的冲击不足以对证券的兑付产生严重影响。就较短的按季转付来举例，2020 年 2 月受春节假期及复工延迟等多重因素影响，不良资产回收有所下降，但是由于每三个月才合并转付一次，且转付周期内的其他剩余月份回收稳定，优先级证券正常兑付，没有发生违约。

三、个人信用类不良 ABS 产品在疫情期间均正常兑付，优先级证券违约风险较低

个人信用类不良 ABS 的回收水平虽短期承压，但长期可控，在疫情暴发期间展现出较好的抗风险能力和稳定性，优先级证券的信用风险较低。

一是从宏观环境角度看，随着国内疫情防控进入常态化，不良资产处置工作有序开展，市场交投情绪较为稳定，有助于产品回收率的平稳浮动及证券本息的正常兑付。二是从评级测算角度看，中债资信的评级结果提前考虑了极端事件发生时基础资产表现下行对优先级证券兑付的负面影响，通过模拟回收时间分布后置、发行利差缩小等多维度加压情景，对优先级证券进行了审慎的压力测试，所形成的超额覆盖为优先级证券的正常兑付提供了足够的保护。通过中债资信对各机构产品的持续监测，2021 年个人信用类不良 ABS 实际回收金额对优先级证券规模的覆盖倍数①多处于 2~3 倍的较高水平，均值 2.51 倍，详见图 18-4。较高的覆盖倍数能进一步保障优先级证券如期兑付，个人信用类不良 ABS 证券信用风险处于较低水平。

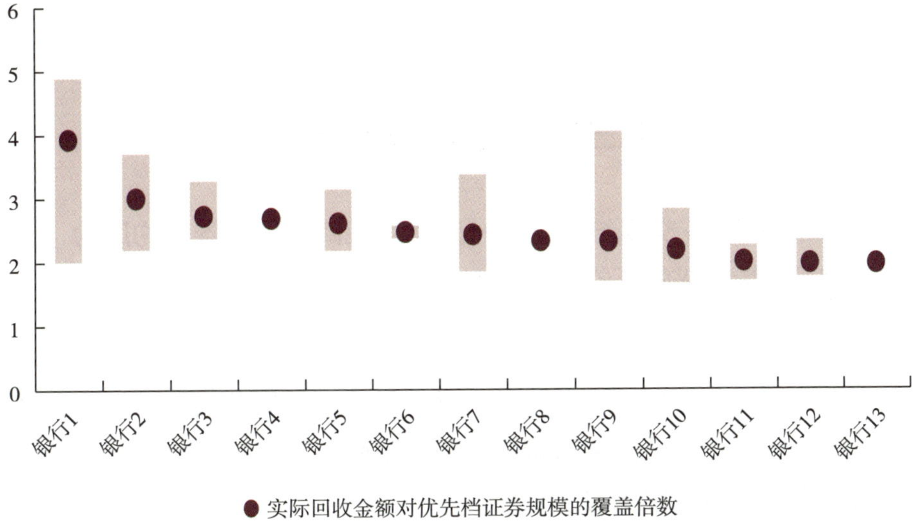

图 18-4 个人信用类不良 ABS 实际回收金额对优先级证券规模的覆盖倍数

（数据来源：Wind，中债资信整理）

① 不良 ABS 实际回收金额对优先级证券规模的覆盖倍数 = 外推累计回收金额 / 优先级证券发行规模。

四、个别个贷抵押不良 ABS 产品出现延期兑付，但证券违约风险可控

2020 年疫情暴发后，抵押类不良 ABS 产品整体兑付情况正常，仅个别个贷抵押不良 ABS 优先级证券受疫情冲击发生延期兑付的情况，但违约风险可控。对此，中债资信充分考虑了基础资产的回收恢复情况以及交易结构提供的保护作用，从回收金额、回收时间等多个维度对该产品进行了审慎的压力测试，确信涉及项目的优先级证券信用等级仍维持 AAA 级别，证券违约可能性很小。根据后续对涉及项目的持续关注，由于贷款服务机构及催收机构快速复工复产，产生的回收款能够覆盖优先级证券本息支付，且得益于交易结构合理、信用增级措施有效，在证券层面均未发生违约事件，优先级证券已于新预计到期日偿付完毕。整体来看，不良 ABS 市场信用风险持续可控。

第三节　关注和风险提示

一、不良 ABS 交易结构设计一定程度上降低了证券违约风险，但仍需关注突发疫情带来的证券兑付压力

不良 ABS 按季转付或按半年转付以及流动性储备账户的设置，在一定程度上能够避免短期证券兑付的流动性风险，但假若受到突发疫情及社会面管控的影响，短期内的基础资产回收下降，对接下来数个月份转付的产品仍形成一定的兑付压力。

同时，应关注创新型交易结构对疫情的应对能力。2021 年信用卡不良 ABS 新增按月、按双月付息的交易结构，支付频率加快，疫情期间，需关注具有上述交易结构项目的基础资产回收波动性，流动性储备资金是否计提充足，回收金额的平滑程度能否保障证券的如期兑付。

二、不良 ABS 发行规模持续上升，需关注新加入主体及新型资产在疫情期间的表现

疫情期间，商业银行的不良资产处置压力有一定上升，不良 ABS 的发行规模进一步扩大，涉及新主体和新资产类型，需要关注其实际表现。一是主体方面，城市商业银行和资产管理公司作为发起机构 / 贷款服务机构加入不良 ABS 市场，市场主体愈加丰富，但疫情加剧了各机构之间资产运营能力和不良催收能力的差异，促使回收产生分化，因此需关注新加入主体的不良处置能力及所发起项目的实际表现。二是资产类型方面，入池的个人信用消费贷不良贷款、小微不良贷款的产品类型不断丰富，但基础资产回收主要依赖借款人自身还款能力，且不同发起机构的新类型资产的客群质量、运营模式、处置手段不尽相同，因此需关注疫情期间借款人还款能力的稳定性及贷款服务机构处置力度的变化，以及对资产回收率带来的影响。

三、疫情下催收环境收紧，不良资产回收或进一步承压，机构分化态势将持续存在

疫情冲击下，宏观经济增速回落、居民杠杆率上升、收入增长乏力等因素的传导和辐射，或致不良 ABS 回收承压，各发起机构催收能力持续分化。一方面，在催收行业强监管维持常态、《个人信息保护法》及相关监管要求出台的背景下，催收行业内存量企业的经营愈加规范，但是各催收机构呈现明显分化，在运营成本不变的情况下，部分综合实力较弱的催收公司可能会经营不善，面临收缩甚至倒闭的危机；而行业内综合实力较强、业务分部较广的催收公司，在抵御外部风险冲击方面相对较好。另一方面，不同发起机构合作的催收机构数量不同、所合作的催收机构实力不同，在疫情突发的短期冲击下，直接导致不良 ABS 产品之间回收表现变化趋势及波动程度有所不同。因此，预计未来，不良资产回收情况在各发起机构间的分化态势将持续。

第四部分

基础设施篇

专题三 发展的助推器：估值定价与流动性建设

自2012年信贷ABS试点正式重新启动以来，资产证券化市场发展迅速，产品发行和存续规模不断增长，二级市场活跃度持续提升，越来越多的投资者将资产支持证券作为资产配置的重要品种。同时，监管机构不断推动金融资产的净值化管理进程，ABS作为金融资产的一种，也应遵循公允价值计量原则。在此背景下，ABS估值与定价成为市场关注的重点，估值定价的科学性和合理性成为中国ABS市场保持可持续发展并向成熟市场纵深发展的助推器。本专题聚焦ABS估值与定价领域，首先，对债券估值与定价的基本概念、估值的作用、估值的主要方法与方式进行了详细梳理。其次，结合中国ABS特点以及对估值定价的影响，提出提升估值定价科学性与合理性的相关建议。最后，通过市场数据实证分析，探讨ABS市场价格与内在价格差异来源及其对价格偏离的影响，以期为ABS市场参与者提供估值定价参考，推动ABS发行和交易有“价”可依，提高ABS的发行效率和交易活跃度，助力中国ABS市场流动性建设与持续健康发展。

第十九章 ABS 估值定价相关概念、作用与主要方法解析

第一节 债券估值与定价的基础概念

债券估值主要分为债券价格、债券收益率以及债券利差估计这三个维度：首先，债券估值是指对债券价格的估计；其次，对于普通信用债或利率债这类不含权债券来说，由于现金流时间和金额较为确定，对债券价格的估计相当于对债券收益率的估计，对于含权债券如 ABS 来说，现金流时间和金额相对不确定，对债券价格的估计相当于对基于重点参数假设的债券收益率的估计；最后，在对比债券的相对投资价值时，债券估值通常也可理解成对债券利差的估计。

一、债券价格

我们将债券价格分为市场价格、内在价格以及公允价格，债券市场价格是确定的价格，由市场供需关系决定；内在价格是投资者基于对债券信息全面的理解，理性估计出来的价格，取决于定价者对债券自身特性以及宏观基本面信息的掌握及判断；公允价格是会计计量的重要指标，可以根据债券当前市场价格或者估值模型计算的内在价格确定。

债券市场价格指债券在交易市场上的价格，即当前成交的确定的价格，是买卖双方竞价后产生的双方都能接受的价格，基于买卖双方对于债券价格持有的不同看法，买方认为成交价格相对较低，卖方认为成交价格相对较高，两方均认为交易对己方有利；与之相对，债券的内在价格指投资者在全面理解债券自身特性以及宏观基本面等信息的前提下，对债券价格的理性估计，这些信息具体包含债券票面利率、票面价值、本息兑付时间、

契约条款、债券违约风险以及市场流动性水平、利率期限结构等，债券的内在价格也通常被定义为债券未来现金流的折现价值，债券的内在价格可以通过估值模型进行计算估计，但不是确定的价格；债券的公允价格指市场参与者在计量日发生的有序交易中，出售一项资产所能收到或者转移一项负债所需支付的价格①，俗称“脱手价格”。

从市场价格与公允价格的关系来看，通常，当债券市场交易较为活跃或有序时，债券市场价格即为债券公允价格，当债券市场较为寡淡或无序时，债券市场价格不能作为债券公允价格；从市场价格与内在价格的关系来看，当债券市场完全有效时，债券市场价格即为内在价格，当市场并非完全有效时，债券市场价格会围绕债券内在价格波动。

当市场交易较为活跃时，债券是有序交易的，不包括被迫清算和抛售，市场交易的双方彼此独立、不存在关联方关系、对交易债券熟悉且有能力并自愿进行交易，债券的市场价格可以认为是公允的，可作为债券的公允价格；当市场交易较为寡淡时，债券市场的交易较少且交易价格不连续，不能作为债券的公允价格。债券的公允价格只能通过估值技术，建立估值模型来进行估计，且必须优先将市场可观察值作为输入值。

当市场完全有效时，债券的市场价格能够反映债券的全部信息，与债券的内在价格一致，是债券内在价格的外在表现；当市场并非完全有效时，债券的市场价格会围绕债券的内在价格波动，同时由于债券市场是动态市场，债券的自身特性如违约风险等和基本面因素如市场利率期限结构等均会发生变化，并持续影响投资者，因此投资者对债券内在价格的估计也会发生变化，进而影响债券的市场价格（见图 19-1）。

① 该定义取自《企业会计准则第 39 号——公允价值计量》。

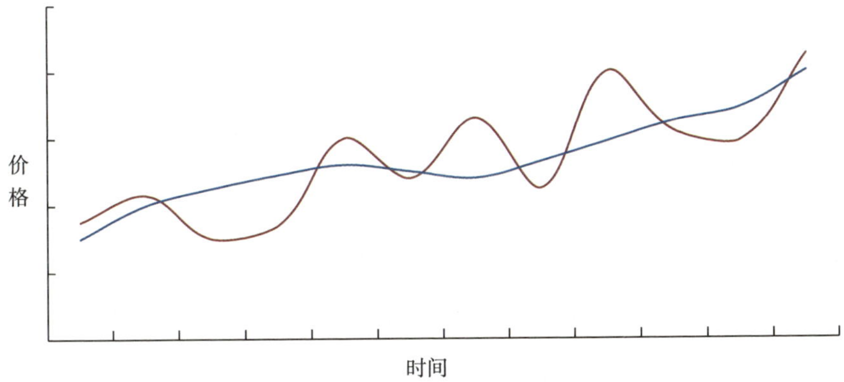

图 19-1　债券市场价格 / 公允价格与内在价格差异[①]

（数据来源：中债资信整理）

二、债券收益率

债券收益率衡量的是债券收益与其投入本金的比例，根据衡量的债券收益来源的不同，债券持有期不同可以分为当期收益率、到期收益率以及持有期收益率。实际交易中，债券的收益率通常指债券的到期收益率。

具体来说，债券全部收益共有三个来源，分别为票面利息、资本损益以及持有期收到本息的再投资收益。债券收益率衡量的是上述收益与投入本金的比例。

到期收益率指债券未来现金流折现的现值与债券当前市场价格相等的收益率，是债券持有到期获得的平均收益率水平，也可称为内部收益率。债券的到期收益率可以衡量因债券票息收入、资本损益以及再投资收益产生的收益率水平，但隐含两点重要的假设，一是债券持有到期，二是债券期间收到的本息可以以到期收益率进行再投资。然而在实际市场上，债券再投资收益率往往会与到期收益率发生偏离，造成到期收益

① 债券交易活跃的市场，债券的市场价格一般也称为债券的公允价格。

率衡量偏差。同时对于含权债券如ABS来说，每期均有本息流入，具有较强的再投资风险，到期收益率计算基于对早偿率水平等重点参数的假设，如果债券实际本息兑付金额、时间与预期发生偏离，或者市场再投资利率与到期收益率发生偏离，则到期收益率与投资者实际获得的收益率就会存在差异。

持有期收益率指债券持有期获得的收益，是实际实现的收益，根据债券持有期内实现的全部收益，包含票面利息，以实际市场再投资利率进行再投资获得的收益以及债券的售出价格与债券购买价格计算的平均收益率。相对到期收益率，持有期收益率是衡量债券实际投资收益的较为客观的指标，持有期收益率水平主要受到债券再投资收益以及债券资本损益的影响，当市场利率上行时，债券价格下跌，再投资收益增加；反之，当市场利率下行时，债券价格上升，再投资收益下降，资本损益与再投资收益对市场利率反向变动。对于总投资收益的影响部分取决于债券持有期的长短，若债券持有到期，则主要面临再投资风险，若债券持有期较短，则主要面临由市场利率变化带来的资本损益风险。

当期收益率指债券年息与债券市场价格的比值，仅衡量利息收入所产生的收益，与票面利率不同的是，票面利率是发行人承诺支付的利息水平，以债券票面价值为基准，而债券当期收益率以债券市场价格为基准，当债券折价发行时，当期收益率高于票面利率；反之，当债券溢价发行时，低于票面利率；当债券平价发行时，两者相等。当期收益率并不能衡量因债券资本损益以及再投资收益产生的收益率水平。

在国内当前实际信用债交易中，债券收益率通常指债券的到期收益率，买卖双方谈妥债券的到期收益率后，通过债券现金流构建和到期收益率公式计算得到债券成交价格。需要特别注意的是，普通信用债现金流入时间和金额较为固定，债券到期收益率与价格对应，而ABS由于受到重点参数的影响，债券现金流入时间和金额不确定，相同到期收益率水平下，基于不同参数假设，债券价格可能会出现差异。

三、债券利差

债券利差可以衡量债券的相对投资价值，判断债券市场价格被低估还是被高估，根据不同的基准以及计算方法主要分为三种：名义利差（Nominal Spread）、静态利差（Z-Spread）以及期权调整利差（OAS）。

从对标基准曲线方面看，名义利差衡量债券到期收益率与同期限无风险利率的差异，静态利差是在无风险即期收益率曲线上增加的固定利差，期权调整利差是基于利率模型以及早偿模型，利用蒙特卡洛模拟计算出来的剔除期权风险的利差。从利差包含的风险要素方面看，名义利差和静态利差均包含信用风险、流动性风险以及期权风险，期权调整利差由于通过蒙特卡罗模拟构建债券不同行权情景下的现金流，剔除了期权风险的因素，只包含信用风险和流动性风险；从债券相对价值对比的方面来看，不含权的债券可通过对比静态利差或者名义利差来判断相对的投资价值，不含权债券与含权债券之间可通过对比不含权债券的名义利差或者静态利差与含权债券的期权调整利差来判断相对的投资价值[①]，实现固定收益产品资产大类的配置。

第二节　债券估值的作用

债券估值主要服务于两个目的：一是债券净值管理，对已经发生的债券投资产生的成本和收益进行核算，并达到风险控制的作用；二是投资决策，通过对债券价格的判断决定买入或是卖出操作；以净值管理为目的时，通常使用的是公允价格，以投资决策为目的时，通常使用的是内在价格。

一、债券估值的目的

在净值管理方面，净值管理是重要的债券投后管理重要组成部分，

① 由于不含权债券的名义利差或静态利差和含权债券的期权调整利差均只包含信用风险和流动性风险，因此可比较。

而净值管理需要对账户内资产进行估值，可以说估值是净值管理的核心。国内市场管理和监管方向长远来看趋向于净值化管理，资管新规中明确规定金融机构对资产管理产品应当实行净值化管理，净值生成应当符合企业会计准则规定，及时反映金融资产的收益和风险。国外市场净值化管理较为普遍，对于纯净值型投资者包含基金、券商自营和银行自营等，需要每日进行净值管理，净值变化直接反映在损益表中，对估值的依赖程度较高，对于持有到期型投资者包括银行资金配置和保险资金配置等，也会做阶段性净值管理，频率为每日或者每月。同时，在巴塞尔协议Ⅲ中，从风险管理的要求上也需要持有到期型投资者对账户内资产进行净值变动的估算。

在投资决策方面，投资者通过对债券价格、收益率水平以及利差的估计，确定债券价值以及相对价值，判断债券被高估或者低估，从而进行一级和二级市场的投资决策，实现固定收益市场不同产品的资产配置。

二、评估债券价格类型

基于估值目的的区别，需要评估的债券价格类型亦不相同。以净值管理为目的时，通常需要评估债券的公允价格；以投资决策为目的时，需要评估的是债券的内在价格。净值管理需要及时反映债券的收益和风险，债券的公允价格即“脱手价格”可以真实地反映债券的实际收益和风险，因此对债券进行净值管理时通常是对债券公允价格的评估。特别地，一般对于持有到期或信用风险和市场风险较小的债券，也可以直接使用成本价格；投资决策需要投资者基于对债券自身特性以及宏观基本面等因素的分析，评估债券未来大概率可能达到的价格，是与当前市场价格 / 公允价格相对的价格，如果评估出的价格高于市场价格 / 公允价格则买入，反之则卖出。因此以投资决策作为目的时，评估的是债券的内在价格（见图 19–2）。

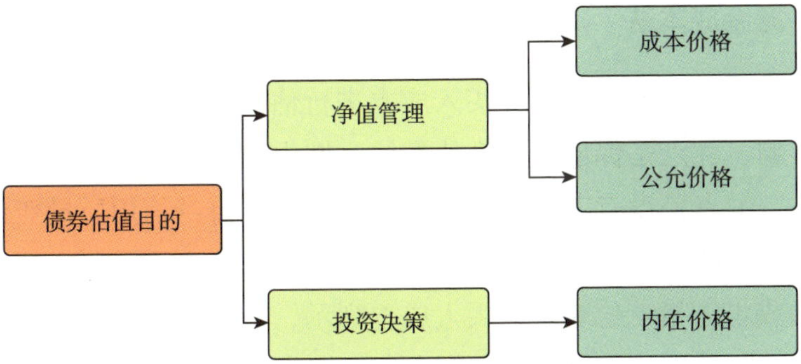

图 19-2　债券估值目的及其评估价格

（数据来源：中债资信整理）

第三节　债券估值的主要方法

债券的估值方法与债券的估值目的高度相关，以净值管理为目的，债券估值主要是用摊余成本法和公允价值计量法，摊余成本法根据债券买入价进行估值，没有考虑市场波动对债券净值的影响，导致债券价格可能大幅度偏离债券公允价格；而公允价值计量法充分考虑了当前市场情况以及债券自身资质变化，利于债券持有人进行风险控制，是较为提倡的债券估值方法；以投资决策为目的的，估值方法以估值技术法为主（见图 19-3）。

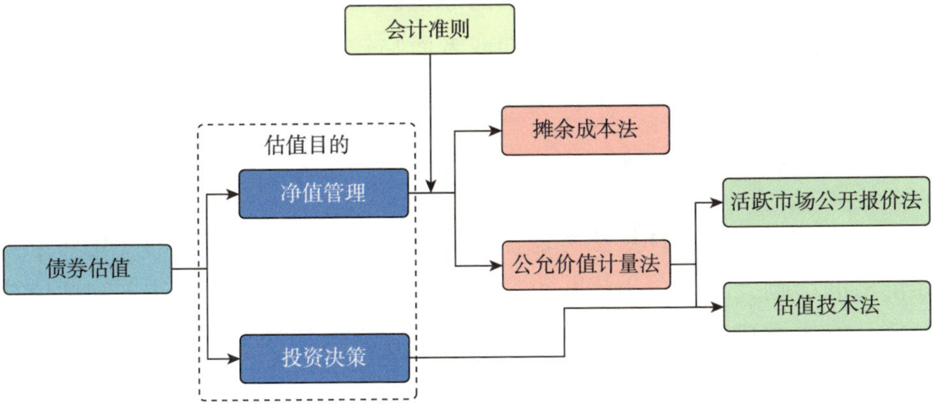

图 19-3　债券估值方法介绍

（数据来源：中债资信整理）

一、摊余成本法

摊余成本法本质是以债券买入成本进行估值，不考虑市场波动对债券价格的影响，优点是保证债券净值在持有期内维持增长，达到平滑债券净值的效果，缺点是没有考虑市场利率风险、债券自身信用质量变化等风险带来的净值波动，不利于投资者进行风险管理。

摊余成本法指计价对象以买入成本列示，按照票面利率或协议利率并考虑其买入时的溢价与折价，在剩余存续期内按实际利率[①]法摊销，确认利息收入并评估减值准备。简单来说，摊余成本法是将债券持有期票息收益，在考虑溢价与折价的前提下，在债券剩余期限内平均摊销，计提每日收益。进一步来看，摊余成本的本质在于债券净值增长的收益率采用的是债券初始购买时的实际利率，且保持不变。

然而，实际中估值时点的市场利率往往与债券购买时的实际利率发生偏离，导致以初始实际利率估值的债券净值会与市场公允价格发生较大偏离。如市场利率发生较大幅度的上行，债券市场价格下降，导致以摊余成本法计算的债券净值虚高；反之亦成立，如市场利率发生较大幅度的下行，债券市场价格上升，导致以摊余成本法计算的债券净值被严重低估。因此，虽然摊余成本法能够平滑债券净值并维持债券净值增长，但会忽略市场波动以及债券自身特性发生变化带来的净值波动风险，不利于投资者判断债券持仓风险。因此，一般持有到期或者面临较低市场风险以及信用风险的债券组合适用于摊余成本法，并需同时采用风险控制手段。

二、公允价值计量法

债券的公允价值计量法考虑债券市场以及债券自身资质的变化对于债券价格的影响，主要分为活跃市场公开报价法（也称收盘价法）和估值技术法，对于有活跃市场报价、流动性水平较高的债券来说，一般采用收盘

---

① 实际利率指在债券购买时点使债券未来现金流折现等于债券购买价格的到期收益率。

价进行估值；对于没有活跃市场报价、流动性较差的债券来说，一般采用估值技术法进行估值。

1. 活跃市场公开报价法

活跃市场公开报价法直接采用市场交易价格对债券估值。其中，场内市场交易债券的交易价格按照收盘价确定，场外市场交易债券的交易价格按照成交价确定。采用该方法需要对债券交易价格的公允性进行判断。对于流动性较高的债券，类似于股票，可以采用收盘价对债券进行估值，但同时需要考量债券市场交易价格的公允性，如果交易较少，不连续，或者没有交易量支撑，交易对手是关联方等都会造成债券市场交易价格与公允价格发生较大程度的偏离。

2. 估值技术法

估值技术法主要分为市场法和收益法（收益法主要指现金流折现法），对于有相同或者类似债券公开市场报价的债券可以采用市场法，对于没有自身和类似债券公开市场报价的债券可以采用收益法。其中，现金流折现法对债券估值较为普遍，根据风险的调整方式和采用的现金流类型，现金流折现法又可分为传统法和期望现金流法两类（见图 19–4）。

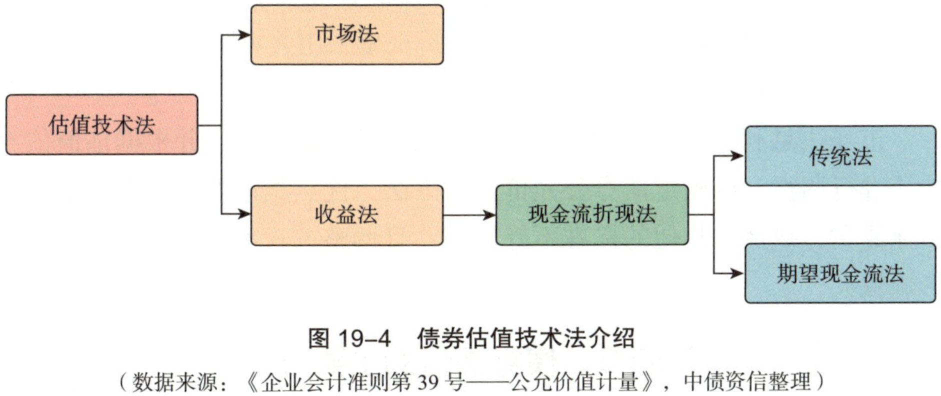

图 19–4　债券估值技术法介绍

（数据来源：《企业会计准则第 39 号——公允价值计量》，中债资信整理）

（1）收益法

收益法对于债券估值来说主要指现金流折现法，即债券未来现金流以合适的折现率进行折现确定债券价格的方法。优点是债券价格基于债券自身特征以及市场信息计算得到，较为准确反映债券价值；缺点是该方法基于模型的参数假设过多，不同参数假设可能造成估值差异较大，且与市场价格发生较大偏离。特别注意的是，使用收益法需要现金流和折现率一一对应，确保不对风险进行重复计量，根据风险的调整方式和采用的现金流类型，分为传统法和期望现金流法。其中，传统法是使用最有可能的现金流和经风险调整的折现率的方法，即债券现金流使用的是未来最有可能的现金流。对普通信用债来说，最有可能的现金流是合同中约定的现金流，即不考虑违约情况的本金和利息。对 ABS 来说，证券端最有可能的现金流是基础资产池基准情景下，通过现金流支付机制传导到证券端的现金流，是证券未发生违约的本金和利息，因此现金流折现所使用的折现率应该来自市场上交易的类似债券（信用级别、流动性等一致）的可观察收益率；期望现金流法是使用经过风险调整的各种情况现金流和无风险折现率的方法，即现金流使用的是以概率为权重计算的期望现金流扣除风险溢价。对普通信用债来说，现金流是考虑各种违约情景以及违约损失后对应各种证券现金流的期望值。对 ABS 来说，现金流是不同参数表现下的基础资产现金流，通过现金流支付机制传导到证券端的各种现金流所对应的期望值，由于该现金流中剔除了风险溢价，因此折现率采用无风险折现率。

（2）市场法

市场法是利用相同或相似的债券活跃市场交易价格，并根据估值债券特征进行调整，以确定债券公允价值的方法，优点是债券价格来源于市场实际成交，缺点是相似的标准不好确定，且调整方式不同，会对债券估值影响较大。

第四节　债券估值的主要方式

债券估值的方式主要分为内部估值和第三方估值，其中第三方估值利益中性，其估值结果较适合对公允价格进行估计；内部估值主要作为投资机构判断债券投资价值的方式，适合对内在价格进行估计。

对于国内来说，债券公允价格的估计要优先选择能够直接从市场中获得、代表公平交易基础上实际并经常发生的交易价格，如若不能，也可以采用第三方估值机构或者内部建立模型法等估值方式进行估计。

公允价格由第三方估值机构评估时，要对第三方估值机构的权威性、独立性以及专业性进行评估。第三方估值机构优点在于相较内部估值具有较强的信息优势，对市场上实际交易数据的可得性较高，在估值方法论和参数设置均较为合理的前提下，能够提供较为公允的估值坐标。缺点主要来源于三个方面：一是债券价格是交易产生的，外部估值机构作为非买卖方的第三方，其估值的权威性存疑；二是市场若采用单一来源的外部估值会降低市场交易的活跃程度，因为交易产生的根本原因在于买卖双方对价格有不同看法，买方认为成交价格相对较低，卖方认为成交价格相对较高，两方均认为交易对己方有利，如果统一采用外部机构估值，会消除交易利润空间，影响市场交易的源动力；三是长期使用外部机构估值会降低市场实际交易方的估值能力，不利于市场长远发展。因此，第三方估值更多作为会计计量的参考，而不是投资决策的主要判断标准。公允价格也可由内部评估，若采用内部估值模型法计算债券公允价值，要建立多元化的估值模型并对模型的数理严谨性及模型假设的合理性进行验证，并将模型估值与实际市场价值进行比较，持续对模型的有效性进行评估，及时修正模型。内部模型估值优点在于可以进行更全面深入的基本面分析，针对个券风险特异性进行调整，发掘市场错误定价机遇，判断相对投资价值；缺点在于模型有效性需要持续跟踪校正，估值较为主观，还可能由于利益冲突引发道德风险。因此内部估值更适合对债券内在价格进行估计，并以此作为投资决策的判断依据。

第二十章　我国 ABS 特征及对估值定价影响分析

第一节　我国 ABS 产品的特征

一、证券获付本金与利息的金额与时间受到现金流支付机制的影响，而证券现金流支付机制通常较为复杂

ABS 基础资产笔数通常较多，且现金流支付机制较为灵活多样，包括证券本金偿付方式、证券本金与利息偿付顺序、信用触发事件、流动性储备账户等。证券获付本金与利息的金额与时间会随着现金流支付机制的变化而不同。以工商银行发行的 RMBS 为例，优先级证券的偿付方式包括过手摊还、目标余额、固定摊还等，证券偿付方式多样。同时，RMBS 平均每个资产池的贷款笔数高达数万笔，能否准确计算基础资产产生的现金流以及精确还原现金流支付机制将直接影响证券端现金流构建的准确性（见图 20-1）。

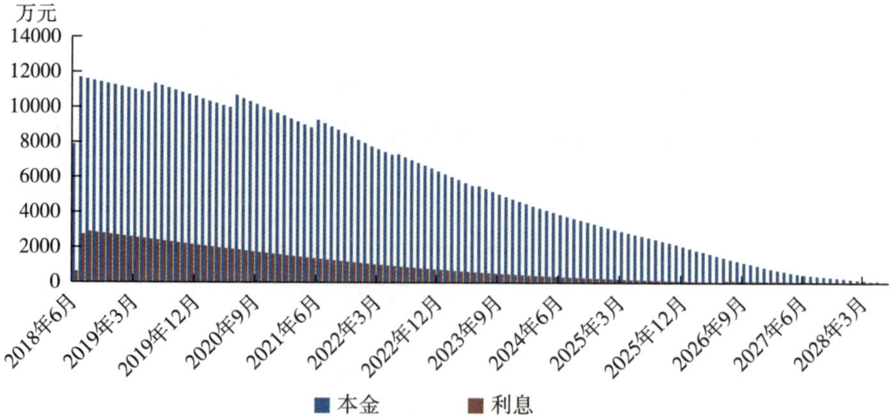

图 20-1　项目 A 基准情景下资产池本金和利息流入情况

（数据来源：中债资信整理）

二、证券每期均会获得本金偿付，且现金流分布较为均匀

以过手摊还型 ABS 为例，与信用债按期付息、到期还本不同，证券存续期内证券持有人会持续收到本金，且在存续期内分布较为均匀。如图 20–2 和图 20–3 所示，过手摊还型证券每期的现金流包括本金，而且本金占比较大。

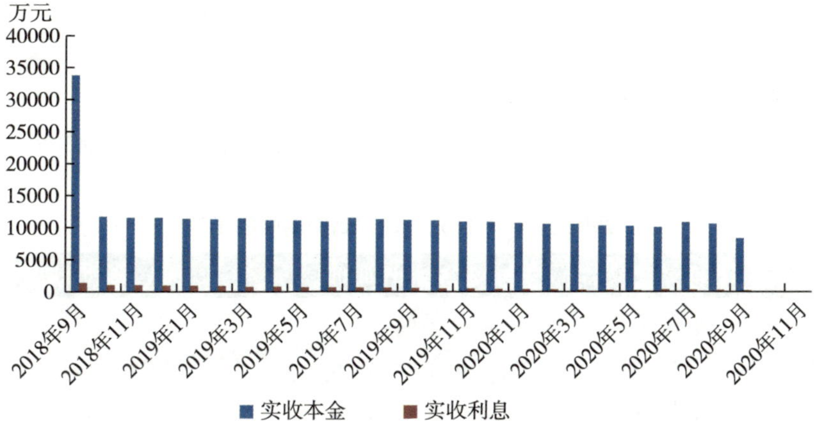

图 20–2　项目 A 基准情景下优先 A1 档本金和利息兑付情况

［数据来源：中债资信 ABS 平台（http：//tbs.chinaratings.com.cn）测算］

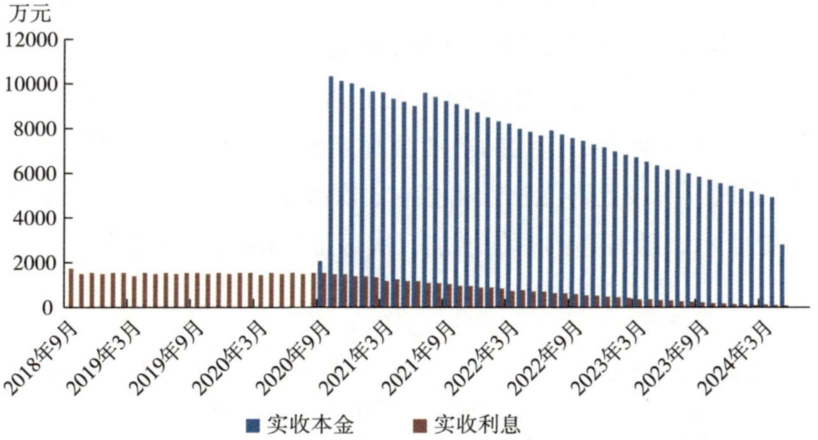

图 20–3　项目 A 基准情景下优先 A2 档本金和利息兑付情况

［数据来源：中债资信 ABS 平台（http：//tbs.chinaratings.com.cn）测算］

三、证券获付本金与利息的金额与时间受到重点参数的影响

重点参数主要包括基础资产违约率、早偿率、回收率、违约时间分布①以及与证券票面利率挂钩的基准收益率等，基础资产产生的现金流的金额与时间会受上述参数的影响，而基础资产现金流的变化又会通过证券现金流支付机制传导给证券，使得证券获付本金与利息的金额与时间也产生相应变化。仍以项目 A 为例，下面量化分析早偿率和违约率的变化对证券产生的影响。

1. 提前还款的增加可以缩短证券的期限

如表 20–1 所示，随着早偿率的增加，优先级证券的到期期限不断缩减。

表 20–1　　早偿率的变化对优先级证券到期期限的影响

情景假设	优先 A1 档到期期限	优先 A2 档到期期限
零违约零早偿	2021 年 6 月 26 日	2025 年 7 月 26 日
零违约 12% 年化早偿	2020 年 9 月 26 日	2024 年 5 月 26 日
极端情形（早偿率为 40%）	2019 年 4 月 26 日	2021 年 6 月 26 日

数据来源：中债资信 ABS 平台（http://tbs.chinaratings.com.cn）测算。

2. 基础资产违约风险越高，证券发生违约的可能性越大，由于存在优先次级的分层结构，违约会加速降低次级证券内部收益率

对于优先级证券，违约控制在一定程度内，仍能够保持本金与利息的偿付。但对于次级证券，违约的增加会直接导致次级证券内部收益率降低。在违约过高时，次级证券无法获得偿付，次级证券的投资者承受全部损失。如表 20–2 所示，随着违约率的增加，次级证券的内部收益率加速下降。

① 违约率描述的是因基础资产对应的借款人逾期甚至违约，造成基础资产实际收到的现金流金额小于预期收到的现金流金额的程度，是基础资产面临信用风险大小的衡量指标；回收率描述的是违约的基础资产回收的本金金额占违约基础资产本金余额的比例，回收率越高，可以在一定程度上缓解因基础资产违约造成的基础资产现金流的损失程度；早偿率描述的是证券基础资产对应的借款人因发生提前偿付行为，基础资产实际收到的现金流速度大于预期收到的现金流速度的程度。

表 20-2　　违约率的变化对次级档收益率的影响

情景假设（基准早偿）	次级证券内部收益率	剩余期限
零违约	8.13%	2.50
基准违约（违约率为 2%）	4.41%	2.52
违约率为 4%	-2.00%	2.58

数据来源：中债资信 ABS 平台（http://tbs.chinaratings.com.cn）测算。

第二节　我国 ABS 特征对估值定价的影响

一、现金流支付机制复杂，需要精确的现金流模型计算证券获付本金与利息的金额与时间

ABS 现金流支付机制较为复杂，为了准确计算基础资产产生的现金流以及最大限度还原证券的现金流支付机制，需要精确的现金流模型的支持。如果市场参与者使用的现金流模型不一致，则会导致即使在相同的资产池现金流入、估值收益率以及使用相同折现方法的情况下，计算的证券价格却不相同，且可能存在较大差异。以工元 2018 年第 5 期优先 A2 档证券为例，在零违约零早偿的情景假设下，A 工具、B 工具和中债资信的估值工具得到的价格结果均不相同。在定价结果方面，在相同的估值收益率的设定下，B 工具计算的价格结果最高，中债资信计算的价格与 A 工具更为接近，详情见表 20-3、表 20-4。

表 20-3　　输入参数情况

参数设置	取值
交易日期	2018/11/27
基准贷款利率	4.90%
早偿率	0
违约率	0
严重度（损失率）	70%
回收率	30%
到期收益率	5.00%

数据来源：中债资信整理。

表 20-4　　A 估值工具、B 估值工具和中债资信估值结果

工具类别	输出项	18 工元 5A2
A 估值工具	全价	100.6457
B 估值工具	全价	101.2700
中债资信估值工具	全价	100.7560

数据来源：中债资信整理。

二、静态利差法相较到期收益率法更适合用于计算 ABS 价格；两个方法计算出的价格存在一定差异

到期收益率法假定各个期限的估值收益率相同，其优点是计算简单、明了，有利于快速计算证券的价格。但该方法假设证券各个时间点估值收益率相同，未考虑不同期限结构的现金流对应的估值收益率的差异，不同期限结构的估值收益率差异越大，使用该方法估值的结果相对于采用各个期限真实估值收益率折现计算出的价格差异就越大。尤其对于剩余期限较长且证券存续期现金流入较为持续且均匀的证券，其价格计算的准确性受到的影响更大。ABS 期限相对较长且过手型证券每期都会有部分本金偿还，如果也使用到期收益率法，则在定价中不能较好体现每期摊还本金对价格的影响以及不同期限结构对应不同估值收益率的客观现实。因此 ABS 更适合用对不同期限的现金流采用不同的估值收益率的方法，即静态利差法进行定价。

举例来说，我们分别构建前多后少、前少后多、前后一致三种现金流形态的证券（以下分别简称“证券 1”“证券 2”“证券 3”），每个证券又分别使用估值收益率相当的到期收益率法与静态利差法计算证券价格，进而展示在证券现金流一致、估值收益率相当[①]的情况下，使用不同折现

① 本章对两种方法估值收益率“相当”的定义为，静态利差法使用的即期收益率是由面值到期收益率曲线计算得到。根据固定收益常用做法，通过脱靴法将面值到期收益率曲线转化为即期收益率曲线。

方法导致计算出的证券价格的差异。其中，证券 1、证券 2、证券 3 三只证券的基本情况如表 20-5 所示。

表 20-5 证券基本情况

证券特征	证券 1	证券 2	证券 3
还本付息方式	利息按期支付，本金按期过手摊还	利息按期支付，本金到期一次性支付	等额本息方式偿还利息与本金
证券初始本金（万元）	760700	100000	100000
证券票面利息（%）	4.90	4.90	4.90
证券加权平均剩余期限（年）	4.22	10.00	5.45

数据来源：中债资信整理。

如表 20-6 所示，对于期限较长且每期持续有本金偿付的证券来说（证券 1、证券 3），使用不同折现方法计算出的价格差距较大；而对于按期付息到期一次性还本证券来说（证券 2），使用不同折现方法计算出的价格差距较小。ABS 的现金流形态与证券 1 更为接近，而信用债的现金流形态与证券 2 更为接近，因此 ABS 用静态利差法进行折现计算价格相对更为合理。

表 20-6 估值方法对价格影响

现金流形态	证券 1	证券 2	证券 3
使用方法	到期收益率法：4.17 静态利差法：相当	到期收益率法：4.67 静态利差法：相当	到期收益率法：4.40 静态利差法：相当
价格差距（bp）	96.95	10.85	75.99

数据来源：中债资信整理。

三、重点参数估计的准确性通过影响证券获付本金与利息的金额与时间，影响 ABS 估值定价的准确性

基础资产产生的现金流的金额与时间会受到重点参数影响而发生变化，而基础资产现金流的变化又会通过证券现金流支付机制传导给证券，

使得证券获付本金与利息的金额与时间也产生相应变化，进而对证券的估值产生影响。通常来讲，影响 ABS 估值的重点参数主要包括违约率、早偿率和回收率。具体来说，重点参数估计准确性主要体现在两个方面：一是重点参数计算公式；二是重点参数在现金流模型构建过程中的运用方法。

1. 重点参数计算公式

重点参数计算公式不同，会导致计算结果存在一定差异。以早偿率为例：目前主要有三种早偿率计算方法，分别为公式一、公式二和公式三。

公式一：年化早偿率

$$\text{累计早偿率}=\frac{\text{累计早偿金额}}{\text{期初未偿本金}}$$

$$\text{年化早偿率}=1-(1-\text{累计早偿率})^{\left(\frac{12}{\text{发行期数}}\right)}$$

公式二：当月早偿率 = 当月早偿本金 / 当月期初未偿本金，然后再年化

公式三[①]：

$$SMM_t=\frac{(\text{部分早偿额}_t+\text{全额早偿额}_t)}{\text{月初本金余额}_t-\text{当月计划偿还本金金额}_t}$$

$$CPR=1-(1-SMM_t)^{12}$$

以 2017 年“建元”RMBS 系列为例，使用不同的计算公式对相同的早偿数据进行计算，B 估值工具（使用公式一）和中债资信计算的年化早偿率存在一定的差异（见表 20-7）。

表 20-7　　2017 年“建元”RMBS 系列早偿率对比

项目	B 估值工具	中债资信
建元 2017-1	7.10%	7.11%
建元 2017-2	6.77%	7.00%
建元 2017-3	9.75%	9.77%
建元 2017-4	8.54%	9.45%
建元 2017-5	8.85%	9.83%

① 由于部分项目数据缺失等问题，月早偿率的分母存在当月计划偿还本金缺失的情况。

续表

项目	B 估值工具	中债资信
建元 2017-6	7.52%	8.60%
建元 2017-7	5.87%	7.47%
建元 2017-8	5.59%	8.57%
建元 2017-9	5.27%	7.88%

注：数据更新日期为 2018 年 8 月底。

数据来源：中债资信整理。

2. 重点参数在现金流构建过程中的运用方法

在现金流构建过程中，由于重点参数的运用方法的不同，会导致相同的参数及其他输入项下，计算出的证券现金流差异较大。以项目 C 和项目 D 为例，两单项目基础资产特征和交易结构设计类似、次级证券厚度接近，分别由券商 A 和券商 B 进行现金流测算，项目基础资产、证券信息见表 20-8、表 20-9、表 20-10。

表 20-8　　两单项目基础资产池对比

对比项目	项目 C	项目 D
初始起算日	2017/7/1	2017/7/1
贷款笔数	67818	69710
借款人户数	67793	69681
资产池未偿本金余额（万元）	1272574.18	1305150.90
资产池合同金额（万元）	1842300.80	1886064.33
单笔贷款最大未偿本金金额（万元）	443.43	466.67
单笔贷款平均本金余额（万元）	18.76	18.72
加权平均贷款利率（%）	4.92	4.94
加权平均剩余期限（年）	7.2	7.18
入池贷款最长到期期限（年）	10	10
入池贷款最短到期期限（年）	0.42	0.42
加权平均贷款合同期限（年）	10.46	10.4
资产池加权平均账龄（年）	3.26	3.22
入池贷款最长账龄（年）	16.42	16.5

续表

对比项目	项目 C	项目 D
入池贷款最短账龄（年）	0.5	0.5
加权平均初始贷款价值比（%）	59.34	59.21
加权平均借款人年龄（岁）	40.81	40.84
入池贷款加权平均回收率（%）	62.16	59.27

数据来源：中债资信整理。

表 20-9　　项目 C 证券情况

分层	偿付模式	金额（万元）	总量占比（%）	票面利率	主承销商预期到期日	中债预期到期日
优先 A1 档	过手型	566600.00	44.52	浮动利率	2019/8/26	2019/9/26
优先 A2 档	过手型	578800.00	45.48	浮动利率	2022/3/26	2023/7/26
次级	—	127174.22	9.99	—	2027/7/26	2027/7/26

数据来源：中债资信整理。

表 20-10　　项目 D 证券情况

分层	偿付模式	金额（万元）	总量占比（%）	票面利率	主承销商预期到期日	中债预期到期日
优先 A1 档	过手型	401000.00	30.72	浮动利率	2018/12/26	2018/12/26
优先 A2 档	过手型	775000.00	59.38	浮动利率	2023/6/26	2023/6/26
次级	—	129150.90	9.90	—	2027/7/26	2027/7/26

数据来源：中债资信整理。

发行说明书中显示早偿率假设均为 10%，但是由于券商 A、券商 B 对早偿率的使用方法不同，使得算出的优先 A2 档的预期到期日相差 1.25 年。中债资信使用相同的早偿率以及基准现金流，计算得到的证券预期到期日与券商 B 计算结果更为接近，如表 20-11 所示。

表 20-11　项目 C 和项目 D 优先 A2 档的预期到期日（基于 10% 的早偿率假设）

日期	项目 C	项目 D
主承预期到期日	2022/3/26	2023/6/26
中债预期到期日	2023/7/26	2023/6/26

数据来源：中债资信整理。

第三节　提高资产支持证券估值准确性的建议

一、建议使用静态利差法计算资产支持证券价格

由于 ABS 期限较长且证券存续期通常持续存在本金偿还的现金流，使用静态利差法即根据证券现金流的期限结构选用不同的估值收益率进行折现，可以更准确地计算资产支持证券的价格。

二、建议深入开展符合我国国情的 ABS 重点参数研究，并在实践中不断总结完善，提高现金流预测的准确性

从静态池、动态池、资产池、发行时点、存续期数据入手，联合发起机构、评级机构、信托机构、投资机构等市场主要参与方力量，重视早偿、违约、回收等参数的研究，不断检验并提升重点参数预测模型的准确性。重点参数研究以早偿模型、违约模型、回收模型为主，通过历史数据建立相关预测模型，结合个券基础资产情况以及存续期的实际表现，形成对个券的重点参数估计和不断校准。

三、建议使用计算精确的估值工具进行估值定价，以精确计算 ABS 基础资产现金流以及准确还原证券现金流支付机制

ABS 的基础资产产生的现金流是证券本金与利息最主要的偿付来源，而证券现金流支付机制决定了基础资产产生的现金流流向证券的金额与时间，因此只有同时准确计算基础资产现金流以及还原证券现金流支付机制，才能精确估计证券现金流水平，进而准确计算证券价格。建议使用贴合业务实际、计算性能强大、证券交易结构适用性高的估值工具提升 ABS 估值定价的准确性。

第二十一章　ABS 市场价格与内在价格差异研究

第一节　ABS 市场价格与内在价格差异来源及其影响

ABS 市场价格与内在价格存在差异主要是因为 ABS 本身特征与一般信用债不同[①]，但投资者依然沿用一般信用债的定价方法。具体来看，中债资信基于 ABS 估值定价特点将主要影响 ABS 市场价格和内在价格的因素分为两大类，分别为内含特质和常识规则。其中，ABS 内含特质相对主观，依赖投资者的判断，且判断不同，内在价格差异较大，往往造成市场价格与内在价格的长期偏离，进而创造交易机会，具体影响因素主要包括基础资产重点参数假设和证券信用风险水平。ABS 常识规则相对客观，在不同投资者之间不存在较大分歧。因此长期来看，随着市场不断成熟与投资者对 ABS 的深入理解，不会造成 ABS 市场价格与内在价格的持续偏离，具体影响因素主要包括现金流支付机制和现金流折现方法，如表 21-1 所示。

表 21-1　ABS 市场价格与内在价格差异来源及影响

影响因素类别	具体影响因素	分析	对证券市场价格与内在价格长期偏离的影响程度
证券内含特质	基础资产重点参数假设	重点参数影响基础资产现金流入的时间和金额，通过现金流支付机制传导到证券端，对重点参数估计的不同直接影响 ABS 本息支付时间与金额，进而影响投资者对证券收益率的判断	影响较大
	证券信用风险水平	ABS 信用风险水平的不同，影响投资者对 ABS 信用风险利差的判断	影响较大

① 中债资信在《我国 ABS 特征及对估值定价影响分析》小节中对 ABS 的特点进行了详细描述。

续表

影响因素类别	具体影响因素	分析	对证券市场价格与内在价格长期偏离的影响程度
证券常识规则	现金流支付机制	现金流引擎对 ABS 复杂交易结构的还原程度决定预测证券端现金流出的准确性	影响较小
	现金流折现方法	ABS 存续期内现金流分布较为均匀，更适合用静态利差法折现	影响较小

数据来源：中债资信整理。

一、ABS 内含特质

ABS 内含特质指 ABS 本身具有的独特性质，相对较为主观，依赖于投资者的判断，投资者的判断不同，其对证券内在价格的估计往往差异较大，因此会造成 ABS 市场价格 / 公允价格与内在价格持续发生偏离，但也因此产生了更多二级市场交易可能性。

内含特质之一是基础资产的重点参数假设，基础资产的重点参数假设会导致计算的 ABS 本息兑付时间与金额产生区别，是否设置以及如何设置均影响证券内含价格的估计。重点参数主要包括违约率、早偿率、回收率以及违约时间分布，重点参数预期不同会影响基础资产端预期现金流流入的时间与金额，并通过现金流支付机制影响 ABS 本金与利息的支付金额与时间。而证券的期限预期不同，会进一步影响投资者对证券收益率的判断，从而影响 ABS 价格的估计。以早偿率为例，较高的早偿率会在市场利率下行的时候，增加证券的再投资风险，证券提前收到的本金只能以较低的市场利率进行再投资，影响证券收益水平，降低证券价格。同时早偿率会加速获付 ABS 本金的速度，缩短证券的存续期限，期限较短的证券通常面临更低的信用风险与流动性风险。

内含特质之二是证券信用风险水平，投资者对 ABS 信用风险的认识不同，影响其对 ABS 信用利差的评估，进而影响证券内含价格的估计。ABS 的信用风险指 ABS 本金和利息未能按交易文件规定的时间与金额兑付的风险，对证券信用风险的判断会直接反映在证券收益率中的信用风险溢价上，证券信用风险越高，对应的信用风险利差越高。理论上说，ABS的信用风险可以通过信用评级来评价，相同信用级别的证券具有类似的违约风险水平，所需的信用风险溢价应在一定程度内波动，但投资者对同一证券的信用级别的判断会与信用评级机构给出的级别存在差异，导致ABS的市场价格与内在价格发生偏离。

二、ABS常识规则

ABS常识规则是指ABS客观存在的特征，是投资者之间的普遍共识。随着投资者对ABS认识加深以及市场基础设施建设不断完善，因常识规则导致的市场价格与内在价格的偏离会逐步消失。

常识规则之一是现金流支付机制，ABS本金与利息支付机制还原不准确造成证券市场价格与内在价格发生偏离。ABS的本金与利息支付机制是在证券初始发行时约定的，主要包含证券本金偿付方式、证券本金与利息偿付顺序、信用触发事件、流动性储备账户等。现金流引擎能否对其进行准确的还原，直接影响证券现金流的时间和金额，从而影响证券价格的估计。与一般信用债相对较为简单与固定的证券现金流相比，ABS本金与利息支付顺序灵活多变，如果不能准确还原相关现金流支付机制，即使使用相同的收益率，也会因为证券现金流不同导致证券市场价格与内在价格存在差异。

常识规则之二是现金流折现方法，ABS现金流折现方法选择不恰当会导致证券公允价格与内在价格发生偏离。ABS存续期内每期均有现金流流入，分布较为均匀，与一般信用债价格主要受最后一期现金流影响不同的是，ABS每一期现金流的测算和收益率的选择均会影响证券价格，而到期收益率法假设证券各个时间点收益率相同，未考虑利率的期限结构，实际上不同期限结构对应的收益率差异较大，导致在利率曲线上倾的情况下，短期现金流价值被低估，长期现金流价值则被高估，影响证券估值的准确性。因此，需要对不同期限的现金流采用不同的估值收益率，即用静态利差法进行定价。如果选择不恰当的现金流折现方法，即使证券现金流出相同的情况下，也会因为收益率不同导致证券市场价格与内在价格发生偏离。

第二节 ABS 价格与内在价格差异实证分析

我们发现目前市场上对 ABS 市场价格的估计由于对基础资产重点参数假设和证券信用风险水平判断的差异，导致与证券内在价格发生较大程度的偏离，同时由于现金流支付机制的还原程度不同，现金流折现方法选择不同，各家机构对证券估值的准确性存在差异。

一、内含特质一：基础资产重点参数假设

重点参数对 ABS 本息兑付时间与金额的影响较大，但是主要第三方估值机构对 ABS 市场价格的估计很多是基于零违约零早偿的假设[①]，导致与证券内在价格发生偏离，如果采用第三方估值机构估计价格交易，可获得超额收益。

我们分别在中债资信零违约零早偿假设和基准情景假设下，采用市场上估值机构披露的到期收益率对现金流进行折现，对比发现，零违约零早偿假设下的证券估值与估值机构估值结果非常接近，平均差值为 -0.06，远小于基准情景假设下的平均差值 0.70（见表 21-2）。由此可见，估值机构的参数假设很有可能是零违约零早偿，而此种现金流构建方法缺乏对于早偿、违约以及回收的考量，使得估算的资产端现金流入与实际产生较大偏差，通过现金流支付机制的传导，影响证券端现金流的准确性，导致以此估计得到的证券市场价格与内在价格发生偏离。

① 2020 年 8 月 17 日后，主要第三方估值机构调整了估值模型和方法，对部分基础资产开始考虑早偿率的影响。

表 21-2　　不同情景假设下估值结果对比

单位：元

证券简称	到期收益率（%）（估值机构）	证券估值全价（估值机构）	证券估值全价（零违约零早偿＋估值机构到期收益率）	估值全价差额	证券估值全价（中债资信基准情景＋估值机构到期收益率）	估值全价差额
18 工元 4A1	3.63	67.25	67.28	（0.02）	66.81	0.44
18 工元 4A2	4.32	104.85	104.97	（0.12）	103.42	1.43
18 工元 6A1	3.73	72.67	72.70	（0.03）	72.30	0.37
18 工元 6A2	4.42	103.87	103.97	（0.10）	102.89	0.97
18 工元 7A1	3.78	74.19	74.20	（0.01）	73.97	0.22
18 工元 7A2	4.44	103.01	103.09	（0.08）	102.25	0.76
均值				（0.06）		0.70

注：此表对比的是 2019 年 1 月 8 日估值机构披露的证券估值全价与中债资信在零违约零早偿假设以及基准情景假设下构建的证券端现金流以估值机构披露的到期收益率进行折现得到的证券估值全价。

数据来源：Wind、中债资信 ABS 平台（http：//tbs.chinaratings.com.cn）测算。

进一步看，如果在估值时点，以第三方估值价格成交，由于市场价格和内在价格的差距，可以获得超额收益。具体来说，在整体宏观利率处于下行通道的背景下，证券票面利率通常高于其估值收益率，早偿的金额只能以较低的市场利率进行再投资，因此即使使用的估值收益率相近，同一支证券，早偿率越高，其面临的再投资风险就越大，基于零违约零早偿假设下估计出来的证券市场价格相对内在价格高估程度越大，此时采取以市场价格卖出证券的方式，就能获得一定的超额收益。相反，在整体宏观利率处于上行通道的背景下，证券票面利率通常低于其估值收益率，基于零违约零早偿假设下估计出来的证券市场价格相对内在价格被低估，此时采取以市场价格买入证券的方式，就能获得一定的超额收益，如表 21-3 所示。

表 21-3　　市场价格与内在价格偏离获得超额收益方法示例

单位：元

证券简称	估值机构估计的市场到期收益率	估值机构估计的市场价格	证券估值全价（中债资信基准情景 + 估值机构到期收益率[①]）	市场价格高估/低估[②]	操作方式	超额收益
18 工元 4A1	3.63	67.25	66.81	高估	卖出	0.44
18 工元 4A2	4.32	104.85	103.42	高估	卖出	1.43
18 工元 6A1	3.73	72.67	72.30	高估	卖出	0.37
18 工元 6A2	4.42	103.87	102.89	高估	卖出	0.97
18 工元 7A1	3.78	74.19	73.97	高估	卖出	0.22
18 工元 7A2	4.44	103.01	102.25	高估	卖出	0.76

数据来源：Wind、中债资信 ABS 平台（http://tbs.chinaratings.com.cn）测算。

二、内含特质二：证券信用风险水平

市场上部分期限与级别相当的消费贷 ABS 和车贷 ABS 发行利率和利差存在一定分化，而实际 ABS 信用表现与发行利差较低项目相似，部分消费贷 ABS 和车贷 ABS 存在信用风险被高估、市场价格相对内在价格被低估的情况，择机认购可以获得超额收益。

市场上不同发起机构发行的相同期限、相同级别的消费贷 ABS 和车贷 ABS 发行利差差异较大。我们整理了从 2017 年至 2020 年 6 月末，一年期以内 AAA 级别的消费贷 ABS 和车贷 ABS 发行利差及发行利率情况，发现不同发起机构发行的 ABS 发行利率和利差差异较为明显（见

① 理论上，基准情景与零违约零早偿情景下 ABS 期限不同，对应的到期收益率不同，此处为对比基于市场上估值机构提供的到期收益率进行交易所能获得的超额收益水平，采用相同的到期收益率假设。

② 2019 年初，利率处于下行通道，估值收益率均低于优先级证券票面利率，采用零违约零早偿假设会高估证券价格。

图 21-1、图 21-2）。消费贷 ABS 中，发起机构为非银行系消费金融公司的 ABS 发行利率和利差明显高于发起机构为银行及银行系的消费金融公司发行的 ABS。2017 年、2018 年以及 2019 年消费金融公司 ABS 平均发行利差分别高于银行系 ABS 104.53bp、121.95bp 和 73.5bp[①]。车贷 ABS 中，发起机构为内资汽车金融公司的 ABS 发行利率和利差较高，发起机构为银行系和合资及外资汽车金融公司的 ABS 发行利率及利差较低。内资汽车金融公司如奇瑞徽银汽车金融 2019 年共发行 4 单 1 年期以内 AAA 级证券，平均发行利率为 4.07%，平均利差为 151.06bp，为 2019 年最高。银行系如平安银行，外商合资汽车金融公司如吉致汽车金融发行的 1 年期以内 AAA 级证券的发行利率和利差较低，两家机构 2019 年分别发行 1 单和 3 单项目[②]，平均发行利率分别为 3.33% 和 3.10%，平均发行利差分别为 72.07bp 和 50.68bp。

不同发起机构发行的 ABS 利差差异明显，本质上是投资者对不同发起机构发行的相同期限、相同级别的 ABS 的信用风险判断不同。ABS 利差衡量的是 ABS 风险溢价水平，主要包括信用风险、流动性风险以及期权风险溢价。对于 ABS 来说，流动性均较低，期权风险较难剥离，因此不同发起机构的 ABS 发行利差差异较为明显，主要源于投资者对不同发起机构发行的 ABS 的信用风险溢价要求不同，其本质是投资者对不同发起机构发行的相同期限、相同级别的 ABS 的信用风险判断不同，认为主体资质较弱、历史违约率较高，如消费金融系 ABS 的信用风险较高，所需的信用风险溢价更高，而主体资质较强、历史表现较好，如银行系 ABS 的信用风险较低，所需的信用风险溢价更低。

---

① 截至 2020 年 6 月末未发行银行系消费贷项目。

② 每单项目均包含优先 A1 档和优先 A2 档证券。

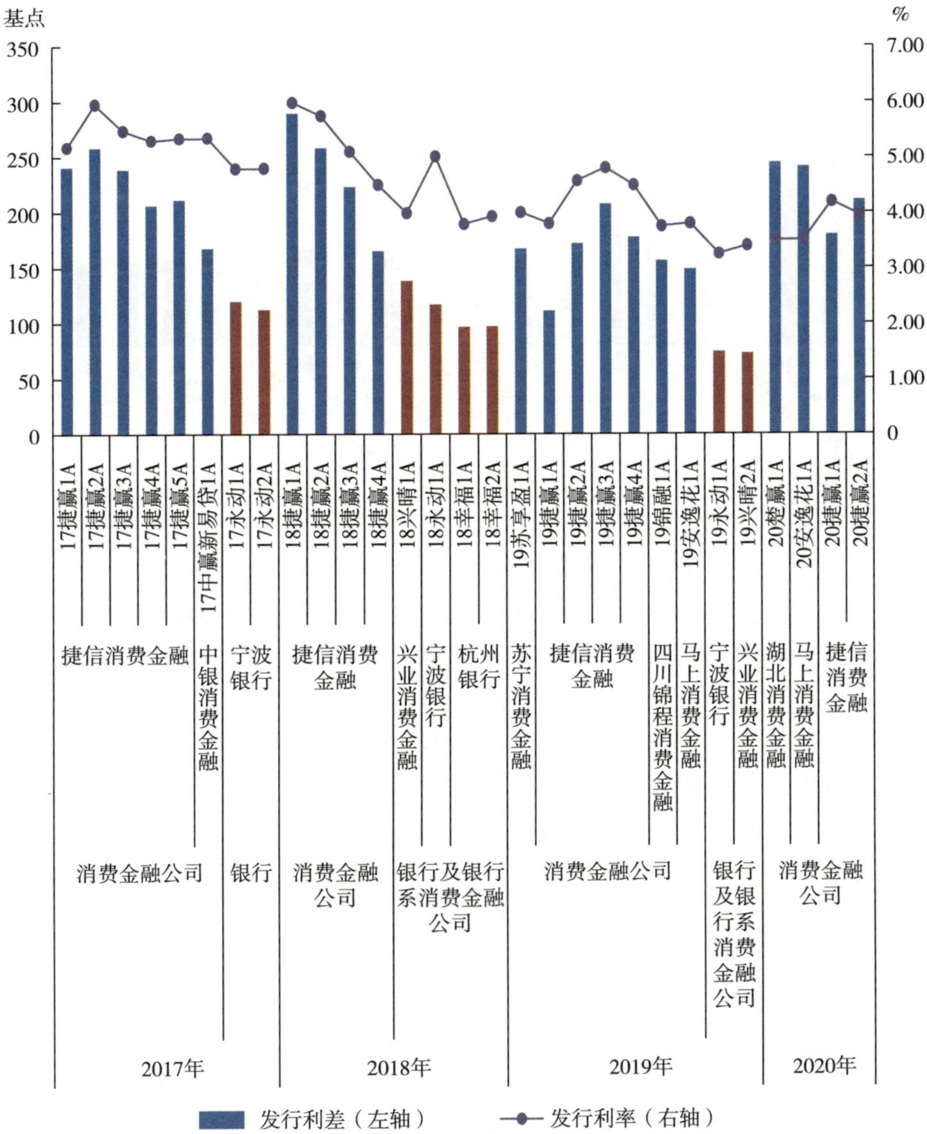

注：利差指发行利率与同期限国开债到期收益率曲线的利差，下图同。

图 21-1　1 年期以内 AAA 级消费贷 ABS 发行利率及利差走势

［数据来源：中债资信 ABS 平台（http: //tbs.chinaratings.com.cn），中债资信整理］

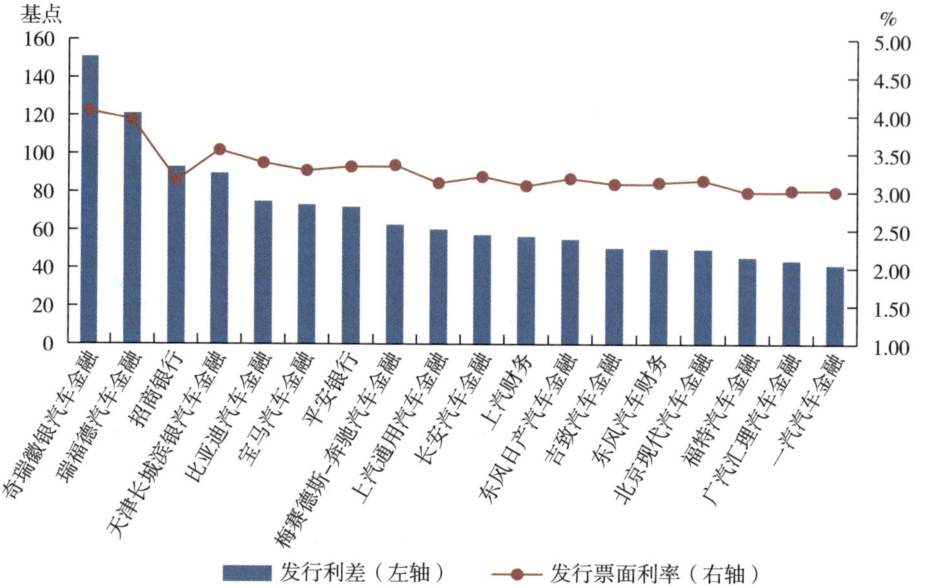

图 21-2　2019 年 1 年期以内 AAA 级车贷 ABS 发行利率及利差情况

［数据来源：中债资信 ABS 平台（http：//tbs.chinaratings.com.cn），中债资信整理］

然而，从实际情况看，由于结构化分层，通过劣后级证券的信用增级，相同级别相同期限的 ABS 优先级证券面临的信用风险类似。同时，已经清算项目的资产池累计损失率[①]均未超过次级证券占比，部分发行利差较高项目次级证券对资产池累计损失覆盖倍数与发行利差较低项目相似，获得中债资信相同信用级别的 ABS 信用风险类似。相同级别的优先级证券是基于相同违约概率假设下对基础资产池进行分层得到的，基础资产池信用质量较低时，相同级别优先级证券所需承受的资产池违约比率较高，相应的次级证券占比较高，而资产池信用质量较高时，相同级别优先级证券所需承受的资产池违约比率较低，相应的次级证券占比较低。基础资产池的信用质量差异通过次级证券的占比高低来调节，使得相同级别的

① 资产池累计损失率 = 资产池实际违约率 ×（1- 评级时点回收率），此处用中债资信评级时点回收率作为资产池回收率的近似计算。

优先级证券具有相似的信用风险。从已经清算的消费贷 ABS 项目来看，消费金融系发起机构的存续期累计违约率相比银行系发起机构较高，同时次级证券和夹层的初始占比也相应较高（见图 21-3）。从已经清算项目的资产池累计损失率来看，资产池累计损失率均未超过次级证券占比，且差距明显，次级证券对于优先级证券的保护距离较大。消费贷 ABS 项目资产池存续期内累计违约率较高，最高一单是发起机构为消费金融公司的捷赢 2017-4，该项目累计违约率为 9.25%，累计损失率为 4.81%，次级证券占比 13.85%，对累计损失的覆盖倍数为 2.88。发起机构为银行系的交元 2018-3 累计违约率为 2.52%，累计损失率为 2.02%，次级证券占比 6.27%，对累计损失的覆盖倍数为 3.10，与捷赢 2017-4 相似。车贷 ABS 项目资产池存续期内累计违约率普遍较低，发起机构为内资汽车金融公司的瑞泽 2017-1 累计违约率为 0.63%，累计损失率为 0.40%，次级证券占比 13.38%，对累计损失覆盖倍数为 33.71，与发起机构是银行系和外资汽车金融公司的项目覆盖倍数相似，安行 2018-1 和华驭 2016-4 次级证券对资产池累计损失的覆盖倍数分别为 35.05 和 31.78（见图 21-4）。

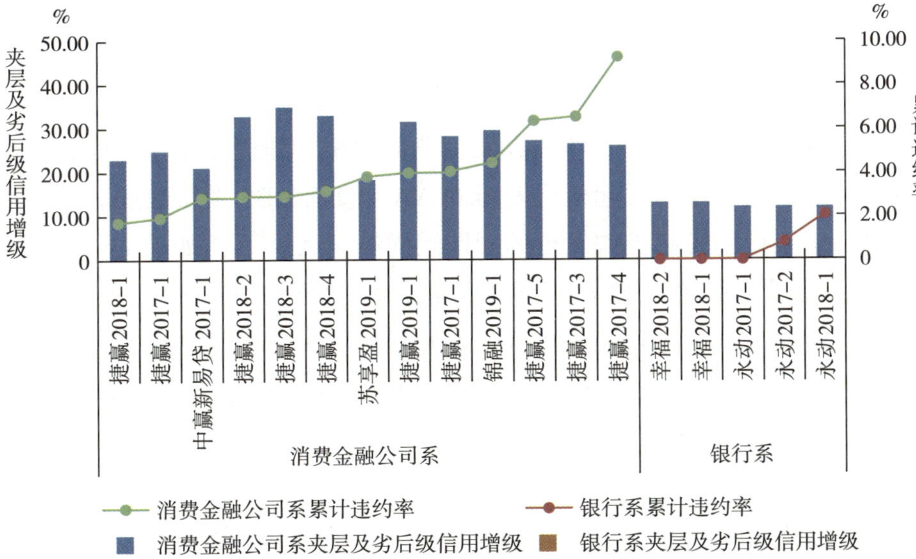

图 21-3　消费贷 ABS 已清算项目累计违约率与夹层及劣后级信用增级对比

［数据来源：中债资信 ABS 平台（http://tbs.chinaratings.com.cn），中债资信整理］

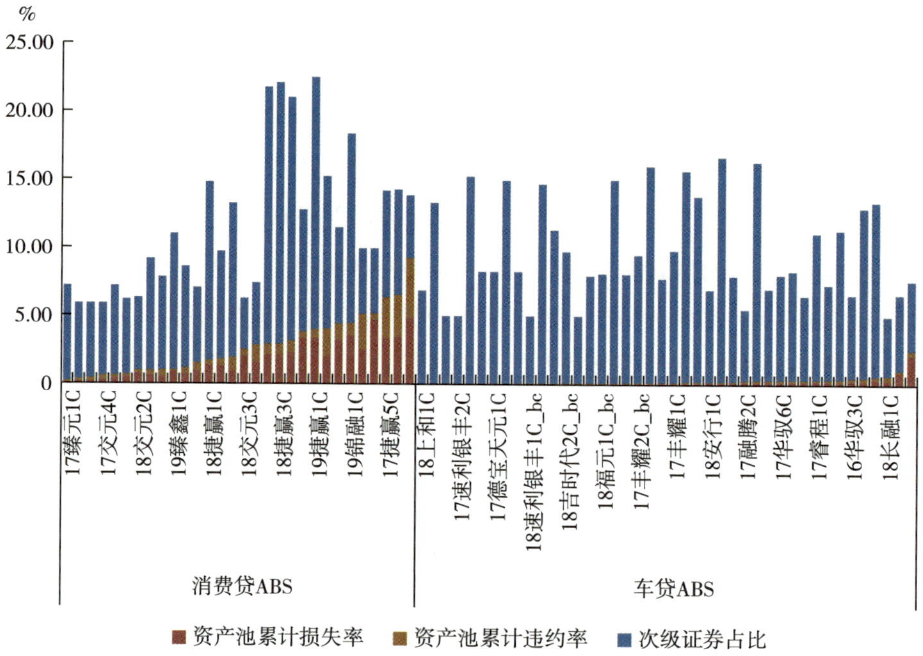

图 21–4　部分已清算项目资产池累计违约率、累计损失率与次级证券占比

［数据来源：中债资信 ABS 平台（http：//tbs.chinaratings.com.cn），中债资信整理］

如果在证券发行时点，平价认购部分消费贷 ABS 和车贷 ABS，由于市场价格相对内在价格被低估，可以获得更高收益。以消费贷 ABS 为例，优先级证券均为平价发行，即证券发行票面利率与估值收益率相同，消费金融公司系如捷信作为发起机构发行的 AAA 级别 ABS 发行票面利率和利差明显高于银行系发起机构发行的同期限同级别 ABS。而如前文所述，相同期限、相同级别的 ABS 信用风险类似，因此捷信发行的 AAA 级 ABS 的信用风险被高估，导致证券市场价格相对内在价格被低估，若以现行票面利率水平发行，证券应溢价发行，因此平价认购，可以获得更高收益。

三、常识规则一：现金流支付机制

ABS 交易结构复杂，需要较为完善的现金流引擎来还原现金流支付机制，目前市场上第三方估值机构对于现金流支付机制的还原程度不同，导致由此估算出的证券市场价格与内在价格发生偏离，择机交易可以获得超额收益。

如前所述，我们推测市场上估值机构在零违约零早偿情景下构建现金流，在此前提下，通过对比证券全价与久期，我们发现证券本金偿付模式较为简单的证券（如工元系列），其估值与久期差异较小，而证券本金偿付模式较为复杂的证券（如中盈 2018-2），其估值与久期差异较大，详见表 21-4。由此我们推测，估值机构在构建较为复杂交易结构的现金流出时可能存在与实际不符的问题，造成证券市场价格与内在价格发生偏离。

表 21-4　　估值机构零违约零早偿假设下估值全价与久期对比表[①]

单位：元

证券简称	证券估值全价（估值机构）	证券估值全价（零违约零早偿＋估值机构到期收益率）	估值全价差额	估价利差久期（估值机构）	久期（零违约零早偿＋估值机构到期收益率）	久期差额	交易结构
18 中盈 2A1	40.16	40.12	0.04	0.32	0.24	0.07	目标余额型
18 中盈 2A2	91.22	91.38	（0.16）	1.22	1.39	（0.17）	目标余额型
18 中盈 2A3	93.39	93.53	（0.14）	4.57	4.75	（0.19）	过手型
均值	—	—	0.112	—	—	0.144	—
18 工元 6A1	69.48	69.50	（0.02）	1.51	1.56	（0.05）	过手型
18 工元 6A2	103.39	103.45	（0.05）	4.95	5.04	（0.09）	过手型
18 工元 7A1	71.55	71.56	（0.01）	1.65	1.70	（0.05）	过手型
18 工元 7A2	102.50	102.57	（0.07）	5.16	5.26	（0.10）	过手型
均值	—	—	0.038	—	—	0.072	—

数据来源：Wind，中债资信 ABS 平台（http://tbs.chinaratings.com.cn）测算。

如果在估值时点，以第三方估值价格成交，择机交易可以获得因现金流支付机制还原不准确带来的超额收益。当证券市场价格相对内在价格高

① 此表对比的是 2019 年 1 月 28 日估值机构披露的证券估值全价、久期与中债资信在零违约零早偿假设下构建的证券端现金流以估值机构披露的到期收益率进行折现得到的证券估值全价和久期。

估时，以市场价格卖出证券，实现超额收益；当证券市场价格相对内在价格低估时，以市场价格买入证券，实现超额收益，如表 21–5 所示。

表 21–5　　市场价格与内在价格偏离获得超额收益方法示例

单位：元

证券简称	估值机构估计的市场价格	证券估值全价（零违约零早偿 + 估值机构到期收益率）	市场价格高估 / 低估	操作方式	超额收益（因现金流支付机制还原不准确）
18 中盈 2A1	40.16	40.12	高估	卖出	0.04
18 中盈 2A2	91.22	91.38	低估	买入	0.16
18 中盈 2A3	93.39	93.53	低估	买入	0.14
18 工元 6A1	69.48	69.50	低估	买入	0.02
18 工元 6A2	103.39	103.45	低估	买入	0.05
18 工元 7A1	71.55	71.56	低估	买入	0.01
18 工元 7A2	102.50	102.57	低估	买入	0.07

数据来源：Wind，中债资信 ABS 平台（http：//tbs.chinaratings.com.cn）测算。

四、常识规则二：现金流折现方法

ABS 存续期内每期均有现金流流入，分布较为平均，较适合用静态利差法对现金流进行折现，目前市场上投资者在交易时多采用到期收益率法估算证券价格，导致证券市场价格与内在价格发生偏离，择机交易可以获得超额收益。

我们分别构建前多后少、前少后多、前后一致三种现金流形态的证券（以下简称“证券 1”“证券 2”“证券 3”），每个证券又分别使用估值收益率相当的到期收益率法与静态利差法计算证券价格，进而展示在证券现金流一致、估值收益率相当的情况下，使用不同折现方法导致计算出的证券价格的差异。证券基本情况及估值差异情况如表 21–6 所示。

表 21-6　　　　证券基本情况及估值差异情况

证券特征	证券 1	证券 2	证券 3
还本付息方式	利息按期支付，本金按期过手摊还	利息按期支付，本金到期一次性支付	等额本息方式偿还利息与本金
证券初始本金（万元）	760700	100000	100000
证券票面利息（%）	4.90	4.90	4.90
到期收益率（%）	4.17	4.67	4.40
证券加权平均剩余期限（年）	4.22	10.00	5.45
价格差异（bp）	96.95	10.85	75.99

数据来源：中债资信整理。

对于期限较长且每期持续有本金偿付的证券来说（证券 1、证券 3），使用不同折现方法计算出的价格差距较大；而对于按期付息到期一次性还本证券（证券 2），使用不同折现方法计算出的价格差距较小。ABS 的现金流形态与证券 1 更为接近，因此 ABS 用静态利差法进行折现计算价格相对更为合理。进一步看，如果在估值时点，以市场上约定的收益率采用到期收益率法进行折现，而产生的证券市场价格与内在价格发生偏离，择机交易可获得超额收益。

特别需要注意的是，实际交易中，ABS 市场价格与内在价格发生偏离是由资产池重点参数假设、证券信用风险水平判断、现金流支付机制、现金流折现方法等多因素综合影响导致，实际获付超额收益水平应当综合多影响因素考量，不应只以单因素影响进行判断。

专题四　行稳的压舱石：参与机构积极作为

第二十二章　信贷 ABS 信用评级与实践成效

自 2012 年信贷 ABS 重启以来，市场稳定发展，信用评级机构在减少信息不对称、揭示信用风险等方面扮演了重要的角色。资产证券化产品交易结构和风险评估复杂，需要专业的信用风险评估技术，信用风险评估技术是评级质量的重要保障，也是评级机构的核心所在。十年来，信贷 ABS 市场零违约，体现出高抗风险性，这离不开信贷 ABS 市场的双评级制度和投资者付费模式所发挥的作用，良好的行业生态促进基于评级质量竞争的市场秩序逐渐形成。展望未来，评级行业将向高质量发展继续迈进，持续提升评级质量。

第一节　评级机构对信贷 ABS 市场发展的意义

评级机构是债券市场中重要的基础设施之一，信用评级是债券估值定价的基础，对于信贷 ABS 而言，信用评级也承担着揭示信用风险、减少信息不对称等重要作用。2021 年 8 月，中国人民银行等五部门联合发布了《关于促进债券市场信用评级行业健康发展的通知》，再次强调评级机构应提升评级质量和评级结果的区分度，从提升评级质量和区分度、完善公司治理和内部控制机制、加强信息披露、优化评级生态、严格对信用评级机构监督管理共五个方面对评级机构提出全方位高质量发展的要求，进一步体现了监管的重视和评级机构作为“债券市场守门人”的重要角色。

一、信贷 ABS 信用评级的作用

1. 信用评级是证券估值定价的基础，是投资者决策的重要参考

信用评级结果反映了证券按照交易合同约定完成兑付的可能性，投资证券既可以获得收益，也需要承担风险，获取与风险匹配的证券估值定价对投资者来说也变得尤为重要。信用评级能有效帮助投资者更全面地认识证券的客观优劣势、掌握更多的信息和依据来评估证券产品的风险和投资价值，证券投资者也基于评级结果来进行风险防范。信用评级能够切实地起到保护投资者权益、帮助其做出科学的投资决策、稳定债券市场长期发展的作用。

2. ABS 以评级为导向进行结构化分层，基于基础资产进行信用风险评价

ABS 不同于一般债券以发行主体的信用为基础，其以基础资产产生的现金流作为偿付支持，并且作为一种结构性融资产品，基础资产和交易结构更复杂多样。基于同一个资产池的证券会被划分为几个层级并被赋予不同的信用等级，信用等级与分层结构直接相关，因此更需要有专业能力的评级机构做出客观、公正的风险评价。同时，复杂的证券化产品由于发展时间短、二级交易不活跃，历史表现数据不充分、二级市场不能提供有效的市场化风险定价，因此信用评级提供的价值和风险信号为市场参与者提供了信用风险定价的基础。

3. 信贷 ABS 双评级校验有助于减少市场信息不对称，与国际成熟市场接轨

在减少信息不对称方面，信用评级机构通过对基础资产信息的掌握和专业化的分析，将信用风险通过简单的文字和符号向市场发布，降低了市场信息不对称性和信息搜集成本。2008 年国际金融危机后，多个国家也出台法规加强相关信息披露，其中美国于2010年出台了《多德-弗兰克法案》，促使评级机构回归解决债券市场信息不对称问题的本源作用，国内自信贷ABS重启后，也逐步完善信息披露要求。在揭示信用风险方面，欧美等发达国家和地区都在一定范围内实施了双评级制度，国内的信贷ABS市场也采用了双评级制度。实践证明，双评级能够增强评级结果的独立性，通过披露不同机构的评价分析依据和结论，证券的信用风险信息被更为充分地揭露。

二、信贷ABS评级行业与评级机构的发展演变

自信贷ABS重启以来，我国信用评级行业以本土评级机构为主，同时对外开放程度提高，外资评级机构获准进入中国。在监管政策趋严的环境下，为顺应监管机构对评级质量日益重视的趋势，评级机构为改进评级质量做出积极响应。

1. 我国评级行业由少数本土评级机构占据主要市场份额，形成与国外相似的寡头竞争格局

经过十年的发展，信贷ABS评级市场形成了寡头竞争格局，与美国由国际三大垄断ABS市场的特点相似。在市场占有率方面，中债资信作为投资者付费模式评级机构全面参与信贷ABS评级，其他发起人付费模式评级机构中，国内评级机构占主要优势，目前参与过银行间信贷ABS的评级机构共有8家，市场份额占比较大的本土信用评级机构包括中诚信国际、联合资信、上海新世纪等。相比于主体信用债等产品，ABS产品更依赖专业的评级技术得到评级结果，因此评级技术成熟、声誉良好的信用评级机构更被市场所认可，业务规模更大，市场份额也相对稳定。

2. 信用评级行业对外开放程度逐步提高，外资评级机构率先在银行间ABS市场试水

随着我国对外开放程度逐渐提高，外资评级机构于2019年正式进入中国债券市场，以银行间市场和信贷ABS产品作为启航出发点。2019年1月，标普成为首家获准进入银行间债券市场开展债券评级业务的外资评级公司。2020年，惠誉也获准进入银行间债券市场开展部分债券品种评级

业务。自外资评级机构进入中国债券市场以来，信贷 ABS 发行人付费模式评级市场份额向外资机构有所倾斜，截至 2021 年末，两家外资评级机构的市场份额也从最初的个位数上升至 15% 左右。

3. 行业司法合规环境趋严的背景下，评级机构为提高评级质量做出积极响应

针对近年信用债市场暴露出的事先预警不足等问题，为规范和促进评级行业的健康发展，监管政策陆续出台，评级机构面临更为严格的司法合规环境。为顺应监管机构对评级行业高质量发展要求，评级机构在内部机制方面与行业标准更加一致，在评级数据质量、风险识别和风险监测能力的竞争与发展方面，也对自身数据库和技术系统持续提升。评级机构逐步建立与其业务发展相适应的技术系统，通过金融科技技术的创新和应用，为提升风险分析和预警水平赋能。以中债资信为例，已搭建市场最大、最全的信贷 ABS 评级数据库，涵盖项目基本信息及跟踪资产表现的全量评级数据，并在数据可视化、数据有效调用的基础上，实现了评级作业、技术研究、风险监测等全覆盖，全部主流产品的线上化评级。

表 22–1 评级行业十年发展主要事件

时间	事件	意义
2010 年 9 月	中债资信评估有限责任公司成立	标志国内首家投资者付费评级机构成立
2017 年 7 月	中国人民银行公告〔2017〕第 7 号	对境外依法设立的信用评级机构法人开展银行间债券市场信用评级业务明确了准入条件
2018 年 3 月	中国银行间市场交易商协会发布《银行间债券市场信用评级机构注册评价规则》	允许符合条件的境外信用评级机构在境内开展债券信用评级业务
2019 年 1 月	标普成为获准进入银行间债券市场开展债券评级业务	首家获准进入银行间债券市场开展债券评级业务的外资评级公司
2021 年 8 月	中国人民银行、国家发展改革委、中华人民共和国财政部、中国银行保险监督管理委员会、证监会联合发布《关于促进债券市场信用评级行业健康发展的通知》	从提升评级质量、完善公司治理和内控、强化市场约束、优化评级生态、严格监督管理等方面明确了对信用评级行业的监管方向

数据来源：中债资信整理。

第二节　信贷 ABS 双评级制度的发展

2008 年美国次贷危机向市场警示了资产证券化的“双刃剑”属性。为提升信用评级质量，保证信贷 ABS 市场的平稳有序发展，我国引入了符合国情的双评级制度和投资者付费模式。该制度对于促进市场健康发展、提高市场运行效率、保护投资者的利益都具有重要意义。

一、我国信贷 ABS 双评级制度的出现

2008 年美国次贷危机爆发，过度复杂的资产证券化和再证券化受到市场诟病，市场普遍认为它在本次危机中加大了金融风险的蔓延速度和范围：一是资产证券化底层资产是金融机构向信用风险较高的借款人发放的次级住房贷款，次级贷款违约后引发资产支持证券信用品质超常规下降，遭遇恐慌性抛售，产品价值快速下降，投资者资产大幅缩水；二是资产证券化产品结构设计过于复杂，一方面在结构化的包装下，投资者很难穿透至底层资产，其风险水平的正确估量变得极其困难。另一方面不断衍生的再证券化产品，无形中延展了信用风险的传导链条；三是信用评级机构在自身利益的权衡下，其评级结果很难真实体现债券内在风险，资产支持证券信用级别的风险揭示功能失效。因此，2008 年之后，ABS 在美国市场的发行规模出现大幅下跌，同时我国也暂停了 2005 年开始的资产证券化试点。

我国充分吸取美国经验教训，为避免重蹈次贷危机的覆辙，我国信贷 ABS 市场引入了双评级制度和投资者付费模式。在该评级制度下，信贷 ABS 由一家投资者付费模式评级机构和另一家评级机构同时进行信用评级，并独立出具评级结果，通过不同评级机构的评级结果进行相互校验，约束评级机构评级行为，提升评级准确性，进而抑制评级虚高的现象。投资者付费模式切断了评级机构与发行人间的利益链条，使得评级机构以独立第三方的身份开展评级工作，秉持独立、客观、公正的立场，为投资者提供更加客观全面的信息，充分揭示产品潜在风险，给出具有市场公信力

的评级结果。

二、信贷 ABS 实行双评级制度的意义

相比欧美等发达国家，我国资产证券化市场发展时间尚短，市场规模、产品类型、投资者成熟度仍存在一定的差距。回顾信贷 ABS 十年发展，信贷 ABS 重启之初即确立双评级制度的施行，并支持对资产支持证券采用投资者付费模式进行信用评级。在监管制度的不断完善下，信贷 ABS 的双评级制度对市场评级寻租现象产生了有效抑制作用，为信贷 ABS 市场健康发展奠定了坚实的制度基础。

1. 双评级制度有助于加强信息披露，提高市场信息透明度和活跃度，有效防范系统性风险，维护市场健康稳健发展

资产支持证券作为债市重要创新品种，可以起到盘活存量资产、改善发起机构资产负债结构、分散信用风险等作用，但若无序发展则易引发系统性风险。2008 年国际金融危机是资产证券化手段脱离规范发展轨道而引发的一次系统性风险。双评级制度促进了受评对象信息披露，有助于为投资者提供更加全面的信息，从而提升市场透明度和活跃度。在双评级制度安排下，投资者可以获得不同视角下的信息、信用评级分析逻辑及结果，信息不对称问题得以解决，坚固投资者对评级结果的信心，维护市场稳健发展。

2. 双评级带来的市场自我约束，可有效推动评级机构独立性和客观性的提升，从而带动整体行业公信力提高

我国评级行业以发行人付费模式的评级机构为主，评级机构独立性易受相关方的影响，但发行人付费模式带来机构之间的利益冲突，可以通过投资者付费模式来解决，保持评级机构的评级定力和公信力。在信贷 ABS 领域实行双评级制度，使得评级机构的评级行为受到市场的监督，独立性得到更好的保障，那些为了获得短期利益而降低评级标准的评级机构将面临声誉损失、失去企业公信力的风险。双评级制度有利于评级机构加强声誉约束从而抑制级别竞争，有效推动评级机构独立性和客观性的提升，从

而带动整体行业公信力的提高，促进评级行业健康发展。

3. 资产证券化产品结构复杂，双评级可有效发挥评级校验功能，强化信用风险揭示，促进评级机构优化评级技术，助力孕育投资者群体

由于信贷 ABS 底层资产数量较多、结构较为复杂等特殊性，以及我国资产证券化发展时间较短，历史数据积累有限，因此对信用风险识别能力要求较高，投资者更依赖具有专业分析能力的评级机构发布评级结论，外部评级结果成为投资者重要的风险参考。双评级制度发挥了不同评级结果相互校验的功能，评级机构特别是投资者付费模式评级机构能够从投资者利益出发，对资产支持证券数据进行较为充分的准确性检验，在源头便开始对评级质量进行严格把控。同时通过评级方法体系建设、优化评级技术，输出更高质量的评级结果，提高评级准确性，充分揭示产品潜在风险，并以发布评级方法、分享研究成果、提供咨询和培训服务等多种形式，全方位服务投资者群体，从而更好地培育和助力投资者群体成长，做好债券市场“守门人”角色，助推证券化市场进一步深化发展。

第三节　信贷 ABS 信用评级的十年成效

十年来，信贷 ABS 市场呈现持续健康发展态势，得益于信贷 ABS 市场的有效监管和制度保障、双评级功能和投资者付费模式的充分发挥，在已发行规模超 5 万亿元的信贷 ABS 领域，实现了零违约、零风险事件。

一、保护垫充足且有区分度，体现不同产品的信用风险

信贷 ABS 作为信用债中 AAA 级债券占比较高的品种，“保护垫”充足，没有出现信用增级量过低的情况。在优先级证券级别多为 AAA 的情况下，信用增级量即次级证券的“厚度”起到了关键保护作用。我国 AAA 级信用增级量对全周期损失的覆盖在 5 倍以上，不存在 2008 年美国次贷危机中由于“保护垫”不足隐藏的系统性风险问题，且分产品增级量差异能够较为充分地体现不同基础资产的实际违约表现（见图 22-1）。

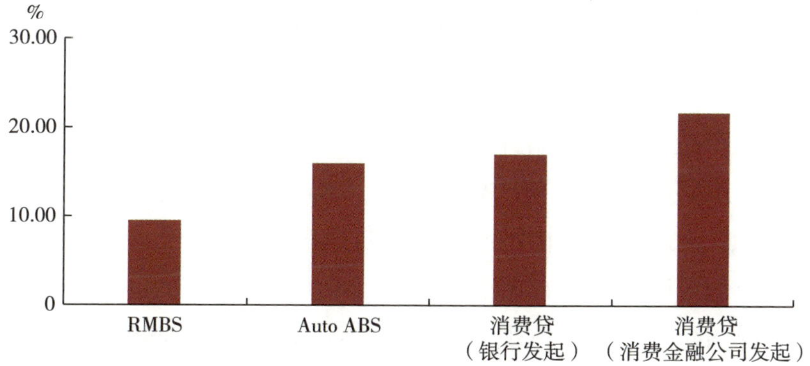

图 22-1　2021 年零售类信贷 ABS 分产品 AAA 级信用增级量均值

（数据来源：中债资信整理）

二、评级结果相互校验，对评级虚高泡沫挤压作用明显，夹层档证券级差更小

在双评级的制度安排下，证券级别能够充分反映证券还本付息的安全程度，夹层档证券级差更小。与信用债的多评级不同，信贷 ABS 多评级是多家评级机构对同一个交易结构设计下的证券出具该机构的信用风险等级评定。相比信用债平均 3~4 个级差，信贷 ABS 证券 0.5 个级差反映了双评级有效抑制了单一付费模式评级公司评级虚高乱象（见图 22-2）。

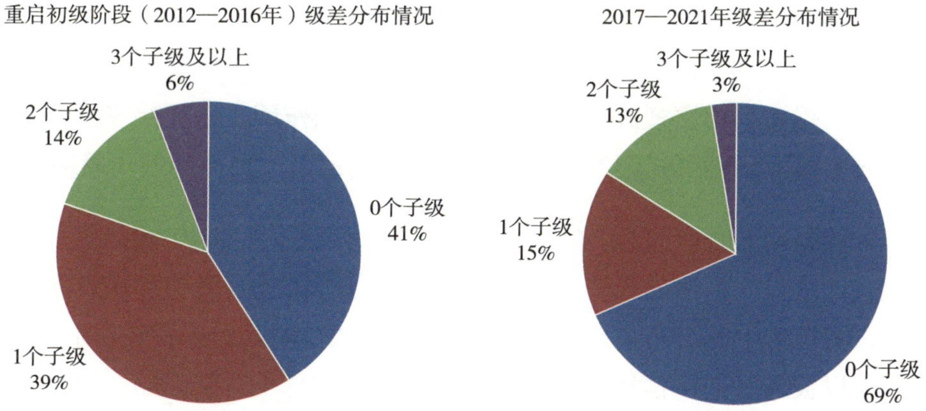

图 22-2　双评级对信贷 ABS 夹层档证券级差挤压效果

（数据来源：中债资信整理）

三、评级技术具有前瞻性与科学性，已充分考虑极端情况，进行合理压力设置，在新冠肺炎疫情等扰动下也能保持级别稳定

与其他产品相比，初始评级的公允性和前瞻性保证了证券级别的稳定性。华晨、永煤等高等级信用债违约后，相关主体级别出现了从 AAA 级到 BB 级的断崖式下跌。相比而言，信贷 ABS 证券每年 AAA 级信用增级量保持在合理区间内，未出现大幅波动，即使在新冠肺炎疫情的冲击下，也没有出现调级的情况，体现出了项目初评时点较为前瞻性的风险预测。

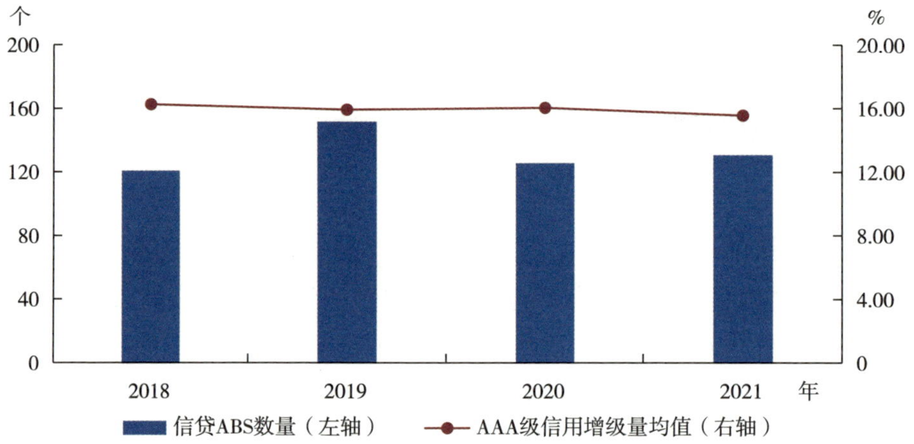

图 22-3　正常类信贷 ABS 初评 AAA 级信用增级量

（数据来源：中债资信整理）

四、投资者付费模式发挥充分揭示风险要点作用，切实保护投资者群体，线上线下多种形式服务投资者，植根市场培育市场作用逐步显现

评级报告是评级机构与市场机构交流的重要载体，十年间，投资者付费模式评级机构以服务投资者为出发点，充分了解投资者关注重点和痛点需求，将历史数据分析、已发行项目存续表现、项目对比等重要内容在报告中予以披露，揭示信用风险，助力消除市场信息不对称问题，为投资者提供参数设置可比性强、评级标准一致性高的投资决策依据。同时，持续

与市场分享交流，助力投资者培育。例如，中债资信累计发布 ABS 相关研究报告近 250 余篇，与近 200 家机构和投资团队开展交流活动，举办资产证券化创新与发展论坛和评级方法发布会等，以线上线下相结合等多种服务形式，搭建市场成员沟通桥梁，分享技术研究成果，促进业态共荣。

第四节 总结和展望

一、评级机构的发展需要完善的社会信用体系和良好的信用文化和环境，评级机构业务规模和评级实力将进一步提升

近几年债券市场信用风险不断攀升，信用债违约事件频发，在保持债券投资收益的同时降低债券投资的信用风险将是债券市场投资者今后很长时间将要面临的课题。信贷 ABS 市场的发展需要充分而到位的信用风险的识别，需要逐步建立起完善的社会信用体系、良好的信用文化和信用环境，与信用评级行业的发展双向推动。在良好的行业生态下，我国评级机构的业务规模和评级实力预计将得到进一步提升，有望发展成为区域性认可的权威评级机构。

二、在投资者付费模式驱动下，评级行业和评级机构将向更高质量发展

我国信贷 ABS 市场的双评级和投资者付费模式，促进了评级机构内部建设的规范和外部评级生态的良好发展。不同的付费模式机构通过不同评级结果相互校验实现市场自我约束机制。一方面，纠正不够科学的评级现象，从根本上遏制评级虚高，提升我国信用评级行业的发展质量和竞争力，从而促进整个债券市场健康发展。另一方面，对评级市场竞争格局产生重大影响，评级质量高、能够较好满足投资者需求的评级机构受到投资者的信任和青睐。随着市场参与者对评级质量的日益重视，评级机构将投入更多精力于推动评级技术改进和创新。

三、随着持续发展的市场不断创新，信用评级机构的技术不断精进，助力风险评估和预警水平提高

评级方法的更迭、业务和数据资源的丰富以及智能化预警机制的建设将共同助力评级技术的进步。近年来，随着市场持续的发展，我国信用评级机构的资产支持证券评级业务能力和水平不断提升，评级方法体系得到了进一步完善和更迭，数据资源日益丰富，信息系统基础设施的建设对业务创新形成良好支撑，为我国信贷ABS市场的可持续发展构筑了稳健基石。然而相比国外发达资产证券化市场，目前我国信贷ABS市场发展时间尚短，未经历完整的经济周期，评级技术仍需要不断完善。具体而言，一是评级机构发挥创新性，根据市场和产品发展及时审视、调整信用评估框架与逻辑，帮助市场预期的合理和有效形成，投资者收益与风险相匹配；二是继续完善评级技术体系，不断发现、完善已有方法的不足之处，提升评级技术的合理性和科学性；三是提升前瞻性，完善信用风险监测和预警体系，充分运用成熟且适合我国国情的风险量化模型等工具对债券信用风险进行及时跟踪和评估。

第二十三章　信贷 ABS 主要法律制度的发展与演进

自 2012 年信贷 ABS 重启以来，我国信贷 ABS 在制度建设方面获得了长足的进步，长期困扰信贷 ABS 市场的一些民商事法律问题得到了有效解决，信贷 ABS 法律制度已进入新的历史发展阶段。但与此同时，法律制度的演进也为信贷 ABS 带来了一些新的挑战，需要相关政策文件进一步做出完善。展望未来，随着我国信贷 ABS 实践经验的不断积累，一个与我国资本市场国际化进程相匹配的资产支持证券制度也必将逐步建立起来。

第一节　信贷 ABS 法律制度进入新的历史发展阶段

与资产证券化相关的主要法律制度大体可以分为四个维度：一是证券法层面的法律制度，包括证券的注册、发行和信息披露方面的法律规则；二是与基础资产转让和破产风险相关的法律制度，至少涉及公司法、破产法、信托法、合同法和担保法；三是金融机构资本监管制度，包括风险保留规则和信用风险评级制度；四是与资产证券化相关的税收制度。自信贷 ABS 重启以来，信贷资产支持证券注册、发行、信息披露方面的制度建设取得了丰硕的成果。随着新中国第一部《民法典》的颁布，长期困扰信贷 ABS 市场的一些民商事法律问题也得到了有效的解决。在风险保留和信用评级等领域，为支持信贷资产支持证券市场的发展，相关政策文件均获得不同程度的修改和完善。可以说，经过十年的不懈努力，我国信贷资产支持证券市场已经进入一个新的历史发展阶段。

一、信贷 ABS 发行的注册制改革稳步推进

自 2012 年信贷资产支持证券发行重启以来，我国信贷 ABS 的注册发

行制度改革稳步推进，注册和发行效率得到大幅提升，为将来全面实施资产支持证券的注册发行制度积累了丰富的实践经验。特别是，我国信贷资产支持证券的储架发行制度在过去十年里得以建立起来，并逐渐形成了成熟的运作机制，对推动我国资产证券化市场的发展意义重大。

中国人民银行在制定《信贷资产证券化试点管理办法》时规定了“资产支持证券的发行可以采取一次性足额发行或限额分期发行”的方式，奠定了信贷 ABS 储架发行制度的法律基础。2015 年 4 月，中国人民银行发布了《中国人民银行公告（信贷资产支持证券发行管理有关事宜）》（〔2015〕第 7 号），信贷 ABS 的储架发行得以在制度意义上建立起来。根据该 7 号文的规定，符合一定条件的发起机构可以申请一次注册、自主分期发行。信贷资产支持证券的储架发行有助于缩短审批周期，便利发起机构掌握市场机会，降低发行成本，极大地调动了金融机构的积极性。2020 年 9 月 30 日，中国银保监会发布《中国银保监会办公厅关于银行业金融机构信贷资产证券化信息登记有关事项的通知》，决定不再对信贷 ABS 产品备案登记，从 2020 年 11 月 13 日起开始实施信贷 ABS 信息登记制度，由银行业信贷资产登记流转中心作为信息登记机构，受理信贷 ABS 信息登记，实施信息登记质量监督管控。信贷 ABS 信息登记制度的实施进一步提高了信贷资产支持证券的注册发行效率。

从世界资本市场发达国家的经验来看，比如美国，资产支持证券的发行普遍分为公开发行和私募发行，而且资产支持证券的公开发行（含储架注册发行）均由单一的政府主管部门承担注册和发行阶段的监管责任。我国现阶段的信贷资产支持证券的注册和发行管理制度虽然符合现阶段的市场发展特征，但未来可能需要对现行注册发行制度做出进一步的改进和改革，成熟市场的经验不失为一个有益的参照。

二、信贷 ABS 信息披露制度持续不断完善

资产支持证券的信息披露与普通债券或股票的信息披露有着显著差异，缺乏针对性的信息披露规则显然无助于信息披露质量的提升，更不利

于激发投资机构的积极性。从美国市场的经验来看，直到2004年美国证券交易委员会（SEC）才首次公布了针对资产支持证券的系统性监管规则—Regulation AB。但是，2008年国际金融危机的爆发，引发了美国各界对资产支持证券信息披露质量的批评。因此，美国证券交易委员会在2014年又颁布了称为Regulation AB Ⅱ 的新信息披露规则，从资产池特征和资产信息两个层面为ABS发起机构设立了繁重的信息披露义务。此时，距离我国发布《信贷资产证券化试点管理办法》已经过去了差不多十年，距离2012年信贷ABS重启也已经有两年左右的时间。

在信贷ABS重启以来的十年里，我国信贷资产支持证券的信息披露制度建设取得了重大进展，初步建立起接近国际同类产品的信息披露规则体系，极大地提升了国际投资者对我国信贷资产支持证券市场的信任和信心。2015年5月13日，国务院常务会议要求继续完善制度、简化程序，鼓励一次注册、自主分期发行，规范信息披露。为落实国务院常务会议的要求，中国人民银行安排中国银行间市场交易商协会汇集市场成员的智慧和力量，着手推进我国信贷资产支持证券的信息披露制度建设工作。自2015年以来，已经先后制定和发布的信息披露规则文件有《个人住房抵押贷款资产支持证券信息披露指引（试行）》《个人汽车贷款资产支持证券信息披露指引（试行）》《个人棚户区改造项目贷款资产支持证券信息披露指引（试行）》《个人消费贷款资产支持证券信息披露指引（试行）》《不良贷款资产支持证券信息披露指引（试行）》以及《微小企业贷款资产支持证券信息披露指引（试行）》。这些信息披露规则文件的制定过程特别注重体现产品的个性化特点，吸取了美国资产证券化信息披露制度的经验和教训，要求对基础资产特征、现金流信息和历史数据等要素进行重点披露。从这些文件颁布以来的实践效果来看，新的信息披露标准是契合现阶段我国信贷ABS市场的发展状态的，并为未来进一步提升我国信贷资产支持证券的信息披露质量做出了有益的探索。

需要指明的是，美国政府在金融危机之后颁布的一系列金融市场和金融机构监管规则，难免有失仓促。比如，美国财政部已经开始对美国证券交易委员会制定的资产支持证券的信息披露要求提出质疑。当前美国证券交易委员会设定的逐笔披露基础资产信息的要求仅限于RMBS、CMBS、汽车贷款和汽车租赁等部分资产，且每类资产所需要披露的要素信息也不尽一致。从市场效率的角度来看，要实现这个水准的信息披露，不但要求发起信贷ABS业务的金融机构花费成本建立起相应的技术基础设施，也需要作为购买者的金融机构普遍具备使用所披露信息的技术分析工具。在我国当前信贷ABS市场的主流发起机构均为信誉良好的大中型金融机构的情况下，我们究竟是尽快采用逐笔披露的信息披露标准，还是等待美国市场多实践几年之后再作决定，是个值得思考的问题。

三、转让、担保等相关基本规则的重大突破

为实现拟证券化基础资产免受原始权益人破产风险影响（破产隔离效果）的法律效果，基础资产必须合法转让至一个基于资产证券化目的而设立的SPV（特殊目的载体）名下。这就涉及合同法、担保法、信托法、破产法和公司法等诸多基础性法律制度。与资产支持证券的注册、发行和信息披露制度不一样，很难期望国家立法机构专门为支持资产证券化业务而修改这些基础性法律制度的基本规则。比如，我国债权转让的债务人通知和抵押权转让的法律规则从2005年信贷ABS业务试点工作启动以来，一直是影响破产隔离效果的一个重要不确定因素。

随着我国《民法典》的颁布实施，困扰信贷ABS多年的担保和债权转让问题基本上得以解决。《民法典》第五百四十七条规定，在债权人转让债权时，除了专属于债权人自身的从权利，受让人取得与债权有关的从权利，而且受让人取得从权利不应该从权利未办理转移登记手续或者未转移占有而受到影响。该第五百四十七条明确了担保权利这类“从权利”不因未办理物权登记手续或未转移对担保物的占有而失去法律效力或处于法律效力不确定状态，是对我国担保法和物权法颁布以来一直存在巨大争议的担保物权转移登记问题做出的重要澄清、补救和突破。这不仅使得

RMBS等涉及抵押权的贷款债权的合法转让不再受限于抵押登记机构的人力资源和技术设施的制约，同时也为信贷ABS业务节约了大量的抵押登记费用。另外，对于债权转让时的债务人通知规则，《民法典》也做出了重要的修正，在一定程度上有效缓解了信贷ABS业务中贷款债权转让的效力问题。《民法典》第五百四十六条规定："债权人转让债权，未通知债务人的，该转让对债务人不发生效力。"消除了原合同法相应规则可能出现的因未通知债务人而导致债权转让无效的不良后果。当然，需要说明的是，如果《民法典》能够进一步规定在资产证券化业务的情形下债权转让无须通知债务人就更理想了。但是，这就是法律和政策，基础法律与法规、部门规章的区别。就我国当前的立法机制而言，几乎不可能为了一个具体的产品或交易而对基础法律规则设定例外情形。

对于有人担心的如果不对我国现行破产法和信托法进行相应修改就无法解决破产风险的问题，至少可以从两个角度来观察。其一，世界各国尚不存在将破产风险彻底清除的"破产隔离"制度，因为这涉及对破产法律制度基本原则的重大修改。美国作为世界范围内最大规模ABS市场的国家，迄今为止也未做到为了资产证券化而修改破产法。其二，要区分"资产证券化产品"与"结构化金融"产品，不是所有称为"资产支持证券"都是可以实现"破产风险隔离"意义上的"资产证券化"产品。当然，未来启动我国信托法修改工作时，确有必要针对信贷ABS做出一些更具针对性的完善。毕竟现行信托法制定之际，学术界对于信托法理论知识的积累和实践认知确实存在时代的局限性，对资产支持证券法律理论的了解和掌握也比较不足。

第二节　信贷ABS市场的法律新挑战

一、证券虚假陈述与中介机构赔偿责任

在法律理论上，既然资产支持证券与股票、债券一样都属于证券的范畴，那么证券虚假陈述的相关法律制度逻辑上自然应当适用于资产支持证

券的各个参与主体。因此，可以说，自 2005 年信贷 ABS 试点启动以来，各个信贷 ABS 主体的虚假陈述损害赔偿责任一直都是存在的，只不过是一直未显现出来而已。一方面，是因为我国的信贷资产支持证券迄今为止表现良好，信贷 ABS 产品从未出现债券违约意义上的证券虚假陈述案件。另一方面，是因为信贷资产支持证券市场规模相对有限，各参与机构特别注重维护机构声誉，在基础资产的挑选和尽职调查方面勤勉尽责，投资者的利益得到了充分实现。

但是，随着其他资产支持证券市场上风险事件乃至有关案件的出现，如何认定资产支持证券（含信贷资产支持证券）发起机构 / 原始权益人、信托机构、承销机构和律师等中介机构的证券虚假陈述法律责任已经引起学术界和司法界的关注和探讨。资产支持证券与普通债券或股票在法律特征和参与主体等方面存在着巨大差异，如果简单借用普通债券的发行人概念，借用普通债券尽职调查的勤勉尽责理念，恐怕会酿成责任错配的不良后果。2019 年新修订的《证券法》规定到“资产支持证券、资产管理产品发行、交易的管理办法，由国务院依照本法的原则规定”。因此，在未来制定资产支持证券管理办法的过程当中，有必要适时开展相应的理论研究，在证券法规定的基本原则的基础之上，设立公平合理的资产支持证券虚假陈述法律责任制度。

二、法律制度演进带来的信贷 ABS 新挑战

在过去十年，我国信贷 ABS 的制度建设取得了相当显著的成就，一些基础性法律问题也随着《民法典》的实施而基本得以解决。但是，随着法律的不断演进，社会经济活动难免会不时面临一些新的挑战。为支持社会主义市场经济建设和发展，我国《民法典》对一些传统民商事法律规则做出了比较大的修改，如抵押物转让规则的修改、连带责任保证规则的修改等。这些修改可能会对信贷 ABS 业务产生一些短期的有限影响，长期来看影响不大。毕竟，相对于抵押权转让登记而言，金融机构经过一段时间的贷款文件修正和完善就可以全面适应这些新修规则。

随着最近三年有关数据资产、数据合规和个人信息安全方面的新法律制度的颁布，未来的信贷 ABS 将会面临个人隐私保护方面的不小的挑战。美国证券交易委员会在推行 RMBS 的逐笔资产信息披露时就遭遇到了类似问题，最终通过技术措施和豁免法律适用的方式来解决。我国立法机构在制定《个人信息保护法》时还没有考虑到 RMBS 等信贷资产支持证券的情况，因此假如将来我们考虑实施逐笔信息披露时，如何处理好这方面的问题，可能是一个不小的挑战。

第三节 律师在信贷 ABS 市场中的作用及所面临的挑战

随着信贷 ABS 工作重启以来资产支持证券发行规模的不断扩大，承销机构、律师、信用评级机构和会计师等专业中介机构的参与数量不断增加，实践经验越来越丰富。就律师而言，在信贷资产证券这类结构化金融产品的注册和发行过程当中，其作用主要表现在以下几个方面：一是起草信托合同、资产服务合同等主要交易文件，信贷资产支持证券的交易文件是一套非常复杂的文件。虽然经过近二十年的实践，合同条款已经相对成熟和固化，但每次发行，以及在应对创新结构方面，交易文件的精准修改依然会是一个颇具挑战性的工作；二是基础资产的法律尽职调查。律师在基础资产合格标准的设置和基础资产法律问题的尽职调查方面发挥着突出的作用，律师的尽职调查不仅可以及时发现基础资产存在的法律风险，也有利于促进资产支持证券募集文件更为准确地披露相关法律信息和法律风险；三是协助发起机构开展产品方案，特别是创新方案的法律论证。我国社会主义法律体系已经初步建立起来了，但在民商合一、大陆法系法学理论与英美法系法律理论杂糅在一起的情况下，如何准确理解和把握现行金融领域的各项法律制度，对于新资产类型和新交易结构的信贷 ABS 产品，经验丰富的专业律师会起到积极的作用；四是出具法律意见书和法律尽职调查报告；五是协助审阅资产支持证券发行文件，甚至撰写财务（资产）数据之外的发行文件内容。

需要说明的一点是，目前律师的法律尽职调查工作，以及评级机构、承销机构等其他中介机构的尽职调查工作基本上处于一个基本原则指导之下的实践探索阶段。随着当前市场上一些证券虚假陈述案件的不断出现，对于律师等中介机构如何开展信贷资产支持证券的尽职调查，以及尽职调查的职责边界和工作标准可能在不久的将来就会提上议事日程。在这个问题上，需要注意的是美国在 2008 年国际金融危机之后采取的一些尽职调查方面的新措施与美国资产证券化产品的基础资产来源是匹配的，美国 Dodd-Frank 法案提出的新要求未必适合我国的市场环境。

我国金融机构的主体是国有控股的商业银行、证券公司（投资银行）、金融租赁公司和信托公司等大中型金融机构，与美国以直接融资为业务主导的大中型金融机构在公司治理方面存在着显著差异。从过去二十多年的实践情况来看，我国本土金融机构在道德风险防控方面有着独特的制度和文化传统优势。当前及可见的未来，我国信贷 ABS 业务的主流发起机构依然还是处于严格监管之下的大中型商业银行和汽车金融公司，这些机构拿出来进行证券化的信贷资产都是其自营分支机构发放贷款形成的资产，而非向第三方购买的贷款资产（美国次贷危机的引发因素之一就是以购买和汇集的第三方贷款资产作为资产证券化的基础资产）。在这种情况下，我国究竟是形式上借鉴 *Dodd-Frank* 法案采取第三方尽调或发行人尽调评估［美国证券法上的资产支持证券发行人是特殊信托（SPT）设立人，不是我国信贷 ABS 中的信托机构］以提高证券化资产的质量，还是采取措施支持和发挥我国金融机构在基础资产形成方面的优势，从实质上解决基础资产信贷质量的问题，值得思考。

第四节　信贷 ABS 市场发展与法律制度演进的展望

在信贷 ABS 重启十年这段时间里，我国资本市场对外开放的步伐不断加快，党中央和国务院将普惠金融改革、金融支持实体经济发展提升至国家战略层面。如果认为美国资产支持证券市场成为全球最大市场是基于美国房利美等机构发行的 RMBS 国债化之“锚”，那么我国信贷 ABS 未来之“帆”似乎就在于中央的金融支持实体经济战略。我国金融机构的展业方式和组织结构与美国银行业金融机构明显有别，我国应在充分结合本国文化传统和社会传统的前提下，有效发挥我国金融机构在金融与实体经济之间的信任纽带关系，充分利用金融科技，以资产证券化金融技术为突破口，在金融与实体之间架起风险分散、资金畅流的新渠道。新《证券法》第二条已经为我国资产支持证券市场的发展奠定下坚实的法律基础。我们相信，随着我国信贷 ABS 实践经验的不断积累和信贷资产支持证券市场对外开放力度的不断加强，“统一市场”意义上的、与我国资本市场国际化进程相匹配的资产支持证券制度的全面设立应该指日可待。

第二十四章　商业银行信贷资产证券化动因研究[①]

银行本以经营存量资产为主，但自 20 世纪 70 年代以来，资产证券化（ABS）在美国兴起，以此为核心的“发起—分销”模式推动了行业革新，存量资产向流量资产转化。2008 年国际金融危机前后，此模式的发展达到顶峰，近年来发展势头有所放缓。

信贷 ABS 是商业银行经营模式的重大创新。本章试图将学术与实务相结合来研究商业银行信贷 ABS 业务，通过中美对比，探讨中国商业银行信贷 ABS 的市场空间；结合实践归纳和面板数据实证两种方法，分析商业银行信贷 ABS 的成本与收益，研究其背后的驱动因素。

第一节　商业银行信贷资产证券化的发展潜力：中美对比分析

美国的商业银行信贷 ABS 发展势头在 2008 年国际金融危机后趋于回落。根据证券业和金融市场协会（SIFMA）的数据，2021 年第三季度末美国资产证券化市场存量规模为 14.76 万亿美元，其中住房抵押贷款支持证券（MBS）占比为 89%，狭义 ABS 占比为 11%。但美国的资产证券化产品主要由房利美、房地美、吉利美三大政府支持公司发行（Agency ABS）。如果要对比研究中国商业银行的信贷 ABS，则需要研究商业银行发起的 ABS 产品（属于 Non-agency ABS 的一部分）。2008 年国际金融危机发生后，与 Agency ABS 稳定发展形成对照，商业银行发起的 ABS 发展明显失速，其与美国国内生产总值（GDP）的比值从 2009 年的 12%（最高值）下降到 2014 年的 3.8%，之后基本稳定下来。美国商业银行 ABS

① 本章已发表于《债券》2022 年 3 月刊。

的发展历程说明，如果没有国家信用支持，则信贷 ABS 的发展空间有限。

中国商业银行信贷 ABS 仍有 5~10 年的高速发展空间。从社会融资规模的编制规则看，“存款类金融机构资产支持证券”自 2017 年起被单独列示，而企业 ABS 则被纳入企业债券统计。2017—2021 年，存款类金融机构资产支持证券存量年均复合增速为 33%，与 GDP 的比值从 2017 年的 0.86% 上升到 2021 年的 1.90%，大致相当于当前美国水平的一半。但是，近两年随着宏观经济减速，特别是房地产行业调整，商业银行出现了“资产荒”，信贷 ABS 发展速度有所下降，2020 年和 2021 年的平均增速下降到 13.5%。若以 13.5% 的增速测算，我国商业银行 ABS 余额与 GDP 的比值达到美国 3.8% 的水平要到 2033 年才能实现；若以 33% 的增速测算，则要到 2025 年才能实现。如果要达到美国曾经触及的上限（12%），则我国商业银行 ABS 即使以 33% 的速度增长，也要到 2030 年。也就是说，我国商业银行信贷 ABS 还有 5~10 年高速发展的时间。待发展成熟以后，这个市场的存量规模将达到 10 万亿元以上。如果有国家信用支持，则商业银行 ABS 发展空间会更大。据美联储统计，截至 2021 年末，美国 65% 的住房按揭贷款都实现了证券化，我国个人住房贷款余额为 38.3 万亿元，如果按上述比例推算，那么仅个人住房抵押贷款支持证券（RMBS）余额就可以达到 25 万亿元。

第二节 信贷资产证券化与商业银行资产负债管理

一、信贷 ABS 有助于商业银行进行资产负债管理

资产证券化在资产负债配置、资本充足率管理、风险管理、收入管理和不良资产处置中都能起到积极作用，王良和薛斐（2021）对此进行了总结。从资产端来看，发行 ABS 可以盘活银行信贷规模。通常商业银行会对信贷业务的总量和结构进行规划，并要满足监管要求。例如，在商业银行房地产贷款集中度管理政策实施后，个人住房贷款规模成为集中度超限银行的宝贵资源。另外，一些区域性银行本地经济活跃度高，消费贷款、

小微贷款业务发展迅速，但贷款增长受到资本、风险管理和监管等因素的多重约束，通过发行ABS，实现贷款出表，可以盘活贷款规模，支持资产业务发展。从负债端来看，发行ABS融资是银行多元化资金来源之一，也有利于做大客户管理资产（AUM）。从资本端来看，在ABS发行过程中，通过出售次级资产可实现资本出表。尤其是通过发行以不良贷款作为底层资产的ABS，可以通过市场化方式实现不良资产处置，化解经营风险。从收入端来看，发行ABS可以调整收入结构，改善盈利水平。在发行ABS的过程中，发行方通常也是贷款服务银行，其中底层资产收益率高于ABS约定收益率的，多出来的收益大部分可以通过事先约定的贷款服务费条款由发行银行收回，从而使净利息收入转化为非息收入。另外，如果宏观经济金融形势正处于“宽货币、紧信用”时期，贷款利率上行，市场利率下行，此时可将利率较低的贷款作为底层资产发行ABS，所获得的资金可用于发放更高利率的新贷款，以增加营业收入，提升净利息收益率（NIM）。从“投商行一体化”经营角度看，发行ABS可起到跨条线联动作用。ABS可与债券承销、资产托管、私人银行、财富管理、资产管理、同业金融业务联动，打通为客户服务的资产和负债两端，形成“飞轮效应”。

二、商业银行信贷ABS的成本与收益

商业银行ABS发行成本总体高于同业存单（CD）和金融债。本章统计了万得（WIND）披露的845只商业银行的ABS产品数据，发行时间为2005年12月至2022年1月，发行银行共有101家。对每一只ABS产品，本章分别计算包含次级和不含次级的金额、久期和加权票面利率。假设债券次级档的收益率为8%（根据ABS实务经验值确定）。一般来说，次级资产收益率不足的，发行方会通过超额抵押、封包期利息入池[①]等方法提升收益率；当次级资产收益率达到约定值时会触发回购条款。本章根据每

① 封包期利息入池是指将底层资产从封包日到发行日收到的利息一同支付给债券投资者，以提高债券收益率。

一只 ABS 的加权久期，找出与其对应的 CD 和金融债收益率（市场化融资利率）。具体的方法是：将 101 家发行银行按照政策性银行、国有银行、股份制银行、城市商业银行和农村商业银行分成五组，每组都根据 WIND 数据构建 CD 和金融债的收益率曲线。如果相应期限债券的收益率缺失，则采取插值法确定，从而在五组收益率曲线的基础上得到每只 ABS 对应的市场化融资利率。上述 845 只 ABS 的数据统计信息如表 24-1 所示。根据 ABS 加权票面利率（发行成本）和对应的市场化融资利率，本章通过散点图进行分析。如图 24-1 所示，包含次级的 ABS 发行成本显著高于市场化融资利率，只有两只产品例外；不含次级的 ABS 发行成本仍高于市场化融资利率，但是差距有所缩小，而且有 27 只产品的 ABS 发行成本更低一些。统计表明，在包含次级的情况下，ABS 发行成本与市场化融资利率之差的算术平均值为 196 个基点，经发行额和久期加权的平均值为 134 个基点；在不包含次级的情况下，ABS 发行成本与市场化融资利率之差的算术平均值为 87 个基点，经发行额和久期加权的平均值为 40 个基点。

表 24-1　　Wind 披露的 845 只商业银行 ABS 的统计指标

值	包含次级				不包含次级			
	ABS 发行额（亿元）	ABS 加权久期（年）	ABS 加权票面利率（%）	同期限 CD 或金融债利率（%）	ABS 发行额（亿元）	ABS 加权久期（年）	ABS 加权票面利率（%）	同期限 CD 或金融债利率（%）
均值	49.22	4.05	5.32	3.36	43.55	3.38	4.13	3.26
中值	32.71	1.88	5.26	3.33	28.60	1.69	3.92	3.28
最大值	200.39	16.94	7.73	5.71	182.11	14.46	6.89	5.40
最小值	0.12	0.12	2.66	1.13	0.10	0.05	1.76	1.01
标准差	45.94	3.79	0.79	0.70	41.52	3.23	0.82	0.76
观测值	845	845	845	845	845	845	845	845

数据来源：Wind。

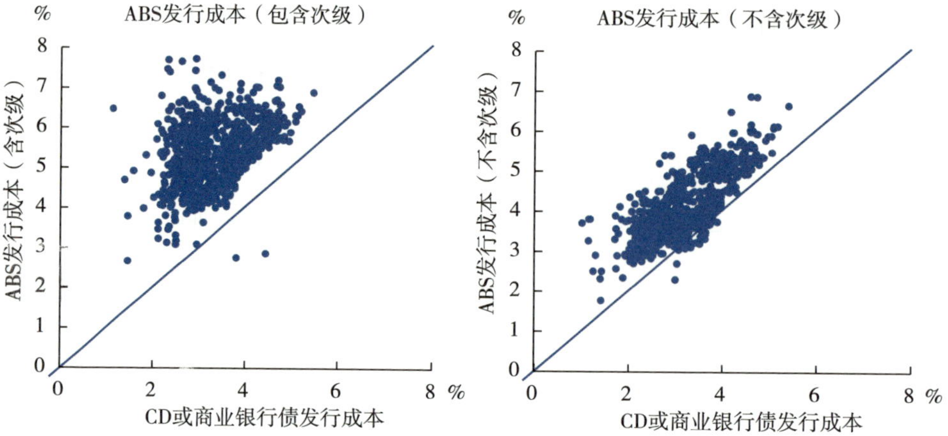

图 24-1 商业银行 ABS 发行成本与市场化融资利率的对比

（数据来源：Wind）

需要说明的是，信贷 ABS 产品发行成本相对较高，与产品本身的特性有关。一方面，ABS 产品的操作流程和交易结构相对复杂，并且需要引入会计、法律等不同类型的中介服务机构参与。另一方面，ABS 产品引入信托关系，原则上特殊目的载体（SPV）仅以证券化的资产为限向投资者承担责任和进行赔付，投资者对发起银行的其余资产没有追索权，而 CD 和金融债的持有人有权要求发行人履行还本付息义务。发行利率的差异在一定程度上反映了操作流程复杂程度以及商业银行承担偿付责任的不同。当然，ABS 产品的优势也是其他债券无法替代的。

各商业银行通过 ABS 发行成本与收益的权衡共同塑造了中国商业银行 ABS 市场的结构。根据以上分析，在 ABS 发行过程中出表，既能盘活信贷规模，又能节约风险资本，只要支持新发放贷款的 NIM 高于 1.34% 就可以盈利。这适用于以房贷、小微贷款、消费贷款、信用卡贷款作为底层资产的 ABS，但不适用于以对公贷款作为底层资产的 ABS。如果不考虑出表，而是自持次级资产，那么发行 ABS 比单纯发债只需多付出 40 个基点的成本，这较适用于以个人按揭贷款为底层资产的 RMBS。因为个人房贷一方面受监管集中度政策的管控，另一方面其风险资本权重低于其他一般性贷款。因此，从发行总额来看，我国商业银行 ABS 的主力品种以个人房贷和小微贷款、消费、信用卡贷款作为底层资产。另外，从发行次数看，不良贷款 ABS 占比也较高，这一品种以节约资本为主，久期较短，次级比例较高，发行成本也较高。从实务来看，2017—2021 年，在商业银行 ABS 中，选择出表发行的占比为 43.6%，其中 2020 年出表占比最高，达到 57.9%。

三、商业银行 ABS 发行的最优规模和久期

商业银行可以通过调整 ABS 的发行规模和久期来优化成本。从上述 845 只商业银行 ABS 统计数据看，在发行量小、久期短时，发行成本率[①]随发行量增大和久期拉长而迅速下降。但在发行量超过 100 亿元以及久期超过 5 年后，发行成本会趋于稳定。在图 24-2 中，本章分别构建了两组模型：其中左上图和右上图是对数函数模型，左下图和右下图是二次函数模型。计量分析表明，在发行量和成本的关系方面（左上图和左下图），对数函数模型的拟合优度高于二次函数模型；在久期和成本的关系方面（左上图和左下图），两个模型的拟合优度相近（见图 24-2）。从统计分析的角度来说，发行量存在最优值的概率较低，而久期存在最优值的概率较高。用二次函数模型求解最优值可得到最低成本发行金额为 107 亿元[②]，最佳久期为 10.66 年[③]。此结果可作为学术探讨，也可以作为实务操作的参考。

① 发行成本率 =（发行所支付的利息 + 中介费用）/ 债券发行面值。

② 发行金额计算过程如下：214/（2 × 1）=107（亿元）。

③ 最佳久期计算过程如下：1507/（2 × 70.66）=10.66（年）。

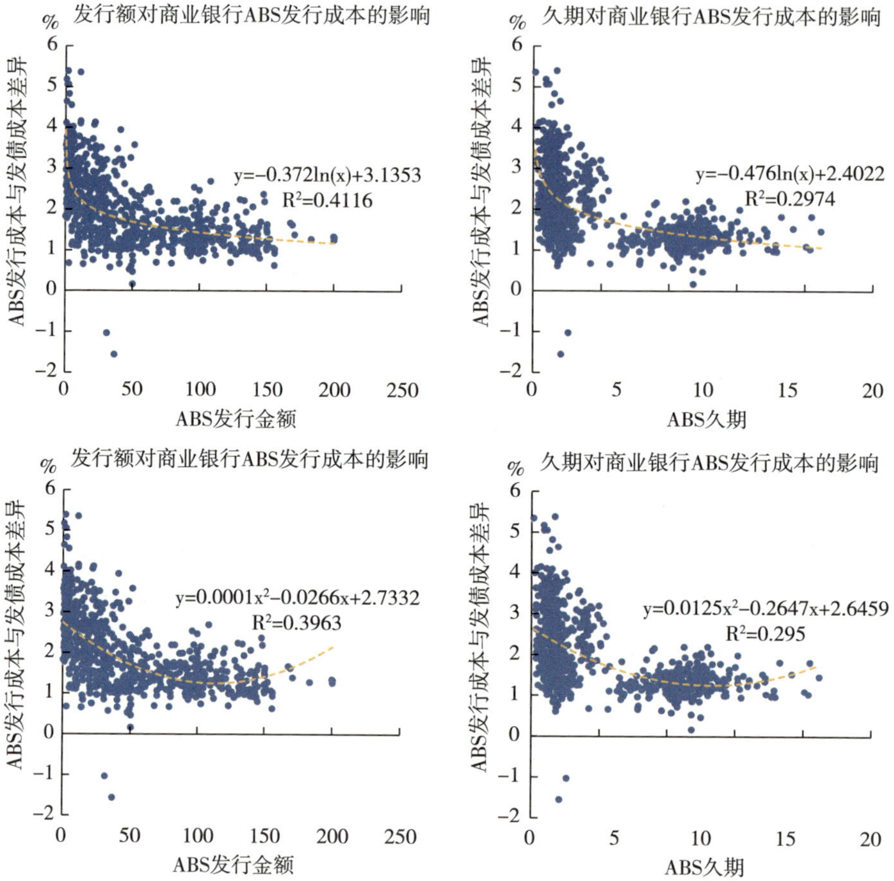

图 24–2　发行额和久期对商业银行 ABS 发行成本的影响

（数据来源：Wind）

第三节　商业银行信贷资产证券化的驱动因素分析

一、模型设定

本章构建了商业银行 ABS 发行规模影响因素的年度面板数据模型。目前的文献较多采用 ABS 发行规模与贷款余额或新发生额之比作为衡量商业银行资产证券化的因素，如曹彬（2017）及其引用的 Loutskina（2011）

的“证券化指数”。本章将 ABS 发行量的对数值作为被解释变量，主要是基于我国商业银行 ABS 发行实务经验。当前，在上述 101 家已发行 ABS 的商业银行中，除了几家大型国有银行和少数几家股份制银行外，其余银行的发行规模均不大，如果计算证券化指数，则大多数银行的数值严重偏低，从而影响计量结果的科学性。本章通过引入各行的贷款余额对数值作为解释变量，考虑了银行经营规模对 ABS 发行量的影响，可在一定程度上对证券化指数形成替代。本章构建的模型如下：

$$Y_{it}=\beta_0+\beta_1(r_{abs_{it}}-r_{td_{it}})+\beta_2\times k_{ad_{it}}+\beta_3\times loan_{it}+\beta_4\times s_{abs_{it}}+\beta_5\times hctr_{it}+\beta_6\times gloan_{it}+\beta_7\times r10y_t+\varepsilon_{it}$$

其中，Y_{it} 是被解释变量，在四个计量模型中分别以 abs_{it}（i 行在 t 期发行的 ABS 总额，取对数）、$rmbs_{it}$（i 行在 t 期发行的 RMBS 总额，取对数）、$nplabs_{it}$（i 行在 t 期发行的不良贷款 ABS 总额，取对数）和 $oabs_{it}$（i 行在 t 期发行的其他 ABS 总额，取对数）代替。$rabs_{it}$ 是 abs 的发行成本率，rtd_{it} 是 i 行 t 期对公定期存款成本率，kad_{it} 是核心一级资本充足率，$loan_{it}$ 是各行贷款余额的对数值，$sabs_{it}$ 是各行 t 期 abs 发行额占当期贷款新增量之比，$hctr_{it}$ 是各行个人住房贷款集中度，$gloan_{it}$ 是贷款增速，$r10y_t$ 是代表市场利率的 10 年期国债利率。各变量的描述性统计如表 24-2 所示。

上述模型数据均来自 Wind。在上述 101 家已发行 ABS 的银行中，选取有连续财务数据的 26 家 A 股上市银行，将其 ABS 以年度为期间，通过加总、加权平均的方法处理为年度时间序列，时间范围选取 2014—2021 年（2013 年之前 ABS 发行规模非常小，不利于计量分析，因而不选取）。为提高计量精度，本章提到的市场化负债利率，在模型中以各行自身的对公定期存款成本代替。

表 24-2　　　　变量的描述性统计

值	abs	rmbs	nplabs	oabs	r_absr	r_td
均值	2.3865	2.4507	0.9591	2.0389	5.2395	2.8775
中值	1.7563	2.0008	0.8740	1.7196	5.2045	2.8800

续表

值	abs	rmbs	nplabs	oabs	r_absr	r_td
最大值	3.4733	3.3839	1.6629	2.9999	7.0295	4.3300
最小值	−0.0706	0.7056	−0.2147	0.3010	3.0876	2.1200
标准差	2.7021	2.6830	0.8561	2.1974	0.7581	0.4480
观测值	102	81	73	102	102	102
截面个数	26	23	26	26	26	26
值	k_ad	loan	s_abs	hctr	gloan	r10y
均值	9.9511	4.6127	0.0658	0.1656	0.1585	3.4949
中值	9.3400	4.3849	0.0335	0.1579	0.1430	3.4699
最大值	13.8800	5.2701	0.3828	0.3573	0.4644	4.1557
最小值	7.7200	2.7993	0.0004	0.0028	0.0682	2.8576
标准差	1.5726	4.6793	0.0759	0.1000	0.0646	0.3934
观测值	102	102	100	100	100	8
截面个数	26	26	26	26	26	

二、实证结果：规模、成本和资本对各品种 ABS 的影响不同

模型一：在各类型 ABS 发行规模的驱动因素中，盘活信贷规模是主因，发行成本次之，节约资本不是主要影响因素。一是在成本因素方面，ABS 发行成本相对本银行定期存款成本越高，发行量越低。二是资本充足率越高，发行量越高。这一结果虽然从表面上看不符合经济学常识，因为理论上资本充足率越低的银行应该越有动机发行 ABS，但正如本章第二部分时分析成本与收益中提到的，由于 50% 以上的商业银行 ABS 不出表，所以更可能的情况是资本充足率越高的银行，越能够发行更多的 ABS 以盘活信贷规模。三是信贷总规模越大，发行量越大，这符合国有大行和头部股份制银行 ABS 发行规模大的实务规律。四是 ABS 融资在新增贷款中的份额越大，发行规模越高，这实际上反映了大行不仅 ABS 发行规模大，相对占比也高。五是贷款增速越高，发行规模越大，这也体现了盘活贷款

规模是 ABS 发行的重要动机。六是市场利率对 ABS 发行量也存在影响，市场利率越高，ABS 发行成本相对越低，发行量越大。

模型二：RMBS 发行规模的驱动因素重在盘活规模。RMBS 发行规模主要受各银行贷款总规模（间接代表各银行的业务规模）、ABS 发行规模与新增贷款之比（各银行每年的 ABS 发行规模通常根据年初计划决定，并受监管调控）、房地产贷款集中度的影响，受成本、资本充足率的影响不明显。

模型三：不良贷款 ABS 发行规模的驱动因素，重在节约资本，受其他因素的影响不明显。需要提到的是，模型显示资本充足率越高的银行，越有动机通过发行不良贷款 ABS 来协助保持相对较高的资本充足率。在实务中，不良贷款 ABS 发行量较大的国有大行和头部股份制银行，其资本充足率的确高于其他样本银行。

模型四：在其他 ABS 发行规模的驱动因素中，成本因素影响显著，且与 RMBS 互呈“挤出效应”。与模型二、模型三相比，在模型四中，成本的影响因素显著，房地产贷款集中度的影响显著为负。也就是说，房地产贷款集中度越高的银行，越会将更多的 ABS 发行额度投向 RMBS，而较少投入到其他 ABS，这就有了明显的“挤出效应”。

表 24–3　信贷 ABS 发行规模的影响因素（面板数据模型分析）

因素	abs （1）	rmbs （2）	nplabs （3）	oabs （4）
r_abs – r_td	−0.4233** （0.1167）	0.2005 （0.1167）	−0.0228 （0.1549）	−0.2343* （0.1270）
k_ad	0.1224* （0.0748）	0.0583 （0.0846）	0.2417** （0.1188）	−0.0947 （0.0823）
loan	0.9203*** （0.0961）	0.6267*** （0.1263）	−0.0246 （0.1362）	0.7201*** （0.1143）
s_abs	15.30*** （1.4322）	8.0334*** （1.3297）	1.9414 （2.0211）	10.8954*** （1.4295）
hctr	−0.3267 （1.3772）	3.1487* （1.7914）	−0.5863 （2.8547）	−4.5620*** （1.8171）

续表

因素	abs （1）	rmbs （2）	nplabs （3）	oabs （4）
r10y	0.4217** （0.2095）			
gloan	7.3174*** （1.5457）			
常数	−8.5373*** （1.3646）	−4.3897*** （0.9581）	−0.4104 （1.5648）	−1.3905 （1.1204）
R−square	0.7272	0.7809	0.2352	0.4759
观测值	107	58	53	93
截面个数	26	23	23	26

注：① ***、**、* 分别表示在 1%、5% 和 10% 的统计水平上显著；② 括号里的数值代表标准误差（SE）。

三、格兰杰因果检验：在不同期限产品中，规模和成本的作用机理不同

年度数据和月度数据的因果关系相反，揭示了 ABS 发行量和成本相互作用的不同机理。从年度面板数据看，ABS 发行量是发行成本的格兰杰原因，反之则不是。为了对比，本章另外构建了月度面板数据模型，此模型中的发行额和发行成本都按月加总和加权平均。从月度数据看，ABS 发行成本是 ABS 发行量的格兰杰原因，反之则不是。ABS 的年度发行成本无法影响 ABS 的年度发行规模，但是 ABS 的月度发行成本影响其月度发行规模，即在 ABS 的年度发行计划确定后，各月的发行规模与成本有很大关系，有明显的“择时”考虑因素（见表 24–4）。

表 24–4　　ABS 发行规模和发行成本的因果关系检验

1. 月度面板数据格兰杰因果检验			
原假设	观测值	F 值	P 值
发行规模 abs 不是发行成本 r_abs 的格兰杰原因	85	1.10982	0.3346

续表

发行成本 r_abs 不是发行规模 abs 的格兰杰原因		5.27463	0.0071
2. 年度面板数据格兰杰因果检验			
原假设	观测值	F 值	P 值
发行规模 abs 不是发行成本 r_abs 的格兰杰原因	63	2.32536	0.0846
发行成本 r_abs 不是发行规模 abs 的格兰杰原因		1.08106	0.3646

第四节 结论和启示

一、主要结论

一是中国商业银行信贷 ABS 仍有 5~10 年的高速发展空间。二是在商业银行资产负债管理过程中，信贷 ABS 在资产、负债、资本、收入和跨条线联动方面都有积极作用。三是由于操作流程的复杂程度以及商业银行承担法律责任的不同，信贷 ABS 的发行成本总体高于 CD 和金融债，在包含次级时高 134 个基点，在不包含次级时高 40 个基点。ABS 发行成本与收益权衡塑造了中国商业银行 ABS 市场的结构。四是商业银行可以通过调整 ABS 的发行规模和久期来优化成本，参考的最优规模是 107 亿元，最优久期是 10.66 年。五是从总体上看，在各类型 ABS 发行规模的驱动因素中，盘活信贷规模是主要因素，发行成本次之，节约资本不是主要影响因素；发行 RMBS 重在盘活贷款规模；发行不良贷款 ABS 重在节约资本；其他 ABS 发行规模受成本因素影响显著，且与 RMBS 互呈“挤出效应”。六是格兰杰因果检验表明，ABS 的年度发行计划受成本因素影响不明显，但 ABS 各月发行规模有明显的“择时”考虑。

二、相关启示

信贷 ABS 是现代商业银行资产负债管理的重要手段，有利于优化银行业务和收入结构，提升经营效率。对于一部分资本和贷款规模有限、同时面临广阔市场的银行，尤其是处于经济活跃地区的中小银行来说，信贷ABS提供了一种全新而高效的经营模式。中国商业银行的信贷ABS业务市场基础设施已经比较完备，拥有广阔的发展空间，值得银行从业者努力开拓。本文的研究亦可供监管部门参考：如果有进一步的政策支持，尤其是如果能适当引入国家信用支持，那么中国商业银行的资产证券化业务还可以为提升消费在国民经济中的占比、支持创业创新、支持共同富裕起到更大作用。

第五部分

市场展望篇

第二十五章　信贷 ABS 市场发展展望

信贷 ABS 重启十年历程中，在结合我国经济金融市场特色及国际历史经验的基础上，在不断完善政策机制、拓宽市场深度和广度的努力下，逐步建立起了一个具有一定规模且健康稳定的市场，对促进多层次资本市场健康成长、服务实体经济发展、助力金融开放具有重大的意义。现立足过去十年的成绩和经验，审度目前所处的历史阶段及现状，展望未来信贷 ABS 市场深化发展的新阶段。

第一节　信贷 ABS 市场发展展望

一、历经重启后十年的快速发展，信贷 ABS 市场已经步入了高质量发展阶段，预计未来市场规模仍有很大的发展空间

过去十年间信贷 ABS 在国内持续健康发展，发行规模持续稳步增长，截至 2021 年末，信贷 ABS 重启十年间共发行项目 1150 单，发行规模 52922.47 亿元，占资产证券化市场总发行规模的 38.31%。整体来看，市场容量具有进一步扩张的潜力，短期虽有波动，但长期来看市场规模仍将继续稳步上升。一方面，信贷 ABS 市场具备多层面持续发展的需求与动力，为满足重点行业转型升级和社会发展的需要，深入支持供给侧结构性改革，助力金融机构增强风险管理能力，尚需信贷 ABS 持续发挥优势。另一方面，信贷 ABS 各类产品具备相对充足的基础资产，也具有相应的增长条件和增长点，可为市场规模扩张提供客观支持。与此同时，参考国际发展时间较长、较成熟的市场，美国的资产证券化市场占比于次贷危机前最高上升至 50% 左右，截至 2021 年末发行占比恢复至 38% 左右。相比之下，我国资产证券化市场发展时间虽然尚短，但国内资产证券化产品发行规模在 2021 年即占到了债券市场总发行规模的 10% 左右，展现出了良好的发

展势头，作为我国资产证券化主流产品，信贷ABS还有很大的发展空间。

二、日益成熟的信贷ABS市场在延续高抗风险性的同时，将进一步发挥其服务实体经济、助推金融改革的作用

党的十八大以来，以习近平同志为核心的党中央坚定不移地推动金融改革与金融开放。过去十年里，信贷ABS的大发展顺应了这一趋势。在“十四五”规划以后，我国信贷ABS市场在金融业以防范风险、支持实体、深化改革为发展方向的目标下，将进一步起到助推作用。鉴于有效的监管、充分的制度保障、高分散性的基础资产、特殊的交易结构设置和“双评级”制度等对于风险的把控和识别，我国信贷ABS具有高抗风险性的特征，预计未来随着信贷ABS市场逐渐成熟、机制体制更加完备，信贷ABS的避险属性将进一步凸显，成为金融产品中风险防范的标杆。在牢把风险关的基础之上，在国内统一大市场的背景之下，一方面信贷ABS可利用存量贷款的资金转化调整信贷投向，向重点支持产业和目标调整的方向倾斜，另一方面信贷ABS可突破传统债券依赖债务人整体信用的局限，通过破产隔离设计实现依赖资产信用风险，起到降低融资成本的作用，以此支持重点产业转型、推动实体经济发展。与此同时，信贷ABS把传统的间接融资产品转换为直接融资产品，提高了直接融资比例，国际经验表明，直接融资比重高的金融市场风险更加分散、更加稳定也能更快地从危机中恢复。作为金融市场健康发展的要素之一，信贷ABS未来预计将进一步压实提高直接融资比例的责任，有效落实国务院关于大力发展多层次资本市场的要求，以加速金融改革的进程。

三、信息披露等制度机制建设持续完善，制度先行使信贷ABS市场规范化发展有据可依，落实金融标准化发展规划

我国现行的信贷ABS信息披露制度已经实现对发行阶段的完备覆盖，相较同类产品而言更为丰富翔实，且得益于这些基础设施，发行管理效率较高，也为投资者提供了风险评估及辨别的窗口。但随着市场的不断发展，

基础资产类型不断丰富，对现有制度提出了更新的要求，信息披露制度仍需不断完善与优化。《金融标准化“十四五”发展规划》中提出标准化支撑金融业高质量发展的地位和作用将更加凸显，结合我国信贷 ABS 市场的发展阶段，完善基础数据标准和监管数据标准、尽可能消除信息不对称的现象、提高市场发行管理效率和透明度且兼顾投入产出效率的高质量信息披露标准是保障信贷 ABS 市场健康稳健增长的基石。在整体上，坚持以透明化、标准化、规范化为导向，预计未来将持续优化信贷 ABS 产品存续期的信息管理和信息披露跟踪评价机制，尽量消减市场各参与方之间的信息不对称现象，切实保护投资者的利益；在参与机构上，市场自律组织及中介机构将发挥更大作用，自主制定相应标准，建立良好的行业自律，提升中介机构的专业能力及监管过程中的主观能动性，同步提升风险合规意识和风险识别水平，营造健康高效的市场环境；在工具使用上，金融科技的运用将为信息披露的质效提升持续赋能，大数据、去中心化存储、人工智能等技术或将得到充分利用，在信息披露及信息使用的过程中都更进一步提升效率和准确度。

四、信贷 ABS 的交易性功能将被深入挖掘，二级市场活跃度与信贷 ABS 产品估值技术共同提高，打破信贷 ABS 市场发展掣肘

近年来，我国信贷 ABS 二级市场的流动性有所上升，交易活跃性整体上在波动中走强，但是信贷 ABS 二级市场的流动性水平仍然相对偏低，这在一定程度上限制了信贷 ABS 市场的纵深发展。预计随着未来信贷 ABS 发行规模和存量规模的进一步扩大，将为二级市场的流动性提升提供更肥沃的土壤。更重要的是，信贷 ABS 市场发展的多项趋势也将进一步助力二级市场流动性提升，一是预计投资者数量及类型进一步增加，目前信贷 ABS 市场投资者结构和数量相对单一，导致投资者对信贷 ABS 的投资目的主要集中在资产负债管理，由于多持有到期，致使二级市场交易需求较低，预计未来信贷 ABS 产品结构及基础资产逐渐扩容，非银机构、国际投资者等多元化投资者参与度将显著提高，将为信贷 ABS 的二级市

场流动性增长创造更多空间；二是未来随着信贷 ABS 持续常态化发行、历史违约数据量的逐渐积累、重点参数曲线的搭建等，信贷 ABS 的估值定价问题将逐渐得到解决，可有效提高投资者交易的积极性，同时信贷 ABS 产品也将逐步发挥其作为抵质押券的功能，提升其交易性价值。作为市场成熟的标准之一，二级市场的流动性提升是我国信贷 ABS 市场未来必然的发展方向。

五、更多国际成熟的产品设计及管理经验将被引入国门，更多类型信贷 ABS 产品将走向海外，助力金融市场双向开放

改革开放后这几十年以来，中国经济在法治化、市场化、全球化的进程中实现了高速发展，信贷 ABS 也顺应金融市场开放进程，取得了一定的成绩。立足当下，我国经济从高速增长过渡至高质量发展阶段，更需要通过金融市场开放促进国内国际“双循环”以服务国民经济高质量发展大局。信贷 ABS 市场在促进金融双向开放中多路并进，对内引进方面，一是预计引入新的国际成熟经验，鉴于车贷 ABS 发起机构中外商独资和中外合资机构较多，具有承接国际化项目经验的优势且十年间取得了相应成果，车贷 ABS 或将带动其他信贷 ABS 产品共同引入更多国际成熟运营管理经验和创新交易结构设置；二是对于已经引入的特殊交易结构，在经历了一段时间的本土化磨合和发展后，预计应用范围更广、频率更高；三是随着市场的逐步扩容、投资者类型的逐步增多，投资需求的差异化预计逐渐显著，在信贷 ABS 市场宏观审慎监管能力进一步强化、抗风险能力持续提升的基础上，级别及期限或将与国际成熟市场逐渐趋同。在对外出海方面，一是在产品类型方面，以车贷 ABS 为首的多种信贷 ABS 产品已成为国际投资者主要持有的国内券种，在现有投资品种的基础上，或可逐步探索不良 ABS 出海，充分利用境外市场防范化解金融风险；二是在投资者层次方面，截至 2021 年末信贷 ABS 市场中境外投资者持有规模达到 1.51%，参考美国资产证券化市场 10% 左右的海外投资者占比，随着海外投资者对国内产品认知逐步加深，我国信贷 ABS 海外投资者参与占比预

计持续上升。

第二节 信贷 ABS 产品发展展望

一、与国际接轨的标准化零售类 ABS 将继续稳中有升，未来将持续作为信贷 ABS 主流产品

信贷 ABS 市场化发展进一步提速的过程中，经历了基础资产以对公贷款为主的阶段逐渐转向以零售类基础资产为主的阶段，整体发展方向与国际成熟经验趋同，预计未来零售类 ABS 将持续展现较大的发展潜力。零售类资产相对其他种类资产整体而言更加适合证券化，因其具有较高的分散性和较强的同质性，能够有效分散和缓释信用风险，同时可以较好地运用“大数法则”进行量化分析、利于获得相对稳定的违约率预测并进行合理定价，且符合多项监管政策的利好条件及信贷 ABS 市场标准化发展的总体方向。与此同时，零售类 ABS 涵盖的各类产品皆有较强的发行动力和扩张条件，RMBS 作为零售类最主要的产品，个人住房贷款资产长期充足，随着监管制度与业务规范的不断完善，风险控制能力的逐步提高，市场活力将持续上升，未来还有很大发展空间，以实现住房金融改革过程中力图将 RMBS 作为发起机构主要融资渠道的愿景，进一步打通贷款利率传导机制，并且有望纳入人民银行的货币政策调控手段；与此同时，汽车金融公司和消费金融公司对 ABS 融资途径的依赖度逐渐上升，在汽车金融公司自身融资需求及拓宽市场化融资渠道的政策鼓励下，在国内疫情防控常态化、新消费金融公司获批资产证券化业务资格的情况下，未来车贷 ABS 及消费贷 ABS 的发行规模也有望上升。

二、不良 ABS 逐步成为处理不良资产的成熟途径，将在金融风险防范化解中扮演更重要的角色

从宏观层面看，时至今日全球疫情仍在持续蔓延，且信贷资产违约率的暴露存在一定时滞性，因此预计商业银行的不良资产仍面临增长压力。

与此同时，监管层面也对防范化解金融风险提出了相关指导意见，要求各金融机构尽最大可能提早处置不良资产，以实现“稳增长”和“防风险”的长期均衡。在金融机构内外部环境皆进一步刺激不良资产处置的需求下，不良 ABS 的发行规模有望增长。作为不良资产的处置途径之一，证券化不仅可以将不良资产剥离出资产负债表，并且可以提升资本充足率和资产流动性，从而提高金融机构的放贷能力和资金使用效率。随着银行信贷业务的继续深入与拓展，针对不同的不良资产处置需求以及新发起机构的陆续加入，基础资产有望进一步丰富，或将进一步催生出更多不同类型基础资产入池的不良 ABS 产品，且经过不良 ABS 的多年探索发展，预计未来产品交易结构设计上更加多元，以满足各类发起机构及投资者的多样化需求，来进一步推进不良 ABS 市场规模的增长，逐渐成为处理不良资产的成熟途径。

三、为切实响应国家政策，助力经济转型升级与可持续发展，绿色 ABS 及微小 ABS 前景可期

我国经济目前正处在转变发展方式、优化经济结构、转换增长动力的攻坚期。在这一关键时期，信贷 ABS 将积极发挥金融行业助力实体经济发展的使命，推动实现我国经济的转型升级。一是在“碳中和、碳达标”的政策导向下，我国绿色经济进入深化发展时期，为引导资金流向绿色产业，绿色 ABS 预计成为辅助绿色金融体系建设的有力抓手。一方面，绿色车贷 ABS 有望迎来发行高潮，目前新能源汽车消费市场发展迅速，成为车企重要的转型方向，2020 年汽车金融公司新能源零售贷款余额 270.50 亿元，比上年增长 16.80%，在汽车行业整体销量低迷的背景下仍实现逆势增长；另一方面，基础资产种类或向更广泛的绿色产业拓展，据人民银行统计，2021 年中国本外币绿色贷款余额达 15.9 万亿元，且呈现逐年攀升的趋势，绿色 ABS 或将成为信贷 ABS 市场发展的下一个风口。二是近年来我国为激活经济转型升级的“毛细血管”，保障经济体系发展的“半壁江山”，推出多重相关政策以解决小微企业融资难的痛点，2018 年人民

银行等五部门发布《关于进一步深化小微企业金融服务的意见》，鼓励使用创新金融工具帮助小微企业进行投融资活动，同时，交易商协会组织市场成员修订完成《微小企业贷款资产支持证券信息披露指引（2018版）》，大力支持银行业金融机构发行微小ABS。鉴于资产支持证券评级关注基础资产质量及交易结构安排，而非发行人的主体信用，更加有利于小微企业降低融资成本。综合来看，微小ABS有望在未来一段时间内实现增长，以增强对小微企业等实体经济的金融服务。

四、随实体行业发展趋势，信贷ABS资产多样性预计进一步提升，持续优化资源配置以助推经济高质量发展

作为可改善资源配置的金融工具，信贷ABS在我国实体行业发展转型过程中将不断扩大其市场的内涵和外延，以便于更充分地发挥其服务实体经济的功能。一方面，现有产品的基础资产多样化预计有所提高。以车贷ABS为例，中国汽车市场经历10年高速发展以来，已经趋于结构性饱和，低线城市是未来汽车销售增量的重点市场，为应对汽车行业存量时代的市场竞争，汽车金融公司不断推出创新的金融方案，如弹性还款、免抵押贷款、二手车贷款等，以满足不同消费者的需求。随着特殊类型贷款发放的增加，特殊类型贷款在车贷ABS基础资产中的占比也会逐渐提升。另一方面，信贷ABS市场资产类型有望进一步扩大并丰富，可开展包括如商业房地产抵押贷款、中小企业短期应收款等基础资产的证券化，在发挥其帮助落实产业转型、为国民经济的发展提供支持的同时，也为不同投资者提供满足其风险偏好及需求的投资标的，进一步促进信贷ABS市场纵深发展。

第三节　信贷ABS参与机构展望

一、信贷ABS的优势将进一步激活发起机构的参与意愿，发起机构格局或将走向分化，多样化与专业化并行

自信贷ABS市场重启十年以来，鉴于信贷ABS产品对发起机构有盘

活存量资产、拓宽融资渠道、优化信贷结构、稳定资产质量等多项优势，发起机构种类及数量随信贷 ABS 发行速度加快不断增加，一方面逐步由全国性大行向地方性商业银行、城农业商业银行渗透，另一方面发起机构类型也开始涵盖汽车金融公司、消费金融公司、资产管理公司及金融租赁公司等非银行金融机构，集中度显著降低的同时类型也进一步多元。未来，在一、二级市场基础设施建设不断优化、信贷 ABS 市场流动性逐渐得到释放的发展前景下，发行效率将有所提升，融资成本也将随之降低，发起机构积极性预计持续上升，发起机构队伍将不断壮大，有利于推进信贷 ABS 市场逐步走向成熟。与此同时，为助力信贷 ABS 市场更好地完成其落实政策导向、支持实体经济发展及金融改革的使命，发起机构在不同产品之间或将走上多样化与专业化并行的道路。对于放款标准度高、体量大的 RMBS 产品，或将形成以国有大行为主要发起机构的发行模式，此类发起机构管理经验充分、系统建设成熟，有利于 RMBS 规模的扩张、二级市场流动性的加强，甚至促进打通贷款利率市场化机制；对于 RMBS 以外的其他产品，预计发起机构将进一步多样化发展，一方面由于同一机构的基础资产表现与其放款标准表现更具一致性，投资者的风险衡量有更多参考，另一方面更多地发起机构参与可以进一步促进信贷 ABS 市场深化发展。

二、海内外投资者队伍将不断丰富，非银投资者占比进一步提升，投资者结构与国际市场趋同，推动市场纵深发展

虽然我国信贷 ABS 已进入了高质量发展阶段，但长期来看依旧处在发展初期，该阶段中参与试点的银行对产品比较熟悉，因此银行之间多交叉互持，持有量接近信贷 ABS 总量的 70%，在投资者中占主要地位，风险难以从银行系统中释放。随着市场逐渐成熟、投资者对产品认识程度逐渐加深，未来可鼓励和有针对性地放开投资群体限制，促进非银投资者的比重增加。在投资者的参与度更高、群体类型更丰富的情况下，不仅有助于增强市场活力、提高二级市场流动性，而且有助于分散风险，避免风险集中在银行体系。此外，投资者数量及种类的丰富，可催生更多层次的投

资需求，由需求端拉动产品多样性的发展，进而推动市场创新。参考国际成熟市场的发展脉络，现阶段投资者情况为证券化市场发展进程的正常过渡，对比美国市场发展初期，也经历了类似的情况，但随着市场的逐步发展，非银投资者的比重不断上升，目前形成了以商业银行持有量占比约30%、美联储占比超20%、海外投资者占比约10%，各类险资、基金等机构持有占比较为均匀的投资者格局。

三、中介机构主观能动性需逐步强化，提高尽职履责能力共促风险防范，为信贷ABS市场健康成长保驾护航

由于证券化产品是底层资产被包装后的产物，相对其他产品投资者获取基础资产的信息渠道较为单一，对风险的判断和识别准确性受到一定的制约，信息不对称问题显著，需要中介机构对资产合规性、信用风险等出具专业意见和判断以供投资者参考。为辅助信贷ABS市场持续健康成长，未来将引导中介机构加强专业人才的培养和技术体系的建设完善，进一步提升责任心和尽职履责能力，共同加强事中、事后的风险识别与监测，及时为投资者提供客观、公正的信息，有助于提高信贷ABS产品的发行效率、增强投资者的参与动力、更好地稳定市场预期。具体来说，对于券商而言，身兼证券化项目过程多重角色，在提升各个环节的风险辨别及分析能力的同时，预计进一步提升承销能力、产品设计能力以及做市能力，在风险可控的前提下提升证券化效率；对于律师事务所而言，鉴于信贷ABS产品表现依托于底层资产的表现，前期发行过程需进一步落实尽调的真实性、准确性和透明度，提高抽样的代表性，在后期管理的过程中协助信息披露，提升违约资产的催收效率；对于会计师事务所而言，会计师预计进一步主动承担起推动信贷ABS市场完善会计准则相关具体制度、统一申报材料会计处理标准的职责，从制度建设的维度助力信贷ABS市场发展。

四、双评级制度将持续充分发挥风险揭示作用，推动信贷 ABS 市场评级公信力继续提升，为金融体系稳定发展营造有利条件

2008 年美国次贷危机发生后，市场普遍认为三大评级机构未能进行合理评级，并因此加剧了市场的崩溃。由此可见，评级机构在资产证券化市场中起到的作用举足轻重，保证其评级结果的客观性、可靠性、准确性是信贷 ABS 市场稳定健康发展的基础之一。为解决发行人付费模式与评级机构客观公正立场的矛盾冲突、建立科学的付费机制，国际上展开了长期努力并延续至今，其中双评级制度在国际广泛的探索与实践中，得到了各国监管部门的积极鼓励和支持。作为我国双评级制度及投资者付费模式试点，未来在人民银行、交易商协会的指导下，以中债资信为代表的评级机构将继续探索推动双评级制度及投资者付费模式向纵深发展，一是不断提升评级技术的先进性与准确性，尤其是随不良 ABS 产品规模的扩大及不良资产类型的扩展，估值准确性对风险防范的重要性将进一步凸显，未来随着业务数据的不断积累，不同类型不良资产的估值技术方法仍有优化空间，将不断加强包括估值技术领域在内的评级技术研究和探索、深耕不辍，为保障信贷 ABS 产品的信用水平提供有力支撑；二是持续完善信用风险监测和预警体系，充分运用成熟且适合我国国情的信用风险模型等工具对资产证券化产品进行及时跟踪和评估，切实发挥信用评级的“压舱石”作用，助推我国债券市场健康发展，推动评级行业公信力再上新台阶。

附　录

附录一　我国信贷 ABS 政策发展与制度建设大事记

时间	文件 / 会议 / 事件	主办机构	内容
2005 年 4 月	《信贷资产证券化试点管理办法》	人民银行、银监会	信贷 ABS 试点正式启动
2005 年 5 月	《关于个人住房抵押贷款证券化涉及的抵押权变更登记有关问题的试行通知》	建设部	对个人住房抵押贷款证券化涉及的抵押权变更登记进行了说明
2005 年 6 月	《资产支持证券信息披露规则》	人民银行	披露资产支持证券信息披露规则
2005 年 6 月	《有关资产支持证券在银行间债券市场的登记、托管、交易和结算等事项的公告》	人民银行	对资产支持证券在银行间债券市场的登记、托管、交易和结算等事项进行了说明
2005 年 8 月	《资产支持证券操作规则》	人民银行	对资产支持证券操作规则进行了说明
2005 年 11 月	《金融机构信贷资产证券化试点监督管理办法》	银监会	对金融机构信贷 ABS 试点监督进行了说明
2006 年 2 月	《关于信贷资产证券化有关税收政策问题的通知》	财政部、国家税务总局	对信贷 ABS 有关税收政策进行了说明
2006 年 5 月	《关于证券投资基金投资资产支持证券有关事项的通知》	证监会	对证券投资基金投资资产支持证券有关事项进行了说明
2007 年 8 月	《中国人民银行公告》（〔2007〕第 16 号）	人民银行	有关信息披露的公告
2007 年 9 月	《中国人民银行公告》（〔2007〕第 21 号）	人民银行	有关资产支持证券质押融资的公告
2007 年 10 月	《关于资产支持证券质押式回购交易有关事项的通知》	人民银行	对资产支持证券质押式回购交易进行了说明
2008 年 2 月	《中国银监会办公厅关于进一步加强信贷资产证券化业务管理工作的通知》	银监会	对加强信贷 ABS 业务管理进行了说明
2009 年 12 月	《商业银行资产证券化风险暴露监管资本计量指引》	银监会	对商业银行资产证券化风险暴露监管资本计量指引进行了说明

续表

时间	文件 / 会议 / 事件	主办机构	内容
2012 年 5 月	《关于进一步扩大信贷资产证券化试点有关事项的通知》（银发〔2012〕127 号）	人民银行、银监会、财政部	信贷ABS试点重新启动，对基础资产、机构准入、风险自留、信用评级、资本计提、会计处理、信息披露、投资者要求、中介服务等方面对信贷 ABS 项目提出要求
2012 年 9 月	首单重启后信贷 ABS 产品"开元 2012–1"	国家开发银行	标志着我国信贷资产支持证券在沉寂近 4 年之后成功发行
2013 年 7 月	《关于金融支持经济结构调整和转型升级的指导意见》（人民银行国办发〔2013〕67 号）	国务院	明确将推进信贷 ABS 常规化发展
2013 年 8 月	国务院第 22 次常务会议	国务院	在实行总量控制的前提下，扩大信贷 ABS 试点，新增 3000 亿元试点规模
2013 年 8 月	人民银行就进一步扩大信贷 ABS 试点答问	人民银行	信贷 ABS 是金融市场发展到一定阶段的必然产物；坚持真实出售、破产隔离；以面向机构投资者的银行间市场为主；向铁路等重点行业和消费、保障房建设工程等领域加大支持
2013 年 12 月	《关于规范信贷资产证券化发起机构风险自留比例的文件》	人民银行、银监会	进一步完善信贷 ABS 风险自留制度，可采取垂直自留方式自留风险
2014 年 9 月	《关于进一步做好住房金融服务工作的通知》	人民银行、银监会	鼓励商业银行通过发行住房抵押贷款支持证券和金融债券融资
2014 年 11 月	《关于信贷资产证券化备案登记工作流程的通知》	银监会	将信贷 ABS 业务由"审批制"改为业务"备案制"
2014 年 11 月	《证券公司及基金管理公司子公司资产证券化业务管理规定》	证监会	将资产证券化业务管理人范围由证券公司扩展至基金子公司。资产证券化业务将实行备案制，实行基金业协会事后备案和基金资产负面清单
2015 年 3 月	《中国人民银行公告》（〔2015〕第 7 号）	人民银行	信贷资产支持证券开始实行注册制，鼓励金融机构以合适信贷资产，一次注册分批发行
2015 年 5 月	国务院第 92 次常务会议	国务院	新增 5000 亿元信贷 ABS 试点规模，同时继续完善制度、简化程序，鼓励"一次注册、自主分期发行"，并提出规范信息披露，支持信贷 ABS 在交易所上市交易

续表

时间	文件 / 会议 / 事件	主办机构	内容
2015 年 5 月	《个人汽车贷款资产支持证券信息披露指引（试行）》《个人住房抵押贷款资产支持证券信息披露指引（试行）》	交易商协会	人民银行指导银行间市场交易商协会首次出台针对特定基础资产类型的信贷资产支持证券信息披露文件
2015 年 8 月	《棚户区改造项目贷款资产支持证券信息披露指引（试行）》	交易商协会	针对棚户区改造项目贷款资产证券化发布专门信息披露规则，支持棚户区建设
2015 年 9 月	《个人消费贷款资产支持证券信息披露指引（试行）》	交易商协会	针对个人消费贷款资产证券化发布专门信息披露规则，同时首次详细对循环交易结构的信息披露作出要求
2015 年 9 月	《关于切实提高住房公积金使用效率的通知》	人民银行、住建部、财政部	有条件的城市要积极推行住房公积金个人住房贷款资产证券化业务，盘活住房公积金贷款资产
2015 年 9 月	《关于促进金融租赁行业健康发展的指导意见》	国务院办公厅	允许符合条件的金融租赁公司通过资产证券化方式筹措资金
2016 年 2 月	《关于金融支持工业稳增长调结构增效益的若干意见》	人民银行、国家发展改革委、工业和信息化部、财政部、商务部、银监会、证监会、保监会	进一步推进信贷 ABS，支持银行通过盘活信贷存量加大对工业的信贷支持力度；加快推进住房和汽车贷款证券化；在审慎稳妥的前提下，选择少数符合条件的金融机构探索开展不良资产证券化试点
2016 年 3 月	《关于加大对新消费领域金融支持的指导意见》	人民银行、银监会	鼓励汽车金融公司业务产品创新、支持绿色消费、大力发展个人汽车、消费、信用卡等零售类贷款信贷 ABS
2016 年 4 月	《不良贷款资产支持证券信息披露指引（试行）》	交易商协会	针对不良贷款的特点对其中产品的信息披露作出了详细要求
2016 年 5 月	《信贷资产支持证券信息披露工作评价规程（征求意见稿）》	交易商协会	进一步规范信贷 ABS 业务信息披露的操作准则
2016 年 10 月	《微小企业贷款资产支持证券信息披露指引（试行）》	交易商协会	针对小微企业贷款的特点对其中产品的信息披露作出了详细要求，支持小微企业发展
2017 年 4 月	不良资产证券化第二批试点	人民银行	试点稳步扩容，新增 12 家试点银行，新增发行额度 500 亿元

续表

时间	文件 / 会议 / 事件	主办机构	内容
2018 年 4 月	《关于规范金融机构资产管理业务的指导意见》（“资管新规”）	人民银行、银保监会、证监会、国家外汇管理局	豁免了资产证券化产品在期限错配、净值化、多层嵌套等方面的要求，使得资产证券化成为“非标转标”的有效途径
2018 年 8 月	《关于进一步做好信贷工作提升服务实体经济质效的通知》	银保监会	积极运用资产证券化、信贷资产转让等方式，盘活存量资产、提高资金配置和使用效率
2018 年 9 月	《商业银行理财业务监督管理办法》（“理财新规”）	银保监会	把资产支持证券纳入理财产品投资范围，进一步利好资产证券化业务开展
2019 年 11 月	不良资产证券化第三批试点	人民银行	试点继续扩容，新增 22 家试点机构，新增发行额度 1000 亿元
2020 年 2 月	《关于疫情防控期间金融机构发行债券有关事宜的通知》	人民银行	明确采取多项便利措施支持资产支持证券等债券品种发行
2020 年 9 月	《关于银行业金融机构信贷资产证券化信息登记有关事项的通知》	银保监会	不再对信贷 ABS 产品备案登记，而实施信贷 ABS 信息登记，并由银行业信贷资产登记流转中心承担信贷 ABS 信息登记相关职责
2020 年 10 月	《关于促进消费金融公司和汽车金融公司增强可持续发展能力、提升金融服务质效的通知》	银保监会	降低拨备监管要求、拓宽融资渠道、增加资本补充方式
2020 年 10 月	《信贷资产证券化信息登记业务规则（试行）》	银行业信贷资产登记流转中心	对信贷 ABS 产品的初始登记、存续期变更登记进行了详细规定，规范了信贷 ABS 产品事前、事中和事后各环节的信息披露机制
2021 年 3 月	《关于建立健全生态产品价值实现机制的意见》	中共中央办公厅、国务院办公厅	加大绿色金融支持力度，探索生态产品资产证券化路径和模式

数据来源：中债资信整理。

附录二　中债资信信贷 ABS 评级方法总论

第一节　概念说明及评级适用范围

资产支持证券（以下简称证券）是企业或金融机构作为发起机构[①]，将基础资产信托给受托机构或出售给资产支持专项计划、资产支持计划或其他监管机构认可的特殊目的载体（Special Purpose Vehicle，SPV），由SPV 以资产支持证券的形式发行证券，以基础资产所产生的现金支付资产支持证券本息的有价证券。本评级方法适用于我国境内主流的资产支持证券产品信用评级。本评级方法是基于目前相关法律环境和法律法规而制定，尚未考虑未来法律出现不可预见的变化所带来的影响。如果相关法律环境和法律法规发生重大变化，可能对受评证券信用等级带来影响。

第二节　资产支持证券信用风险影响因素

中债资信认为影响资产支持证券信用风险的因素主要包含基础资产信用风险、法律风险、交易结构风险以及参与方尽职能力。

一、基础资产信用风险

基础资产信用风险是指因基础资产涉及的债务人逾期甚至违约或因为诸如行业政策、公司运营等原因导致基础资产产生的现金流金额低于约定值或预测值，产生现金流的时间晚于约定或预测时间。基础资产产生的现金流是资产支持证券本金与利息的重要甚至唯一的偿还来源，基础资产一旦出现信用风险，则会直接影响证券本金与利息的按期足额偿付。

① 根据证券发行场所不同，发起机构也被称为原始权益人等，本章统称为发起机构。

二、法律风险

法律风险主要是指基础资产的破产风险隔离机制、资产转移的方式及其从权利问题等重要核心问题无法得到中国法律的相关支持，导致无法执行已生效的合同或在面临诉讼时无法获得相应法律支持，因此资产支持证券投资者受到损失。

三、交易结构风险

交易结构风险主要包含流动性风险、抵销风险、混同风险以及样证贷款服务机构缺位风险。

1. 流动性风险

流动性风险是指基础资产现金流流入量与证券各项支出在时点上出现错配，导致基础资产在某一收款期间产生的现金流入无法覆盖证券利息和优先费用支出，造成证券发生利息违约的风险。

2. 抵销风险

抵销风险是指借款人在发起机构既有贷款又有存款，若发起机构破产或丧失清偿能力，则借款人依据法律法规行使抵销权①，用其存款本息抵销发起机构对其的贷款本息，且被抵销贷款属于证券化基础资产，从而使得资产支持证券持有人的权益以及本息的受偿可能受到借款人行使抵销权的影响。

3. 混同风险

混同风险是指交易参与机构在交易管理过程中，将基础资产回收款账户的资金与其持有的其他资金混同在一起，若交易参与机构发生信用危机或破产清算，被混用的资金权属难以区分，可能导致证券持有人本息发生损失的风险。理想情况下，基础资产产生的现金流应与交易参与机构其他

---

① 根据《合同法》第八十三条的规定，债务人接到债权转让通知时，债务人对让与人享有债权，并且债务人的债权先于转让的债权到期或者同时到期的，债务人可以向受让人主张抵销。

资金分离，并快速转入受托机构在资金保管机构开立的账户。但在国内大部分实践中，债务人的还款直接划入贷款服务机构的账户，在回收款转付日贷款服务机构将款项划至信托账户。若混同风险只是暂时性的，这将引致证券的流动性问题，其可通过启用流动性准备金来缓解；若混同是长期性的，则回收款账户中的资金有可能发生损失，这将影响资产支持证券持有人本息的获付。

4. 后备贷款服务机构缺位风险

后备贷款服务机构缺位风险是指资产服务机构解任，同时又无法在规定期限内寻找到合适的后备贷款服务机构，或者证券持有人大会决议更换贷款服务机构，但并未预先指定替代的贷款服务机构或无法在规定时间内找到合格的后备服务机构，造成服务机构缺位使基础资产现金回收工作难以为继所引发的风险。

四、参与方尽职能力

证券涉及的参与机构主要包括受托机构、贷款服务机构、资金保管机构、支付代理机构、登记托管机构、评级机构、审计机构等，其中受托机构、贷款服务机构、资金保管机构会负责基础资产产生的现金流的归集、基础资产违约后的回收、基础资产现金流转付给证券等职责。如果参与方不能履行相关职责，则会对证券本金与利息的及时兑付产生重大不利的影响。

第三节　资产支持证券的评级思路

中债资信对证券信用等级的评定是对证券的违约风险的评价，即在考虑基础资产信用表现的情况下，对受评证券本金和利息无法按交易文件规定偿付的可能性的判断。对证券信用评级时，中债资信首先以基础资产池的整体信用质量分析为基础，根据交易结构安排、增信措施分析，通过定量分析得到证券定量分析指示信用级别。随后，分别对基础资产与证券面临的法律风险、交易结构风险以及参与机构尽职能力进行分析，对信用级别进行定性调整，得到证券的最终信用等级。

首先，中债资信对基础资产进行信用风险分析，根据不同类型的基础资产特点，确定影响基础资产信用品质的因素，通过定量分析方法测算信用风险影响，从而得出基础资产在不同压力情境下所产生现金流的水平。其次，根据交易结构安排、增信措施等分析，考察若干压力情景下基础资产池产生的现金流对受评证券按照交易合同约定完成兑付的情况，从而得到定量分析指示信用级别。最后，结合法律风险、交易结构风险及各参与机构的尽职能力分析，通过定性调整得到证券最终信用级别。

中债资信测算压力情境下基础资产与增信措施对受评证券的支持水平，作为评判受评证券信用级别的重要依据。中债资信认为压力情景包含两个方面，分别是信用风险压力和市场风险压力。信用风险压力情况包括但不限于宏观经济下行甚至出现衰退、基础资产相关行业整体信用品质出现恶化、发起人 / 贷款服务机构公司运营出现不可预测的问题等；市场风险压力情况包括但不限于房地产价格出现大幅下降、市场利率大幅波动、发行利率急剧上升等。压力测试是中债资信使用的一种用来评价与校准评级要素、进而保持评级符号可比性的重要工具。中债资信通过使用压力测试的方法达到使不同类型基础资产，甚至不同类型证券之间信用级别可比的效果。

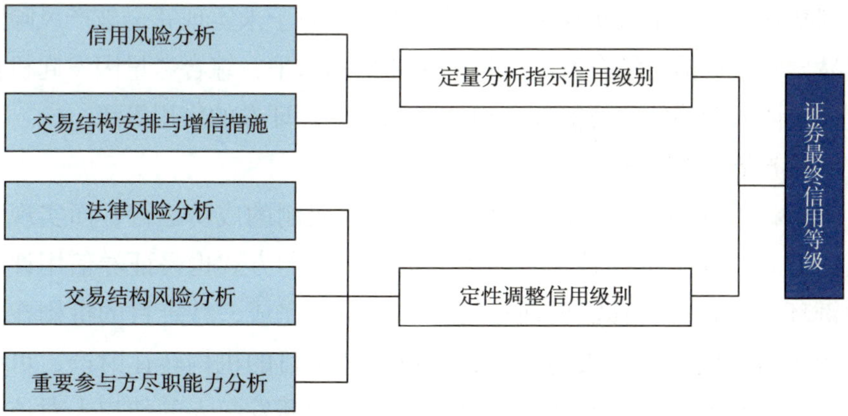

附图 1　资产支持证券评级思路

第四节　资产支持证券的评级要素

考虑到法律风险、基础资产信用风险、交易结构风险和参与机构尽职能力等因素会对证券信用风险产生重要影响，同时基础资产产生的现金流以及各增信措施对证券的支持是通过交易结构安排来实现，因此中债资信对证券进行信用评级时的评级要素主要包含六大要素，分别为法律风险、基础资产信用质量、交易结构安排、增信措施、参与机构服务质量。与现金流压力测试标准。

一、法律风险

中债资信在评级过程中主要需要关注的法律风险要素包括三个方面：破产风险隔离机制、资产转移的方式、从权利问题。

1. 破产风险隔离机制

破产风险隔离机制是整个资产证券化交易结构设计中的核心问题，也是整个证券化过程的基础。发起人将资产转移到特定目的机构后，使该资产免受其债权人的追索，从而达到破产风险隔离的目的。对于未能完全实现破产风险隔离的证券化交易，一旦发起人资不抵债导致破产，证券化基础资产将有可能作为破产清算财产进行清算，证券投资者本息将可能遭受损失。评级过程中，主要重点关注资产转移的方式与 SPV 结构设计的模式两方面从而判断基础资产是否实现了破产风险隔离。对于未实现完全破产风险隔离的交易，中债资信将结合发起机构的主体信用水平，综合考量因发起机构破产造成受评证券违约的可能性，视情况调整受评证券的信用等级。

2. 资产转移的方式

资产证券化得以完成的关键是破产隔离机制的成功运行，而实现破产隔离的方式首先是资产转移，因此，资产转移的方式也是证券信用评级中的关键环节。资产转移需要通过特殊制度设计完成，特定目的机构在证券化过程中扮演资产受让人的角色，通过向特定目的机构转让财产，可以将证券化资产与发起人的其他财产分割开来，切断发起人的债权人对该证券化资产的追索权。为了达到以上目的，资产转移必须在法律上和会计上都被认定为“真实出售”，而不是以所转移资产为担保的融资行为。总体来看，信用评级过程中判断资产“真实出售”的原则分为三个方面：第一，资产转移的形式需要符合当事人的真实意思表示；第二，资产转移不因一些特定的条款而撤销且转移价格合理；第三，证券化资产中的收益与风险完全或绝大部分转移到了特殊目的载体。具体来看，信用评级重点关注资产转移是否存在优惠性及欺诈性方面的法律瑕疵，还需要关注发起人的追索权、赎回权、剩余索取权及资产控制权方面的条款及效力，综合判断资产转移是否实现了“真实出售”的效果。

3. 从权利问题

基础资产所涉及从权利问题实现方面如果存在瑕疵，将出现在基础资产发生信用风险时，受托机构无法顺利地依法处置抵（质）押物等情况，证券投资者将遭受损失。对于以不良贷款为基础资产的资产证券化产品，处置抵（质）押物的现金流通常是兑付受评证券本息的最主要来源，因此在不良资产证券化中，基础资产从权利的有效性更为重要。我国法律明确规定了“从权利随同主权利同时转让”的原则，因此，资产所有权利中的抵质押权也属于资产的一部分，受让人应取得资产上的抵质押权。抵质押权可以随资产转让，抵（质）押权转让时，应当签订抵质押权转让合同，并办理抵质押权变更登记。鉴于受让人当然取得从权利，办理变更登记仅为对抗善意第三人或行使该担保权利时才需要。较为谨慎的做法是在转让基础资产之时能够同时办理变更登记手续。抵质押权变更登记的批量处理，是提高资产证券化效率、降低证券化成本的重要环节。评级过程中，主要重点关注交易是否能够实现权利转让同时办理变更登记，是否有法律依据支持抵质押权变更登记的批量处理等。中债资信将结合基础资产转让过程中从权利变更登记机制的有效性及完备性，调整基础资产整体回收率。

二、基础资产信用质量

中债资信会根据基础资产种类不同而采用对应的信用质量分析方法，按照基础资产分散度划分，可以划分为单一基础资产与组合基础资产；按照基础资产权利类型划分，可以分为收益权和债权，债权又可以进一步划分为正常类和不良类；按照基础资产用途划分，又可划分为用于消费的贷款、用于运营的贷款、用于支付特定费用的支出等。

1. 房地产抵押贷款

房地产抵押贷款主要包含个人住房抵押贷款。基础资产具有笔数多、相关性低、同质性强、风险暴露期较长的特点。中债资信根据发起机构的历史违约表现，结合入池贷款的账龄、剩余期限、借款人特征、贷款特征、抵押物特征以及贷款服务机构风险管理能力等，计算得出基础资产池的违约率及违约时间分布，同时考虑入池资产的集中度风险及经济周期，确定各信用等级对应的违约率。

2. 消费贷款

消费贷款特指个人借款人向金融机构办理的日常性消费品贷款以及耐用消费品贷款（不包含住房按揭贷款和汽车贷款），包括信用卡分期资产、信用卡账户资产及其他消费性贷款。基础资产具有数量多、单笔资产占比低、分散度高、同质性强的特点，违约及损失分布具有很稳定的统计特性。中债资信在对该类基础资产进行信用质量分析的过程中主要通过综合考虑发起机构的历史数据表现、入池资产借款人的信用质量和贷款特征等影响基础资产违约的要素，对基础资产池整体的预计违约率进行评估。涉及循环结构的证券产品，在基础资产信用质量分析的过程中会综合考虑初始资产池的贷款特征要素及持续购买合格标准约定的资产特征要素综合评估资产池整体的预计违约率水平。

3. 个人汽车贷款

个人汽车贷款基础资产具有数量多、单笔资产占比低、分散度高、同质性强等特点；其偿还方式多为等额本息和等额本金，其产生的现金流分布均匀，较为稳定，具有很强的可预测性。中债资信基于发起机构提供的静态池历史数据和资产池特征数据进行综合分析，并结合发起机构风控能力、尽职履责能力对基础资产池整体的预计违约率进行评估。

4. 企业贷款

企业贷款从特点上来看，具有单笔资产金额占比较大、集中度较高的特点，单个资产的违约对证券整体的信用水平影响较大。因此，中债资信对于资产池的评估，通常会对每笔基础资产进行影子评级，结合每个资产的违约概率，基于莫顿提出的结构化模型，运用蒙特卡洛模拟的方法生成相关联的随机数对基础资产池的违约情况进行判定，结合资产集中度、相关性和回收率等因素确定整个资产池的违约分布与损失分布。需要注意的是，对于不同数量、不同企业类型的资产池，评估单笔资产信用水平的方式也有所不同。小微企业贷款资产支持证券基础资产具有分散度相对较高，行业和地区分布集中度较高，担保方式、还款方式、借款人性质等贷款特征存在差异等特点，中债资信采用整体评估法，从宏观经济、发起机构、贷款特征三个维度对基础资产的组合信用风险水平进行评估。

5. 不良类贷款

不良类贷款分为纯信用消费类不良贷款、个人抵押类不良贷款以及对公不良贷款三类，上述三类不良贷款均指已经成为不良的贷款，因此在评估其信用水平时，中债资信主要关注资产池回收价值与回收时间的评估与计算。为了对不良资产的回收价值及收现概率进行精确分析及估算，中债资信会根据不良贷款的特点采用不同的评估回收价值与时间的方法。对于纯信用消费类不良贷款，由于基础资产通常笔数众多（十几万笔至几十万笔不等），中债资信依据大数原则，采用静态池分析方法，以静态池的历史信用表现为基础，一一映射资产池，并根据资产池与静态池的差异，拟合得到资产池的回收估值与回收时间。对于附有抵质押物等增信措施的个人抵押类不良贷款以及对公不良贷款，中债资信会根据贷款的集中程度分别采用逐一尽职调查以及结合历史数据与贷款特征建模评估每笔不良贷款的回收价值与回收时间。

三、交易结构安排

由于基础资产产生的现金流以及各增信措施对证券的支持是通过交易结构安排来实现的，同时交易结构风险也需要相应交易结构安排来进行缓释，因此中债资信将交易结构安排作为评级要素之一。

交易结构安排方面的分析包括现金流支付机制、信用触发机制、交易结构风险缓释措施以及流动性支持等方面的分析。因此，通常情况下对证券交易结构安排的分析采用定性与定量相结合的方式，通过交易文件条款和专家经验判断确定相关参数，通过现金流模型实现预测基础资产产生的现金流以及各增信措施对证券支持水平的定量判断。

1. 现金流支付机制

交易文件中会明确规定证券的分层方案与支付方式，同一个资产池不同的现金流支付机制设置，各档证券的信用风险也有所不同。国内资产支持证券中比较常见的支付机制为过手型支付和固定摊还支付。在过手型证券中，优先级证券将优先获得本金偿付，直到优先级证券本金全部得到偿付后，才会支付次级档本金。证券存续期内，优先级证券本金余额下降的速度较快，资产池损失金额主要由次级档优先吸收，以此达到对优先级证券的保护；在固定摊还型证券中，交易文件中条款会规定固定摊还型证券的摊还期，按照各自的到期日进行偿付，最早到期的证券将获得优先全额偿付直至余额为零。需要注意的是，部分信用事件可能会促使优先级证券在固定摊还期前提前获得偿付；一次性还本型证券在每个支付期间只收到当期利息，不获得本金偿付。这类证券的本金将在证券预期到期日一次性获得偿付。此外，在持续购买结构中，一般将证券分为持续购买期和证券摊还期。通常情况下，信托设立后证券首先进入持续购买期，资产池的利息和本金回收款除支付正常的税费、优先级费用和证券利息外，会将剩余的回收款或者部分回收款用于购买符合一定标准的新资产补充入池。待持续购买期结束后，证券进入摊还期，即和普通资产支持证券类似，每期将回收款即可用于在支付完利息后偿付证券本金。

2. 信用触发机制

证券通常会设置信用触发机制，信用触发机制的设置原则是通过改变证券端的现金流支付顺序，来保证优先级证券优先获得利息或本金偿付，从而对风险因素快速做出反应，减少优先级证券投资者的损失。国内资产支持证券中比较常见的触发机制包括加速清偿事件与违约事件。一般情况下，触发加速清偿事件后，次级档证券的期间收益将停止支付，各收款期间的资产池利息、本金流入以及违约回收款将分别用来加速偿还优先级证券利息和本金；违约事件触发后，停止支付除最高优先级证券外的证券的利息和本金，将各收款期间产生的所有现金净收入用来偿还高优先级证券本息，其他各档证券利息和本金劣后受偿。总体来看，加速清偿事件比违约事件触发条件设置得更加严格，但事件触发后，违约事件对现金流支付顺序的调整程度更大，对高信用评级的证券本息保护程度更大。此外，在持续购买结构中，触发提前摊还事件后，通常情况下会结束持续购买，提前进入摊还期将回收款在用于在支付完利息后偿付证券本金。

3. 交易结构风险缓释措施

交易结构风险主要包括抵销风险、混同风险以及后备贷款服务机构缺位风险。对于以上交易结构风险，中债资信通过定性分析交易结构安排中相关条款的合理性与有效性，对相关风险是否得到缓释进行判断。从国内项目实践经验来看，交易文件通常设定借款人抵销处理条款，在借款人向发起机构行使抵销权且被抵销债权属于基础资产的情况下，发起机构无时滞地将等额的抵销款全额支付给贷款服务机构。交易条款还规定不同信用等级的贷款服务机构将回收款划付至受托账户的时间间隔不同，低信用等级资产服务机构需无时滞地将回收款划付到受托账户。另外交易结构还会安排替换贷款服务机构的相关机制。以上措施分别对抵销风险、混同风险以及后备贷款服务机构缺位风险起到了缓释作用。

四、增信措施

增信措施可以提高基础资产对受评证券的支持水平，是中债资信评价受评证券信用级别的重要考虑因素之一。目前主要的增信措施包括内部增信措施和外部增信措施，内部增信措施主要包括优先/次级结构、超额抵押、超额利差、流动性支持等；外部增信措施由第三方机构（也有可能是发起机构）提供，通常可以采取保险、保证担保、差额支付承诺和现金质押账户等形式来实现。

1. **优先 / 次级结构**

优先 / 次级结构是资产支持证券中最常见的信用增信措施，对证券进行结构性安排，按照顺序将基础资产组合所产生的利息和本金现金流分配给不同优先级别的证券，优先偿付高信用等级证券。劣后受偿证券先行承担基础资产池损失，为优先级证券提供信用支持，降低了优先级证券的信用风险。中债资信主要关注的因素有交易合同约定的证券分层结构设置以及各层级证券本息获付顺序等。中债资信通过构建现金流模型的方式考察优先 / 次级的交易结构对受评证券信用水平的影响。

2. **超额利差**

超额利差是指某一期间基础资产产生的全部利息与费用收入减去资产支持证券利息支出和其他费用之后的剩余金额。利差的大小主要由三个方面决定：一是基础资产自身利率与证券利率和由基础资产池承担的其他相关费用之差；二是基础资产池持续信用表现、贷款服务机构质量；三是交易结构中对超额利差的分配原则。在证券存续期间，如果各收款期间利差在支付完所有费用后的金额，用来加速偿付优先级证券本金，那超额利差就可形成超额抵押，先于劣后档证券吸收资产池发生的损失，为优先级证券提供了风险缓冲，从而达到对优先级证券的信用支持效果。中债资信关注基础资产池收益率、证券利率、利率调整方式、早偿率、各期间所需支付的优先费用以及超额利差的分配机制等诸多因素并通过现金流模型考察超额利差对受评证券本金和利息的保障程度。

3. **超额抵押**

超额抵押是指将资产池价值超过资产支持证券票面价值的差额作为信用保护的一种内部增信措施，该差额用于弥补资产证券化交易活动中基础资产池可能会产生的损失，从而对受评证券具有一定的增信效果。中债资信在评级过程中主要关注超额抵押形成方式、超额抵押的大小以及超额抵押对受评证券的支持机制等，并通过现金流模型考察超额抵押对受评证券本金和利息的保障程度。

4. **保证担保与差额支付承诺**

部分受评证券会通过外部第三方机构提供的保证担保或差额支付承诺达到信用增进的效果。保证担保是指当证券出现偿付困难时，第三方机构将向证券持有人支付应收本息和实收本息之间的差额。差额支付承诺指的是在证券出现偿付困难时，差额支付提供方承诺对应付证券本金、利息与实际偿付本金与利息的差额进行补足。保证担保或差额支付提供方的代偿或承诺是否能够得到履行对确保证券的足额偿付十分重要。因此，在评级过程中，除了基础资产池的信用风险，中债资信还会考量第三方担保机构或差额支付提供方的代偿或履行承诺能力，从而对受评证券的信用级别进行相应调整。

5. **流动性支持**

流动性支持是指为保障交易按时偿付证券本息和费用避免流动性风险而设置的内外部资金来源。导致流动性风险的原因主要包括不同的付息周期、频率、利率调整方法，以及借款人和各参与方的故意行为、其他技术类操作故障等，这给投资带来了潜在的无法按时获付本息的风险。因此，流动性支持既是确保证券按时偿付的重要保障，也是评级过程中的重点分析要素。中债资信主要关注流动性准备金资金来源、准备金计提规模、准备金启用条件、启用后现金流支付顺序的变化、准备金回补机制、流动性准备金账户监管完备性等。中债资信在现金流模型中已包含了流动性支持因素，以此来体现流动性支持对受评证券本金和利息的保障程度。

五、主要参与方分析

参与机构的尽职能力决定了其在资产支持证券项目中提供的服务质量，而服务质量因为能够影响到资产池的整体信用表现而成为信用评级的重点关注要素，中债资信通过评价各参与机构的经营风险、财务风险、业务经验、业务能力分析其尽职能力。

1. **发起机构**

发起机构的项目筛选及管理水平决定了本次入池资产质量，高水平的发起机构项目及产品质量比较有保证。评估发起机构的能力时，中债资信主要看入池资产相关业务中，发起机构是否具备良好的业务经验与能力。对于一些证券化交易，发起机构提供的历史损失及回收数据也在评级要素里。

2. 贷款服务机构

贷款服务机构是指在信贷 ABS 交易中，接受受托机构委托，负责管理贷款的机构。贷款服务机构是资产证券化项目中重要的参与方，通常由发起机构或者相关的附属机构担当，负责管理基础资产组合的日常运作，并向受托机构和投资者定期提供资产服务管理报告，审核资产运营状况和相关协议是否一致，负责收取本金和利息，追收拖欠资金。贷款服务机构的尽职能力对资产证券化产品的信用品质具有举足轻重的影响。

中债资信判断贷款服务机构的尽职能力时，首先会考察贷款服务机构是否具备履行《服务合同》中约定的职责的能力。其次会考察贷款服务机构持续经营的能力，即贷款服务机构的经营状况、财务状况与外部支持分析。

考察履行交易文件中约定职责的能力方面，《服务合同》中约定的职责是贷款服务机构在资产支持证券存续期间需要履行的最核心内容，其履约能力会对作为基础资产的贷款回收款的准确与及时回收、贷款违约水平与违约贷款的回收水平产生重要影响。贷款服务机构的持续经营能力决定了其持续履行《服务合同》约定职责的能力，持续经营能力不足会导致替换资产服务机构，会对包括但不限于贷款回收款准确与及时回收、逾期贷款催收、违约贷款处置、贷款回收款转付和及时出具贷款服务报告等造成重大影响，进而导致资产支持证券本息无法及时足额兑付。持续经营能力分析细分为贷款服务机构经营状况分析、财务状况分析与外部支持分析。

中债资信会依据对贷款服务机构尽职能力的评价，对评级模型中基础资产违约率与回收率进行调整、要求增加必要的风险缓释措施或选择拒绝给予信用评级。

3. 受托机构 / 计划管理人

受托机构 / 计划管理人一般是金融机构，代表投资者对于资产实施监督、管理，设立专门账户，将账户内的现金流入定期支付给投资者。受托机构 / 计划管理人依照合同约定负责管理信托财产 / 专项计划[①]财产，持续披露信托财产 / 专项计划资产和资产支持证券信息，依照合同约定分配证券本金与利息等。中债资信通过对受托机构的经营情况、财务风险及受托管理 / 管理能力与经验对其尽职能力进行综合评判。

4. 资金保管机构 / 托管机构

资金保管机构 / 托管机构负责安全保管信托财产资金 / 专项计划资金，依照合同约定方式，向证券持有人支付投资收益，管理特定目的信托账户 / 专项计划资金，定期向受托机构提供资金保管 / 资金托管报告，报告资金管理情况和资产支持证券收益支付情况。中债资信通过对资金保管机构 / 托管机构的资金保管业务经验与能力、操作流程的合规性、内部管理水平、经营稳健性、财务风险等因素对其尽职能力进行判断。

六、现金流压力测试标准

基础资产产生的现金流是资产支持证券本息的主要偿还来源，若借款人未能按时履行信贷合约，则会导致基础资产现金流量不足，进而影响证券的还本付息。因此，中债资信在评级过程中会通过设置一些重要的模型参数，以判断现金流的稳定性，并通过设置压力情景对资产池现金流在各时点对证券本息覆盖程度进行测试，减少评级过程中的主观判断因素，提高评级结果的客观性、一致性和准确性。关键参数一般包括回收率、回收时间、早偿率、违约时间分布和测试利率等，需要说明的是不同资产类型可能设定不同压力测试标准，详细参见各细分产品信用评级方法。

压力测试的目的是检验基础资产未来现金流在各种不利的压力情景

① 此处“专项计划”泛指所有以资产支持专项计划、资产支持计划等监管认可的 SPV。

下，对证券本息的覆盖程度。中债资信将依据不同的压力情景来检验交易结构的稳健性，及其所提供的信用增级水平是否满足目标评级的需要。

第五节　方法及模型的局限性

本评级方法和模型存在一定的局限性：一是本评级方法基于中国目前相关法律环境和法律法规而制定，尚未考虑未来法律出现不可预见的变化所带来的影响，如果相关法律环境和法律法规发生重大变化，可能给受评证券信用等级带来影响；二是结构化产品的评级是基于发起机构截至报告日之前提供的资料和数据展开的，评级分析在一定程度上受到发起机构所提供资料和数据的真实性、准确性和完整性的影响；三是由于我国结构化产品创新不断，评级方法中涉及的所有评级因素并非都适用于每个评级行为，也并非涵盖每个评级行为中可能考量的所有评级因素；四是结构化产品信用评级中包含对受评对象或基础资产未来表现的合理预测，所采用的数学方法和数量模型是基于一定理论假设，真实情况与理论假设可能存在差异，从而存在一定程度的模型风险；五是结构化产品信用评级的评级结果最终由评审委员会集体讨论决定，委员在发表评级意见时不只是考虑量化模型范围的因素，因此最终评级结论可能与量化模型结果存在一定差异。

此外，中债资信根据基础资产类型分别制定了相应的细分信用评级方法，各细分评级方法及模型根据产品特点不同存在局限性各不相同，因此方法和模型的个性化局限性详细参见各细分评级方法。

寄　语

国家开发银行

市场与投资部

时光荏苒，白驹过隙，我国信贷 ABS 试点重启已十年。从阳春白雪的舶来品到有口皆碑的债券市场重要组成部分，信贷 ABS 实现了跨越式发展，市场规模显著扩容，发起机构类型有序扩展，投资者结构不断优化，基础资产种类有效丰富，发行管理机制不断优化，信息披露制度日益完善，事中、事后管理持续加强。十年间，信贷 ABS 不仅实现了自身的持续健康发展，也成为联通信贷市场、货币市场与资本市场的重要工具，在提高资金使用效率、优化信贷资源配置、加大金融对实体经济支持力度方面发挥了积极作用。这些成绩的取得，既离不开监管部门的悉心指导，也离不开市场自律组织和金融基础设施机构的有力推动，还离不开发起机构、中介机构、投资者等市场主体的耕耘与实践。

国家开发银行是中国最大的债券银行，始终坚持创新引领发展，为中国证券化市场建设作出了突出贡献。作为探路者，国家开发银行从 1998 年开始研究适合我国国情的资产证券化操作模式，论证可行的实施方案并不断完善。2005 年，国家开发银行成功发行国内首单信贷资产证券 2005 年第一期开元信贷资产支持证券，“开元”这个独具匠心的名字，标志着我国资产证券化试点迈出了坚实的第一步。作为守望者，在美国金融危机爆发、我国证券化试点陷入停滞的低迷时期，国家开发银行从大处着眼，研究次贷危机根源，总结经验教训，为试点重启开展了大量的基础性工作。同时，开发银行从小处着手，严格履行贷款服务机构职责，确保已发行产品安全稳健兑付，稳定了市场信心。作为先行者，在我国证券化市场沉寂四年后重启之际，国家开发银行闻令而动、勇挑重担，成功发行重启后首单信贷 ABS 产品，即 2012 年第一期开元信贷资产支持证券，扩大试点实现良好开局。2014 年、2015 年，国家开发银行连续两年信贷 ABS 发行量突破千亿元，直接刺激带动了国内证券化市场的蓬勃发展。作为引领者，国家开发银行坚持以服务国家战略为宗旨，以解决实践问题为导向，在证券化产品结构、发行方式、资产种类等方面积极探索，创新发行铁路、京津冀、棚改、扶贫、绿色等特色信贷资产支持证券，引导社会资金投向国家重点领域，更好地支持经济发展。

中债资信是我国权威的评级机构，以独特的投资人付费模式保障运作独立性，提升评级行业公信力，助推债券市场健康发展。信贷 ABS 试点重启后，中债资信与开发银行在信用评级、产品设计、技术交流等方面进行了深入探讨和实践合作。回首往昔，为贯彻落实国务院常务会议盘活存量精神，在时间紧、任务重、产品新的形势下，中债资信团队主动作为，立足国情不断优化评级体系，打造高质量的对公贷款资产证券化产品，尽心竭力落实金融服务实体经济发展的责任。同时，中债资信结合项目经验与技术优势，持续向市场输出深度研究与独到观点，帮助市场主体加深对信贷 ABS 的理解，在投资者培育方面功不可没。此外，中债资信还注重科技赋能发展，着力打造科学合理的 ABS 估值定价体系，为市场主体投资决策、风险管理提供重要参考。经过十余年深耕，中债资信以其专业、敬业、创业精神，锻造了技术先进、结果客观、机构信赖的信用评级“国家队”，成为债券市场健康发展的稳定器。

当今世界正在经历百年未有之大变局，我国也处于构建新发展格局的关键阶段，如何更好地运用资产证券化这一工具是金融工作者学习贯彻新发展理念必须思考的课题。习近平总书记指出，金融要为实体经济服务，满足经济社会发展和人民群众需要。新发展阶段做好资产证券化业务，一是要聚焦重点，有效盘活存量资产。当前我国在金融信贷、基础设施等领域积累了大量资产，如何挖掘这部分资产价值，将沉淀资产用好用活，提升服务实体经济质效，资产证券化大有可为。二是要各司其职，筑牢风险防线。发起机构严把入口关，遴选重点领域、重点区域、重点企业的优质项目，确保资产质量；中介机构尽职履责，严格落实自律规则、执业标准和业务规范，提供尽职调查、资产评估、财务和法律咨询等专业服务，防范交易风险。三是要用好增量，扩大有效投资。引导回收资金发挥杠杆撬动作用，把金融资源配置到经济社会发展的重点领域和薄弱环节，满足实体经济的资金需求，更好地服务高质量发展。

中国工商银行

金融市场部

自 2012 年我国信贷 ABS 试点重启以来，得益于监管制度的逐步完善和市场主体的积极参与，我国信贷 ABS 市场实现了平稳有序的发展，从规模快速增长阶段逐渐转为高质量发展阶段：一是市场发行规模稳定增长，二是参与机构和发行品种日益丰富，三是市场结构日趋成熟，由早期以对公贷款 ABS 为主转变为以零售类 ABS 发行为主，四是市场深度和广度明显提升，其中 RMBS 作为发行量最大的品种，换手率甚至已经超过美国非机构发行的 RMBS。信贷 ABS 在盘活存量资产、优化金融资源配置、支持实体经济发展、助力不良资产处置方面，均发挥了积极作用。

信贷 ABS 重启后，工商银行高度重视，积极稳妥开展业务，充分发挥信贷 ABS 在盘活存量资产、优化信贷结构，化解不良风险方面的作用。在监管的指导下，工商银行会同主承、评级、律师、会计师等专业中介机构，严格筛选基础资产、不断完善产品交易结构设计，并借助工商银行的市场影响力和销售渠道优势，持续加强产品推介和投资者交流，有效拓宽了信贷 ABS 的投资者范围。

截至 2021 年末，工商银行已累计发起近 100 单信贷 ABS 项目、发行规模超过 7000 亿元，位居市场前列，基础资产包括个人住房抵押贷款、对公贷款、个人汽车分期贷款、不良贷款等多种类型。工商银行创立的“工元”系列证券化产品，为市场化投资者提供了丰富的投资品种，拓展了银行间市场产品体系；同时，凭借合理的交易设计、公开公平的定价、稳定的存续期表现和有效及时的信息披露，在一、二级市场均获得投资者的充分认可，获得了良好口碑。工商银行还积极参与信贷 ABS 市场创新，成功发行全国首单商业银行绿色汽车分期资产支持证券、首单不良个人汽车分期贷款资产支持证券、首批挂钩 LPR 的 RMBS 等多单创新 ABS 产品。

中债资信作为国内市场唯一一家投资者付费的信用评级公司和国内评级行业的引领者，参与了银行间市场所有信贷 ABS 的评级工作，提供了专业高效的评级服务和较为准确的不良估值；同时，中债资信定期发布研究报告和成果，有效帮助市场主体了解信贷 ABS 的发展情况，充分发挥债市基础设施功能，为信贷 ABS 的发展作出了重要贡献。自信贷 ABS 重启以来，工商银行与中债资信开展了深入合作，除项目评级外，还就绿色认证、数据共享、市场研究等方面保持密切合作与沟通。

未来，工商银行将继续坚持以市场化为导向，持续完善内部制度和系统建设，切实履行发起机构和贷款服务机构职责；同时，将会同中债资信以及其他市场主体继续积极探索和发挥信贷 ABS 在盘活存量资产、支持实体经济等方面的积极作用，为信贷 ABS 市场的健康发展贡献力量。

中国建设银行

住房金融与个人信贷部

在历史的长河里，十年的时间如白驹过隙，然而这十年对于国内信贷ABS来说却是极其珍贵的。自2012年试点重启以来，国内信贷ABS市场历经十余年的探索，实现了跨越式发展，参与者类型日渐多元，创新产品日益丰富，国际化程度不断提高，在盘活存量资产、优化信贷结构、服务实体经济、促进改革发展等方面发挥着重要作用，尤其面对新冠肺炎疫情冲击和国内外复杂经济环境，信贷ABS市场整体运行平稳，交出了一份令人满意的答卷。

多年来，中债资信深耕国内信贷ABS市场建设，自主研发了符合国内市场特点的资产证券化评级技术体系，为发行人和投资者提供了高效的评级服务，为推动市场健康发展作出重要贡献。建设银行是国内最早探索个人住房抵押贷款证券化业务的机构之一，和中债资信长期保持着良好的合作关系，双方在产品评级、数据分析、市场研究、投资者服务等方面开展了紧密的合作。2019年，中债资信基于对中国房贷市场发展和风险特征的细化研究，发布新版RMBS评级方法，首单应用于建元2020-1期RMBS产品。

信贷ABS市场经历多年的探索实践，已经具备良好的发展基础，孕育着巨大的发展潜力。展望未来，信贷ABS市场将不断推进高质量发展，在国内金融体系中发挥更加重要的作用。一是信贷ABS将会保持常态化发行，成为发起机构提升服务实体经济能力的重要手段，并逐步发挥其联通信贷市场和资本市场的桥梁作用，建立底层资产管理标准和利率定价的良性反馈机制。二是信贷ABS进行交易和质押的市场氛围逐渐形成，二级市场流动性不断提升，其中RMBS产品信用风险低、标准化程度高、期限较长，将会成为主要标的，其估值方法和交易机制将会不断完善。三是正常类信贷 ABS 次级档市场会逐步培育，形成市场价格的合理预期，更多发起机构探索市场化销售次级档证券，真正实现节约资本和信用风险分散。四是产品创新不断丰富，充分发挥 ABS 产品结构化特点，有效满足不同类型投资者的多元化需求，产品国际化发行不断推进，助力国内债券市场对外开放。

招商银行

资产负债管理部

中债资信作为信贷ABS市场最具影响力的评级机构，一直以来坚持独立、客观、公正的原则，为信贷ABS产品提供专业、可信赖的评级服务，同时输出独家观点和深度分析，引领信贷ABS市场发展。2012年信贷ABS试点重启以来，招商银行便与中债资信就信贷ABS项目展开了评级合作，所发行的所有证券化项目均由中债资信给予评级。除评级合作外，招商银行也与中债资信在ABS产品创新、结构设计、估值、系统建设、风险分析等多方面展开了深度合作。

目前信贷ABS市场累计发行规模已超5万亿元，招商银行与中债资信共同见证了信贷ABS市场的发展和创新。在中债的支持和帮助下，招商银行成了信贷ABS市场重要的参与机构，积极投身市场创新前沿。一直以来，招商银行都将信贷ABS作为资产负债管理的核心工具之一，通过信贷ABS工具有效经营资产、优化资本投向、提升金融资源配置效率。招商银行作为资产证券化市场的重要参与者，截至2021年末共发起82单、合计发行规模4403亿元的信贷ABS项目，基础资产涉及信用卡资产、个人消费贷款、个人住房抵押贷款、汽车贷款、不良贷款等多种资产类型，同时在交易结构和发行方式等方面不断创新，市场树立了多个信贷ABS的新标杆，其中囊括了国内首单信用卡ABS产品、首单持续购买结构的车贷ABS和信用卡ABS，国内首单信用卡不良ABS、首单不良小微贷款ABS、首单零售类绿色ABS、国内首单引入境外投资者的不良ABS产品、国内首单循环资产（信用卡全账户资产）ABS系列产品、国内首批挂钩LPR浮动利率RMBS项目、国内首单获得国际评级信用卡ABS项目等多个标杆项目，成功树立了“和”

系列信贷 ABS 品牌，所发行产品获得了市场的高度认可和境内外投资者的积极认购。未来，期待能在信贷 ABS 领域与中债资信等优秀机构一同创设更多符合市场需求的 ABS 产品，助力信贷 ABS 市场的蓬勃发展。

上汽通用汽车金融有限责任公司

资金部

2021年，中国汽车制造行业克服新冠肺炎疫情和芯片短缺的负面影响，韧性成长，全年汽车产量达2608.2万辆，同比增长3.4%，结束了自2018年以来连续三年的下降趋势。有幸受邀参与中债资信牵头的信贷ABS试点重启十周年回顾，作为中国资产证券化最早的一批实践者、相关披露制度的制定者，公司回顾信贷ABS试点重启这十年，为亲历国内资产证券化发展的各个阶段而深感幸运。

早在2005年，中国的资本市场已经开始谈及资产证券化，2008年美国次贷危机爆发，国内资产证券化一度趋冷。2012年5月，中国人民银行、银监会和财政部联合发文重启试点，正式打开资产证券化业务在中国落地发展的新篇章。试点重启至今，正是公司和汽车金融行业迅速发展的十年。2012年，全国共16家汽车金融公司存续，其中1家成功发行车贷资产支持证券，全年车贷资产支持证券发行规模30亿元。公司于当年发行试点重启后首单车贷资产支持证券，发行规模人民币20亿元，当年末公司总资产为400.13亿元；2021年，全国共25家汽车金融公司存续，其中17家成功发行车贷资产支持证券，全年车贷资产支持证券发行规模2635.12亿元。公司当年发行车贷资产支持证券规模人民币400亿元，当年末公司总资产为1406.92亿元。十年来，信贷ABS在中国的发展迅速而坚定，这离不开广大从业者的推动，尤其是来自监管机构的指导支持，人民银行和银监会于2014年将信贷ABS发行由审批制改为注册制、资格准入及备案制，此举为资产证券化的快速发展奠定扎实的基础。

展望未来，信贷ABS预计将进一步呈现多元化，多元化意味着更多原始权益人、投资者参与和更丰富的产品结构类别。一花独放不是春，百花齐放春满园，更多的市场参与者造就了更多元化的产品，而多元化的产品也能够吸引新的参与者，两者相辅相成。

十年以来，公司始终开拓创新，引领国内车贷资产证券化的实践，推动市场发展：公司先后于 2012 年发行信贷 ABS 试点重启后全国首单车贷资产支持证券，于 2015 年发行注册 / 备案制模式全国首单资产支持证券，于 2016 年发行汽车金融公司首单循环结构资产支持证券，于 2018 年发行汽车金融公司规模最大一单资产支持证券，于 2022 年发行全国首单自贸区绿色资产支持证券。这些“首单”以及“最大”的项目中都离不开中债资信自始至终的支持，公司希望借此机会对中债资信表达由衷的感谢。最后，祝愿中债资信伴随中国资产证券化业务一同持续、稳健、坚定地发展，服务好实体经济。

浙商银行

投资银行总部

浙商银行一直是信贷 ABS 市场的积极参与者。2008 年 11 月，在国内第二批信贷 ABS 试点中，我行发行全国首单中小企业贷款入池的信贷资产支持证券（浙元 2008-1 中小企业贷款证券化）。2012 年 5 月，国内分批重启信贷 ABS 试点后，我行成立了专项研究小组，在 2015 年取得发起业务资格后，持续不断拓展业务品类，在对公、不良、小微、零售等各类资产证券化领域都进行了尝试和突破。

十年间，浙商银行共建共享并见证了市场的发展与繁荣。参与之初，我行摸索着开展信贷 ABS 业务，常有两类烦恼：一是选择哪类资产，能够优化产品结构以降低成本；二是投资者对产品陌生，销售周期很长。经过近十年的发展，以上两类烦恼都迎刃而解。首先，在项目发起方面，我行作为发起机构，在资产组织、产品流程、发行销售及存续管理等各环节持续摸索，与市场共成长，目前商业模式逐步成熟，形成常态化、批量化开展的态势。其次，在投资者认可度方面，信贷 ABS 市场存量规模从 200 多亿元上升到现在的 1.6 万亿元，存续期良好兑付表现，坚定了投资者参与市场的信心。另外，信贷 ABS 市场更注重“资产为王，分散为王”，符合资产证券化本质，履行优化金融资源配置、盘活存量资金、支持实体经济发展的职能，助力不良资产处置、小微企业精准滴灌及促进“碳中和”等国家战略目标，近年来，投资者不断加码二级市场，交易活跃度显著上升，市场持续发展基础不断夯实。同时，银行展业中接受多道外部审视和吸收先进市场经验，促进完善资产经营管理，释放优质资产品牌效应，多方面助于提升投资者认可度。

中债资信作为投资者付费模式评级机构，全面参与信贷 ABS 评级服务；以先进评级技术为引领，搭建起市场成员之间的沟通桥梁，提升市场认识深度。在这里，对中债资信深耕市场培育的付出和成果深表感谢。

相信在目前良好的市场基础及未来市场成员的共同推动下，信贷 ABS 市场将迎来下一个高质量发展的十年。

浙江泰隆商业银行

资产流转部

信贷ABS试点工作自2012年重启以来，市场基础建设不断完善，投资者参与热情持续提升，产品发行数量和总量得到大幅增长，目前已成为我国金融市场的重要组成部分之一。信贷ABS业务的发展对提高银行信贷资产流动性，引导金融资源配置，推动实体经济发展等方面起到了积极作用。

信贷ABS业务高速发展的十年，也是泰隆银行“服务小微企业、践行普惠金融”的重要十年。泰隆银行一方面在实践中探索出一套独特而有效的小微企业金融服务与风控模式，使泰隆银行在小微企业金融服务市场上赢得了一片蓝海；另一方面也积极寻求存量资产盘活渠道，以更好地提高小微金融服务量能。在监管部门的支持下，泰隆银行于2016年取得资产证券化业务开办资格，之后的多年里泰隆银行一直积极、持续参与小微企业资产支持证券发行业务，为金融市场提供优质产品。截至目前，已累计发行小微企业资产支持证券12期，累计流转贷款72486笔，为更多的小微企业解决了融资难问题。小微企业是我国国民经济的重要组成部分，对经济社会的稳定有着举足轻重的作用，特别是当前新冠肺炎疫情反复冲击，通过针对小微企业发行的证券化产品将有效助力小微企业复工复产，帮助小微企业渡过难关。

泰隆银行小微企业资产支持证券得到了金融同业和社会各界的一致认可，背后离不开监管部门指导，以及评级机构等相关市场机构的高效协作。在此，也要特别感谢中债资信团队对泰隆银行小微企业信贷资产支持证券工作的支持。多年以来，中债资信团队本着务实高效的专业态度和积极培育市场、保护投资者的精神，从我国宏观经济环境和基本国情出发，高度重视小微企业资产数据积累，深入挖掘小微企业资产特质，不断优化小微企业资产支持证券评级指标体系，对小微企业资产支持证券的评级效率与评级支撑作用大幅提升，受到了市场机构和投资者的广泛认可，在我国信贷 ABS 业务健康发展以及提升我国信用风险体系识别能力方面发挥了重要作用。

未来，泰隆银行将继续积极响应国家号召，坚持小微定位不动摇，深耕小微金融服务，与中债资信等参与主体一起为市场输送更多小微企业资产支持证券产品，进一步缓解小微企业融资难问题，共同为促进我国金融市场发展和深化金融体系改革添砖加瓦。